专著受到

内蒙古师范大学专门史重点学科建设
基金、学术著作出版基金的资助

辽代金银器研究

王春燕　著

科 学 出 版 社
北 京

内 容 简 介

本书旨在全部收集已发表的辽代金银器资料、并利用内蒙古国有馆藏珍贵文物数据库资料、结合亲自测拍采集部分资料的基础上，对辽代金银器资料进行全面梳理。横向上通过严格意义上的类型学研究，构建起辽代金银器总的构成体系，纵向上向阶段性特征、社会属性、文化因素、艺术风格延伸，多角度揭示出辽代金银器的总体面貌。

本书可供考古学、历史学、文物学、艺术史及相关领域研究者及高校相关专业的师生阅读参考。

图书在版编目（CIP）数据

辽代金银器研究 / 王春燕著 . —北京：科学出版社，2020.6
ISBN 978-7-03-065042-9

Ⅰ. ①辽… Ⅱ. ①王… Ⅲ. ①金银器（考古）– 研究 – 中国 – 辽代
Ⅳ. ①K876.434

中国版本图书馆 CIP 数据核字（2020）第077123号

责任编辑：王琳玮 / 责任校对：邹慧卿
责任印制：吴兆东 / 封面设计：张　放

科学出版社 出版
北京东黄城根北街 16 号
邮政编码：100717
http://www.sciencep.com
北京厚诚则铭印刷科技有限公司印刷
科学出版社发行　各地新华书店经销
*
2020年6月第 一 版　开本：787 × 1092　1/16
2026年1月第五次印刷　印张：15 1/2
字数：370 000
定价：168.00 元
（如有印装质量问题，我社负责调换）

序

王春燕博士论文《辽代金银器研究》即将出版，邀我做序。打开发来的书稿，才知道她在博士论文的基础上做了修改，不仅补充新发现的资料，吸收新的观点，还增加了一章，在金银器研究上又有进步。

阅读书稿，指导她论文写作的过程也慢慢浮现在眼前。完成博士论文是博士培养最重要的任务。入学后，根据她的基础和条件，商议确定了这个题目。要写出好的论文，在资料或研究方法或视角上的突破才是基础。王春燕提出辽代金银器资料除了正式考古发掘的资料外，博物馆收藏的非考古发掘的收藏品也很多，也很重要，我同意了。但是有的金银器收藏品是赝品，故在资料选择上一定要小心，评估其真伪，对没有把握的，必须舍掉。有一批传出自北镇皇陵区祭祀用的金银器，带有成套铭文，入世真的则非常重要，经过评估，不能确定一定是真品，我们舍弃了。博士论文答辩之后，当我看到负责医巫闾山辽陵发掘的万雄飞写的论文稿，详细论证该批金银器是赝品的证据，才知道避免了一次重要失误。在研究方法上，除了考古学器物研究的类型学、文化因素分析法等方法外，最初设计时增加了功能组合分类、艺术风格的新视角。艺术风格的分析，似乎不属于考古学的研究范式，我们也缺乏美学和艺术学的理论知识积淀，做起来最没有把握。作者对辽代金银器的钟爱，促使她能总结出金银器吸引她的美妙之处，尽管研究还不十分深入，但拓展了辽代金银器研究内容，尝试是成功的。

希望作者在历史考古的研究上继续追索，不断进步！

冯恩学

2019年9月8日于吉林大学

前　　言

黄金、白银凭借自然魅力和永恒价值很早就参与装点人类生活。中国古代金银器至唐代才兴盛起来，与外来文化的影响有着极为密切的关系，唐代属于中西文化交流的繁荣时期。同样，作为后继者的辽代，也是兼容并蓄、善于吸收周边文化和外来文化的时期。唐代金银器的兴盛为辽代金银器的发展提供了前所未有的历史机遇，外来文化又继续为辽代金银器注入新活力。与唐代金银器多器皿、多出自窖藏的情况不同，辽代金银器虽然在器皿数量上有所下降，但是在人体装饰、马具装饰、丧葬用具方面发展出更多的特色。文献记载唐人有窖藏金银的传统，墓葬金银并不是主流而且数量很少，而在契丹贵族墓中，金银是必不可少的厚葬器物，可见金银器在两个朝代上层社会中扮演着不同的角色，并折射出其背后差异化的丧葬观念。

907 年，辽太祖耶律阿保机统一契丹各部称汗，916 年始建年号，1125 年终于天祚帝耶律延禧，历太祖、太宗、世宗、穆宗、景宗、圣宗、兴宗、道宗、天祚帝九代。北方辽国与南方五代、北宋对峙二百年，形成了中国历史上第二个南北朝时期。近年来出土的辽代墓葬举世瞩目，而金银器成为出土数量丰富、保存状况完好、制作最为精美的遗物之一。

金银器是辽文化中的一部分，而辽文化又是中国古代文化的一部分。若将南、北方的物质文化进行对照，五代、北宋考古出土的遗物中，以各种单色釉瓷器最为夺目，而辽代遗物中以金银器最为耀眼，前者是 10 世纪之后中原和南方的瓷器手工业高度发展的必然结果，后者是契丹继承草原民族喜爱金银器的传统并实行实物厚葬的产物。从整体特征上看，辽代金银器出土数量大、种类多、造型题材丰富、文化内涵斑斓多彩。所以，从宏观上理顺金银器的种类分布、器类多寡等特征，从微观上分析金银器物的造型艺术、装饰题材、文化内涵就显得很有必要。初步构建起整个辽代金银器的类别体系，进而切入对器物文化因素和器物艺术风格的探讨，对于我们呈现辽代金银器的整体面貌，增加对辽文化的认识，都有重要的意义。

本书的研究对象是辽代金银器。其中金银器是指以内蒙古、辽宁等地为主的墓葬和塔基出土的金银器，截至目前，共发掘出土了百余座有金银器随葬的辽代墓葬或塔基，随葬品包括金器、银器、金花银器、铜鎏金器、错金铁器、包银铁器、镏银铜器等与金银材质有关的器物。此外，能确定出处的博物馆藏品也在研究范围之内。除了上述来源明确的金银器外，还有一些国内外传世、征集等流散文物资料，对于此类资料，需要谨慎甄别其真伪。对于能够确定为文物的资料也在本书的研究之列，如甘肃博物馆藏金冠、南京博物院藏金丝面罩、旅顺博物馆藏金面具等。有些著作中辑录的流散文物由于只能看到线图，且部分器物的纹样都不习见于已出土器物，无法对其真伪进行辨别，故暂不采用。

本书主要有七章内容。第一章辽代金银器的发现与研究，分阶段梳理并总结了辽代金银器的墓葬发掘情况和以往的研究状况。第二章辽代金银器的类型与组合，进行了分类、分型甚至分式的研究，并探讨了器物之间的组合关系。第三章辽代金银器的纹样解析，对辽代金银器上的纹样进行分类、分型研究。第四章辽代金银器的分期研究，以器形、纹样、材质、种类为轴线统计并揭示了辽代金银器在历史分期框架下的阶段性面貌。第五章辽代金银器的社会性，解析不同等级、不同民族的辽墓随葬金银器的差异变化以及辽代金银器的社会作用。第六章辽代金银器的文化因素探析，分析了辽代金银器的文化因素构成，包括契丹文化因素，唐宋汉文化因素，佛教、道教文化因素，西域胡文化因素和鲜卑文化因素，并结合历史背景进行阐释。第七章辽代金银器的艺术风格，分析辽代金银器的制作工艺、造型艺术和装饰艺术。具体内容如下。

第一，回顾和总结了辽代金银器的发掘情况和研究状况。对辽代金银器的墓葬发掘情况重新进行了梳理，对辽代金银器以往的研究史进行了概括和总结，可分为三个阶段：资料积累期、上升发展期和丰富成熟期。

第二，将辽代金银器分为人体装饰品、工具、马具、器皿、葬具五大类，并对这五大类 60 个小类进行了分型研究。以器物的出土位置和壁画资料为依据，探索了一些存在组合关系的器物组合或使用方法。通过分型与组合的分类归纳，初步建立起辽代金银器在器形上的总的构成体系。

第三，比较全面地对辽代金银器上的纹样进行类型学解析。龙纹、凤纹、摩羯纹、鹿纹等动物纹样比例较高，折枝纹、缠枝纹、卷草纹等植物纹样紧随其后，人物故事纹、联珠纹等作为补充。通过对 25 种纹样的分类、分型研究，初步建立起辽代金银器在纹样上的总的构成体系。

第四，在历史的时空框架内揭示了辽代金银器的阶段性面貌，探索了辽代金银器中不同器形、不同纹样、不同材质、不同种类在历史分期中的差异变化。早期阶段，各种材质器物配备齐全，金器、银器、铜鎏金器、银鎏金器数量庞大，种类丰富，人体装饰品、马具、器皿、工具的数量均为三期中的最高值。中期阶段，铜鎏金器成为这一时期的主要材质，金器、银器、银鎏金器的数量明显下降，人体装饰品、马具、器皿、工具的数量亦有所下降，葬具新器类开始出现。晚期阶段，铜鎏金器与中期持平，但银器数量有所下降，金器、银鎏金器骤然减少，马具比例上升，人体装饰品、器皿、工具仍在下降，葬具与中期持平。

第五，考察重要墓葬中金银器随葬现象及其组合信息，尝试析出典型器物中潜含的民族性和等级性，进而结合文献窥探金银器在辽代社会中的重要作用。

第六，受兼容并蓄的时代精神影响，辽代金银器上的文化因素多元复杂。据目前掌握的资料分析，本书认为辽代金银器的文化因素由契丹文化因素，唐文化因素，宋文化因素，佛教、道教文化因素，西域胡文化因素和鲜卑文化因素共同构成，每一种文化的影响因子也不尽相同，应结合各自的历史背景探知原因。

第七，初步揭示了辽代金银器的艺术风格。在制作工艺上，锤揲、錾刻、鎏金工艺运用得最为广泛；在造型艺术上，注重造型的对称性、非对称性和写实性，直线与曲线的运用手法、仿生手法、模仿柳编器物手法在造型中也有所应用。

本书的学术创新主要有以下五个方面。

第一，在资料收集方面，全面收集70例辽代墓葬、窖藏金银器资料，据不完全统计，总数约400余套（件），其中含盖马具、带具的零散件和鎏金铜器。凭借全区内蒙古国有馆藏珍贵文物数据库资料，获取到大多数器物的一手数据和图像资料，经过反复辨析，确定其与墓葬、窖藏的对应关系。

第二，本书中器物的类型学研究较前人研究更为全面、科学，除器皿外，对人体装饰品、马具、葬具、工具均进行了分类、分型，新增组合研究环节，有利于加强器物横向的联系，丰富器物的时空信息，在金银器研究中具有首创意义。此外，在辽代金银器纹样研究中引入严格意义上的类型学方法也属创新，较之松散的资料罗列更为系统、全面，有利于从新的视角增加对纹样的分期演变认识。

第三，在分期研究方面，借助数据统计是前所未有的尝试，通过设计四种轴线得出的统计结果为阶段性特征的把握提供了新的思路，且与文献背景相对应，使解释更具说服力。同时为了增强研究的科学性，在探讨每种器类的分期前，对辽代墓葬年代结合最新研究成果进行了审核和重新考证，并重新认定了9例墓葬的相对年代。

第四，纹样的解析是本书的一个亮点，在对全部纹样类型学展开分析的基础上，首次尝试以纹样为视角重新审视文化间的互动与交流，辽代金银器上的纹样多数脱胎于晚唐文化，但并没有沉溺于此，而是在自身发展过程中不断调整和演进，从构图方式、视觉空间、组合搭配等方面寻求改变，迸发出惊人的创新力。金银器随葬品现象的考察也是本书加入的新模块，通过重要墓葬中金银器随葬现象及其组合信息的考察分析，窥视金银器在辽代社会中的重要意义。

第五，深化文化因素分析，以往学者看到的文化因素是比较单一的，本书力求立体式呈现辽代金银器所表现出的多元文化，结合具体器物一一查找、对比、揣摩，由此获得的认识更加细致入微、可信可靠，并在每部分后都增加历史背景内容，使得文化互动在历史的框架下更具合理性。

第六，引入艺术风格的探讨，在考古学的学科背景下引入艺术风格本身也是创新，在精读李泽厚《美的历程》等美学书籍的基础上，结合金银器实物从美学角度捕捉其时代艺术风格，虽然获得的认识较为浅薄，深知仍有很大的深化空间，但也不失为一种积极的尝试。

辽代金银器种类丰富，制作比较精良，是辽代考古遗物中很具识别性的一类，能够集中反映辽文化的特点。随着近年来新材料的人量出现，我们对辽代金银器的内涵有了更多的认识。有幸的是，笔者参与了 2009 年国家启动的内蒙古国有馆藏珍贵文物数据库项目，参与了内蒙古一、二、三级文物的拍照、测量以及后期数据整合工作，有机会与一部分金银器近距离接触，对器物有了更深的感受和认识。这批珍贵的内蒙古国有馆藏珍贵文物数据库中的定级文物图像和数据资料，为本书更进一步地深化和拓宽对辽代金银器的研究提供了可能。

本书主要采用考古学的类型学方法、历史学的文献考证研究方法、数学的统计分析方法、艺术学的工艺美术研究方法。类型学方法是通过对每类器物的类型排列和部分器物的分式探索，建立起金银器的时空框架，为分期章节的讨论和整体面貌的揭示做好关键性的铺垫，同时将这种方法推广运用到纹样的分类归纳中，得出一些规律性的认识；历史学文献考证研究方法是历史时期考古不可或缺的重要研究方法，文献与实物互相对证、互相补充、互相解说、互相阐发，对依据实物推演出来的认识进行有效补充和合理解释；统计分析方法是利用办公统计软件得出一定的数据，用以分析金银器在数量、材质、种类上的阶段性变化；工艺美术研究方法是对器物的器形、纹样进行美学的比较研究，进而重新审视辽代金银器的艺术风格。

在本书对辽代金银器的探讨中，囿于个别考古材料发表的滞后性、部分馆藏数据库资料的误差及信息不完整、个人知识背景等主客观因素的限制，可能对辽代金银器物的某些方面的探索还不够深入。此外，器物研究需要加附大量的线图和照片，尽管本书选用了数百张线图和照片，制作出 113 张组合图片，但是由于受到部分图片资料未刊发和清晰度差的限制，本书仍然不能反映辽代金银器的全部面貌。上述为局限性所在。

王春燕

2020 年 5 月 16 日

目　　录

第一章　辽代金银器的发现与研究

一、第一阶段：资料积累期——中华人民共和国成立初期和“文革”期间

辽墓发现与研究始于19世纪30年代的庆陵，金银器的发现晚了很多年，20世纪初辽代金银器曾有偶然出土，但因未经科学发掘，各种考古学现象无从记录。现代考古学研究依赖于田野发掘资料，金银器真正意义上的考古发掘始于中华人民共和国成立初期和“文革”期间，伴随着辽墓考古工作的推进和简报的发表，日渐丰富且规范的考古发现为金银器研究积累了重要的第一手资料。自20世纪50年代起，我国田野考古陆续发掘出土辽代金银器，其中大多数出自墓葬，少数见于塔寺和窖藏。出土的金银器绝大多数作为学术研究资料公布，也有一部分散布于各级文物收藏单位，重要且集中的发现如下。

1954年，前热河省博物馆筹备组对赤峰市大营子辽驸马赠卫国王墓进行了发掘①，此墓为方形五室砖室墓，早年被盗，仍遗留许多珍贵文物，由于主室未被扰乱，为研究马具组合提供了珍贵的信息。出土金器有金蹀躞带1套以及小金球、金扣纽、坠形金饰等小装饰品，银器有银鎏金马具3套、银鞍4套、银缨罩3件、银高足杯、银匜、银壶、银盏托、银箸、银匙、银锁、四鱼银璧、人兽纹八角形银鎏金佩、人头形七面体银饰、玛瑙銙银鎏金带具2套、龙纹银鎏金碗，鎏金、错银器有铜鎏金马具3套、错银铁马具1套、铜鎏金缨罩5件、错银铁马镫9副、包银鞘铁匕首、包银鞘短剑、错金银铁矛、嵌银花黑漆盒。该墓为辽穆宗应历九年（959年）的纪年墓，卫国王为死后追封的爵位。

1957年发掘的建平张家营子辽墓②，为方形石砌单室墓。出土的金器有金耳环2件、金镯2件、金柄玛瑙刀，银器有银匙、银箸2件、银碟2件，银鎏金器、铜鎏金器、错金铁器有银鎏金捍腰、银鎏金当卢、银鎏金鞍饰2件、银鎏金銙饰134件、铜鎏金銙饰74件、错金铁衔镳3副。

1963年，内蒙古自治区文物工作队对通辽市奈林稿木头营子M2辽墓进行了发掘③，

---

① 前热河省博物馆筹备组．赤峰县大营子辽驸马墓发掘报告［J］．考古学报，1956（3）．

② 冯永谦．辽宁省建平、新民的三座辽墓［J］．考古，1960（2）．

③ 内蒙古自治区文物工作队．内蒙古哲里木盟奈林稿辽代壁画墓［J］．考古学集刊（1）．北京：中国社会科学出版社，1981．

该墓虽为石砌小墓，却出土了不少的金银器。出土的金器有金耳环2件、椭圆形金戒指3件、一套金蹀躞带22件、心形金饰1件、T形金饰1件、镂空金丝球5件；银器有银提梁壶、银匜、银鎏金壶、银钏。

1966年发掘的克什克腾旗二八地一号墓①，为圆形砖砌单室墓。出土金器有金耳环6件、龟纹金环、金泡4件、金丝环、金圈、长方形金饰6件，银器有银钗2件、银步摇、银号角6件、银鞍饰4件、银壶、银把杯、银杯、银托、银碗3件、银缨罩，铜鎏金器有铜鎏金戒指5件、铜鎏金四鱼方形饰、铜鎏金辔饰300余件、铜鎏金杏叶10件、铜鎏金刀鞘、铜鎏金耳勺。

1978年，巴林右旗文化馆对友爱大队窖藏进行了发掘②，资料发表于1980年。出土银器有八棱錾花银注壶、八棱錾花银温碗1套、荷叶敞口银杯2件、复瓣仰莲纹银杯2件、二十五曲葵口银杯2件、柳斗形圜底碗2件、海棠形錾花银盘、银筒13个。

在此期间，虽然发掘了诸如大营子驸马墓等出土金银器非常丰富的大墓，但受当时出版条件和认识的限制，很多发表的金银器资料缺乏条理性，且很多不配图片，尤其后者给器物研究者带来了致命的障碍。由于此阶段主要是资料积累期，学界对辽代金银器的认识还相对模糊，加上其他各种主客观原因，很少见到对辽代金银器进行研究的文章，更没有对辽代金银器进行系统研究的论著。

二、第二阶段：上升发展期——20世纪80年代到90年代末

改革开放后，各地考古工作迅速开展，发掘了一大批辽代墓葬，其中比较重要的发现如下。

1987年，内蒙古文物考古研究所对赤峰市奈曼旗辽陈国公主驸马合葬墓进行了发掘，该墓是目前所知保存最完整、出土文物最丰富的契丹贵族墓，为辽圣宗开泰七年（1018年）的纪年墓。陈国公主是辽景宗第二子秦晋国王耶律隆庆之女。该墓出土金器有金面具2件、金盒、金荷包、金针筒、金镯4件、金戒指17件、金球饰4件；银器有银鎏金冠2件、金花银枕、金花银靴、金花银盒、金花银钵、银长盘、银渣斗、银盏托3件、银壶、小银罐2件、银粉盒3件、玉柄银刀、玉柄银锥、银勺3件；鎏金、镀银器有镀银铜镜、铜鎏金锁及钥匙、银带3条③。

1988年发掘的敖汉旗英凤沟M7辽墓，资料未发表。笔者根据研究文章④和出版图录摘出部分金银器，银器有银盘、银笔洗、银笔管、银砚；银鎏金器有银鎏金面具、

---

① 项春松．克什克腾旗二八地一、二号辽墓［J］．内蒙古文物考古．1984（3）.

② 巴右文，成顺．内蒙昭乌达盟巴林右旗发现辽代银器窖藏［J］．文物，1980（5）.

③ 内蒙古文物考古研究所．辽陈国公主驸马合葬墓发掘简报［J］．文物，1987（11）

④ 邵国田．敖汉旗英凤沟7号辽墓出土银质文具考［J］．内蒙古文物考古，2003（2）.

银鎏金冠、金花银鞍桥 2 件。

1991 年，兴安盟文物工作站对通辽科右中期代钦塔拉 M3 辽墓进行了发掘①。该墓为方形砖砌多室墓，较好地保存了器物的位置关系，为研究人体装饰品和马具的组合关系提供了重要参照。出土的金器有金耳环 4 件、金戒指 7 件、金手镯 2 件、金丝球 4 件；银器有银镜；鎏金器有银鎏金鞍饰 6 件、铜鎏金双鱼饰 2 件、铜鎏金缨罩、后鞧 2 副，这些鎏金马具包括铜鎏金杏叶，铜鎏金节约、带饰、带扣等零散件。

1991 年，赤峰市博物馆考古队等单位对阿鲁科尔沁旗温多尔敖瑞山辽墓进行了发掘②，该墓为八角形砖砌单室墓。出土的铜鎏金器有铜鎏金蹀躞带一套 49 件、铜鎏金冠 2 顶（含散落的鎏金冠饰 11 件）、铜鎏金面具 2 件、铜鎏金金丝球 2 件、铜鎏金鞍前桥饰、铜鎏金节约 4 件、铜鎏金带具 21 件、铜鎏金錾花针筒 2 件。

1992 年，内蒙古文物考古研究所等单位对阿鲁科尔沁旗朝克图山耶律羽之墓进行了发掘③，墓主人为辽东丹国左相耶律羽之。出土的金器有金戒指 5 件、金手镯、金耳环 2 件、心形金饰 2 件；银器有银盆、匜形银器、银勺；银鎏金器有鎏金錾花银折肩壶、鎏金高士七棱银把杯 2 件、金花银渣斗、银鎏金盒、金花银碗、鎏金錾花银杯、鎏金錾花银盒、鎏金錾花银盘、鎏金錾花银罐、金花银簪、金花银砚台；铜鎏金器有铜鎏金饰片 3 件、铜鎏金带饰 8 件、铜鎏金铊尾 2 件、铜鎏金带扣 5 件、铜鎏金带箍 3 件、铜鎏金铃 3 件、铜鎏金銙蹀躞带残部、铜鎏金杏叶 3 件、铜鎏金鞍饰 5 件、铜鎏金节约 2 件。该墓为辽太宗会同四年（941 年）纪年墓。

1995 年，呼伦贝尔盟文物管理站等单位对陈巴尔虎旗巴彦库仁 M1 辽墓进行了发掘④，该墓为大型木质棺椁土坑墓。出土的金器有金耳环 2 件、金带扣、金铊尾各 1 件；银器有银壶；银鎏金器、铜鎏金器有一条银鎏金带 109 件、一条铜鎏金带 11 件和银鎏金碗。

同时，随着出版技术的发展，考古发掘简报的刊发效率和图片质量均有大幅度的提升，使得依赖于图片的金银器研究迎来了前所没有的广阔空间。

此期间，由于材料的丰富，学界已经慢慢注意到了辽代金银器的某些特点，并开始借助陈国公主墓等金银器出土丰富的墓葬对辽代金银器中独具特色的某些方面进行专题研究，并取得了一定的成果。

---

① 兴安盟文物工作站. 科右中期代钦塔拉辽墓清理简报［A］. 内蒙古文物考古文集（第 2 辑）［C］. 北京：中国大百科全书出版社，1997.

② 赤峰市博物馆考古队，阿鲁科尔沁旗文物管理所. 赤峰市阿鲁科尔沁旗温多尔敖瑞山辽墓清理简报［J］. 文物，1993（3）.

③ 内蒙古文物考古研究所，赤峰市博物馆，阿鲁科尔沁旗文物管理所. 辽耶律羽之墓发掘简报［J］. 文物，1996（1）.

④ 呼伦贝尔盟文物管理站，陈巴尔虎旗文物管理所. 内蒙古陈巴尔虎旗巴彦库仁辽代墓葬清理报告［A］. 考古学集刊（14）［C］. 北京：文物出版社，2004.

1983年，日本学者岛田贞彦的《古银铜面具考》①，论及了契丹贵族死后戴银、铜面具的特殊葬俗，并论述了面具的功能和世界范围内佩戴面具风俗的民族。

1987年，李逸友先生根据出土实物资料将汉服腰带分为三类：双带扣双铊尾带、双带扣单铊尾带、单带扣单铊尾带②，为学界普遍认可。李逸友先生将腰带识别为汉服腰带和契丹蹀躞带的认识，在今天看来也是非常准确的。

1993年，孙机先生在其文章中重点梳理了折肩罐、折肩杯、带銙、葫芦形吊扣、豆荚形横栓、丁字形节约、异形杏叶等突厥式金银器的发展演变，其中涵盖契丹民族对突厥器及突厥款式器物的沿用。换言之，通过集中典型器物对辽墓出土金银器中的突厥文化因素进行了溯源③。

1993年，木易的《辽墓出土的金属面具、网络及相关问题》④，以表格的形式列出48例1993年前出土的面具、网络材料，并对面具和网络的组合进行了研究。张国庆的《辽代契丹人的冠帽、鞋靴与佩饰考述》⑤，从历史文献学的角度探讨了契丹人的冠帽、鞋靴和佩饰，并以考古出土品进行佐证。黄雪寅的《契丹族金银器的动物纹样》⑥，从辽代金银器入手，论述了动物纹的种类、特点以及与其他民族对比呈现出的文化特征。田广林的《契丹佩饰考述——契丹衣饰文化研究之四》⑦，重点探讨了带饰，兼论头饰、项链和臂饰。杨富学、杜斗城的《辽鎏金双龙银冠之佛学旨趣——兼论辽与敦煌之历史文化关系》⑧，以建平张家营子辽墓出土的鎏金双龙纹银冠入手，分析了辽代冠制与佛教之间的关系。张景明、马利清的《论辽代早中期金银器的唐代风格》开始注意到辽代金银器与唐代金银器的文化关联⑨。

同时，此期间已经有人对辽代金银器进行了比较全面的分析，尤其注意到了辽代金银器的类型和分期研究。朱天舒先生在1998年出版的《辽代金银器》⑩论著中对辽代金银器按照考古学方法进行了研究，按照功能将辽代金银器分为饮食器皿类、生活

① 岛田贞彦．古银铜面具考［A］．文物考古参考资料（5）［C］．呼和浩特：内蒙古自治区文物工作队，1983．

② 李逸友．辽代带饰考实——从辽陈国公主驸马合葬墓出土的腰带谈起［J］．文物，1987（11）．

③ 孙机．论近年内蒙古出土的突厥与突厥式金银器［J］．文物，1993（8）．

④ 木易．辽墓出土的金属面具、网络及相关问题［J］．北方文物，1993（1）．

⑤ 张国庆．辽代契丹人的冠帽、鞋靴与佩饰考述［J］．内蒙古社会科学（文史哲版），1994（4）．

⑥ 黄雪寅．契丹族金银器的动物纹样［J］．北方文物，2003（3）．

⑦ 田广林．契丹佩饰考述——契丹衣饰文化研究之四［J］．昭乌达蒙族师专学报（汉文哲学社会科学报），1998（2）．

⑧ 杨富学，杜斗城．辽鎏金双龙银冠之佛学旨趣——兼论辽与敦煌之历史文化关系［J］．北方文物，1999（2）．

⑨ 张景明，马利清．论辽代早中期金银器的唐代风格［J］．内蒙古大学学报（人文社会科学版），1999（5）．

⑩ 朱天舒．辽代金银器［M］．北京：文物出版社，1998．

用具类、服饰类、马具类、葬具类五类，并借助辽墓的分期成果，对碗、盘、杯、盒、匜、舍利塔、冠、蹀躞带、腰带等一小部分器物进行类型分析，并按照早、中、晚三期对几种器皿的器形演变特征进行归纳和总结，同时对装饰构图和工艺特点进行简述。在单设的纹样章节，划分动物纹、植物纹、佛教图案和其他图案四类进行讨论，并重点对龙纹、凤纹、摩羯纹、鹿纹、兔纹、鱼纹、鸿雁纹、鸳鸯纹、鹤纹、鱼纹、狮纹、团花纹、折枝花纹、花结纹、缠枝卷草纹、雀绕花枝纹、人物故事纹、云纹、莲瓣纹、几何纹、联珠纹、边饰纹等纹样进行了细微的对比研究，同时绘制了大量的线图，并得出一些规律性的认识。同时，他还对辽代金银器文化内涵以及辽代金银器的功用进行了考察；以前期承唐影响、后期受宋熏染为主流观点，较早认识到外来文化的影响与融合。他认为，辽代金银器文化的丰富和发展是其广泛吸收外族文化的结果，辽代金银器文化除了有构成其主体的唐文化和宋文化因素之外，还有突厥文化、中亚文化等成分，分别从工艺、器形、纹样等方面进行文化内涵的揭示。最后他还通过文献与器物的对照互证来考察金银器在辽代社会的功用，并分为饮食器皿、生活用具、宗教用具、葬具明器、冠服佩饰、马具、祭器、杂器等类进行探讨。

1999 年，香港私人收藏家出版的《金翠流芳——梦蝶轩藏中国古代饰物》[①] 开创了辽代金银器彩版图录出版和研究的先河。此书刊发了几十张精美的梦蝶轩收藏的辽代金银器彩版图片，并分类展开了别开生面的初步研究。

三、第三阶段：丰富成熟期——21 世纪以来

2003 年，内蒙古文物考古研究所对通辽科尔沁左翼后旗吐尔基山辽墓进行了考古发掘[②]。该墓为石室墓，完整版的报告尚未出版，依据简报和展览得知，出土了数量可观的金银器。出土的金器有金冠、金下颌托、金杯、金针、金耳环、金手镯、金戒指、圆形金牌饰；银器有银箸；银鎏金器有鎏金银鞍饰、鎏金银牌饰、金花银盒；铜鎏金器有鎏金铜腰带、鎏金铜马具带饰等。由于正式的报告尚未刊发，图片和数量不甚明了，只能从展览中管窥一二。

2015 年，内蒙古文物考古研究所等单位对多伦县辽贵妃墓进行了考古发掘。该墓虽为盗掘的单室墓，但仍出土了金花银高翅冠、凤纹金花银靴等重要的葬具及金花银刀，复合材质的包金龙纹玉带銙、金链玉佩饰也在研究之列[③]。

进入 21 世纪以来，考古工作进一步开展，同时伴随数码技术和出版技术的双重进

① 埃玛·邦克等. 金翠流芳——梦蝶轩藏中国古代饰物［M］. 香港：香港大学美术博物馆，2002.

② 内蒙古文物考古研究所. 内蒙古通辽市吐尔基山辽代墓葬［J］. 考古，2004（7）.

③ 内蒙古文物考古研究所，锡林郭勒盟文物保护管理站，多伦县文物局. 内蒙古多伦县小王力沟辽代墓葬［J］. 考古，2016（10）.

步，高像素、细部放大的高清器物图片不断面世，博物馆、考古所等研究单位以馆藏文物为依托，借助国家对文物文化事业的经费投入加快了图录的出版速度。由于有了上述方面的进步，加上前两阶段金银器研究的基础，这期间对辽代金银器的研究进一步深入，在专题性研究及系统性研究中均取得了比较丰硕的成果。

专题研究进一步开展，邵国田对20世纪80年代出土却未发表的4件银质文具进行了详细介绍，对其功用和文化因素进行了考释，可谓资料性和研究性兼备①。

冯恩学先生对辽代马具进行了专题研究，涉及形制特点、渊源流向和在马具发展史中的地位等诸多方面。不仅对衔镳、络头、鞍、胸带、鞧带、蹀躞带、坐垫、鞍鞯、障泥、鞍、袱、镫、缨、铃、杏叶、带具等马具组件的形制进行了分解式分析，而且对其渊源及装饰艺术进行了探索式研究②。

许晓东先生的《契丹人的金玉首饰》③是对辽代金银质和玉质装饰品的专题研究。其以辽文化圈内墓葬、窖藏所见金、玉首饰为依据，结合传世品对契丹人的头饰、耳饰、瓔珞、项饰、手镯、指环等做初步的梳理，重点阐述其与契丹文化、唐宋汉文化、北方草原金器传统的关联。

冠的专题研究日渐深入。2007年贾玺增的《辽代金冠》④对葬具中的冠进行了专项研究。其收集了众多的出土品和传世品，将冠分为卷云冠、高翅冠、莲叶冠、菩萨冠、额冠，并探讨了冠的戴用场合、结构式样、赐赠制度和图案纹样。2008年，冯恩学先生考释吐尔基山辽墓出土金帽的功能为萨满专用的神帽，并对其复杂的文化继承关系进行了解读。他认为十字梁结构来源于鲜卑文化，兜形结构来源于唐代中原和北方地区广泛存在的金属下颌托⑤。

关于辽代金银器的个案专题性研究。内蒙古文物考古研究所编著的《辽陈国公主墓》最具特色，采取以重大辽墓为个案细化发掘报告兼附研究性文章的写作模式⑥。在随葬品章节按照金器、银器等材质的不同对出土品进行详尽的介绍，在结语部分对银鎏金冠、马具、银枕、银靴、猎具、首饰、瓔珞、网络、面具进行历史学的初步考察，在附录章节中国科学技术大学利用X射线荧光光谱、X射线衍射和金相分析方法对陈国公主墓出土的部分金银器进行了测试分析，为研究陈国公主墓提供了第一手的科技考古研究资料，研究部分也为日后的研究者提供了可靠依据。盖之庸编著的《探寻逝

---

① 邵国田．敖汉旗英凤沟7号辽墓出土银质文具考［J］．内蒙古文物考古，2003（2）．

② 冯恩学．辽代契丹马具探索［A］．考古学集刊（14）［C］．北京：文物出版社，2004．

③ 许晓东．契丹人的金玉首饰［J］．故宫博物院院刊，2007（6）．

④ 贾玺增．辽代金冠［J］．紫禁城，2011（11）．

⑤ 冯恩学．吐尔基山辽墓萨满金帽的文化溯源［A］．新果集——庆祝林沄先生七十华诞论文集［C］．北京：科学出版社，2009．

⑥ 内蒙古自治区文物考古研究所，哲里木盟博物馆．辽陈国公主墓［M］．北京：文物出版社，1993．

去的王朝——辽耶律羽之墓》，以实录的方式将耶律羽之墓的发掘纪实及出土器物娓娓道来，并单独对金银器及饰物、鞍马具进行了详细介绍和文献追索。

在这个阶段，仍有学者在辽代金银器方面进行综合研究，整体上将辽代金银器的研究又向前推进了一步。

张景明 2011 年出版的《辽代金银器研究》[①] 论著，是对他在 21 世纪初发表的系列论文 [②] 的一次汇集和推进式研究。该书主要从如下方面展开讨论：借助收集较为齐全的材料，将金银器的类型与分期特征杂糅在一起讨论，先在分期特征章节将器皿的分类标准阐明，然后在分类章节将每件器皿纳入早、中、晚期的分型当中，而对殡葬器、鞍马具、装饰品、日杂器的每件器物进行器物描述，对类型未展开阐述，且分期的时间卡尺与历史学分期略有出入。在造型艺术方面，其按照三期 4 段的分期盘点了器形、纹样、工艺的特点，力求对每一类的规律加以认识，遗憾的是无图片和论据支撑，略显薄弱；运用了纹样的分区装饰、单点装饰和满地装饰的布局理论，对辽代金银器的纹样布局进行了宏观把握。在文化内涵揭示方面，从文献和器物两方面论证了辽代金银器与前代民族文化因素、唐文化因素、西方文化因素、宋文化因素的关联，并对宋代金银器的特点进行了概括总结。关于辽代金银器的功用和历史学考察，以壁画、文献为论据展开，单设章节探讨了金银器反映的人际交往、在经济生活中的体现、在丧葬礼俗和宗教礼仪中的作用以及所表达的服饰文化。

同时张景明先生编著的《中国北方游牧民族饮食文化研究》[③] 对契丹的饮食器进行了探讨，先从早、中、晚的遗迹中罗列出食器和酒器的器物，然后通过壁画和文献来探寻金银饮食器的功用。

赵运龙在其硕士学位论文《辽代墓葬出土金银器历史学研究》[④] 中将金银器分为六大类：饮食器、日常用具、装饰品、马具、葬具及其他类，首次尝试将所有器物进行考古学的类型分析，并随文配图，是辽代金银器综合分型研究的进步。遗憾的是器物的分型较为简单，分型的标准不尽统一，列举的墓例过于单一，有待标准更加科学、资料更加充实的类型研究继续深入。同时将造型艺术置于分期章节，分别按照三期讨论六大类金银器在器形和数量上的变化，兼简述纹样和工艺，思路比较清晰，但是在深度和图片的跟进上还有拓展空间。

---

① 张景明．辽代金银器研究［M］．北京：文物出版社，2011．

② 张景明，赵爱军．论辽代金银器［J］．考古与文物，2001（2）；张景明，赵爱军．辽代金银器的器形纹饰演变及工艺［J］．北方文物，2000（1）；张景明．辽代金银器的特征及造型艺术［J］．大连大学学报，2006（1）；张景明．辽代金银器之西方文化和宋文化的因素［J］．内蒙古大学艺术学院学报，2006（1）；张景明．辽代金银器在社会生活和风俗习惯中的反映［A］．中国古代社会与思想文化研究论集［C］．哈尔滨：黑龙江人民出版社，2006．

③ 张景明．中国北方游牧民族饮食文化研究［M］．北京：文物出版社，2008．

④ 赵运龙．辽代墓葬出土金银器历史学研究［D］．沈阳：辽宁大学硕士学位论文，2011．

博物馆文物研究者逐渐注意到并开始重视彩版图录在资料全方位展示中的作用，高质量图录的陆续出版也对辽代金银器的研究起到了推动作用。首推张景明2005年出版的《中国北方草原古代金银器》①，该书以图文并茂的方式再现了辽代金银器的富丽与辉煌，以资料再现的方式罗列了各墓葬出土金银器的情况，并展开相关研究。其次内蒙古博物院、辽宁省博物馆等文博单位在创办展览的过程中推出对应的展品图录也为研究者提供了研究素材，如《文明之旅——中国北方草原古代文明揽胜》②《草原牧歌——契丹文物精华》③《草原华章——契丹文物精华展》④《辽宁省博物馆》⑤等。除上述之外，《大辽公主——陈国公主墓发掘纪实》⑥也提供了精美的彩版图片。

学者对辽代金银器的研究受到唐代金银器研究的影响，对金银器皿格外关注，笔墨多着力于对器皿的类型分析和分期讨论，而对生活用具、服饰、马具、葬具等类尚未展开全面、细致的类型学研究，分期也多未涉及或浅尝辄止。目前考古资料的不断丰富，恰逢内蒙古自治区馆藏珍贵文物数据库的创建时机，使我们可以面见很多尚未发表的金银器物甚至可以从不同的角度观察研究，这在以往是一个巨大的奢望。学界对辽代金银器的研究方面各有侧重点，但仍有继续研究的空间，本书将在前人研究成果的基础上，扩充新材料，运用考古学、文献学相结合的方法，在类型与组合、纹样、分期、文化内涵、艺术风格等方面对辽代金银器进行一次综合性的系统研究，争取将辽代金银器的整体研究再向前推进一步。

---

① 张景明．中国北方草原古代金银器［M］．北京：文物出版社，2005.

② 内蒙古博物院．文明之旅——中国北方草原古代文明揽胜［M］．呼和浩特：内蒙古博物院，2009.

③ 陈建明，塔拉．草原牧歌——契丹文物精华［M］．长沙：岳麓书社，2010.

④ 山西博物院，内蒙古博物院．草原华章——契丹文物精华展［M］．太原：山西人民出版社，2010.

⑤ 马宝杰．辽宁省博物馆［M］．北京：长征出版社，2008.

⑥ 孙建华，杨星宇．大辽公主——陈国公主墓发掘纪实［M］．呼和浩特：内蒙古大学出版社，2008.

第二章　辽代金银器的类型与组合

依据器物功能的不同，将辽代金银器分为人体装饰品、工具、马具、器皿、葬具五大类，每类下分出若干型及亚型，并探索一些存在组合关系的器物组合或使用方法，如带具、马具、葬具等，力图通过分型与组合的分类归纳，初步建立起辽代金银器的总的构成体系。

第一节　人体装饰品的类型与组合

一、类　　型

根据现有考古资料将金银装饰品分为头饰、耳环、璎珞、戒指、手镯和带具六大类。

1. 头饰

辽代的金银头饰有簪、钗、步摇、巾环，尺寸见表 2-1。

表 2-1　辽代金银头饰　　（单位：厘米、克）

器物名称	质地 / 数量	尺寸、重量	出土地点或收藏地点
牡丹花头一体银簪	银 /1	长 18.5	阿鲁科尔沁旗博物馆
牡丹花头分体银簪	银 /1	长 15	阿鲁科尔沁旗博物馆
花蝶头嵌宝石金簪	金 /1	通长 17.2、最宽 2	宁城县博物馆
石榴花金头银股簪	金银 /1	通长 17.2、最宽 2，重 14.8	宁城县博物馆
凤鸟玉首银股簪	银 /1	首长 3.2、身长 8.4	承德窖藏
绣羽明春图金首银股簪	金银 /1	通长 18.1、最宽 2.2，重 9.7	宁城县博物馆
珠翠银鎏金簪	银鎏金	通长 8.5	耿延毅墓
珍珠松石金簪	金 /2	一件长 9.5、另一件长 9.8，总重 21.8	宁城县博物馆
金花银簪	银 /2	长 16、宽 1 ~ 2.1、厚 0.1	耶律羽之墓
素面银三棱钗	银 /2	长 22.8	二八地辽墓
素面银三棱钗	银 /3	长 22.4	白音塔拉辽墓
素面银四棱钗	银 /3	长 23	白音塔拉辽墓

续表

器物名称	质地 / 数量	尺寸、重量	出土地点或收藏地点
联珠纹银鎏金三棱钗	银鎏金 /2	长 28	白音塔拉辽墓
金凤首银股钗	金银 /1	通高 16，重 41	赤峰市博物馆
琥珀珍珠金叶步摇头饰	金 /1	菱形金片长 1.8、宽 1.1，尖叶形金片长 1.2、宽 0.5	陈国公主墓
牡丹纹银鎏金牌饰	银鎏金 /2	长 17.7、宽 4.8	吐尔基山辽墓
金巾环	金	直径 3.6、厚 0.5	大西沟辽墓
龟纹金巾环	金	直径 2.5	二八地一号辽墓
竹节形金巾环	金 /2	外径 2.7、内径 1.1	法库红花岭辽墓
银巾环	银	直径 2	大西沟辽墓
金巾环	金	直径 0.6、外缘直径 1.1	叶茂台 23 号墓

（1）簪

辽簪多数为簪头、簪股分制套合，簪头制作成笔套式长尾，与单独的扁簪股套合，有的为簪头、簪股一同打制的一体簪。根据簪头纹样和造型的差异分为四型。

A 型　花头簪。簪头平面錾刻纹样，习见牡丹、花蝶、石榴簇拥枝头，有的簪套亦錾刻纹样，簪股多素面无纹。根据纹样不同又分三亚型。

Aa 型　牡丹花头。标本 1：阿鲁科尔沁旗扎斯台辽早期墓葬出土的金首银簪（图 2-1，1），簪首金制，为牡丹花形，下连扁平插管，银簪身扁平，上部略宽，渐次收窄①。标本 2：阿鲁科尔沁旗博物馆藏牡丹花头银簪（图 2-1，2），为一体银质簪②。标本 3：阿鲁科尔沁旗博物馆藏另一件牡丹花头银簪（图 2-1，3），金簪首银簪股，为分体簪。

Ab 型　花蝶头。标本：宁城县博物馆藏花蝶头嵌宝石金簪③（图 2-1，4），蝴蝶驻足于花丛中的宝石花蕊，可惜宝石遗失，此簪看似为錾花笔套式长尾特征的分体簪，从背面观察为一体簪。

Ac 型　石榴花头。标本：宁城县博物馆藏另一件金石榴花头银股簪（图 2-1，5），果实被花叶包覆，金簪首银簪股，为分体簪，但套合的位置在簪首正背后。

B 型　凤鸟簪。簪头立体圆雕凤、鸟造型，与簪股分制套合。簪头、簪股多为金银质，偶见玉石簪头，通常簪头、簪套錾刻纹样，簪股素面无纹。标本 1：河北省易县大北城出土的金凤首银股簪（图 2-1，6），簪首金制，为凤立云端造型，与簪股分制套合④。标本 2：承德窖藏出土的凤鸟玉首银股簪，凤鸟形玉质簪首，银质簪股。标本 3：

① 张景明．中国北方草原古代金银器［M］．北京：文物出版社．2005．

② 内蒙古国有馆藏珍贵文物数据库资料。

③ 内蒙古国有馆藏珍贵文物数据库资料。

④ 杨伯达．中国金银玻璃珐琅器全集 · 金银器（二）．石家庄：河北美术出版社，2004：图版 366．图录称作“银铤金凤钗”，从图片观察应为簪。

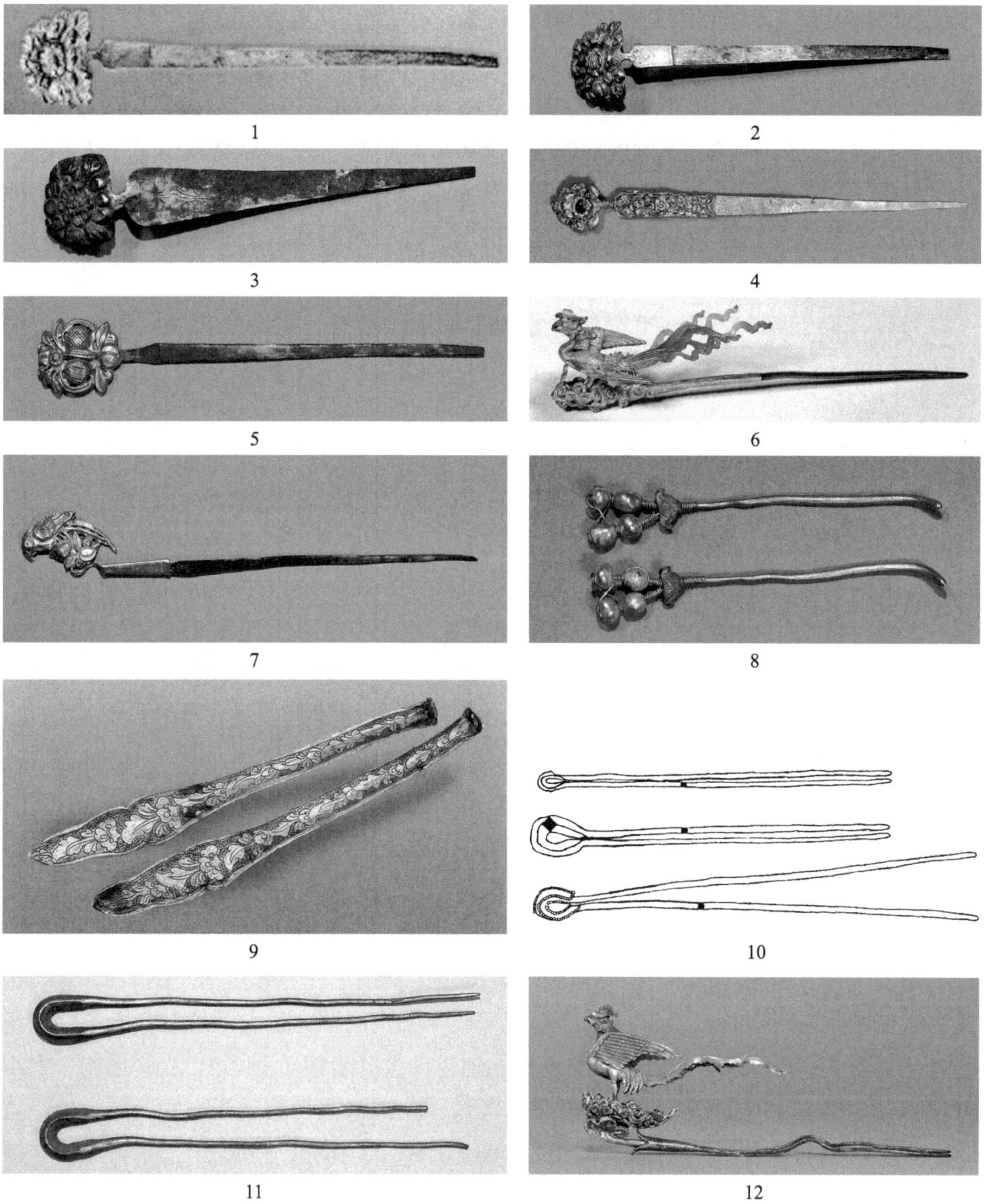

图 2-1 簪、钗①

1 ~ 3. Aa 型簪（扎斯台辽墓出土、阿鲁科尔沁旗博物馆藏、阿鲁科尔沁旗博物馆藏）
4. Ab 型簪（宁城县博物馆藏） 5. Ac 型簪（宁城县博物馆藏） 6、7. B 型簪（易县大北城出土、宁城县博物馆藏）
8. C 型簪（宁城县博物馆藏） 9. D 型簪（耶律羽之墓出土） 10、11. A 型钗（白音塔拉辽墓出土、二八地 M1 辽墓出土） 12. B 型钗（赤峰市博物馆藏）

---

① 图中的 1 摘自《契丹人的金玉首饰》，2 ~ 5、7、8、摘自内蒙古国有馆藏珍贵文物数据库，6 由河北博物馆蒋飞飞提供，9 摘自《探寻逝去的王朝——辽耶律羽之墓》，10 摘自《科左后旗白音塔拉契丹墓葬》，11、12 摘自《赤峰博物馆文物典藏》。

宁城县博物馆藏绣羽明春图金首银股簪（图2-1，7）[①]，鸟形金质簪首，银质簪股。

C型　珠翠簪。簪首穿缀宝石。标本1：耿延毅墓出土的珠翠银鎏金簪，为分体簪，扁股上插一枝银鎏金丝编结的花枝，花枝上缀饰六颗绿松石珠，为1019年的纪年标准器。标本2：宁城县博物馆藏两件珍珠松石金簪形制如是，只是尺寸较短（图2-1，8）。

D型　匕形簪。标本：耶律羽之墓出土的金花银簪（图2-1，9），匕形，簪首曲边，簪柄末端弯曲并穿孔，整体弧弯，正面及背面簪首錾刻鱼子地牡丹花纹，柄背面有别卡[②]。

另外，梯子庙M2辽墓出土的银簪和东平村辽墓出土的金簪因残且无图，形制不明。

（2）钗

多为折股钗，折股实心，银条弯曲而成，主要用作挽发，使用时一股在侧一股在前，挽住头顶的高髻。辽墓出土的钗甚少，根据钗头纹样和造型的差异可分为二型。

A型　银棱钗。目前考古所见的10件银钗均为银棱钗，其钗梁截面均为三棱或四棱体，有的棱沿上錾刻联珠纹，有的光素无纹。根据纹样又可分为二亚型。

Aa型　素面。标本1：二八地辽墓出土的2件素面银三棱钗（图2-1，11）。标本2：白音塔拉辽墓出土的素面银三棱钗（图2-1，10上）和素面银四棱钗（图2-1，10中）。

Ab型　联珠纹。标本：白音塔拉辽墓出土的联珠纹银鎏金三棱钗（图2-1，10下）。

B型　金凤钗。标本：赤峰市博物馆藏金凤首银股钗（图2-1，12），钗首为鹰嘴长尾凤，立于如意云端，翘首待飞，与笔套式钗股套合。

另外，韩佚墓出土的银钗因无图文资料、新民巴图营子的银钗已残，形制均不得而知。

（3）步摇

A型　金叶步摇。标本1：陈国公主墓出土的琥珀珍珠金叶步摇（图2-2，1），出土时位于公主头部，以四股穿珍珠的金丝弯成半圆，两端穿系龙形琥珀，上各穿三组金叶。标本2：四川崇州市元通镇窖藏出土的3件金叶步摇（图2-2，3），形制、大小相同，镂空錾刻，平面似展开的扇形，体弯弧，上饰双凤和数朵镂空的团花，边缘连缀七根金丝和七片金叶，从使用功能的角度应定名为步摇簪，最大径8.3、最小径4.2、总长9.5厘米[③]。

B型　铃铛步摇。标本1：吐尔基山辽墓出土的2件牡丹纹银鎏金步摇牌饰

---

① 名称取自扬之水《奢华之色——宋元明金银器研究（卷一）》，鸟形与故宫博物院藏宋人《绣羽明春图》相若。

② 内蒙古文物考古研究所，赤峰市博物馆，阿鲁科尔沁旗文物管理所．辽耶律羽之墓发掘简报［J］．文物，1996（1）．

③ 张孜江．四川博物院收藏的一批辽宋金器［J］．文物，2012（1）．

（图 2-2，2），其用途尚未能确定，由于出土时位于墓主头部，长方形框下连 5 组铃铛，框后附丝织品，推测为与金箍冠配套使用的步摇。标本 2：二八地 M1 辽墓出土的银铃铛圆牌饰疑为步摇，圆形镂空，四周有孔，垂挂 7 枚三角形小银铃①（图 2-2，4）。

（4）巾环

墓葬中的金环似为帽饰中的巾环，作调解帽子松紧之用。根据花纹的有无可分二型。

A 型　有花纹。标本 1：大西沟辽墓出土的金巾环（图 2-2，5），直径略大，正面压花，背面边缘凸起。标本 2：二八地 M1 辽墓出土的龟纹金环，錾刻六只小龟做爬行状②。标本 3：法库红花岭辽墓出土的 2 件竹节形金巾环（图 2-2，6），花式边，环面上有 10 孔。

B 型　无花纹。标本 1：大西沟辽墓出土的银巾环，比金环略小，截面呈圆形，素面无纹。标本 2：叶茂台 23 号辽墓出土的金巾环，扁圆环状，中空。

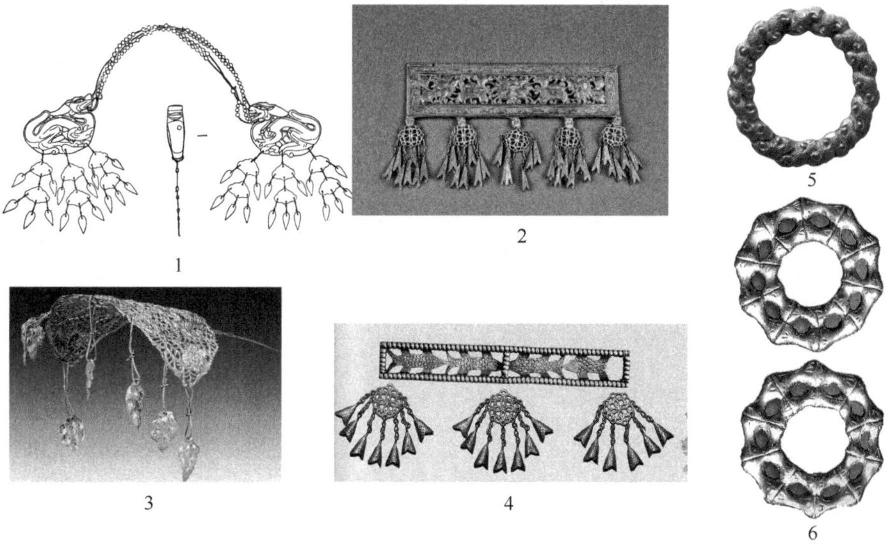

图 2-2　步摇、巾环③

1、3. A 型步摇（陈国公主墓出土、四川元通镇窖藏）　2、4. B 型步摇（吐尔基山辽墓出土、二八地 M1 辽墓出土）　5、6. A 型巾环（大西沟辽墓出土、红花岭辽墓出土）

2. 耳环

根据笔者掌握的资料，可将耳环分为八型，尺寸见表 2-2。

---

① 项春松．克什克腾旗二八地一、二号辽墓［J］．内蒙古文物考古，1984（3）．简报中称为银质首饰。

② 项春松．克什克腾旗二八地一、二号辽墓［J］．内蒙古文物考古，1984（3）．简报中称为金龟，直径 2.5 厘米。

③ 图中的 1 摘自《辽陈国公主墓》，2 摘自《文物华章：内蒙古自治区文物考古研究所 60 年重要出土文物》，3 摘自《四川博物院收藏的一批辽宋金器》，4 摘自《赤峰博物馆文物典藏》，5 摘自《辽宁省文物考古研究所藏文物精华》，6 摘自《法库红花岭辽墓》。

表 2-2　辽代金银耳环　　（单位：厘米、克）

器物名称	质地 / 数量	尺寸、重量	出土地点或收藏地点
U 形带凸金耳环	金 /2	横长 2.1、宽 0.5、通高 3	沙子沟 M1 辽墓
U 形带凸银鎏金耳环	银鎏金 /2	高 3.8	凉城水泉 M26 辽墓
U 形带凸金耳环	金 /2	通高 2.7	凉城水泉 M27 辽墓
U 形带凸金耳环	金 /2	通高 2.6	朝阳沟 M2 辽墓
U 形带凸铜鎏金耳环	铜鎏金器	径 1.7	白塔村 M2 辽墓
U 形带凸银鎏金耳环	银鎏金器	宽 3.1、高 4	小哈达辽墓
U 形带凸铜鎏金耳环	铜鎏金 /2	通长 4.3、直径 0.7	天津蓟县营房村 M1 辽墓
U 形带凸金耳环	金器	高 3.2	上烧锅 M4 辽墓
U 形带凸金耳环	金器	高 2.2，重 1.31	敖汉旗林家地乡西沟辽墓
U 形带凸金耳环	金器	通高 2.5、长 2.8、厚 1，重 14	阿鲁科尔沁旗博物馆
U 形带凸金耳环	金 /2	长 2.6、宽 2.6，重 12.3、10.9	巴彦库仁 M1 辽墓
摩羯形金耳环	金器	高 3.5	二八地 M1 辽墓
摩羯形金耳环	金 /2	宽 5.2、高 5.1、厚 2.2	吐尔基山辽墓
摩羯形金耳环	金器	高 4、宽 3.7、厚 1.2	奈林稿木头营子 M2 辽墓
摩羯形金耳环	金器	通长 3.2、宽 2.2	代钦塔拉 M3 辽墓
摩羯形金耳环	金 /2	高 4、宽 3.7、厚 1.2	小努日木辽墓
摩羯形金耳环	金 /1	高 4.3、宽 4.3、厚 1.6	喇嘛沟 M1 辽墓
摩羯形嵌绿松石金耳环	金器	宽 4.4、厚 1.6、通高 4.4	耶律羽之墓
摩羯形金耳环	金 /1	长 3.7	硃碌科辽墓
摩羯形金耳环	金 /2	高 3.35、宽 2.25、厚 1	赤峰市博物馆
摩羯形金耳环	金 /2	宽 3.5、厚 1.3、通高 4.5	耶律羽之墓
摩羯形金耳环	金 /2	高 3.2	二八地 M1 辽墓
摩羯形金耳环	金 /2	通高 4.3、宽 3.5、厚 1.3	敖汉旗水泉辽墓
摩羯形金耳环	金 /2	长 3.7、宽 1.8、高 3，重 9.1、9.6	叶茂台 M9 辽墓
联珠棱新月形金耳环	金器	高 3.7	二八地 M1 辽墓
联珠棱新月形嵌宝石金耳环	金 /2	高 6、宽 2.8，重 61.8、56.5	吐尔基山辽墓
联珠棱金耳环	金 /2	共重 32.5	南皂力营子一号辽墓
联珠棱新月形银鎏金耳环	银鎏金器	直径 2.3	道北沟村辽墓
联珠棱新月形金耳环	金 /2	高 5.3、厚 1.4，重 38.4	阿鲁科尔沁旗博物馆
联珠棱新月形金耳环	金 /2	长 2.7、宽 1.2，各重 6	代钦塔拉 M3 辽墓
联珠棱新月形银鎏金耳环	银鎏金 /2	径 3.5	前窗户辽墓
人物鱼舟形金耳环	金 /2	舟高 2.2、长 2.9、宽 1.3	新民巴图营子辽墓
圆环形银耳环	银 /2	通高 2.5	朝阳沟 M2 辽墓
素面圆环形银耳环	银 /2	直径约 2.4、断面直径 1.1	叶茂台 M23 辽墓
凤纹金耳环	金 /2	高 5.6、长 4.7	建平张家营子辽墓
迦陵频伽形金耳环	金 /2	高 4.3、宽 3.2、厚 0.9、坠长 4.8，重 24	和布特哈达辽墓
葫芦枝纹金耳环	金器	高 2.5、7.3	敖汉旗萨力巴乡老牛槽沟辽墓

A 型　U 形带凸耳环。耳环环身呈 U 形，侧面饰圆凸球，底部饰叶片形垂体，根据圆凸球的数量和纹样差异可分为三亚型。

Aa 型　单个圆凸球。素面。标本 1：沙子沟 M1 辽墓出土的金耳环（图 2-3，1），耳脚与环身分开，素面圆凸，环身底部为叶片形垂体。标本 2：凉城水泉 M26 辽墓出土的银鎏金耳环。标本 3：凉城水泉 M27 辽墓出土的金耳环。标本 4：张扛村 M1 辽墓出土的银鎏金耳环。标本 5：朝阳沟 M2 出土的金耳环（图 2-3，2），环身呈深 U 形，环身细长。标本 6：白塔村 M2 辽墓出土的铜鎏金耳环。标本 7：小哈达辽墓出土的银鎏金耳环（图 2-3，3），环身粗短。标本 8：营房村 M1 辽墓出土的铜鎏金耳环。标本 9：上烧锅 M4 辽墓出土的金耳环。

Ab 型　单个圆凸球。有纹样。标本 1：敖汉旗林家地乡西沟辽墓的金耳环（图 2-3，4），其特殊之处在于环身底部的叶片垂体为联珠棱圆饼饰。标本 2：阿鲁科尔沁旗博物馆藏的金耳环（图 2-3，5），环身饰弦纹，叶片垂体饰联珠堆花。

Ac 型　三个圆凸球。素面。标本：巴彦库仁 M1 辽墓出土的金耳环，为环状一体式，无独立耳脚，环身平均分布三个有乳凸的圆饰（图 2-3，6）。

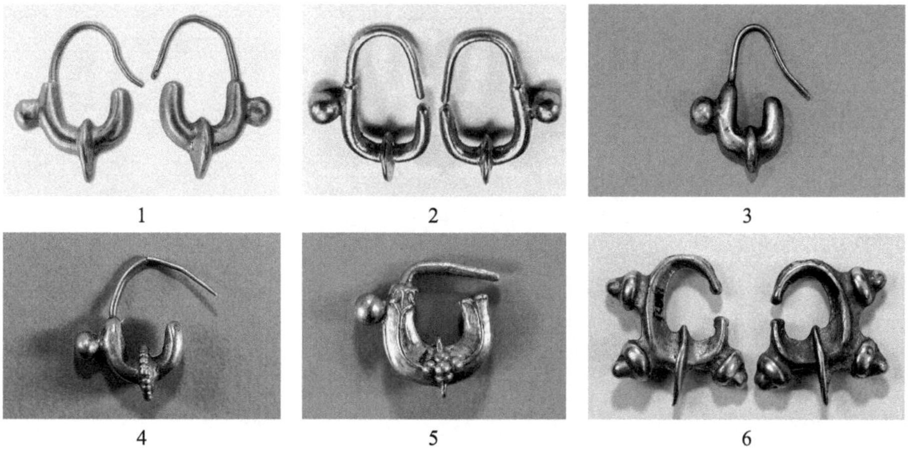

图 2-3　A 型 U 形带凸耳环[①]

1 ~ 3. Aa 型（沙子沟 M1 辽墓、朝阳沟 M2 辽墓、小哈达辽墓）4、5. Ab 型（敖汉旗林家地乡西沟辽墓、阿鲁科尔沁旗博物馆藏）6. Ac 型（巴彦库仁 M1 辽墓）

B 型　摩羯形耳环。龙首鱼身，中空，口衔圆凸为花蕾形或半花形，多有双角和出梁。摩羯形耳环是辽代最流行的耳环样式，故墓葬出土资料最为丰富。根据特征可分为四亚型。

Ba 型　只有圆凸。标本 1：二八地 M1 辽墓出土的摩羯形金耳环（图 2-4，1），头大尾阔，双目可见，口衔花蕾形圆凸。标本 2：小努日木辽墓出土的摩羯形金耳环（图 2-4，

---

① 图中的 1 摘自《敖汉旗文物精华》，2 摘自《沈阳考古文集》，3 ~ 6 摘自内蒙古国有馆藏珍贵文物数据库。

2），头人尾阔的特征逐渐消失，扁蘑菇形圆凸，纹样简化。

Bb型　有圆凸和双角。标本1：吐尔基山辽墓出土的摩羯纹金耳环（图2-4，3），大头扇尾，口衔花蕾形圆凸，镶嵌绿松石，双角粗壮。标本2：奈林稿木头营子M2辽墓出土的金耳环（图2-4，4），龙头出角，口衔花蕾形圆凸。标本3：代钦塔拉M3辽墓出土的金耳环（图2-4，5），圆凸双角，联珠纹装饰，有镶嵌痕迹。标本4：耶律羽之墓出土的摩羯形嵌绿松石金耳环（图2-4，6），体型肥硕，龙头出角，圆凸为曲缘花瓣形。标本5：硃碌科辽墓出土的摩羯形金耳环（图2-4，7），花蕾形圆凸，龙头出角。标本6：赤峰市博物馆藏摩羯形金耳环（图2-4，8），以花蕾形圆凸和双角为特征，为

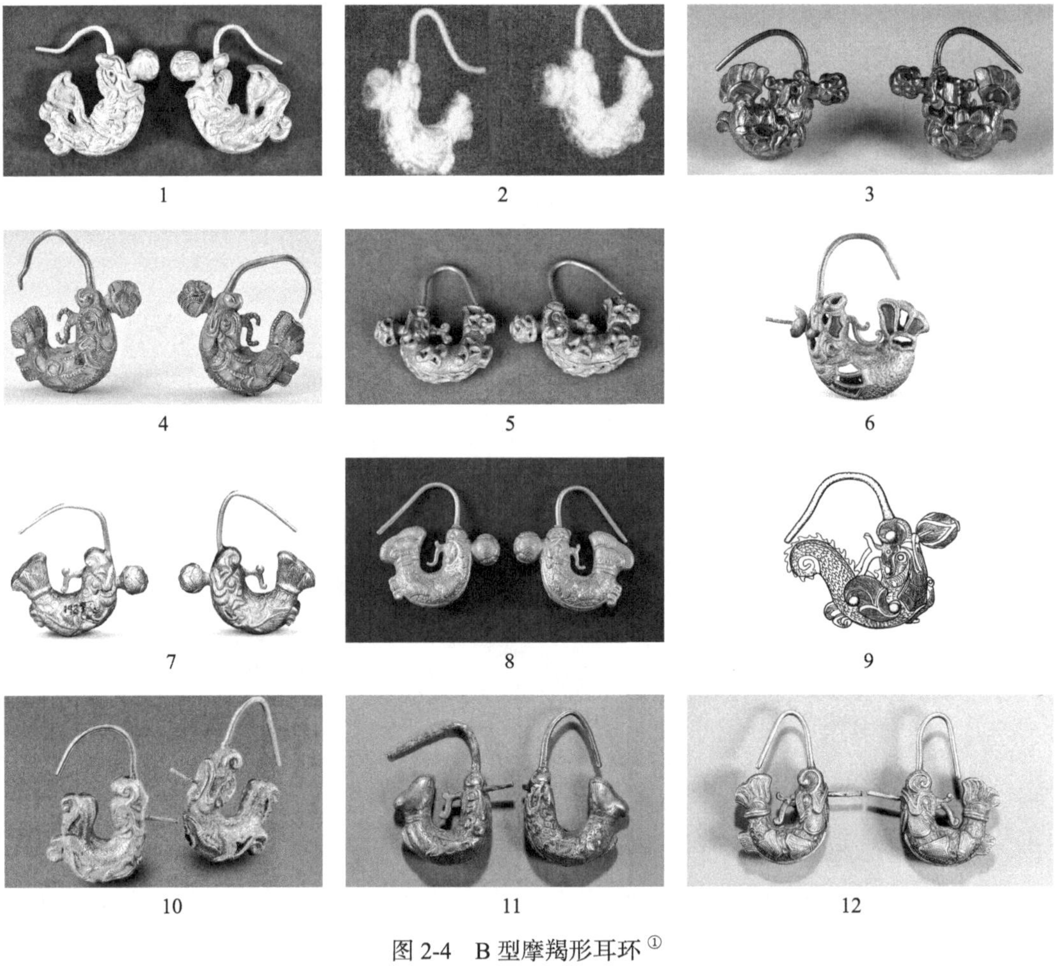

图2-4　B型摩羯形耳环[①]

1、2. Ba型（二八地M1辽墓、小努日木辽墓）　3～9. Bb型（吐尔基山辽墓、奈林稿木头营子M2辽墓、代钦塔拉辽墓、耶律羽之墓、硃碌科辽墓、赤峰市博物馆藏、凌源小喇嘛沟M1辽墓）　10～12. Bc型（耶律羽之墓、二八地M1辽墓、敖汉旗水泉辽墓）

① 图中的1、3～5、8、11、12摘自内蒙古国有馆藏珍贵文物数据库，2摘自《内蒙古科左中旗小努日木辽墓》，6、10摘自《探寻逝去的王朝——辽耶律羽之墓》，7摘自《辽宁博物馆》，9摘自《凌源小喇嘛沟辽墓》。

公安局收缴所得。标本 7：凌源小喇嘛沟 M1 辽墓出土的摩羯形金耳环（图 2-4，9），能转动的花蕾形圆凸，龙头出角为其共性，独特之处在于内卷带齿状背鳍且鳞片密布的尾部，以及颈下贴附的一只双目、双翅、长尾的小兽。

Bc 型　没有圆凸，下颌出梁。标本 1：耶律羽之墓出土的摩羯形金耳环（图 2-4，10），体型为深 U 瘦型，无圆凸无双角，仅有出梁。标本 2：二八地 M1 辽墓出土的摩羯形金耳环（图 2-4，11），无圆凸，龙头出角，下颚出梁。标本 3：敖汉旗水泉辽墓出土的摩羯形金耳环（图 2-4，12），无圆凸，环身纤细，保留龙头出角、下颌出梁的造型。

Bd 型　无圆凸，双角，出梁。标本：叶茂台 M9 辽墓出土的金耳环形似摩羯，却无摩羯的细部特征，头部、尾部的处理方式与常见的摩羯耳环相去甚远。

C 型　联珠棱新月形耳环。此类耳环为三棱平面或四棱立体造型，棱上装饰联珠纹，间錾作鱼子地，侧面为花蕾形饰，宛如新月悬于夜空。根据棱体的特征可分为二亚型。

Ca 型　四棱立体棱。Ⅰ式标本 1：二八地 M1 的联珠棱金耳环，为四棱立体造型，花蕾形圆饰凸出，联珠颗粒大（图 2-5，1）。标本 2：吐尔基山辽墓嵌宝石金耳环，为四棱体立体造型，花蕾形圆饰凸出，嵌墨玉和绿松石（图 2-5，2）。标本 3：南皂力营子一号辽墓出土的金耳环，与标本 1 非常相似（图 2-5，3）。Ⅱ式标本 1：道北沟村辽墓出土的银鎏金耳环，四棱体立体形，圆凸缩小至蘑菇形。标本 2：阿鲁科尔沁旗博物馆藏的金耳环（图 2-5，4），与标本 3 比较接近，圆凸亦缩小至蘑菇形。

Cb 型　三棱平面棱。Ⅰ式标本 1：代钦塔拉辽墓金耳环，为三棱体平面造型，花

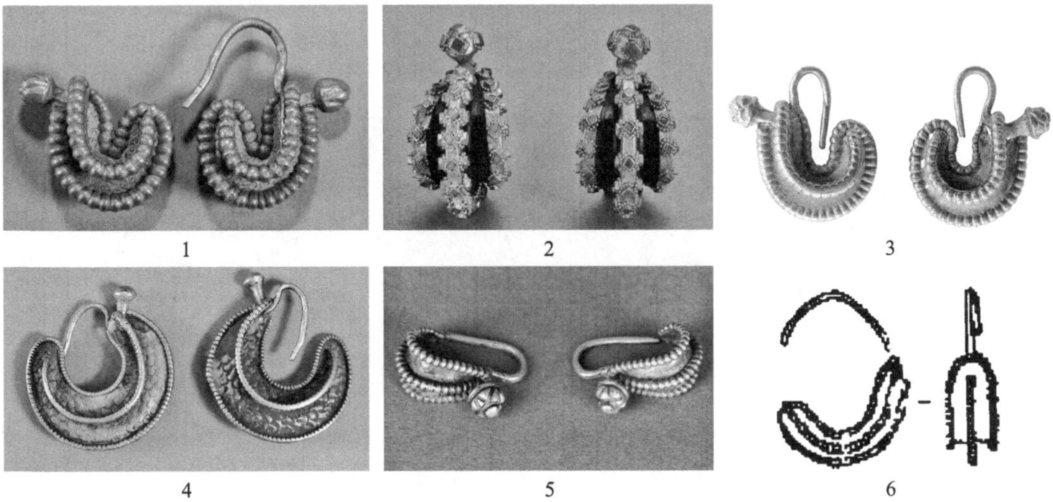

图 2-5　C 型联珠棱新月形耳环 ①

1 ~ 3. Ca 型Ⅰ式（二八地 M1 辽墓、吐尔基山辽墓、南皂力营子一号辽墓）

4.Ca 型Ⅱ式（阿鲁科尔沁旗博物馆藏）　5. Cb 型Ⅰ式（代钦塔拉辽墓）　6. Cb 型Ⅱ式（前窗户辽墓）

① 图中的 1、2、4、5 摘自内蒙古国有馆藏珍贵文物数据库，3 摘自《辽宁省文物考古研究所藏文物精华》，6 摘自《辽宁朝阳前窗户村辽墓》。

蕾形圆凸凸出，联珠颗粒大（图2-5，5）。标本2：白音塔拉辽墓出土的金耳环，无图片，根据平面上竖镶的三道联珠纹的文字描述判定应为平面联珠棱新月形耳环。标本3：虎吐路辽墓出土的金耳环，为三棱体平面造型。Ⅱ式标本：前窗户辽墓出土的银鎏金耳环，为三棱体平面造型，外侧的圆饰不见（图2-5，6）。

D型　鱼舟形耳环。标本1：新民巴图营子辽墓出土的人物鱼舟形金耳环①（图2-6，1），体中空，两页合成，鱼形舟，上有六角亭，亭两侧各驻足三人嬉戏，亭顶焊接金丝，弯曲为环脚。标本2：香港承训堂藏鱼舟形金耳环②，舟上有两层小亭，舟两侧各有两人呈奋力划桨状，舟底连玛瑙、珍珠、绿松石串饰。

E型　圆环形耳环。Ⅰ式标本：朝阳沟M2辽墓出土的扭丝圆环形银耳环（图2-6，2）。Ⅱ式标本：叶茂台M23辽墓出土的素面圆环形银耳环（图2-6，3）。

F型　凤形耳环。标本：建平张家营子辽墓出土的一对凤形金耳环，中空，两面捶揲焊接而成，凤做展翅飞舞状，翘尾，口衔瑞草，腹下云草托足（图2-6，5）。

G型　迦陵频伽形金耳环。标本：和布特哈达辽墓出土的一对迦陵频伽形金耳

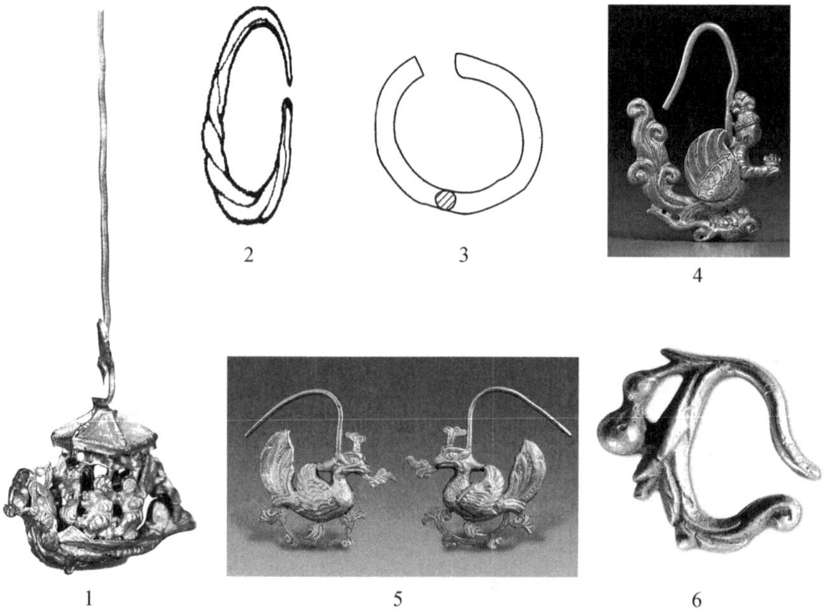

图2-6　其他类型的耳环③

1. D型（巴图营子辽墓）2. E型Ⅰ式（朝阳沟M2辽墓）3. E型Ⅱ式（叶茂台M23辽墓）4. G型（和布特哈达辽墓）5. F型（张家营子辽墓）6. H型（敖汉旗萨力巴乡老牛槽沟辽墓）

---

① 新民巴图营子发掘报告所刊“人物鱼舟金簪”缘于环脚拉成直线被误解为簪，此器通长7.3厘米，鱼舟高2.2厘米，应重新定义为耳环为妥。

② 许晓东．契丹人的金玉首饰［J］．故宫博物院院刊．2007（6）．

③ 1、5摘自《辽宁博物馆》，2摘自《彰武朝阳沟辽代墓地》，3摘自《辽宁法库县叶茂台23号辽墓发掘简报》，4摘自内蒙古国有馆藏珍贵文物数据库，6摘自《敖汉旗文物精华》。

环，手托莲花，乘祥云，一件完整，下缀有三串金叶形流苏，另一件的金叶缀饰无存（图 2-6，4）。

H 型　葫芦枝纹耳环。标本：敖汉旗萨力巴乡老牛槽沟辽墓出土的葫芦枝纹金耳环（图 2-6，6），合范铸成。平面近椭圆形，环身为枝叶卷曲而成，上端枝杈中结出一亚腰形葫芦。

3. 璎珞

辽代璎珞是一种由不同材质组合而成的项饰或臂饰，由珠饰、管形饰、雕花琥珀饰间隔 T 形饰、心形坠饰和镂空金属球穿缀而成。目前能见到的材质有玛瑙、水晶、琥珀、金银等，而金银材质主要用于组件——T 形饰、心形饰、镂空球、管上。

（1）T 形饰

根据材质不同可分为三型。

A 型　金质。标本 1：建平硃碌科辽墓出土的 T 形金饰 1 件。标本 2：耶律羽之墓出土的 T 形金饰 2 件（图 2-7，1）。标本 3：彰武高丽庙沟辽墓出土的 T 形金饰 1 件。

B 型　鎏金。标本 1：南皂力营子一号辽墓出土的铜鎏金 T 形饰 1 件。标本 2：前窗户辽墓出土的铜鎏金 T 形饰 1 件（图 2-7，2）。

C 型　包金，主要是金包水晶、木、琥珀。标本 1：花根塔拉辽墓出土的金包水晶 T 形饰 1 件。标本 2：朝阳沟 M3 辽墓出土的金包木 T 形饰 1 件（图 2-7，3），长 4、上宽 1.3 厘米。标本 3：阜新程沟辽墓出土的铜鎏金包琥珀 T 形饰 1 件。

（2）心形饰

根据材质不同可分为三型。

A 型　金质。标本 1：建平硃碌科辽墓出土的心形金饰 1 件。标本 2：耶律羽之墓出土的心形金饰 2 件（图 2-7，1）。大者长 3.8、宽 2.1 厘米，小者长 2.9、宽 1.7 厘米。标本 3：彰武高丽庙沟辽墓出土的心形金饰 1 件。

B 型　鎏金。标本 1：南皂力营子一号辽墓出土的铜鎏金心形金饰 1 件。标本 2：前窗户辽墓出土的鎏金心形饰 2 件（图 2-7，2）。标本 3：小努日木辽墓出土的铜鎏金心形饰 1 件①。长 4、直径 2.2 厘米。

C 型　包金，水晶、木、琥珀包金。标本 1：花根塔拉辽墓出土的金包水晶心形饰 1 件。标本 2：朝阳沟 M3 辽墓出土的金包木心形饰 1 件（图 2-7，3）。长 2.8、径 1.6 厘米。标本 3：阜新程沟辽墓出土的铜鎏金包琥珀心形饰 1 件。

（3）镂空球

根据材质不同可分为四型。

A 型　金丝球。标本 1：耶律羽之墓出土的镂空金丝球，联珠镂空花纹。直径 2.5

① 通常 T 形饰和心形饰都以同一材质、同一纹样结伴出现，但小努日木辽墓出土的 T 形饰为琥珀质。

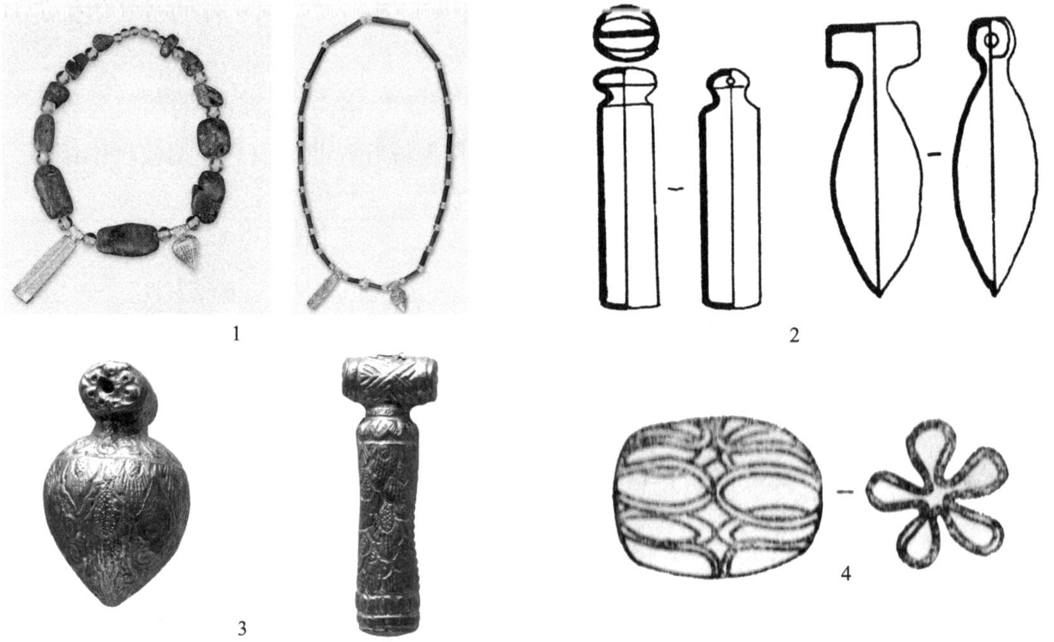

图 2-7　璎珞之 T 形饰、心形饰、镂空球[①]

1. A 型 T 形饰、心形饰（耶律羽之墓）　2. B 型 T 形饰、心形饰（前窗户辽墓）

3. C 型 T 形饰、心形饰（朝阳沟 M3 辽墓）　4. A 型镂空金丝球（陈国公主墓）

厘米。标本 2：吐尔基山辽墓出土的镂空金丝球，直径较大。标本 3：叶茂台 M7 辽墓出土的镂空金丝球。标本 4：朝阳沟 M2 出土的 4 个镂空金丝球。直径 1.5 ~ 1.8 厘米。标本 5：奈林稿木头营子 M2 辽墓出土的 4 个镂空金丝球。标本 6：陈国公主墓出土的镂空金丝球（图 2-7，4）。长径 1.8、短径 1.5 厘米。标本 7：小喇嘛沟 M6 辽墓出土的 1 个镂空金丝球，由金丝组成 5 组相连的闭合“U”形。长径 1.8、短径 1.4 厘米。

B 型　银丝球。标本：前窗户辽墓出土的银丝球。

C 型　银鎏金丝球。标本 1：小房身辽墓出土的 4 个银鎏金丝球。标本 2：小喇嘛沟 M1 辽墓出土的 2 个银鎏金丝球，上下两端有穿孔。大者直径 1.8、高 2.2 厘米；小者直径 1.7、高 1.8 厘米。

D 型　铜鎏金丝球。标本：阜新程沟辽墓出土的 3 个铜鎏金丝球。

（4）管

根据尺寸差异可分为二型。

A 型　长管。标本 1：朝阳沟 M2 出土的 10 件银鎏金管，通体錾刻连毬纹。长 7.5、直径 0.8 厘米。标本 2：小房身辽墓出土的 2 件银包木管，银皮錾刻纹样。标本 3：小喇嘛沟 M1 辽墓出土的 5 件银鎏金管，鎏金银薄片卷成圆柱状，中空，两端封

① 图中的 1 摘自《文物华章：内蒙古自治区文物考古研究所 60 年重要出土文物》，2 摘自《辽代金银器》，3 摘自《辽宁省文物考古研究所藏文物精华》，4 摘自《辽陈国公主墓》。

闭，再凿出小穿孔，其中3件錾刻连毬纹、2件錾刻飞鸟卷草纹，长7.8、直径1.1厘米。标本4：小喇嘛沟M8辽墓出土的2件錾花银管，银片卷成圆柱形，中空，上錾刻细密的花叶状纹样，两端由圆形银片封堵，中央有钻孔。长8、直径1.6厘米。

B型　短管。标本1：朝阳沟M2出土的2件银管。长3.5、直径0.6厘米。标本2：叶茂台M9辽墓出土的2件银管，银皮卷成。长2.6厘米。

4. 戒指

根据戒面形状可分为四型，尺寸见表2-3。

表2-3　辽代金银戒指　（单位：厘米、克）

器物名称	质地/数量	尺寸、重量	出土地点或收藏地点
铜鎏金戒指	铜鎏金/5	通长3	二八地M1辽墓
盾面金戒指	金/2	大者长3.8、宽2.1、高2.5，重19；小者长2.9、宽2、高2.3，重12.5	白音塔拉辽墓
盾面花骨朵嵌绿松石金戒指	金/1	长3.8、宽2.3、高3，重19	吐尔基山辽墓
盾面蟾蜍形嵌绿松石金戒指	金/4	长4.7、宽2.1、高4.3，重17	吐尔基山辽墓
盾面开口戒指	金/5	嵌玉金戒指，面长3.6、宽1.6；宝相花戒指，面长3.6、宽1.9；缠枝纹戒指，面长3.2、宽1.6	耶律羽之墓
盾面银鎏金戒指	银鎏金	戒面长5.2、宽1.9	南皂力营子一号辽墓
盾面金戒指	金/3	长0.38、圆径0.18	奈林稿M2辽墓
盾面金戒指	金/1	通高4.1、戒面长3.8、宽2.1、凤高2.1，重16	哈鲁辽墓
铜鎏金戒指	铜鎏金/7	长3.2、高2.2	天津蓟县营房村辽墓
镂空绳纹金戒指	金	戒面长4.1、宽2	梯子庙M3辽墓
嵌绿松石金戒指	金/7	直径2、宽0.6	代钦塔拉M3辽墓
花形银戒指	银/3	长3.4、宽2	朝阳沟M2辽墓
八曲花形银鎏金戒指	银鎏金	戒面长3.6、宽2.1	南皂力营子一号辽墓
六曲圆弧花形戒面金戒指	金/5	戒面直径1.4	梯子庙M2辽墓
四叶团花纹金戒指	金/17	戒面长2、环径1.7，重2.4	陈国公主墓
篦纹银戒指	银/3	戒面长3.7、宽2.8	突泉县西山村M9辽墓
圆形联珠纹金戒指	金/2	环径1.3	耶律羽之辽墓
宝相花纹金戒指	金/2	面长3.2、宽1.9	耶律羽之辽墓
素面无纹圆环形银戒指	银/2	长3.4、宽2	朝阳沟M2辽墓

A 型　盾形戒指。

戒面为盾面形，面上多有立饰。根据纹样差异又可分三亚型。

Aa 型　联珠纹。标本 1：二八地 M1 辽墓出土的 5 枚铜鎏金戒指（图 2-8，1），环面为联珠纹十字梁，中心为联珠纹圆嵌石孔，地錾鱼子纹。标本 2：白音塔拉辽墓出土的 2 枚金戒指（图 2-8，2）和 6 枚银戒指，形制大同小异，经仔细对比，发现与数据库中标识满斗辽墓出土的一对金戒指完全相同，实则为同一地点的同一墓葬，名称叫法不同而已。科尔沁左翼后旗满斗辽墓出土的 2 枚金戒指（图 2-8，3）。

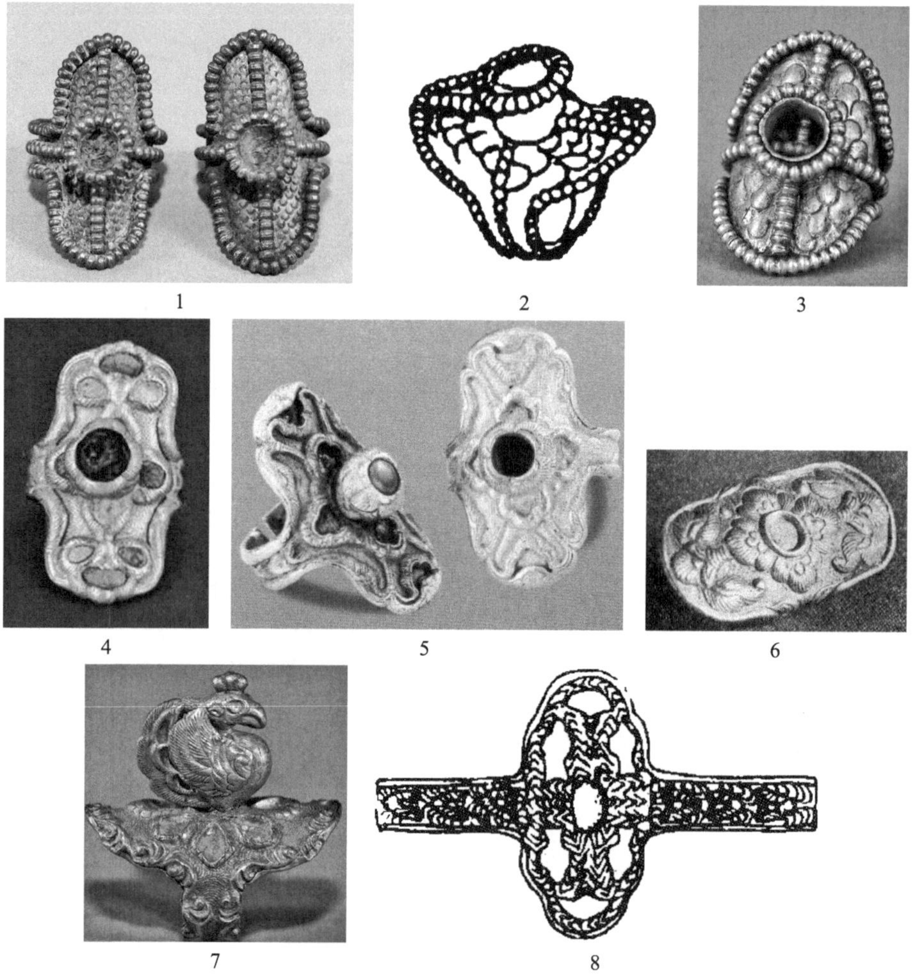

图 2-8　A 型盾形戒指[①]

1 ~ 3. Aa 型（二八地 M1 辽墓、白音塔拉辽墓、满斗辽墓）　4 ~ 7. Ab 型（吐尔基山辽墓、耶律羽之辽墓、奈林稿 M2 辽墓、哈鲁辽墓）　8. Ac 型（梯子庙 M3 辽墓）

① 图中的 1、4 摘自内蒙古国有馆藏珍贵文物数据库之赤峰市博物馆，2 摘自《科左后旗白音塔拉契丹墓葬》，3 摘自内蒙古国有馆藏珍贵文物数据库之通辽市博物馆，5 摘自《探寻逝去的王朝——辽耶律羽之墓》，6、7 摘自内蒙古国有馆藏珍贵文物数据库之巴林右旗博物馆，8 摘自《辽宁阜新梯子庙二、三号辽墓发掘简报》。

Ab 型　錾花草纹。标本 1：吐尔基山辽墓出土的 1 枚金戒指（图 2-8，4），錾花盾形面，盾面正中镶嵌一个凸起的覆莲状花骨朵，向下伸出四朵花瓣，花瓣镶绿松石。标本 2：吐尔基山辽墓出土的 4 枚盾形金戒指，其中 3 枚为金片包水晶戒面，上蹲伏蟾蜍，背部、两侧镶嵌绿松石。标本 3：耶律羽之墓出土的 5 枚盾面开口戒指（图 2-8，5），3 枚表面捶揲缠枝蔓草或宝相花图案、2 枚盾面装饰团花，花瓣、花心嵌玉石。标本 4：南皂力营子一号辽墓出土的银鎏金戒指，横向花形盾面，中心錾四蒂花叶。标本 5：奈林镐 M2 辽墓出土的 3 枚盾形金戒指（图 2-8，6），压四蒂花叶，花心为素面卷沿圆孔，内应有镶嵌物。标本 6：哈鲁辽墓出土的盾面金戒指（图 2-8，7），上立凤饰。标本 7：蓟县营房村出土的 7 件铜鎏金戒指[①]，从报告中模糊的线图观察，戒面为盾形，面上装饰立体莲花。

Ac 型　镂空绳纹。标本：梯子庙 M3 出土的金戒指较为特殊[②]（图 2-8，8），戒面为镂空横向六曲盾形，卷沿形成整体轮廓，环面饰四片花瓣，且有六点镶嵌痕迹，中间形成镂空鱼形，戒箍上各饰三朵火焰纹，整体以绳纹做装饰。

B 型　花形戒指。戒面为花形，根据中心是否嵌石可分二亚型。

Ba 型　嵌石。标本 1：代钦塔拉辽墓出土的 7 枚嵌绿松石金戒指（图 2-9，1），六曲圆弧花形戒面，中心嵌绿松石。标本 2：朝阳沟 M2 辽墓出土的 3 枚花形银戒指（图 2-9，2），尖叶花形戒面，有嵌石孔。标本 3：南皂力营子一号辽墓出土的银鎏金戒指，八曲圆弧花形戒面，有嵌石孔。

Bb 型　无嵌石。标本 1：耶律羽之辽墓出土的 3 枚金戒指（图 2-9，3），其中 2 枚为尖叶花形、1 枚为六曲圆弧花形，中心为乳凸。标本 2：梯子庙 M2 辽墓出土的 5 枚金戒指（图 2-9，4），六曲圆弧花形戒面。标本 3：陈国公主墓出土的 17 枚金戒指（图 2-9，5），戒面錾刻四叶团花纹。标本 4：西山村 M9 辽墓出土的 3 枚篦纹银戒指[③]，中心为乳凸。标本 5：凌源小喇嘛沟 M1 辽墓出土的 6 枚银鎏金戒指，曲状花边，戒面錾刻三叶团花纹。

C 型　圆形戒指。戒面为圆形，中心嵌石。根据纹样不同可分为二亚型。

Ca 型　联珠纹。标本：耶律羽之辽墓出土的 2 枚圆形金戒指（图 2-9，7），环面边饰一周联珠纹，中心嵌绿松石。

Cb 型　宝相花纹。标本：耶律羽之辽墓出土的 2 枚金戒指（图 2-9，8），中心嵌绿松石，戒面錾刻宝相花纹，中心有嵌石。

D 型　无戒面戒指。无戒面，只有戒箍组成环状。标本：朝阳沟 M2 辽墓出土的 2 枚圆环形银戒指（图 2-9，6），素面无纹。

---

① 原报告称铜鎏金指套，单从字面易被误解为包裹手指的指套。

② 辽宁省文物考古研究所，阜新市文物管理办公室．辽宁阜新梯子庙二、三号辽墓发掘简报［J］．北方文物，2004（1）．

③ 原报告称银带饰，根据形制识别为戒指。

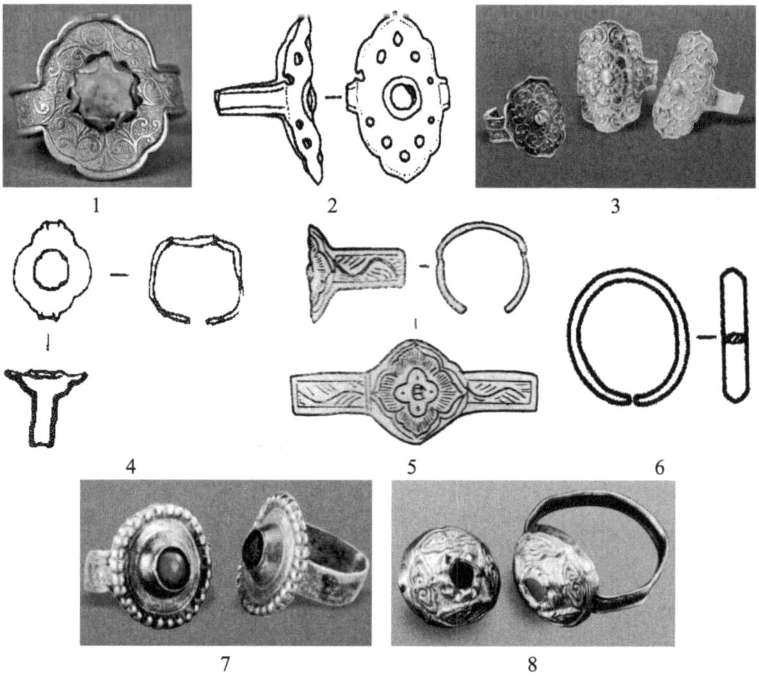

图 2-9　B、C、D 型戒指 ①

1、2. Ba 型（代钦塔拉辽墓、朝阳沟 M2）3 ~ 5. Bb 型（耶律羽之墓、梯子庙 M2、陈国公主墓）
6. D 型（朝阳沟 M2）7. Ca 型（耶律羽之墓）8. Cb 型（耶律羽之墓）

5. 手镯

根据镯体纵剖面的形状可分为三型，尺寸见表 2-4。

表 2-4　辽代金银手镯

器物名称	质地 / 数量	尺寸 / 厘米	出土地点或收藏地点
牡丹鸾鸟纹金手镯	金 /2	宽 1.2、厚 0.1、直径 6.1	耶律羽之墓
兽首金手镯	金 /2	宽 1.5	张家营子辽墓
兽首银手镯	银	直径 4.9、面宽 2、厚 0.1 ~ 0.2	水泉 M26 辽墓
兽首铜鎏金手镯	铜鎏金 /2	中部宽 1.04、两端宽 0.4	后刘东屯辽墓
兽首金手镯	金 /2	长径 6.7、7.6、短径 6.5	吐尔基山辽墓
兽首金手镯	金	宽 1.2、厚 0.2、长径 7.5、短径 5.6	代钦塔拉 M3 辽墓
缠枝花纹金手镯	金 /2	长径 7.7、短径 6.4、镯体最宽处 1.6	陈国公主墓
折枝石榴花纹银手镯	银 /2	厚 0.3、面宽 1.5	韩佚墓
兽首形开口银鎏金手镯	银鎏金 /4	径 7、宽 1.4	前窗户辽墓

① 图中的 1 摘自内蒙古国有馆藏珍贵文物数据库之科尔沁右翼中旗文物管理所，2、6 摘自《彰武县朝阳沟墓地》，3、7、8 摘自《探寻逝去的王朝——辽耶律羽之墓》，4 摘自《辽宁阜新梯子庙二、三号辽墓发掘简报》，5 摘自《辽陈国公主墓》。

续表

器物名称	质地 / 数量	尺寸 / 厘米	出土地点或收藏地点
婴戏飞鸟纹金手镯	金 /2	长径 6.7、短径 5.5、宽 2	小喇嘛沟 M1 辽墓
梅花纹金手镯	金	长 20、宽 1.5	小努日木辽墓
竹节形开口錾花金手镯	金 /2	长 6.5、宽 1.4	硃碌科辽墓
龙纹金手镯	金 /2	长径 7.3、短径 5.5	陈国公主墓

A 型　扁体镯。出土数量最多，纵剖面为扁条形，两端窄，中间宽，边缘起棱，镯面多于鱼子纹地上錾刻水仙花、梅花、折枝石榴花、缠枝牡丹花、雀跃花枝、鸾鸟花纹、葡萄纹、波浪纹等纹样。根据开口情况可分为四亚型。

Aa 型　兽首形开口。通体为扁体，打制成型，两端开口，多以兽首相对，多数装饰纹样。Ⅰ式标本 1：耶律羽之墓出土的一对金手镯（图 2-10，1），扁体起棱，錾刻牡丹鸾鸟纹，两端龙首相对。标本 2：吐尔基山辽墓出土的一对金手镯（图 2-10，2），镯体宽扁，中间宽，两端窄，两侧起沿中间有棱，两端龙首，镯身素面，大小、重量有差异。标本 3：水泉 M26 辽墓出土的银手镯（图 2-10，3）。标本 4：代钦塔拉辽墓出土的金手镯（图 2-10，4）。Ⅱ式标本：陈国公主墓出土的一对金手镯（图 2-10，5），錾刻缠枝花纹，两端鹅首相对。Ⅲ式标本 1：前窗户辽墓出土的两对银鎏金手镯（图 2-10，6）。标本 2：小努日木辽墓出土的金手镯（图 2-10，7），錾刻朵朵梅花，两端兽首以对。标本 3：喀左北岭 M1 辽墓出土的一对铜鎏金手镯（图 2-10，8）。其余无法分式，单独列出，标本 1：后刘东屯辽墓出土的一对铜鎏金手镯。标本 2：小房身辽墓出土的一只铜鎏金手镯，压印凸起卷草纹。标本 3：张家营子辽墓出土的一对金手镯。标本 4：韩佚墓出土的一对银手镯，边缘起脊，镯面錾刻折枝石榴花纹。标本 5：上烧锅 M5 辽墓出土的一对银手镯。标本 6：小吉沟辽墓出土的铜鎏金手镯。标本 7：阿鲁科尔沁旗博物馆藏錾花铜鎏金手镯①。标本 8：宁城县博物馆藏一对金手镯②，镯面主体纹样为鸾凤纹，两端双凫相对。标本 9：凌源小喇嘛沟 M1 辽墓出土的一对金手镯，边缘起棱，镯面錾刻婴戏飞鸟纹，两端龙首相对。

Ab 型　竹节形开口。中间一半打制为扁体形，两端模铸为竹节式或联珠式，有开口，均有纹样。标本 1：硃碌科辽墓出土的一对錾花金手镯，中部为标准的扁体镯，边缘起棱，镯面为鱼子地上压印凸起梅花，两侧装饰若干联珠，开口。标本 2：张扛村 M1 辽墓出土的一对银鎏金手镯（图 2-10，9），中间为竹节扁体式，边缘起棱，棱内侧间隔装饰四处五瓣花纹，两侧各为七段竹节，末端缩为两小竹节开口相对。

Ac 型　活扣式闭口。通体为扁体，打制成型，两端用银丝缠裹，一端为钩，一端

① 赤峰市阿鲁科尔沁旗罕苏木苏木小井子村牧民在村东北 5 千米处发现并上交至阿鲁科尔沁旗博物馆。

② 赤峰市宁城县公安局收缴后移交至宁城县博物馆，直径 7.4 厘米。

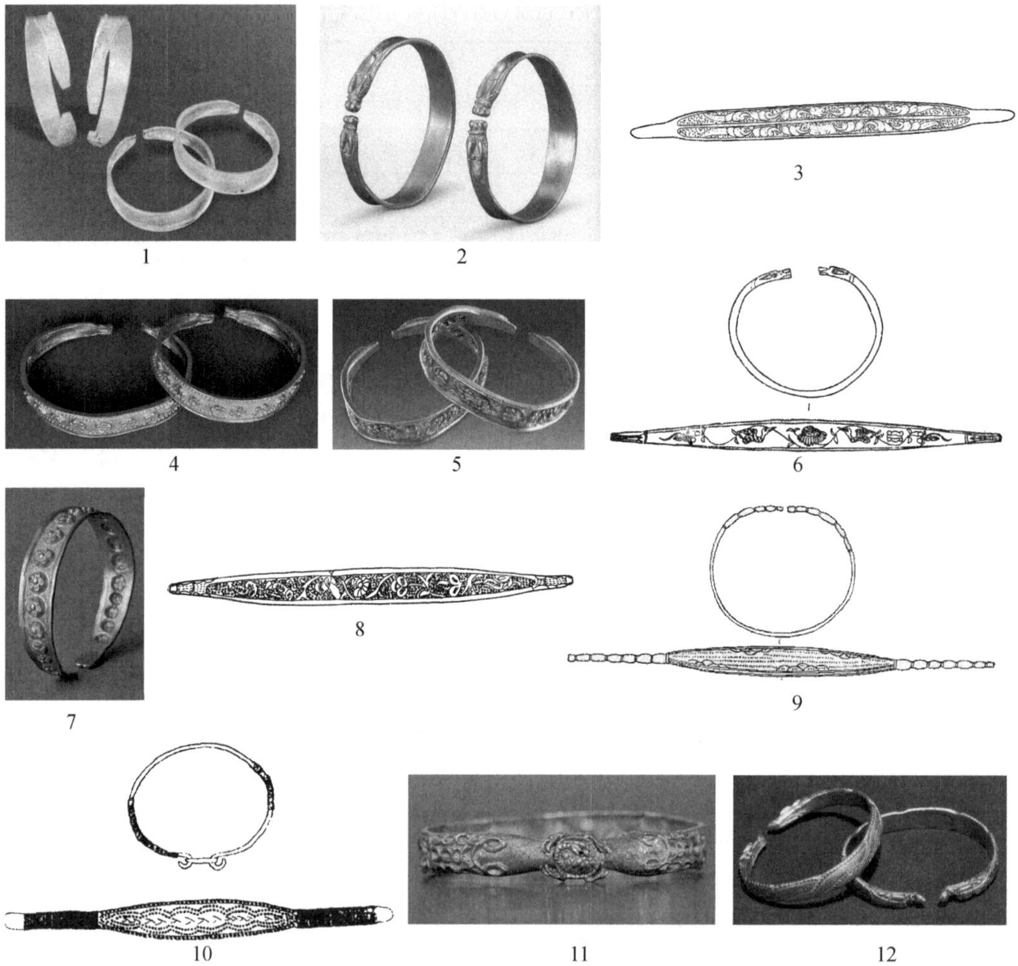

图 2-10　手镯[①]

1～4. Aa 型Ⅰ式（耶律羽之墓、吐尔基山辽墓、水泉 M26 辽墓、代钦塔拉辽墓） 5. Aa 型Ⅱ式（陈国公主墓） 6～8. Aa 型Ⅲ式（前窗户辽墓、小努日木辽墓、喀左北岭 M1 辽墓） 9. Ab 型（张扛村 M1 辽墓） 10. Ac 型（白音塔拉辽墓） 11. Ad 型（哈鲁辽墓） 12. B 型（陈国公主墓）

为活环进行闭合，均有纹样。标本 1：白音塔拉辽墓出土的一对包金银手镯（图 2-10，10），缠丝活扣，镯面为水仙纹。标本 2：白音塔拉辽墓出土的 10 枚银手镯与标本 1 形制相同，纹样有差异，镯面为鱼子地缠枝花纹。

Ad 型　兽首闭口。标本：赤峰巴林右旗哈鲁辽墓出土的扁体金手镯[②]（图 2-10，

① 图中 1 摘自《探寻逝去的王朝——辽耶律羽之墓》，2、5 摘自《文物华章：内蒙古自治区文物考古研究所 60 年重要出土文物》，3 摘自《内蒙古凉城水泉辽代墓葬》，4、7、11 摘自内蒙古国有馆藏珍贵文物数据库，6 摘自《辽宁朝阳前窗户村辽墓》，8 摘自《喀左北岭辽墓》，9 摘自《辽宁锦州张扛村辽墓发掘简报》，10 摘自《科左后旗白音塔拉契丹墓葬》，12 摘自《辽陈国公主墓》。

② 巴林右旗公安局收缴后移交至巴林右旗博物馆。

11），边缘起棱，封口处刻回首玄武闭合，通体深錾四叶花卉纹。

B 型　半扁体镯。纵剖面为半圆形，模铸成型，边缘不起棱，纹样随形细錾，两端开口，以兽首相对。标本：陈国公主墓出土的一对龙纹金手镯（图 2-10，12），与扁体镯的截面不同，为半月形扁体，正面隆起呈藕节状，随形细錾缠绕的双龙，背面素面平直，末端缩为两小龙头昂首相对。

C 型　圆体镯。纵剖面为圆形，模铸成型，素面无纹样。仅有双龙岗 M3 辽墓出土的银手镯和敖包恩格尔辽墓出土的开口银手镯 2 例，均为素面。

6. 带具

带具和鞓共同组成服饰中的带，考古出土的带具包括带銙、带扣、铊尾、带箍等零散组件，常因革鞓或丝鞓损朽而无法知晓其原有样式。由于带具出土数量巨多，类型的排列以金银质带具为主，铜鎏金质带具放在组合中一并讨论。

（1）带銙

根据形状和大小可分为七型。

A 型　方形銙，多有古眼。根据尺寸大小差异又可分为二亚型。

Aa 型　小銙，宽 2 ~ 5 厘米。标本 1：白音塔拉辽墓出土的长方形“古眼”银鎏金带銙。标本 2：朝阳沟 M2 辽墓出土的方形“古眼”银鎏金带銙。标本 3：陈国公主墓出土的方形“古眼”金銙。标本 4：奈林稿木头营子 M2 辽墓出土的方形“古眼”带銙（图 2-11，1）。标本 5：丰宁五道沟门辽墓出土的方形“古眼”镂空银带銙。标本 6：萨力巴乡水泉墓出土的方形银鎏金带銙。标本 7：小喇嘛沟 M1 辽墓出土的 10 件方形银鎏金“古眼”带銙。长 4.8、宽 4.4 厘米。

Ab 型　中銙，宽 6 ~ 8 厘米。标本 1：张家窑 1 号辽墓出土的方形“古眼”银带銙。标本 2：朝阳前窗户村辽墓出土的方形银鎏金带銙。标本 3：吐尔基山辽墓出土的方形铜鎏金带銙。銙长 7 厘米。

B 型　桃形銙。根据孔的位置又可分为二亚型。

Ba 型　圆孔桃形。标本 1：白音塔拉辽墓出土的桃形银鎏金带銙。标本 2：张家窑 1 号辽墓出土的桃形带銙。标本 3：前窗户辽墓出土的银鎏金桃形饰（图 2-11，3）。标本 4：陈国公主墓出土的桃形金銙。标本 5：丰宁五道沟门辽墓出土的桃形银带銙。标本 6：凌源八里铺村辽墓出土的桃形银带銙。

Bb 型　空顶桃形。标本 1：奈林稿木头营子 M2 辽墓出土的 2 件空顶桃形金带銙（图 2-11，2）。标本 2：大营子驸马墓出土的 2 件空顶桃形金带銙。

C 型　马蹄形銙。标本 1：奈林稿木头营子 M2 辽墓出土的马蹄形“古眼”金带銙（图 2-11，4）。标本 2：朝阳沟 M2 辽墓出土的马蹄形“古眼”银鎏金带銙。标本 3：吐尔基山辽墓出土的马蹄形铜鎏金带銙。

D 型　圆形銙，有“古眼”。标本 1：陈国公主墓出土的宽银带上的圆形“古眼”

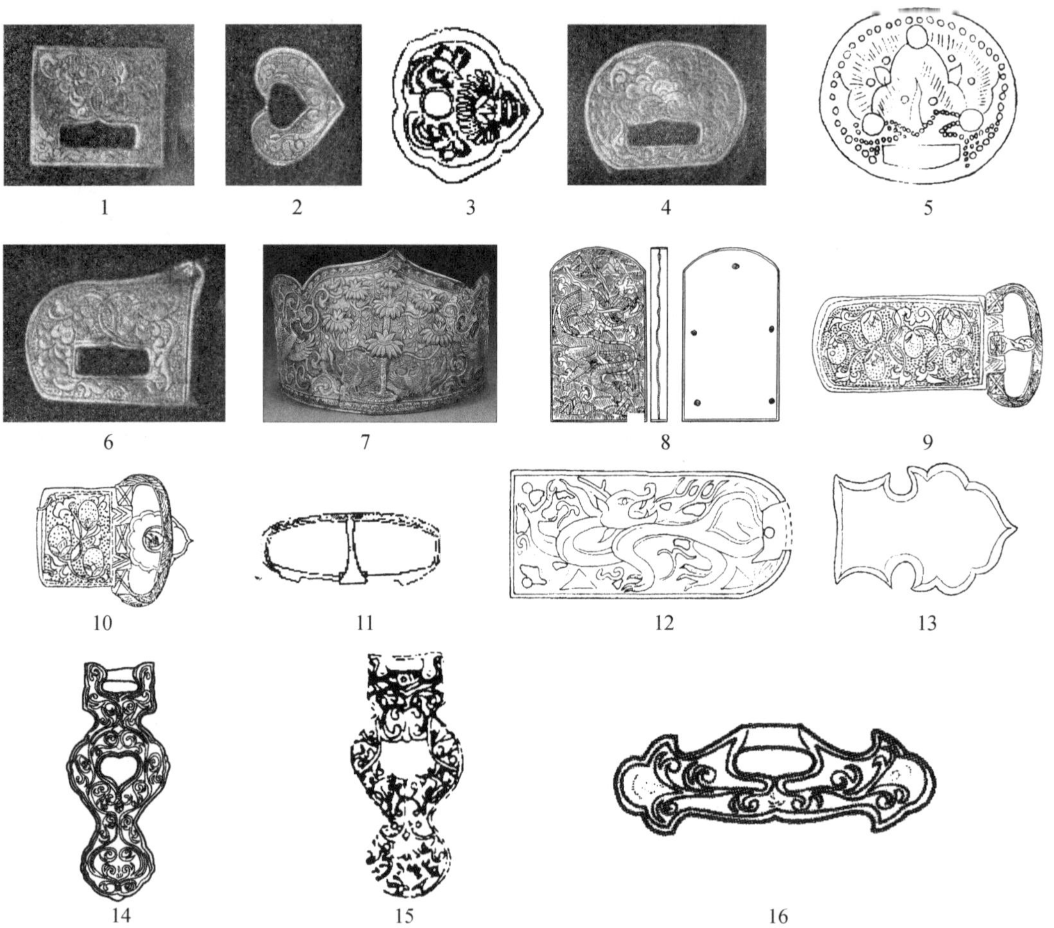

图 2-11　带具组件①

1. Aa 型方形銙（木头营子 M2 辽墓） 2. Bb 型桃形銙（木头营子 M2 辽墓） 3. Ba 型桃形銙（前窗户辽墓） 4. C 型马蹄形銙（木头营子 M2 辽墓） 5. D 型圆形銙（巴彦库仁辽墓） 6. E 型直线－流角形銙（木头营子 M2 辽墓） 7. F 型捍腰（张家营子辽墓藏） 8. G 型圭形龙纹銙（陈国公主墓） 9. A 型带扣（耿知新辽墓） 10. B 型带扣（耿知新辽墓） 11. C 型带扣（前窗户辽墓） 12. A 型铊尾（巴彦库仁辽墓） 13. B 型铊尾（巴彦库仁辽墓） 14、15. 葫芦形带具（朝阳沟 M2 辽墓、五道沟门辽墓） 16. 横栓（朝阳沟 M2 辽墓）

银銙。标本 2：陈国公主墓出土的细银带上的圆形“古眼”小银銙。标本 3：巴彦库仁辽墓出土的圆形“古眼”铜鎏金銙（图 2-11，5）。

E 型　直线－流角形銙，有“古眼”。标本 1：奈林稿木头营子 M2 辽墓出土的直角－流线形“古眼”金带銙（图 2-11，6）。标本 2：朝阳沟 M2 辽墓出土的直角－流线

① 图中的 1、2、4、6 摘自《内蒙古哲里木盟奈林稿辽代壁画墓》，3、11 摘自《辽宁朝阳前窗户村辽墓》，5、12、13 摘自《内蒙古陈巴尔虎旗巴彦库仁辽代墓葬清理报告》，7 摘自《辽宁省建平、新民的三座辽墓》，8 摘自《辽陈国公主墓》，9、10 摘自《辽宁朝阳姑营子辽耿氏墓发掘简报》，14、16 摘自《彰武朝阳沟辽代墓地》，15 摘自《河北丰宁五道沟门辽墓》。

形“古眼”银鎏金带銙。

F型　捍腰。尺寸为最大，两端开孔。标本1：建平张家营子辽墓出土的银鎏金捍腰，为二龙戏珠纹（图2-11，7）。高19、周长66厘米。标本2：前窗户村辽墓出土的银捍腰，为双凤火焰珠纹。高20、周长62厘米。标本3：河北小吉沟辽墓出土的银鎏金捍腰，为二龙戏珠纹，高15.7、周长57.5厘米。标本4：辽宁博物馆藏银鎏金捍腰，为双凤灵芝纹。高18、周长74厘米。标本5：内蒙古博物院收藏的银鎏金捍腰，为缠枝莲纹。标本6：凌源小喇嘛沟M1辽墓出土的银鎏金捍腰，亦为缠枝莲纹。底边通长64、高10.5～18.5厘米。

G型　圭形銙。尺寸中等，宽7～10厘米，无开孔。标本1：陈国公主墓的圭形龙纹銙（图2-11，8）。长10.2、宽6.2厘米。标本2：扎鲁特旗出土的圭形银鎏金銙，宽7.2厘米。

（2）带扣

考古见到的辽代带扣已演进到活动扣舌的阶段，其结构与现代通用的式样基本相同。根据带扣的长短可分为三型。

A型　半弧长尾型。标本1：朝阳沟M2辽墓出土的卷草纹半弧长尾银鎏金带扣。标本2：陈国公主墓出土的半弧长尾银带扣。标本3：耿知新辽墓出土的荔枝纹银鎏金长带扣为半弧长尾型（图2-11，9）。标本4：吐尔基山辽墓出土的铜鎏金带扣。长12.7、宽7厘米。

B型　半弧短尾型。标本1：巴彦库仁辽墓出土的一条金银饰革带上的金带扣，半弧形后接圭形短尾。标本2：巴彦库仁辽墓出土的另一件裸银带扣，半弧形后接三角形短尾。标本3：耿知新辽墓出土的荔枝纹银鎏金短带扣，扣针上穿桃形白玉（图2-11，10）。标本4：耿延毅墓出土的花纹银鎏金带扣，扣针上穿桃形白玉。标本5：五道沟门辽墓出土的银带扣。标本6：萨力巴乡水泉墓出土的银鎏金带扣。标本7：小喇嘛沟M1辽墓出土的一对银鎏金带扣，长7厘米。

C型　半弧无尾型。标本：前窗户辽墓出土的银鎏金带扣，带扣无尾（图2-11，11）。

（3）铊尾

根据铊尾形状的差异可分为二型。

A型　圭形。标本1：奈林稿木头营子M2辽墓出土的金铊尾。标本2：巴彦库仁辽墓出土的龙纹银铊尾（图2-11，12）。标本3：朝阳沟M2辽墓出土的卷草纹铊尾。标本4：前窗户辽墓出土的银鎏金铊尾。标本5：小喇嘛沟M1辽墓出土的一对银鎏金铊尾。长8.5、宽4.9厘米。标本6：萨力巴乡水泉墓出土的银鎏金铊尾。标本7：吐尔基山辽墓出土的铜鎏金铊尾。长9.6、宽5.2厘米。

B型　花形。标本：巴彦库仁辽墓出土的银花形铊尾（图2-11，13）。

（4）葫芦形带具

标本1：朝阳沟M2辽墓出土的卷草纹银鎏金带具（图2-11，14）。标本2：五道沟门辽墓出土的葫芦形银带具（图 2-11，15）。

（5）横栓

标本 1：朝阳沟 M2 辽墓出土的卷草纹银鎏金横栓（图 2-11，16）。标本 2：陈国公主墓出土的银横栓。

二、组　合

1. 瓔珞

辽代瓔珞是一种由不同材质组合而成的项饰或臂饰。现根据墓葬资料归纳几种穿缀组合方式。

A 类　T 形饰 + 心形饰。T 形饰、心形饰成对出现，且数量材质对等。例证 1：耶律羽之墓出土的一串瓔珞为 T 形金饰、心形金饰与玛瑙管、水晶珠的组合（图 2-12，1）。例证 2：耶律羽之墓出土的另一串瓔珞为 T 形金饰、心形金饰与琥珀佩、水晶珠的组合（图 2-12，2）。例证 3：砝碌科辽墓出土的瓔珞是 T 形金饰、心形金饰与琥珀佩、玛瑙管、玛瑙珠的组合。例证 4：花根塔拉辽墓出土的瓔珞是包金水晶 T 形饰、包金水晶心形饰与玛瑙管、绿松石管的组合。

B 类　T 形饰 + 心形饰 + 镂空球。T 形饰、心形饰有时也单独出现，有时数量、材质不完全一致。例证 1：南皂力营子一号辽墓出土的瓔珞是铜鎏金 T 形饰、铜鎏金心形饰、铜鎏金镂空球与玛瑙管、玛瑙珠、琥珀珠的组合。例证 2：彰武高丽庙沟辽墓出土的瓔珞是 T 形金饰、心形金饰、铜镂空球与玛瑙管、绿松石管的组合。例证 3：前窗户辽墓出土的瓔珞是鎏金 T 形饰 1 件、鎏金心形饰 2 件与银丝球与玛瑙珠的组合。例证 4：小努日木辽墓出土的瓔珞是琥珀 T 形饰、铜鎏金心形饰、铜镂空球与琥珀佩、琥珀珠的组合，T 形饰和心形饰材质不同。例证 5：阜新程沟辽墓出土的瓔珞是铜鎏金包琥珀 T 形饰 1 件、铜鎏金镂空球 3 件与琥珀、水晶珠 4 枚、琥珀珠 9 枚的组合，可能心形饰遗失。

C 类　镂空球 + 管。例证 1：朝阳沟 M2 辽墓出土的瓔珞保留了原有的组合穿缀方式，出土时银鎏金管以镂空金丝球和绿松石扁珠相间由金丝线穿连。10 件 7.5 厘米的管组合而成的瓔珞足够长，为男性佩戴的长项瓔珞。例证 2：朝阳沟 M2 女墓主颈部的项瓔珞，为镂空铜丝球与银管组合，且球与管的尺寸明显比标本 1 小得多。例证 3：耶律羽之墓出土的瓔珞是镂空金丝球与玛瑙管的组合（图 2-12，3）。例证 4：叶茂台 7 号墓出土的瓔珞是镂空金丝球与玛瑙管的组合。例证 5：小房身辽墓出土镂空银鎏金丝球和银皮木管的组合，与玛瑙管、玛瑙珠共同组成瓔珞。例证 6：小喇嘛沟 M1 辽墓出土 2 个银鎏金丝球和 4 件银鎏金管的组合，墓葬在考古发掘前未遭盗掘。

1　2　3

图 2-12　瓔珞[①]

1、2. A 类（耶律羽之墓）3. C 类（耶律羽之墓）

2. 带具

根据墓葬出土资料，参照李逸友对腰带的划分标准[②]，归纳带具的几种组合方式。

A 类　双带扣 + 方形銙 + 桃形銙 + 双铊尾。

A 类带的组合方式是数量较多的方形銙搭配单带扣和单铊尾铆合成长带，形制相同的另一套带扣和铊尾配以数量较少的桃形銙铆合成短带，穿系使用时，将短带两端带扣的卡针插入长带的桃形銙孔内即可，故俗称双带扣双铊尾带。考古能确定组合的墓例有例证 1：张扛村 M2 辽墓出土的铜鎏金带（图 2-13，1），由 B 型带扣 2 件、方形銙 12 件、桃形銙 2 件、A 型铊尾 2 件组成，主题纹样为仙鹤、灵芝、花卉的组合图案。例证 2：二林场辽墓出土的铜銙革带（图 2-13，2），由 B 型带扣 2 件、方形銙 9 件、桃形銙 4 件、A 型铊尾 2 件组成，纹样与标本 1 基本相同，细微处略有差异。例证 3：建平西窑村出土的变形火焰珠纹铜銙革带，由 B 型带扣 2 件、方銙 10 件、桃形銙 5 件、A 型铊尾 2 件组成，恰为一条完整的双带扣双铊尾带[③]。例证 4：凌源小喇嘛沟 M1 辽墓出土的一条独角兽纹银鎏金带，革鞓已朽，主带由 B 型银带扣 2 件、方形山字形“古眼”带銙 10 件、桃形銙 5 件、A 型银铊尾 2 件组成[④]。上述例证的墓葬年代均为辽中期。

以上述标本的组合为参照，可对出土组件不完整的带找到使用依据和佐证。例如，北京顺义安辛庄辽墓出土的一条铜鎏金銙革带，主带由暗山字形“古眼”方銙 10 件、带扣 1 件、铊尾 2 件组成。两件铊尾尺寸较大且相同，为革鞓两端所缀饰，故推测此带可

① 图中的 1、2 摘自《文物华章：内蒙古自治区文物考古研究所 60 年重要出土文物》，3 摘自《探寻逝去的王朝——辽耶律羽之墓》。

② 李逸友．辽代带式考实——从辽陈国公主驸马合葬墓出土的腰带谈起［J］．文物，1987（11）．

③ 李庆发．建平西窑村辽墓［J］．辽海文物学刊．1991（1）．

④ 辽宁省文物考古研究所．凌源小喇嘛沟辽墓［M］．北京：文物出版社，2015：18．现藏凌源市博物馆。

能为缺失一件带扣的双带扣双铊尾带。又如，巴林左旗博物馆藏双狮纹铜鎏金带，最显著的特点是拥有两件相同的铊尾但无带扣，主体是10件山字形“古眼”方銙，纹样为二狮守护智慧树，根据标本1的形制推断可能也是一条遗失了带扣的双带扣双铊尾带。

B类　双带扣＋带銙＋单铊尾。

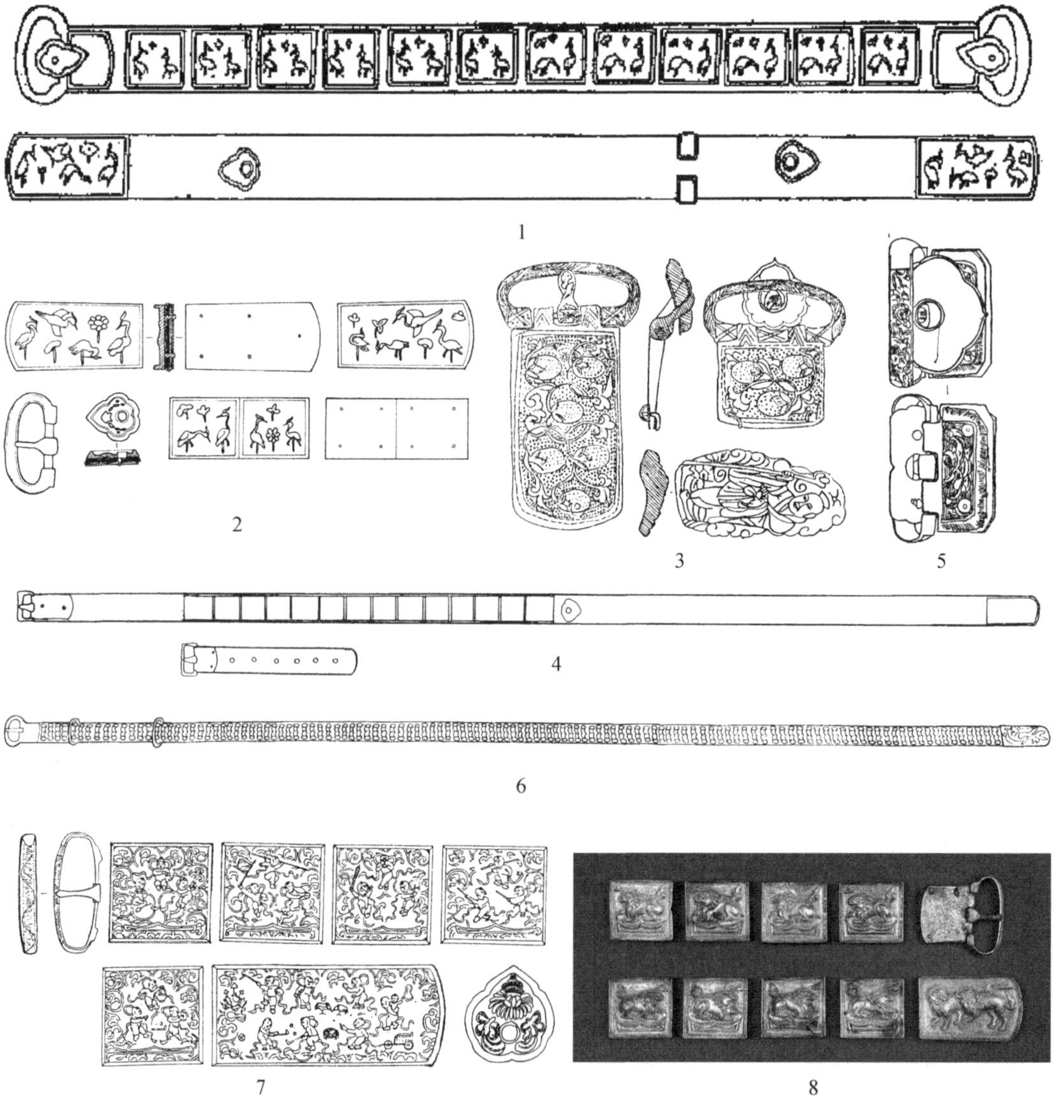

图2-13　腰带①

1、2. A类（张扛村M2辽墓、二林场辽墓）3～5. B类（耿知新辽墓、陈国公主墓、耿延毅墓）

6～8. C类（巴彦库仁辽墓、前窗户辽墓、梦蝶轩藏）

① 图中的1摘自《辽宁锦州张扛村辽墓发掘简报》，2摘自《内蒙古道辽县二林场辽墓》，3、5摘自《辽宁朝阳姑营子辽耿氏墓发掘简报》，4摘自《辽陈国公主墓》，6摘自《内蒙古陈巴尔虎旗巴彦库仁辽代墓葬清理报告》，7摘自《辽代金银器》，8摘自《金翠流芳——梦蝶轩藏中国古代饰物》。

B类带的组合方式是数量较多的方形銙搭配长带扣和铊尾铆合成长带，形制不同的另一件短带扣和鞓铆合成短带，短带上穿若干孔或缀以桃形带銙，使用时将长带一端带扣上的卡针穿入短带革鞓的孔眼或有孔的桃形銙中即可。短带的功能在于调节腰带的尺寸，以满足使用者腰围不同或着装变化的需要，俗称双带扣单铊尾带。考古能确定组合的墓例只有陈国公主驸马合葬墓出土的双带扣单铊尾玉銙银鞓带（图2-13，4）。此带出土时完整呈现了玉銙银带和短银带的组合状态，其中长带由A型金带扣、方形玉銙14件、桃形玉銙1件、玉铊尾件组成，短带仅由B型金带扣和有6个孔的银鞓组成，银鞓较革鞓、丝鞓的坚固性为我们保存了这份特殊形制带的实物资料。

根据研究上述陈国公主墓带获得的认识，对耿知新辽墓出土的金玉组合带（图2-13，3）做出推测。耿知新辽墓金玉组合带出土时玉銙、长银鎏金带扣、短银鎏金带扣、玉铊尾均散落，简报也未做复原，根据长、短带扣不同的特征，我们将A型银鎏金带扣、长方形玉带銙4件、圭形玉带銙7件、A型玉铊尾铆合成长带，B型银鎏金带扣和革鞓组成[①]铆合成短带。耿延毅墓仅存的一件银鎏金带卡（图2-13，5）为B型带扣。再如，喀喇沁文物管理所收藏的铜鎏金大带，C型带扣2件，扣环仍有长短之分，长方形带銙8件、六曲桃形1件、A型铊尾1件，纹样均为高浮雕荔枝纹，恰好能铆合成长带和短带。

C类　单带扣+带銙+单铊尾。

C类带与现代腰带的形制比较接近，使用方法并无差别，将一端带扣上的卡针穿入另一端革鞓的孔眼或有孔的桃形銙中即可，特点是鉈尾较长，带銙的古眼没有实用意义，俗称单带扣单铊尾带。考古能确定组合的墓例有例证1：吐尔基山辽墓出土的铜鎏金带，由方銙10件、马蹄形带銙2件、带扣1件、铊尾1件组成。例证2：巴彦库仁辽墓出土的一条银鎏金带（图2-13，6），革鞓已腐烂，金带扣、龙纹金铊尾各1件，其间布满105个银鎏金带饰，银饰形状罕见，并排呈鱼鳞状[②]。例证3：朝阳前窗户村辽墓鎏金“童戏”银带（图2-13，7），由银鎏金带扣、银鎏金方形銙5件、六曲桃形銙2件、银鎏金铊尾组合而成，带扣直径6.9厘米。该带尺寸亦较大，推测为一条单带扣单铊尾宽带。

以上述标本的组合为参照，可对非考古出土带找到使用依据。据此判定香港梦蝶轩收藏的一条狻猊纹银鎏金带也为这种类型（图2-13，8），此带比“童戏”银带略窄

---

① 其中短带扣卡针内穿一桃形白玉饰件引起笔者的注意，从复原图观察，张扛村带上的双带扣也是这种形制，而且桃形式卡针与短带上的桃形銙颇为相似，但是代替金属卡针并不具有实用功能，据此推测桃形饰本也应在短带上，本墓例中也是如此，短带扣卡针穿入长带桃形玉銙孔内使用，因革带不存，桃形銙与短带扣连在一起。

② 巴彦库仁辽墓共出3条带，因简报阐述不清而比较混乱，一条是标本1，金质金带扣、龙纹金铊尾和105件银鎏金饰是一套，银鎏金带扣和银鎏金花式铊尾应该是第二条单独的带，第三条是铜鎏金蹀躞带。

一些，由牡丹纹带扣、狻猊纹暗山字形“古眼”方形銙 8 件、双狻猊纹铊尾组成，“古眼”没有真正开孔。

D 类　蹀躞带。可分为三小类。

Da 类　单带扣 + 古眼方銙 + 单铊尾 + 带头。

Da 类带由主带和飘带两部分组成，主带以方銙为主体，兼搭 A 型桃形带銙，由带扣、铊尾共同组成，飘带缀有葫芦形带具、囊、小带扣、小带饰、小铊尾等。目前这类蹀躞带的考古发现比较多。

考古能确定组合的墓例有例证 1：大营子驸马墓出土的金带，主带由方形“古眼”金銙 7 件、椭圆形“古眼”金銙 1 件、空顶桃形金銙 2 件组成；飘带上缀有 3 件豆荚、葫芦形带具等。例证 2：陈国公主墓驸马佩戴的金銙银鞓蹀躞带最为典型（图 2-14，1），主带由方形“古眼”金銙 11 件、桃形有孔金銙 5 件、金带扣、圭形金铊尾组成；11 条飘带上缀有葫芦形金带具 2 件、錾花银囊 2 件以及若干小金带饰、小金带箍、小金铊尾[①]。例证 3：温多尔敖瑞山辽墓出土的铜鎏金銙丝鞓蹀躞带（图 2-14，2），主带由方形銙 12 件、桃形有孔带銙 5 件、带扣 3 件、圭形铊尾 1 件组成；飘带上缀有葫芦形铜带具 2 件及若干小带扣、小带箍、小带饰。例证 4：丰宁五道沟门辽墓出土的镂空银蹀躞带，主带由方形“古眼”带銙 12 件、桃形有孔带銙 4 件、带扣 1 件组成；飘带上缀有葫芦形带具 2 件、小桃形饰 3 件及若干小带扣、小带箍、小带饰、小铊尾。例证 5：万金山辽墓出土的铜鎏金带，主带由 11 件方形“古眼”带銙和铊尾组成；飘带上的缀饰更多：葫芦形带具、束腰形铜鎏金饰及若干小带扣、小带箍、小带饰，确定为蹀躞带无疑。

以上述标本的组合为参照，可对出土组件不完整的带找到使用依据和佐证。D 类带的主带就是 C 类带，所以容易混淆，区别二者的方法，一是前者的銙开孔，二是寻找飘带的组件，如葫芦形带具、豆荚、转环、小带扣、小带饰、小铊尾等。例如，后刘东屯二号辽墓出土的飞凤纹铜鎏金带，仅从遗留的 9 件方形曲边“古眼”带銙和 1 件铊尾判定带的形制是比较困难的，但是共出的同一系列的小带扣、小带箍、小带饰[②]和方銙开孔的特征帮助我们确定它为蹀躞带无疑。又如，白音塔拉辽墓出土的银鎏金蹀躞带，简报未将其从马具中甄别出来[③]，仅从 10 件长方形银鎏金带銙和 3 件桃形有孔银鎏金带銙很难判断带的形制，但是“古眼”和银链节、银针筒等飘带佩系物似乎能提供一点线索。再如，通辽余粮堡辽墓出土的 10 件铜鎏金方形带銙，仅从形制上也很

① 同墓后室散落的玉銙丝鞓蹀躞带与驸马佩戴的形制组合完全相同，唯一的差别是带銙、铊尾为玉质。

② 铁岭市文物办公室，康平县文物管理所．辽宁康平县后刘东屯二号辽墓［J］．考古，1988（9）．

③ 贲鹤龄．科左后旗白音塔拉契丹墓葬［J］．内蒙古文物考古，2002（2）．此墓出土的带具有两种，一种是标准的银马具，有大量节约为证．共同特征为素面中间起棱，另一种的方銙和桃形銙明显不具备素面起棱的特征，且材质为银鎏金，装饰卷草纹，显然是同一种，应属于腰带系列的组件。

难推测，葫芦形带具的伴出让我们感受到飘带的存在。同理，张家屯辽墓出土的铜鎏金带，遗存的13件方形銙和1件带扣构成主带，飘带的痕迹只能从1件小带扣上去寻觅。梅里斯长岗辽墓出土的铜鎏金带，仅从6件方形“古眼”镂空带銙和1件桃形镂空带銙不好确定带的组合，銙开孔和2件葫芦形镂空带具、锚状带钩为蹀躞带的确定提供了依据。

内蒙古博物院藏的一条铜鎏金革鞓蹀躞带是目前所知辽代革鞓带中保存最好的，其完整地再现了各部件的组合方式。主带由方形銙10件、六曲桃形銙5件、带扣1件、圭形铊尾1件组成，桃形銙孔内系挂一件小刀；飘带上缀有2件皮囊及若干小带饰、小带箍、小铊尾。蹀躞带的革鞓和皮囊能如此完整保存下来实属罕见。香港梦蝶轩收藏的一套鎏金蔓草纹青铜带具①，图录完整地展示了各组件的组合方式，主带由方形“古眼”带銙13件、桃形有孔带銙7件、带扣1件、铊尾1件组成；飘带缀有葫芦形带具2件、囊2件以及小带扣、小铊尾、小带饰50余件。

Db类　单带扣+方銙+马蹄形銙+直角–流线形銙+单铊尾+带头。

Db类带主带带銙形状多样，方形、马蹄形、桃形、直角–流线形銙按一定的顺序排列，首尾铆缀带扣、铊尾组成；飘带缀有葫芦形带具、豆荚、小带扣、小带饰、小铊尾等，为辽代最具特色的蹀躞带。考古能确定组合的墓例有例证1：大横沟辽墓出土的卷草纹铜鎏金蹀躞带，由带扣1件、方形“古眼”带銙7件、马蹄形“古眼”带銙2件、桃形銙5件、铊尾、拱形、葫芦形带具构成。例证2：奈林稿木头营子M2辽墓出土的缠枝纹金蹀躞带（图2-14，3），主带由方形“古眼”带銙4件、马蹄形“古眼”带銙3件、直角–流线形“古眼”带銙2件、桃形“古眼”带銙2件、带扣、铊尾、葫芦形带具2件组成。例证3：朝阳沟M2辽墓出土的银鎏金蹀躞带，主带由带扣、方形“山形古眼”带銙14件、方形“古眼”带銙4件、直角–流线形“古眼”带銙4件、铊尾、镂空葫芦形带具2件、豆荚3件组成。

另外，凉城水泉M27辽墓出土的铜鎏金、玛瑙带，出土的由直角–流线形玛瑙“古眼”带銙4件、桃形铜带銙5件、铜带扣、拱形、葫芦形铜带具各1件组成②，拱形銙在大横沟辽墓出现过，使用位置尚不得知。海力板辽墓出土的一套玛瑙蹀躞带的带銙也是方銙、马蹄形銙、直角–流线形銙的组合，另一套铜鎏金蹀躞带组件散落，能识别的有方銙1件、马蹄形銙2件、葫芦形带具2件，如果按标准器的组合模式类比的话，可能直角–流线形銙被遗失了。

Dc类　单带扣+圆形銙+单铊尾+带头。

---

① 埃玛·邦克等. 金翠流芳——梦蝶轩藏中国古代饰物［M］. 香港：香港大学美术博物馆，2002.

② 共出的另一条蹀躞带为铜、玛瑙材质，主带由圆形“古眼”铜带銙3件、桃形圆孔铜銙3件、马蹄形玛瑙带銙2件、附环铜銙1件组成，飘带上缀有豆荚2件、小桃形饰及若干小带扣、小铊尾。

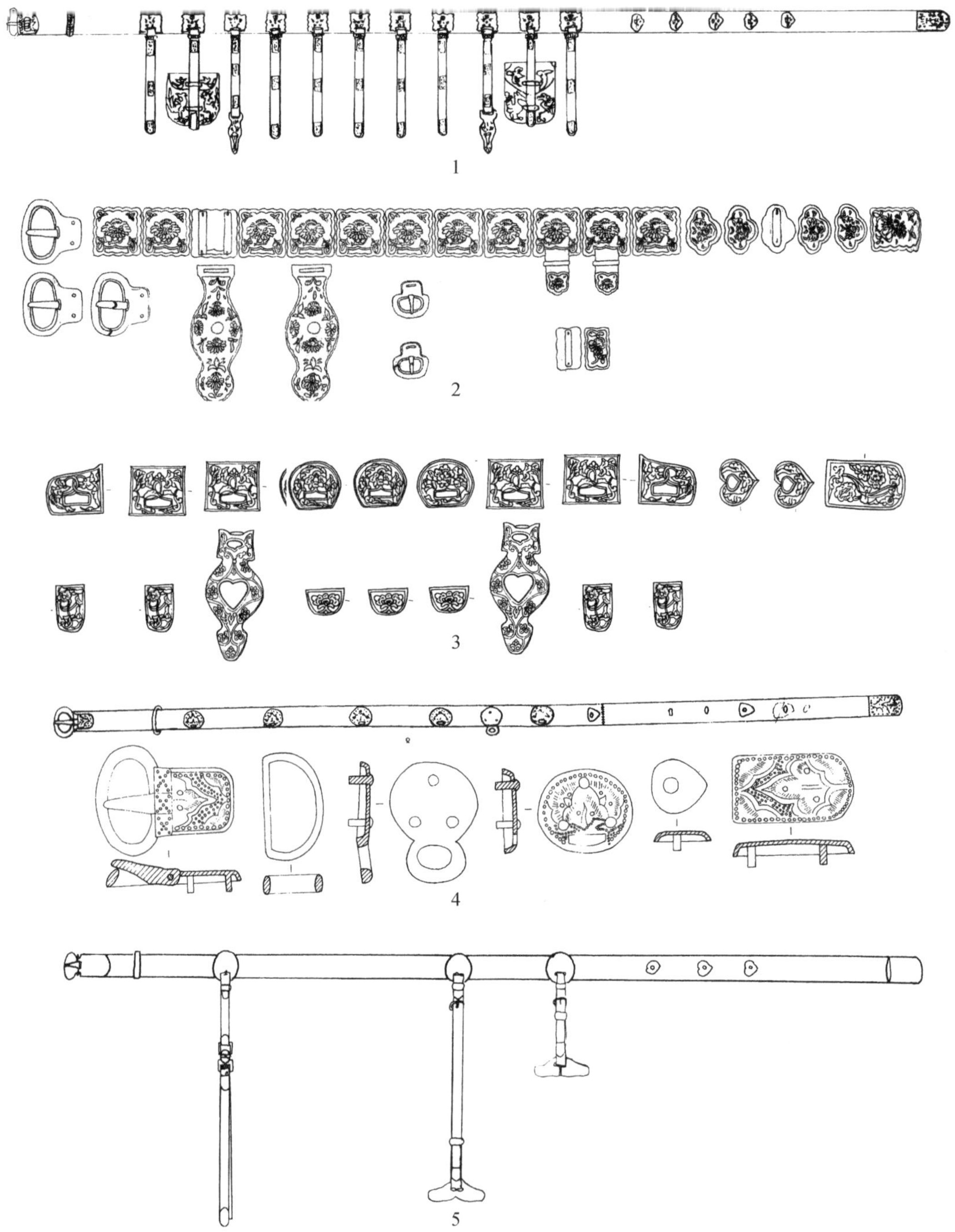

图 2-14　蹀躞带[①]

1、2. Da 类（陈国公主墓、敖瑞山辽墓） 3. Db 类（奈林稿木头营子 M2 辽墓）

4、5. Dc 类（巴彦库仁辽墓、陈国公主墓）

① 图中的 1、5 摘自《辽陈国公主墓》，2、4 摘自《辽代金银器》，3 笔者根据简报绘制的组合示意图。

主带由圆（椭圆、马蹄）形带銙、桃形銙、带扣、铊尾组成，不见方形銙、直线–流线形銙和空顶桃形銙；飘带上缀有豆荚、转环、小带扣、小带饰、小铊尾等。考古能确定组合的墓例有例证 1：巴彦库仁辽墓出土的铜鎏金蹀躞带（图 2-14，4），主带由椭圆形“古眼”带銙 5 件、附环带銙 1 件、桃形带銙 2 件、带扣 1 件、铊尾 1 件、带箍 1 件组成；飘带上缀有豆荚、转环。更重要的是此墓明确了豆荚和转环的使用方法，豆荚附在箭囊的一侧，而转环的另一头与弓囊穿系，简而言之就是悬挂大件的小工具，左侧胯下所见的腰刀、皮质弓囊、皮制箭袋都应是飘带的佩系物。例证 2：建平张家营子辽墓出土的铜鎏金蹀躞带，主带仅存马蹄形“古眼”带銙 13 件①，飘带上缀有若干小带扣、小带箍、小带饰。另外，义县清河门辽墓也有马蹄形带銙出土②。例证 3：陈国公主墓出土的银、铜銙银鞓蹀躞带（图 2-14，5），主带由圆形银带銙 3 件、桃形有孔铜带銙 3 件、椭圆形银带扣 1 件、银带箍 1 件、圭形银铊尾 1 件组成；飘带上缀有转环 1 件、豆荚 2 件及若干小带箍、小铊尾。例证 4：陈国公主墓出土的细银带亦为此型，但较为简易，主带由 2 件圆形“古眼”銙和 1 件带扣组成；飘带未从“古眼”穿系而是直接铆于主带之上，其上缀有 2 件长方形银片及小带扣、小带箍。例证 5：姑营子 M3 辽墓出土的蹀躞带也由混合带銙组成，主带由椭圆形铜鎏金带銙 7 件、方形“古眼”铜鎏金带銙 2 件、铜鎏金桃形带銙 2 件、带扣、带箍、铊尾构成；飘带上挂有铜鎏金转环、双鱼形豆荚、小带扣、小带箍。另外，还有一些虽出土圆形銙但因组件遗失不能确定其组合形式，如丰宁五道沟门辽墓出土的铜鎏金蹀躞带、耶律羽之墓出土的铜銙蹀躞带残部、新丰砖厂辽墓出土的铜鎏金蹀躞带等。

E 类　捍腰。

整体为一体式连弧山形，两端有方形带扣，无单独的带扣和铊尾，使用时以丝带或革带穿系两端带扣于身后系结。学界很长时间没有将此带从冠中甄别出来，依据《辽史》中称为捍腰，其长度和宽度远远超过腰带，应特意为保护腰部而设计的带具。

考古能确定组合的墓例有例证 1：建平张家营子辽墓出土的银鎏金二龙戏珠纹捍腰（图 2-15，1），简报归为冠，概此物系回收所得且已作筒形之由。现重新考虑其细部，两端有扁长形带环，且回收时系结丝带，故以为此物识别为捍腰更为准确。例证 2：凌源小喇嘛沟 M1 辽墓出土的银鎏金莲花纹捍腰（图 2-15，3），出土时位于腰部，两端铆接椭圆形铜扣环，边缘内缘均匀分布多组成对的小孔，简报推测为定缀背衬之孔，应为袍带的背饰，使用时环绕于腰上，在腰前以丝带穿过两侧的铜扣环束缚③。例证 3：前窗户村辽墓出土的双凤火焰珠纹山形银捍腰（图 2-15，2）。例证 4：河北小吉沟辽墓出土的银鎏金二龙戏珠纹山形捍腰。这为香港梦蝶轩收藏和

① 冯永谦．辽宁省建平、新民的三座辽墓［J］．考古，1960（2）．简报称如意头式。

② 李文信．义县清河门辽墓发掘报告［J］．考古学报，1954（2）．简报称如意头式。

③ 辽宁省文物考古研究所．凌源小喇嘛沟辽墓［M］．北京：文物出版社，2015.

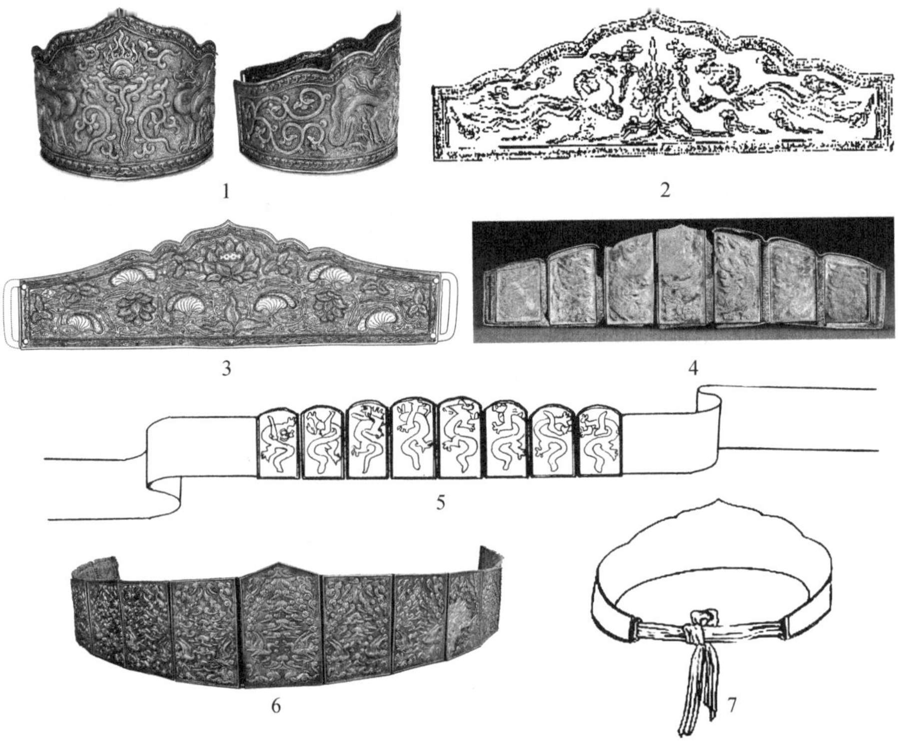

图 2-15　捍腰与大带[①]

1～3. E 类捍腰（张家营子辽墓、前窗户辽墓、凌源小喇嘛沟 M1）

4～6. F 类大带（多伦贵妃墓、陈国公主墓、扎鲁特旗出土）7. 捍腰使用示意图

辽宁博物馆征集的铜鎏金双凤纹山形捍腰正名提供了依据，一端的长方形扣系连接袍带之用。

关于捍腰的使用方法也可参考法库叶茂台辽墓出土的鎏金银镶琥珀宝塔鸾凤纹大带，虽然无法看到后者的实物或图片，但是根据描述它是墓主棉袍袍带的背饰，后附罗衬，围于后腰，两端有扣，与棉袍的长带相连，长带系于胸前，两端分垂于膝下[②]（图 2-15，7）。

F 类　大带。

由若干尺寸较大的銙组合而成，无带扣和铊尾，与丝布带配合使用。考古能确定组合的墓例有例证 1：陈国公主墓的龙纹带銙大带，为八块圭形龙纹大銙以丝带连缀而成的组合式大带（图 2-15，5）。例证 2：扎鲁特旗出土的银鎏金大带（图 2-15，6），一套 9 件组成，正中一件呈圭形，两侧由大到小呈梯形，上錾刻双凤如意云纹，背面有钩，残

---

① 图中的 1 摘自《辽宁博物馆》，2 摘自《辽宁朝阳前窗户村辽墓》，3 摘自《凌源小喇嘛沟辽墓》，4 摘自《内蒙古多伦县小王力沟辽代墓葬》，5 摘自《辽陈国公主墓》，6 摘自内蒙古国有馆藏珍贵文物数据库，7 摘自《法库叶茂台辽墓记略》。

② 辽宁省博物馆，辽宁铁岭地区文物发掘小组．法库叶茂台辽墓记略［J］．文物，1975（12）.

存皮革痕迹。例证3：多伦贵妃墓出土的鎏金银托嵌玉銙大带（图2-15，4），简报称作“捍腰”①，带銙共7块，其中一块为圭形居于正中，其余6块呈梯形排列，应与例证2同制，难得的是金属将玉带銙固定成整体的形制被保留下来，两端各有穿孔供系结。

第二节　工具的类型与组合

一、类　　型

根据现有考古资料将工具分为刀、剑、矛、锥等二十大类。

1. 刀

单刃刀。标本1：陈国公主墓出土的琥珀柄银刀（图2-16，1），厚脊单刃面，配有银鎏金鞘，以银链相连。通长30.4厘米。标本2：陈国公主墓出土的玉柄银刀（图2-16，2），形同标本1，银鎏金鞘。通长26.8厘米。标本3：扎鲁特旗辽墓出土的银小刀，刀身细长，刃部锋利，末端呈锥形，嵌入木柄中，刀柄呈圆柱形，鞘内木质，外嵌银皮。通长18厘米。标本4：银窝沟辽墓出土的银刀，银质洁白无锈蚀，柄为四棱拧合而成。长17.5厘米。标本5：多伦贵妃墓出土的鎏金银鞘玛瑙短柄刀，鞘正面錾刻三条龙纹，辅以流云纹，刀身已完全锈结在鞘内，质地不明。整器通长25、鞘长21.5厘米。

2. 剑

双刃剑。标本1：大营子驸马墓出土的牡丹纹包银木鞘铁剑（简报称“匕首”）。长35厘米。标本2：大营子驸马墓出土的素面包银木鞘短剑，比匕首略长。标本3：大营子驸马墓出土的牡丹纹包银木鞘短剑。标本4：沙子沟M1辽墓出土的包银柄铁剑，柄面錾刻火焰水波纹，剑鞘也有银饰装饰。

另外，万金山M2辽墓出土的铜鎏金刀柄和新丰砖厂辽墓出土的银剑鞘，仅存木刀柄，形制不得而知。

3. 矛

长矛。标本：大营子驸马墓出土的错金银铁矛（图2-16，3），头细长为柳叶形，木柄嵌银花。

---

① 多伦贵妃墓出土的这件器物兼具捍腰和大带的形制，是两者的融合，通常见到的捍腰由一整片金银制成，一般见到的大带是带銙分制的，由丝带或皮革固定成为整体，二者的功能相似。考虑到玉銙分制和龙纹纹饰与陈国公主墓出土者相似度极高，尺寸比捍腰略小，故定名为大带。

4. 锥

标本1：陈国公主墓出土的玉柄银锥（图2-16，4），配有银鎏金鞘，锥锐尖，为驸

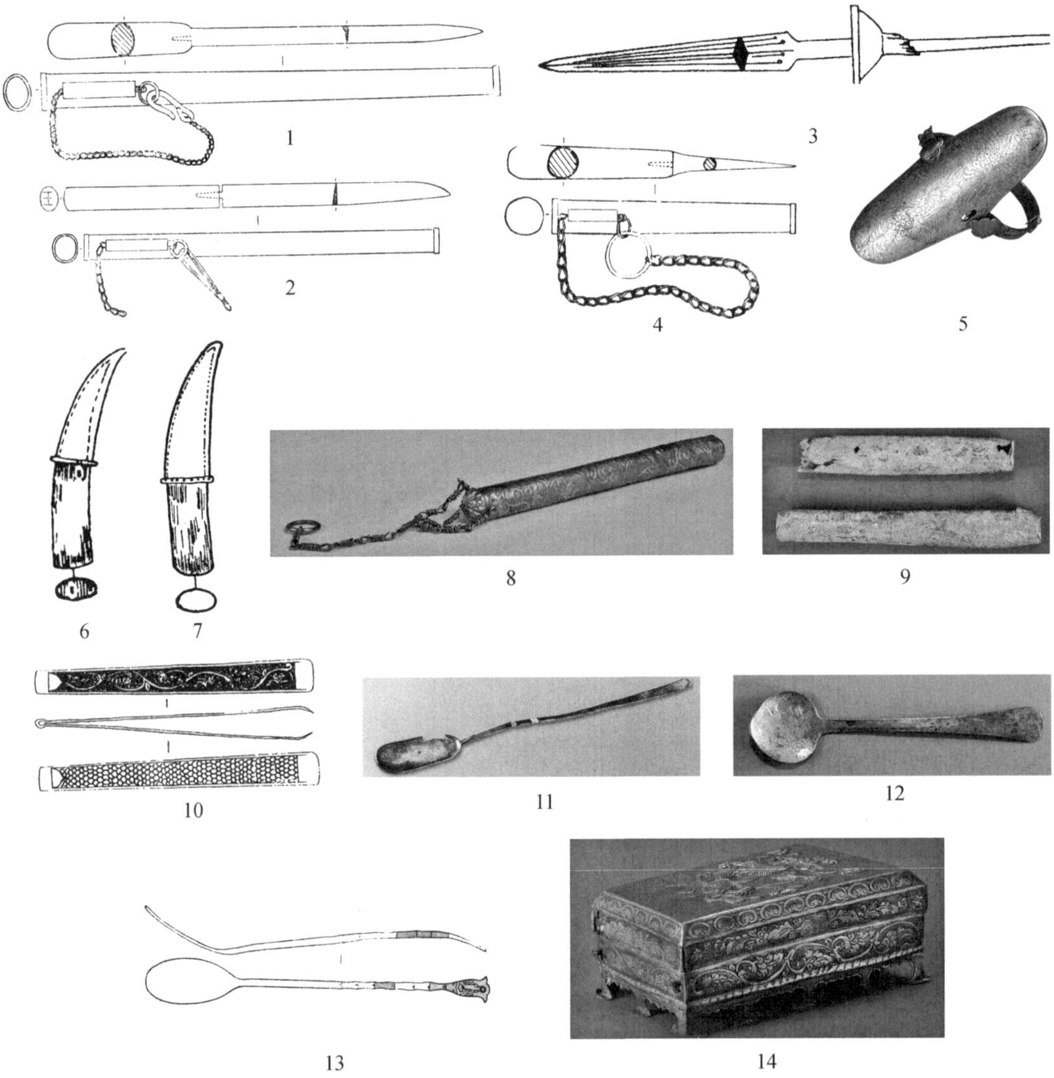

图2-16　工具①

1、2. 刀（均为陈国公主墓）3. 矛（大营子驸马墓）4. 锥（陈国公主墓）5. 臂鞲（朝阳沟M2辽墓）6、7. 号角（二八地M1辽墓、上烧锅M3辽墓）8、9. 针筒（陈国公主墓、敖瑞山辽墓）10. 镊（白音塔拉辽墓）11～13. 匙（耶律羽之墓、庆州白塔、陈国公主墓）14. 砚盒（耶律羽之墓）

① 图中的1、2、4、13摘自《辽陈国公主墓》，3摘自《赤峰县大营子辽驸马墓发掘简报》，5摘自《辽宁省文物考古研究所藏文物精华》，6摘自《克什克腾旗二八地一、二号辽墓》，7摘自《上烧锅辽墓群》，8、9、12、14摘自内蒙古国有馆藏珍贵文物数据库，10摘自《科左后旗白音塔拉契丹墓葬》，11摘自《探寻逝去的王朝——辽耶律羽之墓》。

马腰部蹀躞带的系挂物。通长 17.8 厘米。标本 2：尚暐符墓出土的圆柱形银锥子。长 12 厘米。

5. 臂鞲

臂鞲是指戴在腕上护腕架鹰的围猎工具，不围猎时摘下，形状与辽代流行的盾形戒指接近，只是尺寸较大佩戴于腕上，目前仅见一例金银臂鞲的标本[①]：朝阳沟 M2 辽墓出土的银鎏金鞲（图 2-16，5），鞲面盾形微弧，两侧各留椭圆形长孔，孔内穿系由三节组成的镯式圆环，圆环设置活扣便于佩戴，鞲面錾刻双凤鸟纹。长 9.5、宽 4 厘米[②]。

6. 号角

银号角为通过模仿发声便以猎鹿的围猎工具。标本 1：二八地 M1 辽墓出土的 6 件银号角（图 2-16，6），分大、小两种，薄银片打制，中空。大者长 32、小者长 6.5 厘米，小者内塞一三角形骨塞，以防携带时受压。标本 2：上烧锅 M3 辽墓出土的 2 件银号角（图 2-16，7），形制与标本 1 接近，内塞一磨制的鹿角[③]，通体素面，后端卷棱上錾刻乳点纹。通长 12.8 厘米。标本 3：吐尔基山辽墓出土的银号角。

7. 针

标本：吐尔基山辽墓出土的 1 枚金针，不用针筒而是装在针线包里。

8. 针筒

针筒的特征是细长，但是必须一头封堵，一头留盖或孔，报告中经常与项饰中的银管相混淆，尺寸的差异也是辨别的重要依据。标本 1：白音塔拉辽墓出土的鱼鳞纹银针筒。标本 2：后刘东屯 M2 辽墓出土的银针筒，出土于女尸腰部，银片卷曲焊接而成，两端用银圆片封堵，中间钻有小孔，通体錾刻卷叶圆圈纹。标本 3：通辽二林场辽墓出土的银针筒，外表腐蚀严重，内壁尚好，可见连钱纹，其一端封闭，中有小孔，另一端残。残长 8、直径 1 厘米。标本 4：陈国公主墓出土的錾花金针筒（图 2-16，8），细长圆筒形，有盖带金链，通长 11.7、直径 1.2 厘米。标本 5：法库红花岭辽墓出土的錾花银针筒 2 件，出土于近南壁处，用长方形银片卷成圆管状，上刻划花纹。长 5、直径 0.8 厘米。标本 6：温多尔敖瑞山辽墓出土的 2 件鎏金錾花针筒（图 2-16，9），长圆

① 玉臂鞲见于陈国公主墓，玉面金链戴于驸马左臂银丝网络外。

② 鞲面为玛瑙质者还见于水泉 M27 辽墓和张扛村 M3 辽墓，盾形微弧，两侧各有椭圆形长孔，孔内各穿一银片做纽，银片上残留双股银丝，疑为臂环，大小与朝阳沟者相若。

③ 最新出版的《凌源小喇嘛沟辽墓》刊出 M1 出土了 4 件骨质号角塞，与其配套的金属号角不存，可以确定号角塞在使用时塞于号角内起支撑作用，防止薄软的金属号角被挤扁。

筒形，两端有小孔，通体錾刻缠枝卷草纹。长 10.8、直径 1.2 厘米。

9. 耳勺

标本 1：吐尔基山辽墓出土的金耳勺，实为罕见。标本 2：白音塔拉辽墓出土的银耳勺，一头勺，一头孔，孔中穿小环。标本 3：二八地 M1 辽墓出土的铜鎏金耳勺。

10. 剪刀

错金铁剪 2 例。标本 1：硃碌科辽墓出土的错金铁剪，錾刻卷草纹，刀身有心形镂孔。残长 20.2 厘米。标本 2：李贝堡辽墓出土的错银铁剪，直背、直刃，尖头，两面错银，背与刃交会处下弧。残长 15 厘米。

11. 镊

标本 1：白音塔拉辽墓出土的银鎏金镊子，镊柄系银丝缠裹，并饰一小环，镊身饰卷草纹。长 7 厘米。标本 2：白音塔拉辽墓出土的银镊子（图 2-16，10），镊身一面錾刻鱼子地水仙纹，另一面錾刻鱼鳞纹。长 15.7 厘米。标本 3：天津蓟县营房村辽墓出土的铜鎏金镊子，铜条对折而成，有系挂孔。长 9.2 厘米。

12. 荷包

标本：陈国公主墓出土的扁桃形镂花金荷包。

13. 匙

匙的出土数量比较多，形制基本接近，椭圆形勺面，大弧度细长柄，大多素面。根据柄的特征可分为四型。

A 型　圆柱形长柄。标本 1：耶律羽之墓出土的长银匙（图 2-16，11），勺面呈椭圆形，细长柄，素面。标本 2：大营子驸马墓出土的银匙也比较长，与银箸为一套。标本 3：陈国公主墓出土的银匙，柄端捶打成扁平鸭蹼形。标本 4：庆州白塔出土的“千年万载”铭银匙（图 2-16，12），匙面錾刻铭文，柄细长弯曲，长 9 厘米。张家营子银匙、后刘东屯铜鎏金匙、阿鲁科尔沁旗博物馆藏银匙、赤峰市博物馆藏银鎏金勺、敖汉旗英凤沟辽墓出土的银匙形制相若。

B 型　竹节式长柄。标本 1：陈国公主墓的两件竹节柄银鎏金匙（图 2-16，13），柄端锤击成扁平双鱼形。标本 2：赤峰市博物馆藏一件竹节柄银匙①。

C 型　三棱形长柄。标本：净觉寺出土的银匙，椭圆形勺，柄剖面呈三角形，长 17.1 厘米。

D 型　绳索羽毛形长柄。标本：小喇嘛沟 M1 辽墓出土的 2 件银匙，勺部为长椭

---

① 竹节柄匙还见于喀左北岭的铜匙。

圆形，柄长而弧曲，柄端为宽扁羽毛形，上錾刻羽毛纹，下部为细长绳索状。勺部宽3.4、通长25.2厘米。

14. 箸

均为银质。标本1：大营子驸马墓出土的1副银箸，残存木质筷套。标本2：吐尔基山辽墓出土的银箸。标本3：张家营子辽墓出土的1副银箸。标本4：净觉寺出土的1副银箸，为上粗下细的圆柱形，长16.5厘米。

15. 笔套

目前的考古资料仅见双连体笔套。标本1：英凤沟M7辽墓出土的双连体银笔套，制作工艺是先用银片捶打出两个八棱形管，一管接缝处的直边与另一管的豁口边对应焊合，端口用环状银条将两管箍合，开口端焊一环，环连银链与银砚台相连，管内毛笔已朽无存，尚有墨迹残留。长25、宽1.8厘米。标本2：宁城县埋王沟辽墓出土的铜鎏金笔套，通体錾花草纹，连体双筒，一端套盖封堵，另一端双套环开口，一支管中尚存毛笔一支，竹笔杆残朽，仅存少许毛笔头，比英凤沟笔套略长。

16. 银笔洗

形同弧腹圈足碗。标本：英凤沟M7辽墓出土的银笔洗，实为弧腹碗，圈足外撇，底刻契丹字，内壁残存墨痕。口径9.5、底径4.9、高3.7厘米。

17. 砚台

“风”字形，带链。标本1：英凤沟M7辽墓出土的“风”字形银砚台①，砚身呈“风”字形，宽沿长柄，前缘底部焊支足，足中部穿3孔，中间一孔穿银链连于笔管，砚池顶端对准顶部穿一孔，与柄内互通，池内尚存较厚的积墨。标本2：宁城县埋王沟辽墓出土的“风”字形铜鎏金砚台，形制与英凤沟之砚台基本相同②。

18. 砚盒

内置砚或笔。标本：耶律羽之墓出土的“万岁台”金花银砚盒（图2-16，14），平面略呈梯形，盒底有花式足，正面为飞龙穿花纹，盒内装箕形石砚和两支毛笔，毛笔

① “风”字形砚台还见于沙子沟M1辽墓，该墓出土的2件陶砚，造型古朴，顶端轮廓为外弧线连成的五角或三角，一件为镂孔方底座，砚沿上浮雕卷草纹，顶端有穿孔，可能为穿系链之用。

② “风”字形砚台是辽代砚台的特色，除金属材质外，还见陶质、石质砚台，如辽宁北票水泉一号辽墓出土的“风”字形青石小砚，与摩羯形青瓷水盂配套使用；又如，北京韩佚墓出土的“风”字形陶砚，池内有墨痕，辽中京尚暐符墓纪年墓出土的长方形石砚台，比前两件略长、略矮。

上饰錾花银箍，应为耶律羽之生前使用之物。长 18.47、宽 11 ~ 13.67、高 7.6 厘米。

19. 银长盘

标本 1：英凤沟 M7 辽墓出土的银长盘，束腰海棠形，浅腹宽沿，加焊圈足，内刻契丹字。长 24.1、宽 12.7、高 2.2 厘米。标本 2：陈国公主墓出土的束腰形银长盘，宽折沿，光素无纹，比英凤沟银长盘略长。标本 3：小喇嘛沟 M1 辽墓出土的银长盘，平面呈“亚”字形，宽平沿，边缘上折，浅斜腹，大平底，圈足。宽沿錾刻八朵如意形云纹，盘底錾刻摩羯戏珠纹。长 23.4、宽 12.6、高 2.4 厘米。

20. 镜

标本 1：代钦塔拉辽墓出土的四蝶纹银镜。标本 2：陈国公主墓出土的镀银铜镜，宽平沿，半圆形纽，纽内穿一根直径 0.38 厘米的粗银丝，扭成环形以便悬挂。直径 44 厘米。

二、组　合

1. 狩猎工具的组合

A 类　刀 + 号角 + 耳勺。

例证：二八地 M1 辽墓出土铜鎏金刀鞘、银号角和铜鎏金耳勺的组合，墓主为“大郎君”的契丹男性贵族。

B 类　刀 + 锥。

例证：陈国公主墓出土银鎏金鞘琥珀柄银刀、银鎏金鞘银链玉柄银刀、银鎏金鞘银链玉柄银锥的组合（图 2-17，1），均悬挂于驸马腰部的蹀躞带上。

C 类　刀 + 臂鞲。

例证：朝阳沟 M2 辽墓出土包银木鞘铁刀、银鎏金臂鞲的组合，亦在男子腰部出土，为腰部银鎏金蹀躞带的佩戴物。

D 类　刀 + 针筒 + 荷包。

例证：陈国公主墓出土银链琥珀柄铁刀（银鎏金鞘）、带链錾花金针筒、镂空金荷包的组合（图 2-17，2），出土于公主腰部。

E 类　针筒 + 镊子。

例证：营房村辽墓出土的铜鎏金錾花针筒和铜鎏金镊子，在女子胸部出土。

F 类　单件。

例证 1：巴彦库仁辽墓出土的银网包鞘铁腰刀，出土于男子腰部。例证 2：吐尔基山辽墓出土金耳勺，墓主为女性贵族。例证 3：上烧锅 M3 辽墓出土的 2 件银号角，墓

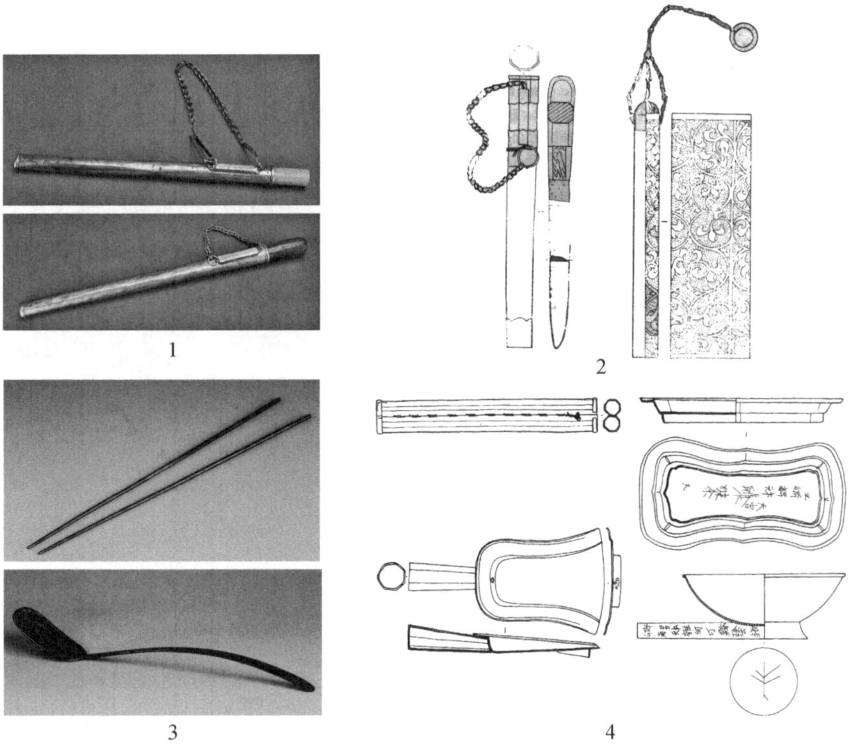

图 2-17　工具的组合[①]

1. B 类狩猎工具的组合（陈国公主墓）2. D 类狩猎工具的组合（陈国公主墓）
3. 进餐具的组合（大营子辽驸马墓）4. A 类文具的组合（英凤沟 M7 辽墓）

主为男性。例证 4：二林场辽墓出土的银针筒，经检测墓主为老年男性。例证 5：后刘东屯 M2 辽墓出土的錾花银针筒，于女子腰部出土。

2. 进餐具的组合

这里指工具里的箸与匙的组合。例证 1：大营子辽驸马墓出土的银箸与银匙的组合（图 2-17，3）。例证 2：张家营子辽墓出土的银箸与银匙的组合。例证 3：净觉寺出土的银箸与银匙的组合。

3. 文具的组合

文房工具是文人书斋里的主角，源于它们与书画、诗文创作密切相关，笔、墨、纸、砚作为“文房四宝”，还衍生出其他种种辅助用品[②]。目前辽代金银文具的考古出土

① 图中的 1、3 摘自内蒙古国有馆藏珍贵文物数据库，2 摘自《辽陈国公主墓》，4 摘自《敖汉旗英凤沟 7 号辽墓出土银质文具考》。

② 明代屠隆《文房器具笺》共列出四十三种，如笔筒、笔架、笔搁、笔床、笔船、笔洗、墨床、镇纸、砚匣、砚床、水盂、水注、臂搁等。

资料有笔管、砚台、砚盒、盘、笔洗五种器类，存在四种使用组合。

A类　笔管+砚台+长盘+笔洗。

例证：英凤沟M7辽墓出土的银质文具组合最完备，双连体银笔管、“风”字形银砚台、契丹文铭银盘和契丹文铭银笔洗组合为一套①，由于有较为明确的相邻共存关系，银砚台与银笔套有银链相连，银盘的内底有笔洗的圈足墨痕，且契丹铭文中的前四字相同，表明了四件作为文具的使用关系（图2-17，4）。

B类　笔管+砚台。

例证：埋王沟M4出土的一套文具是双连体铜鎏金笔管、“风”字形铜鎏金砚台②与毛笔的组合，二者形制与英凤沟出者颇为相似，且一个管内尚存毛笔一支，断定为笔套无疑。

C类　砚盒。

例证：耶律羽之墓出土的“万岁台”金花银砚盒，内置石砚和2支银箍毛笔，确定为一套文具。

D类　长盘。

例证：陈国公主墓出土的束腰形银盘与玉砚台、玉洗相邻出土，应为一套文具。

第三节　马具的类型与组合

一、类　　型

金银马具是辽代契丹墓中比较习见的随葬品，出土数量多、种类丰富，包括衔、镳、缰、缨罩、当卢、鞍包片、障泥、镫、带扣等零部件，金银马具以银鎏金质、银质、铜鎏金质多见（占到整个马具的50%以上），偶有包银铁质、错银铁质者，鲜有纯金者。金银质地的马具基本涵盖了辽马具的主体类型。尺寸见表2-5。

表2-5　辽代金银马具

器物名称	质地/数量	尺寸/厘米	出土地点或收藏地点
复孔式鎏金铁马衔	鎏金铁/1	通长17、直径4.2、孔径2.5	陈国公主墓
错金铁质角形镳	错金铁/3	衔长18、镳长15	张家营子辽墓
包银木质镳	银	长20左右	大营子辽驸马墓
长体曲身凤首式鎏金铁马镳	鎏金铁/1	长16.5	陈国公主墓

① 邵国田．敖汉旗英凤沟7号辽墓出土银质文具考［J］．内蒙古文物考古，2003（2）．

② 简报误称为“铜鎏金铲”，经邵国田在《敖汉旗英凤沟7号辽墓出土银质文具考》文章中考证为银鎏金砚台。

续表

器物名称	质地 / 数量	尺寸 / 厘米	出土地点或收藏地点
银缰	银 /2	长带长 155、短带对折长 22、宽 1.6	陈国公主墓
凤纹银缨罩	银器	高 19、径 17	大营子辽驸马墓
素面银鎏金缨罩	银鎏金 /4	高 3.2 ~ 3.6、径 12.6 ~ 15.6	大营子辽驸马墓
银缨罩	银 /1	口径 23	二八地 M1 辽墓
铜鎏金缨罩	铜鎏金 /1	直径 8.7、高 1.5、壁厚 0.2 ~ 0.3	姑营子耿氏家族 M3 辽墓
凤纹金花银缨罩	银 /1	径 18	朝阳沟 M2 辽墓
宝相飞凤纹银鎏金缨罩、鹿纹银鎏金缨罩、鹿纹铜鎏金缨罩	鎏金 /3	径 18 ~ 19	大营子辽驸马墓
铜鎏金缨罩	铜鎏金	径 12	大横沟 M1 辽墓
银鎏金当卢	银鎏金 /1	长 12.8、宽 7.2	张家营子辽墓
银鎏金前桥包片	银鎏金 /1	宽 39	张家营子辽墓
银鎏金前桥包片	银鎏金 /1	高 24.5、上宽 22.3、下宽 35.2	陈国公主墓
银前桥包片	银 /1	长 56、宽 41.2、高 26	陈国公主墓
铜鎏金前桥包片	铜鎏金 /1	高 23	敖瑞山辽墓
银前桥包片	银 /1	宽 32.7、高 23.4	小喇嘛沟 M1 辽墓
银鎏金后桥包片	银鎏金 /1	高 38、上宽 35、下宽 51.8	陈国公主墓
银后桥包片	银 /1	长 56、宽 41.2、高 18.8	陈国公主墓
银鎏金后翅包片	银鎏金 /2	通长 26.5、上宽 12.3、下宽 4.5	代钦塔拉 M3 辽墓
彩绘银障泥	银 /2	长 59、宽 66、厚 0.05	陈国公主墓
嵌银包铁马镫	铁嵌银 /11	高 19.8 ~ 21、环孔径 12.5 ~ 14.5、皮孔长 2.5 ~ 3.7、踏板宽 10.3 ~ 11.2	大营子辽驸马墓
鎏金铁马短柄镫	鎏金铁 /1	通高 19.5、宽 15	陈国公主墓
铜鎏金转柄马镫	铜鎏金 /6	通高 20、宽 13.3	陈国公主墓
错银铁转柄镫	错银铁 /2	长 18、宽 14、踏板宽 5	凌源小喇嘛沟辽墓
错银铁马镫	错银铁 /2	高 14.8、宽 14	小皮匠沟辽墓
圆环形银鎏金节约	银鎏金 /10	大号：直径 4.5；小号：直径 2.6	朝阳沟 M2 辽墓
铜鎏金节约	铜鎏金	宽 3.6、高 2.1	耶律羽之墓
桃形有孔铜鎏金牌饰	铜鎏金 /4	长 4、宽 3	红花岭辽墓
六角形铜鎏金牌饰	铜鎏金器	残长 20.8、残宽 16.5、厚 0.07	李贝堡辽墓
铜鎏金铃	铜鎏金	体径 6.7	大营子辽驸马墓
鎏金小铜铃	铜鎏金	体径 1.2	大营子辽驸马墓
鎏金錾花银铃	银鎏金 /1	体径 6.5	大营子辽驸马墓

续表

器物名称	质地 / 数量	尺寸 / 厘米	出土地点或收藏地点
素面银铃	银 /2	体径 6 ~ 6.2	大营子辽驸马墓
铜鎏金杏叶	铜鎏金 /10	通长 9.3、宽 5.1	二八地 M1 辽墓
火焰纹铜鎏金杏叶	铜鎏金	通长 10.5、宽 5.3	代钦塔拉 M3 辽墓
铜鎏金杏叶	铜鎏金	通长 12、宽 3.3	代钦塔拉 M3 辽墓
铜鎏金双鱼饰	铜鎏金	长 7.3	姑营子耿氏家族 M3 辽墓
铜鎏金双鱼饰	铜鎏金	长 6.5	代钦塔拉 M3 辽墓

1. 衔

衔含于马口，衔体为两节直棍形，根据孔的形制分为二型。

A 型　复孔式。衔的外侧有双穿孔，其中靠内侧者用以插镳，靠外侧者用以挂缰绳的活环。标本：陈国公主墓出土的鎏金铁马衔，镳穿于衔内侧的孔中（图 2-18，1）。

B 型　单孔式。衔的外侧只有一个孔，用以悬挂缰绳的活环。标本：红花岭辽墓出土的包银铁马衔（图 2-18，2），衔插于镳中使用，衔孔用于系挂缰绳。

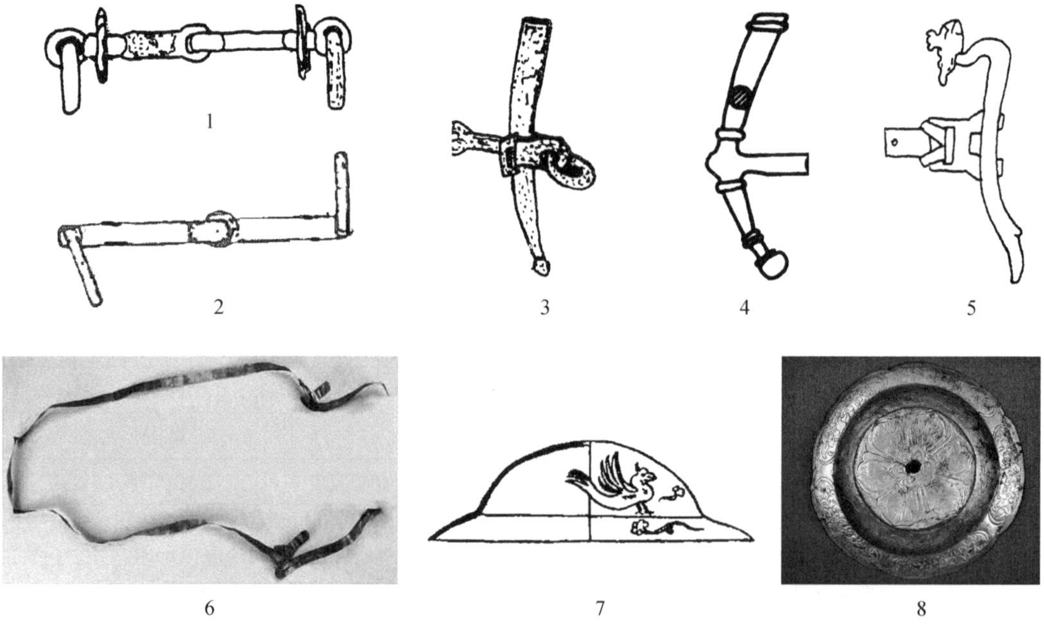

图 2-18　衔、镳、缰、缨罩①

1. A 型衔（陈国公主墓）　2. B 型衔（红花岭辽墓）　3、4. A 型镳（张家营子辽墓、代钦塔拉辽墓）　5. B 型镳（陈国公主墓）　6. 缰（陈国公主墓）　7. A 型缨罩（大营子辽驸马墓）　8. B 型缨罩（大营子辽驸马墓）

① 图中的 1、5 摘自《辽陈国公主墓》，2、3 摘自《辽代契丹马具探索》，4 摘自《科右中旗代钦塔拉辽墓清理简报》，6、8 摘自内蒙古国有馆藏珍贵文物数据库，7 摘自《赤峰县大营子辽驸马墓发掘简报》。

2. 镳

镳位于衔之两端，金银质地的镳均为长体镳①。根据镳的形状可分为二型。

A 型　角形镳。上粗下细，体向一侧弧弯，形如牛角②，细端有圆状凸是辽代角形镳的特点。标本 1：大营子驸马墓出土的包银木质镳为长体角形镳。标本 2：代钦塔拉辽墓出土的银鎏金包铁镳为长体角形镳（图 2-18，4）。标本 3：张家营子辽墓出土的错金铁质角形镳（图 2-18，3）。

B 型　曲身镳。镳体有两个以上弯曲点。标本 1：陈国公主墓出土的鎏金铁马镳，为长体曲身凤首式（图 2-18，5）。标本 2：红花岭辽墓出土的包银铁马镳。

3. 缰

实用器中的缰由缰绳和环组成，缰环与衔孔套连使用，缰绳通常为易朽的皮革材质，不易见到，故考古资料仅见陈国公主墓出土的银缰 2 副（图 2-18，6），由一条长银带和两条短银带连成，短银带另一端做成环状与衔镳相连。

4. 缨罩

有银鎏金质、银质、铜鎏金质三种，皆为透孔覆钵式。根据顶的形制可分为二型。

A 型　圆顶，顶部隆起。标本 1：大营子辽驸马墓出土的凤纹银缨罩（图 2-18，7）和 4 件素面银鎏金缨罩皆为圆顶，顶心有一透孔。标本 2：二八地 M1 辽墓出土的银缨罩（简报称“银盏”），圆顶，顶中有透孔。标本 3：代钦塔拉辽墓出土的双龙纹铜鎏金缨罩，圆顶透孔。标本 4：朝阳沟 M2 辽墓出土的凤纹金花银缨罩。标本 5：姑营子耿氏家族 M3 墓出土的铜鎏金缨罩，圆形曲边，圆顶透孔，罩面为八瓣花叶形。

B 型　平顶，顶部近平。标本 1：大营子辽驸马墓出土的宝相飞凤纹银鎏金缨罩、鹿纹银鎏金缨罩、鹿纹铜鎏金缨罩（图 2-18，8），皆为平顶透孔。标本 2：大横沟 M1 辽墓出土的铜鎏金缨罩，顶部近平。

5. 当卢

当卢为马额前装饰，考古实物资料仅见张家营子辽墓出土的一件银鎏金当卢，心脏形，正面鎏金，无纹样，下端有一孔，顶部嵌一折页③。

---

① 另外一种常见的镳为圆环镳，均为铁质，流行于辽晚期以及金元时期。

② 驸马墓出土 9 副典型的角形镳，还有 1 副被称为“鹤嘴状”镳，也可视为角形镳的变体。

③ 无图片，文字描述引自简报《辽宁省建平、新民的三座辽墓》。

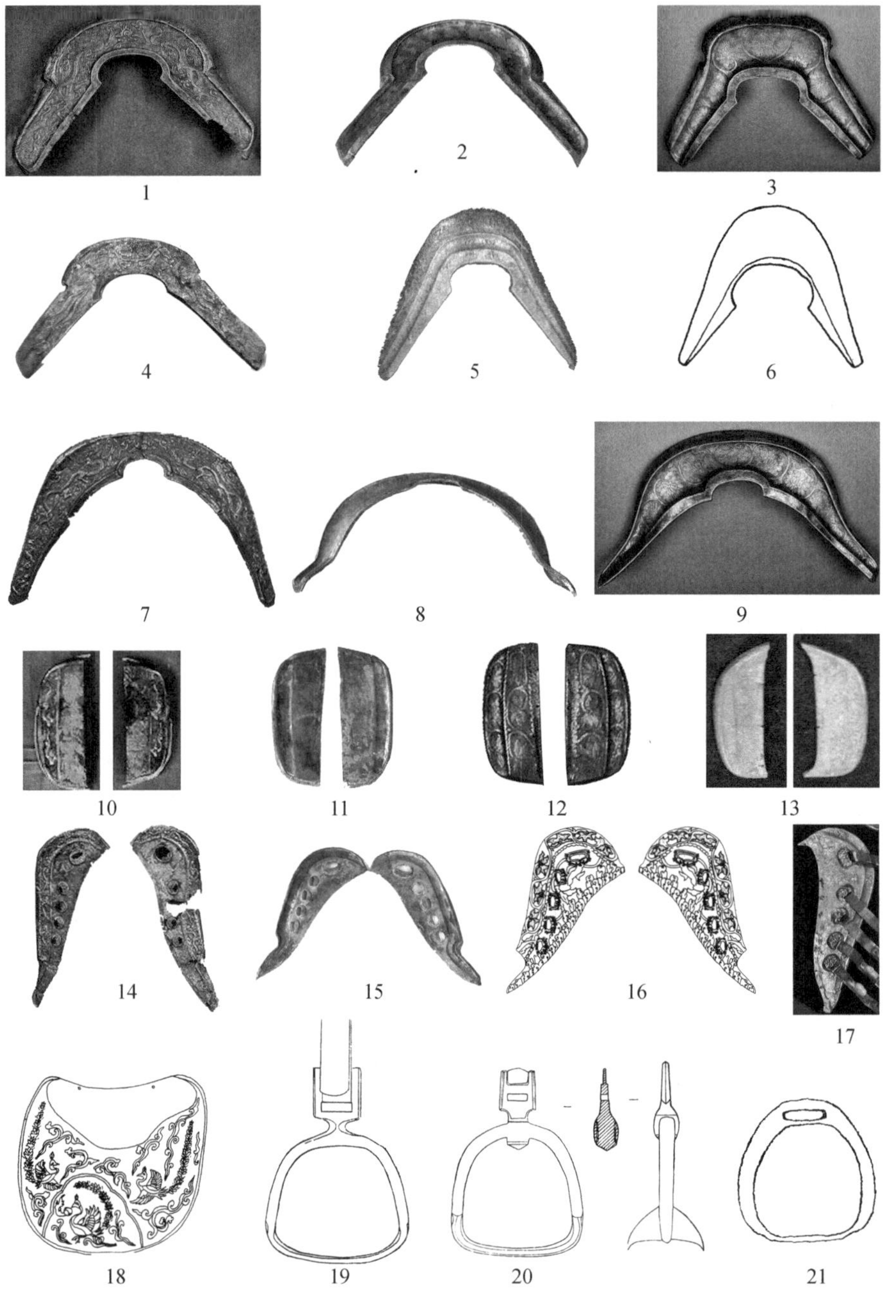

图 2-19　鞍包片、障泥、镫①

1～6. A 型前桥包片（大营子辽驸马墓、大营子辽驸马墓、代钦塔拉辽墓、张家营子辽墓、陈国公主墓、敖瑞山辽墓） 7～9. B 型后桥包片（大营子辽驸马墓、大营子辽驸马墓、代钦塔拉辽墓） 10～13. C 型前翅包片（大营子辽驸马墓、大营子辽驸马墓、代钦塔拉辽墓、陈国公主墓） 14～17. D 型后翅包片（大营子辽驸马墓、大营子辽驸马墓、代钦塔拉辽墓、陈国公主墓） 18. 障泥（陈国公主墓） 19. A 型镫（陈国公主墓） 20. B 型镫（陈国公主墓） 21. C 型镫（小皮匠沟辽墓）

① 图中的 1～3、7～12、14、15、17 摘自内蒙古国有馆藏珍贵文物数据库，4 摘自《辽宁博物馆》，5、13、18～20 摘自《陈国公主墓》，6 摘自《辽代契丹马具探索》，16 摘自《科右中旗代钦塔拉辽墓清理简报》，21 摘自《河北丰宁小皮匠沟发现辽墓》。

6. 鞍包片

辽代马鞍金属包片以银质或银鎏金质最多，铜质和铜鎏金质较少，不见纯金者。根据装饰部位的不同可分为四型。

A 型　前桥包片。略呈拱形，用以装饰鞍的前桥。标本 1：大营子辽驸马墓出土的 5 件银鎏金（图 2-19，1）、银质前桥包片（图 2-19，2）。标本 2：代钦塔拉辽墓出土的 1 件银鎏金前桥包片（图 2-19，3），本文依据馆藏数据库照片修正了简报“前鞍桥包片不存”的介绍。标本 3：张家营子辽墓出土的银鎏金前桥包片（图 2-19，4）。标本 4：陈国公主墓出土的银鎏金前桥包片（图 2-19，5）和银前桥包片。标本 5：英凤沟 M7 辽墓出土的凤纹金花银前桥包片，残损严重。标本 6：敖瑞山辽墓出土的铜鎏金前桥包片（图 2-19，6）。标本 7：红花岭辽墓出土的 1 件铜鎏金前桥包片，网格状镂空，从图片观察均已残破。标本 8：小喇嘛沟 M1 辽墓出土的 1 件银前桥包片。

B 型　后桥包片。略呈弓形，用以装饰鞍的后桥。标本 1：大营子辽驸马墓出土的 5 件银鎏金（图 2-19，7）、银质后桥包片（图 2-19，8）。标本 2：代钦塔拉辽墓出土的 1 件银鎏金后桥包片（图 2-19，9）。标本 3：陈国公主墓出土的银鎏金后桥包片和银后桥包片。标本 4：英凤沟 M7 辽墓出土的凤纹金花银后鞍桥包片，已残。

C 型　前翅包片。半月形，为对称的一对，处于前桥下方两侧。标本 1：大营子辽驸马墓出土的 5 对银鎏金前翅包片（图 2-19，10）、银质前翅包片（图 2-19，11）。标本 2：代钦塔拉辽墓出土的 1 对银鎏金前翅包片（图 2-19，12）。标本 3：陈国公主墓出土的 2 对银鎏金（图 2-19，13）、银前翅包片。标本 4：红花岭辽墓出土的 1 对铜鎏金鞍包片，网格状镂空，从图片观察均已残破。

D 型　后翅包片。刀形，为对称的一对，处于后桥下方两侧，均有翅孔。标本 1：大营子辽驸马墓出土的 5 对银鎏金（图 2-19，14）、银质后翅包片（图 2-19，15），均为五翅孔。标本 2：代钦塔拉辽墓出土的 1 对银鎏金后翅包片（图 2-19，16），五翅孔。标本 3：陈国公主墓出土的 2 对银鎏金（图 2-19，17）、银后翅包片，均为五翅孔。标本 4：红花岭辽墓出土的 1 对铜鎏金后翅包片，网格状镂空，从图片观察均已残破，后翅上有五个翅孔。

7. 障泥

为悬于马镫与马腹之间的隔垫。金银材质的考古实物资料仅见陈国公主墓出土的 2 副彩绘银障泥[①]（图 2-19,18），圆形上部凹陷，且上部有左右双孔与鞍板透孔的位置对应，以铜条穿系固定。辽代壁画中的鞍几乎都配障泥[②]。

① 丝织品的障泥见于叶茂台 M7，为实用马具，而陈国公主墓出土的银障泥为非实用马具。

② 陈国公主墓和解放营子墓沿用旧有的方障泥，其余墓葬壁画中的鞍下均附圆形小障泥。

8. 镫

马镫在墓葬中的出土频率甚高，金银器马镫主要有鎏金铁质、铜鎏金质，错银铁质等材质。根据柄的不同特征可分为三型。

A 型　短柄镫。标本 1：大营子辽驸马墓出土的 11 副嵌银包铁马镫，柄与梁铸在一起，柄上有穿孔。标本 2：陈国公主墓出土的 1 副鎏金铁马镫（图 2-19，19），鼻与镫体为一整体，方形带孔内穿银条镫带。标本 3：吐尔基山辽墓出土的副铜鎏金质马镫属于短柄镫，柄上穿系皮带，另外 2 副为铁质，形制相近。

B 型　转柄镫。标本 1：陈国公主墓出土的另一副铜鎏金马镫（图 2-19，20），环梁高鼻，鼻与镫体分作，可旋转活动。标本 2：小喇嘛沟 M11 辽墓出土的 1 副铁错银马镫，梁与柄分铸，再套接而成，柄可旋转。

C 型　梁穿镫。标本：小皮匠沟辽墓出土的 1 副错银铁马镫（图 2-19，21），镫无柄，梁中部设穿带孔。

9. 带扣

根据形制和功能的差异可分为二型。

A 型　有扣针，单扣环，后部有护板。形制有方形、扁桃形、半圆形、梯形等多种，材质有银、银鎏金、铜鎏金、铁嵌银等。见于大营子驸马墓、耶律羽之墓、沙子沟 M1、朝阳沟 M2（图 2-20，1）、陈国公主墓等诸多墓。

B 型　无扣针，双扣环，后部无护板，专用于鞧带连接。依据陈国公主墓的银鞓鞧带可知，短带一端系于鞍翅穿孔，另一端连接 B 型带扣的一孔，长带穿于带扣的另一孔后再挽结，恐为方便装卸之用。朝阳沟 M2（图 2-20，2）、大营子辽驸马墓、沙子沟 M1、姑营子耿氏 M3、前窗户辽墓出土过此类带扣。

10. 带箍

方形居多，也有椭圆形，用在皮带回头处固定皮带端头，材质有银、银鎏金、铜鎏金、铁嵌银等，铜鎏金质更为常见。大营子辽驸马墓、耶律羽之墓、沙子沟 M1、朝阳沟 M2 辽墓（图 2-20，3）、前窗户村辽墓、陈国公主墓、红花岭辽墓均屡见不鲜。

11. 节约

用以装饰皮带的分叉口，材质有银、银鎏金、铜鎏金、铁嵌银等。根据形状不同可分为三型。

A 型　T 形，最为常见。标本：朝阳沟 M2 辽墓出土的凸形铜鎏金节约和凸形银节约（图 2-20，4），举不胜举。

B 型　圆形。标本 1：朝阳沟 M2 辽墓出土的圆环形银鎏金节约 10 件，其中一

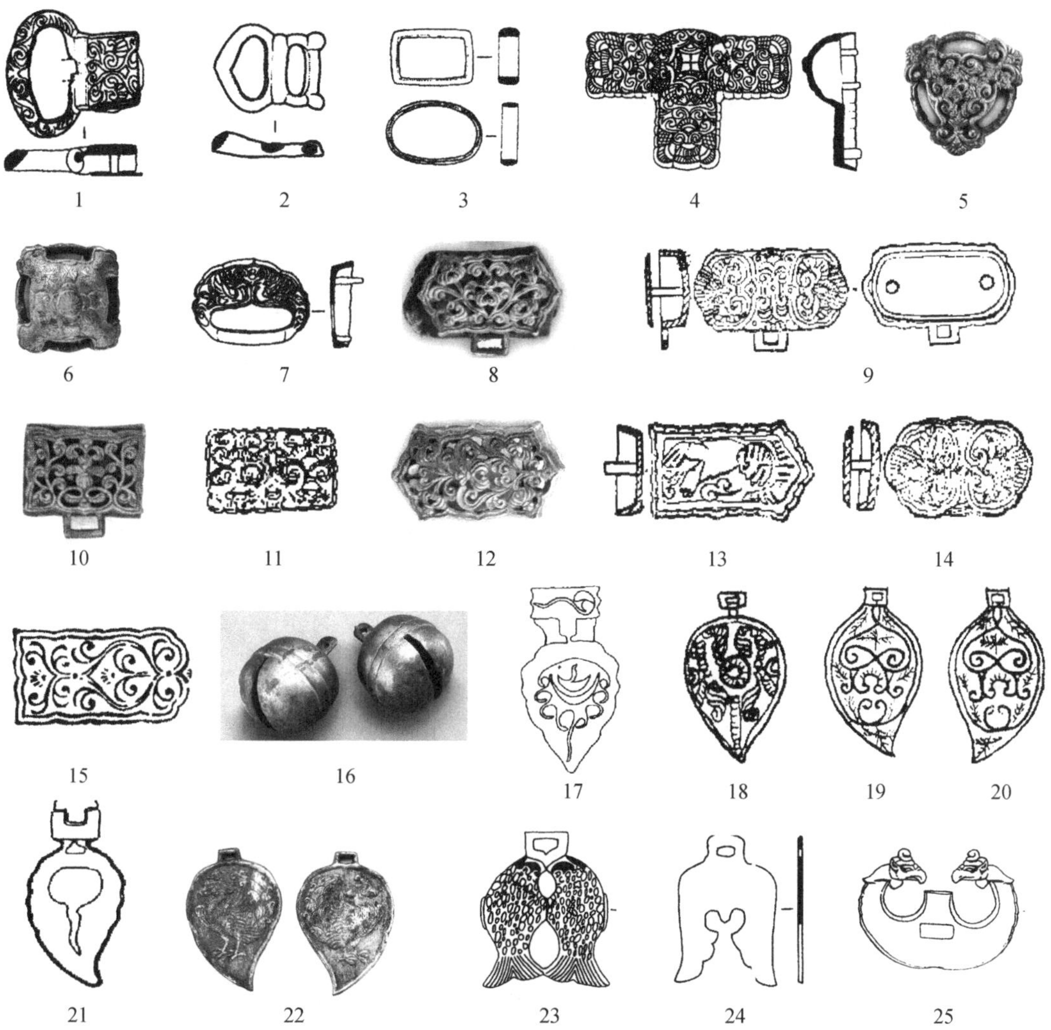

图 2-20　带扣、带箍、节约、牌饰、玲、杏叶、双鱼饰①

1. A 型带扣（朝阳沟 M2）2. B 型带扣（朝阳沟 M2）3. 带箍（朝阳沟 M2）4. A 型节约（朝阳沟 M2）5. B 型节约（耶律羽之墓）6. C 型节约（耶律羽之墓）7. A 型牌饰（朝阳沟 M2）8. Ba 型牌饰（耶律羽之墓）9. Bb 型牌饰（沙子沟 M1）10. Bc 型牌饰（耶律羽之墓）11. Ca 型牌饰（前窗户辽墓）12. Cb 型牌饰（耶律羽之墓）13. Cc 型牌饰（沙子沟 M1）14. Cd 型牌饰（沙子沟 M1）15. Ce 型牌饰（朝阳沟 M2）16. A 型铃（耶律羽之墓）17、18. A 型杏叶（代钦塔拉辽墓、大营子辽驸马墓）19 ~ 22. B 型杏叶（二八地 M1、二八地 M1、代钦塔拉辽墓、耶律羽之墓）23. 双鱼饰（代钦塔拉辽墓）24. 异形杏叶（朝阳沟 M2）25. 叉形带具（海力板 M1 辽墓）

① 图中的 1 ~ 4、7、15、24 摘自《彰武县朝阳沟墓地》，5、6、8、10、12、16、22 摘自《探寻逝去的王朝——辽耶律羽之墓》，9、13、14 摘自《内蒙古敖汉旗沙子河、大横河辽墓》，11 摘自《辽宁朝阳前窗户辽墓》，17、21、23 摘自《科右中期代钦塔拉辽墓清理简报》，18 摘自《赤峰县大营子辽驸马墓发掘简报》，19、20 摘自《克什克腾旗二八地一、二号辽墓》，25 摘自《阜新海力板辽墓》。

件中心为三头相对的凸雕狻猊饰，比较罕见。标本 2：耶律羽之墓出土的铜鎏金节约（图 2-20，5）。

C 型　圆角方形。标本：耶律羽之墓出土的铜鎏金节约（图 2-20，6）。

12. 牌饰

牌饰用以加固、装饰素面的皮带，如络头、胸带、鞧带、鞘等，材质有银、银鎏金、铜鎏金、铁嵌银、铜之分，形状有六角形、五角形、长方形、圭形、椭圆形之别。根据孔的差异可分为三型。

A 型　牌中孔，牌饰近底缘有一椭圆形带尖孔，用以装饰鞍翅孔，作挂鞘之用。标本 1：朝阳沟 M2 辽墓出土的银鎏金牌饰（图 2-20，7）。标本 2：陈国公主墓出土的包银木马鞍的后鞍翅上排铆 10 件椭圆形兽面纹有孔银牌饰，以垂鞘。标本 3：红花岭辽墓出土的 4 件桃形带孔铜鎏金牌饰，浮雕缠枝莲纹，以穿系鞘。标本 4：小喇嘛沟 M1 辽墓出土的 2 件方形带孔银鎏金牌饰。

B 型　下出孔，牌下方单出方形孔，用以悬挂杏叶、铜铃等物。根据形状不同可分为三亚型。

Ba 型　六角形。标本 1：大营子驸马墓中最完整的龙戏珠纹铜鎏金马具，其中的 31 件六角形牌饰上下出方孔。标本 2：耶律羽之墓出土的六角形铜鎏金牌饰（图 2-20，8），一种有下出方孔。标本 3：李贝堡辽墓出土的 1 件六角形铜鎏金牌饰。

Bb 型　椭圆形。标本：沙子沟 M1 辽墓出土的 3 件卷草纹铜鎏金牌饰，下出方孔（图 2-20，9）。

Bc 型　长方形。标本 1：耶律羽之墓出土的方形铜鎏金牌饰（图 2-20，10）。标本 2：代钦塔拉的方形牌饰下出方孔，而且与铜鎏金杏叶相连挂。

C 型　无孔，作装饰和加固之用。根据形状不同可分为五亚型。

Ca 型　长方形。标本 1：前窗户村辽墓出土的 20 件长方形铜鎏金牌饰（图 2-20，11）。标本 2：小喇嘛沟 M1 辽墓出土的 2 件长方形银鎏金牌饰。

Cb 型　六角形。大营子辽驸马墓、耶律羽之墓（图 2-20，12）、代钦塔拉墓均有无孔的另一种六角形铜鎏金牌饰伴出。

Cc 型　五角形。标本：沙子沟 M1 辽墓出土的铜鎏金牌饰（图 2-20，13）。

Cd 型　椭圆形。标本 1：沙子沟 M1 辽墓出土的 4 件椭圆形铜鎏金牌饰（图 2-20，14）。标本 2：小喇嘛沟 M1 辽墓出土的 40 余件椭圆形银鎏金牌饰。

Ce 型　圭形。标本：朝阳沟 M2 辽墓出土的 55 件圭形银鎏金牌饰（图 2-20，15）。

13. 铃

辽墓中经常有大小铃伴出，作为金银器马具的铃主要是圆铃，多为铜鎏金质，偶有银铃出土。根据铃鼻和体型的差异可分为三型。

A 型　有铃鼻，体型较大，体径 6 ~ 7 厘米。标本 1：大营子辽驸马墓南侧室出土的铜鎏金铃，内含铜舌。体径 6.7 厘米。标本 2：耶律羽之墓出土的铜鎏金铃（图 2-20，16）。标本 3：小喇嘛沟 M1 辽墓出土的 6 枚铜鎏金铃大马玲，上錾花草云纹。通高 7、体径 6.1 厘米。

B 型　有铃鼻，体型较小，体径 1 ~ 2 厘米。标本 1：大营子辽驸马墓出土的鎏金小铜铃，内含铜舌。体径 1.2 厘米。标本 2：小喇嘛沟 M1 辽墓出土的 17 枚铜鎏金小马铃。高 2.8、体径 2.2 厘米。

C 型　无铃鼻，体型较大。标本：大营子辽驸马墓出土的 3 枚银铃，其中 1 枚鎏金錾花，另外 2 枚素面无纹。

14. 杏叶

形如叶形的装饰物，铜鎏金质为多，数量远不及铃，顶上有鼻用以系挂。根据叶尖的弯曲情况可分为二型。

A 型　叶尖向下垂直。标本 1：二八地 M1 出土的 1 件铜鎏金杏叶（即简报中的“桃形鞍饰件”），叶尖向下垂直。标本 2：代钦塔拉辽墓出土的 1 件火焰纹铜鎏金杏叶（图 2-20，17），叶尖向下垂直。标本 3：大营子辽驸马墓出土的铜鎏金杏叶（图 2-20，18），叶尖向下垂直。

B 型　叶尖向左或向右弯曲。标本 1：二八地 M1 出土的 9 件铜鎏金杏叶，4 件叶尖向左弯（图 2-20，20），5 件叶尖向右弯（图 2-20，19）。标本 2：耶律羽之墓出土的立凤纹铜鎏金杏叶（图 2-20，22），有的尖向左弯曲，有的尖向右弯曲，立狮纹铜鎏金杏叶尖向左弯曲。标本 3：代钦塔拉辽墓出土的若干件铜鎏金杏叶（图 2-20，21），有的尖向左弯，有的尖向右弯。

15. 双鱼饰

双鱼首尾相连，顶端有孔。标本 1：姑营子耿氏家族 M3 墓出土的铜鎏金双鱼饰，双鱼鳍尾相连，双鱼头相对以方孔铜片对接。长 7.3 厘米。标本 2：代钦塔拉辽墓出土的铜鎏金双鱼饰（图 2-20，23）。长 6.5 厘米。标本 3：小喇嘛沟 M1 辽墓出土的 2 件铜鎏金双鱼饰。长 8、宽 4.7、厚 0.2 厘米。

另外，辽墓中与马具共出的还有一些零散组件，在简报中没有统一的名称，有的简报称作“风铃形铜杏叶”或“凤首勾云状饰件”，前者见于沙子沟 M1 辽墓、朝阳沟 M2 辽墓出土铜鎏金者（图 2-20，24），本书暂称异形杏叶；后者见于海力板 M1 辽墓（图 2-20，25）、万金山 M1 辽墓出土铜鎏金者，本书暂称为叉形带具。吐尔基山辽墓出土马具项带的残皮带上就附着这种饰件，类似带扣的功能，方便项带的启合。

二、组　合

马具的构成较为复杂，研究马具组合的困难在于：一是出土的马具往往是很多散件，这是缘于鞍多为木质，易朽，前后金属质的鞍包片却被保存下来，而络头、攀胸、后鞧和鞘、跋尘常因皮革带腐朽而遗存大量的零散带具；二是出土位置混乱，使得复原变得更加艰难，历代的盗掘不同程度地破坏了马具的完整性。对这些数量庞大且不完整的组件进行综合的甄别和归类需要寻找依据，庆幸的是：一是陈国公主墓的马具被制作成金属明器随葬，再现了马具的组合关系，也有一些墓葬的马具组件的位置关系比较明确，有的甚至保留着部分皮革带；二是辽代壁画和传世画中的鞍马形象为我们研究马具的结构提供了直接的参照依据；三是部分博物馆在展示马具的展览中对复原马具做了一些积极的尝试。本节将重点探讨辔头、鞍具、胸带、鞧带的组合关系。全套的马具组合示意见图 2-26。

1. 辔头组合

广义的辔头组合包括两部分：一是衔、镳、缰的组合；二是由缀连的带扣、带箍、节约、牌饰组成的纵横交错的皮条带（图 2-21），即络头。

衔、镳、缰是马具中必备的组合，实用器中皮革材质的缰很难保存下来，衔含于马口，镳位于衔之两端，二者配套使用。根据衔镳形制和使用方法的差异将鎏金材质的衔镳组合分为二型。

A 型　复孔式衔，长体镳。镳插衔，衔的外侧有双穿孔，其中靠内侧者用以插镳，靠外侧者用以挂缰绳。例证 1：大营子辽驸马墓出土的铁衔为 A 型，包银木质镳为 A 型，镳穿于衔。例证 2：代钦塔拉辽墓出土的衔仅存半截，银鎏金包铁镳为 A 型，镳穿于衔（图 2-21，2）。例证 3：陈国公主墓出土的鎏金铁马衔为 A 型，鎏金铁马镳为 B 型，镳穿于衔，衔靠外侧的孔用以挂银缰（图 2-21，1、4）。

B 型　单孔式衔，有孔长体镳。衔穿镳，单孔用以挂缰绳。例证：红花岭辽墓出土的包银铁马衔为 B 型，包银铁马镳为有孔 B 型，衔穿镳（图 2-21，3）。

纵横交错的皮条带由缀连的若干带扣、带箍、节约、牌饰组成，由于实用器中的络头均为皮革质，易朽很难存世，其结构只能从金属明器和壁画中管窥。目前的考古资料只有陈国公主墓出土的 2 副银马络头，共 78 件（图 2-21，5），由项带、额带、颊带、咽带、鼻带五部分组成，而同墓西壁壁画中的马络头（图 2-22，1）构成最为齐备，在前五部分的基础上增加下颌带，而减去下颌带的络头却在壁画中屡见不鲜[①]（图 2-22，

① 见于库伦 M2、M7 墓道壁画，敖汉旗北三家子 M1 墓道壁画，宣化张世卿墓前室壁画中的马络头形象资料。

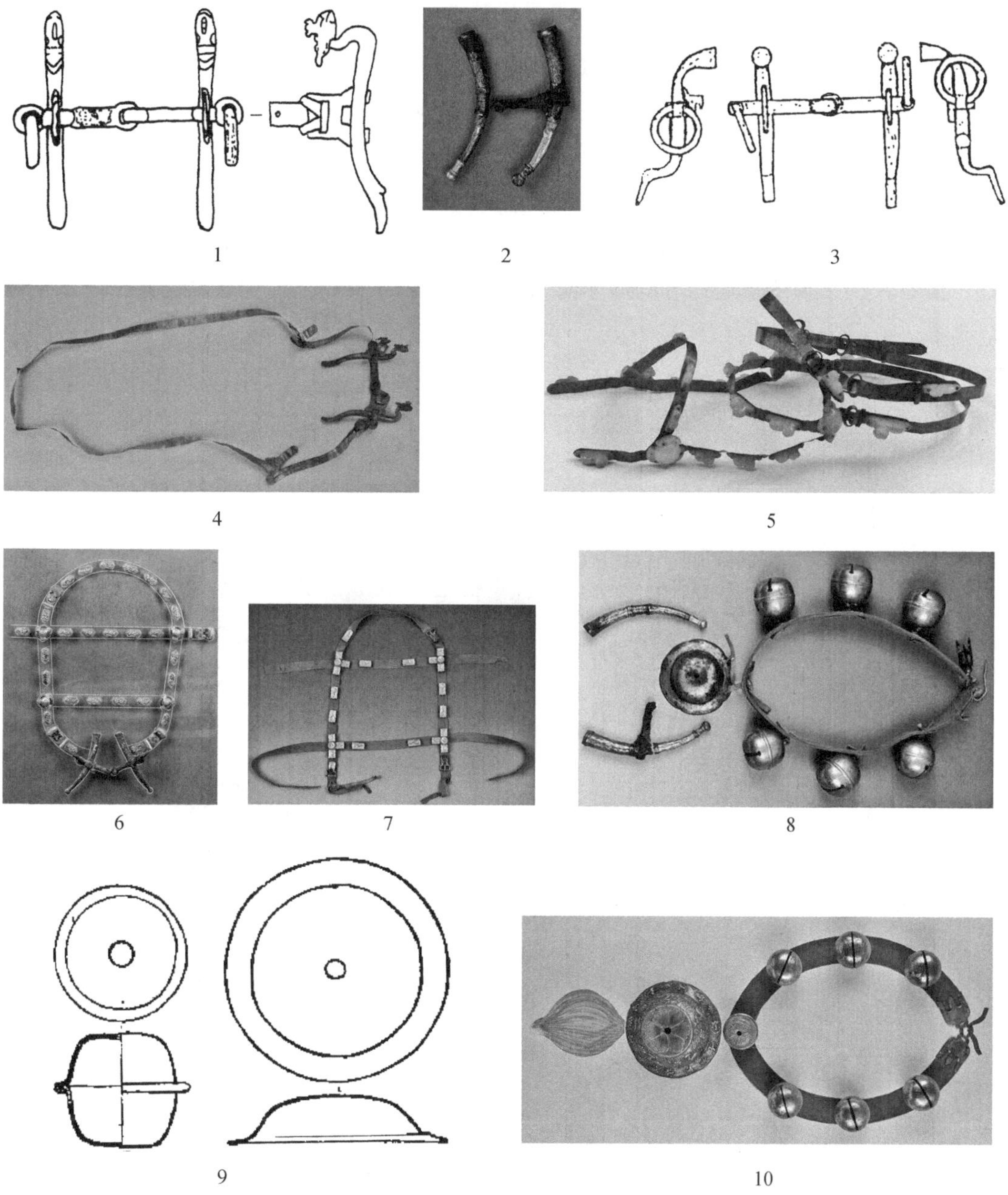

图 2-21　辔头组合①

1、2. A 型衔镳组合（陈国公主墓、代钦塔拉辽墓） 3. B 型衔镳组合（红花岭辽墓） 4. 衔、镳、缰的组合（陈国公主墓） 5. 络头（陈国公主墓） 6. 展览复原的衔、镳、络头（大营子辽驸马墓） 7. 展览复原的络头（代钦塔拉 M3） 8. 展览复原的项带、缨罩（代钦塔拉 M3） 9. 铃、缨罩的组合（大横沟辽墓） 10. 展览复原的项带、缨罩（大营子辽驸马墓）

① 图中的 1 摘自《辽陈国公主墓》，2、4～8、10 均摘自内蒙古国有馆藏珍贵文物数据库，3 摘自《法库红花岭辽墓》，9 摘自《内蒙古敖汉旗沙子河、大横沟辽墓》。

2、3），说明陈国公主墓的络头是辽代比较流行的形制。代钦塔拉 M3 络头（图 2-21，7）和大营子辽驸马墓络头（图 2-21，6）的复原采用了更为简化的形制，保留重要的颊带、鼻带、额带、咽带，有的省去额带（图 2-22，3、4）、有的省去咽带（图 2-22，2）或项带（图 2-22，3、4），这些络头的形制在壁画中也能见到。

缨由缨罩、缨拂、串饰、系绳等组成，在壁画中所见较多，皆为一马一缨，挂于项带或咽带下，唯李赞华《骑射图》中的马悬两件缨，分别挂于咽带和胸带下（图 2-22，4）。其中 B 型平顶缨罩与铃可能搭配使用，依据有二：一是大横沟辽墓也共出土了铜鎏金缨罩、铃形饰各 1 件（图 2-21，9），且铃形饰有上下相对的透孔，推测为缨罩上的串饰；二是大营子辽驸马墓出土 3 件高约为 6 厘米的平顶缨罩（图 2-21，10），伴出的银铃体径亦为 6 厘米，数量为 3 件，银铃的具体形制不清，故仅做推测。

图 2-22　辽代墓葬壁画与传世画中的马具①

1. 陈国公主墓墓道西壁壁画中的辔头及各部件名称　2. 陈国公主墓墓道东壁壁画中的辔头
3.《契丹人骑马出猎图》中的辔头　4. 李赞华《骑射图》中的辔头与鞍具　5. 张世古墓壁画中的鞍具

① 图片均摘自《辽代契丹马具探索》。

2. 鞍具组合

鞍具组合由鞍、镫两部分组成，鞍因木鞍骨多朽仅存鞍包片，后鞍翅上穿系鞘，镫包括镫和悬挂镫的带。

鞍包片的组合。一副鞍的全套金属包片应为 6 件，即前桥包片、后桥包片各 1 件，半月形的前翅包片和刀形后翅包片各 1 对。后翅包片上的翅孔多为五孔，连接鞧带和鞘。例证 1：大营子辽驸马墓出土的 5 副鞍包片（图 2-23，1），分别为飞凤戏珠纹银鎏金鞍饰 2 副①、龙戏珠纹银鎏金鞍饰 1 副、素面银鞍饰 2 副，每副包括前桥包片、后桥包片、前翅包片和后翅包片 6 件，后翅包片上的 5 个翅孔用以连鞘。例证 2：陈国公主墓出土的一副银鎏金鞍包片也为完整的 6 件（图 2-23，3），其中一对后翅包片与鞧带、鞘连在一起，共出的另一副银鞍包片，前桥片和后桥片仍包于木鞍上，再现了鞍与鞍包片的组合关系。例证 3：敖瑞山辽墓出土的鞍铜鎏金包片，仅存前鞍桥包片。例证

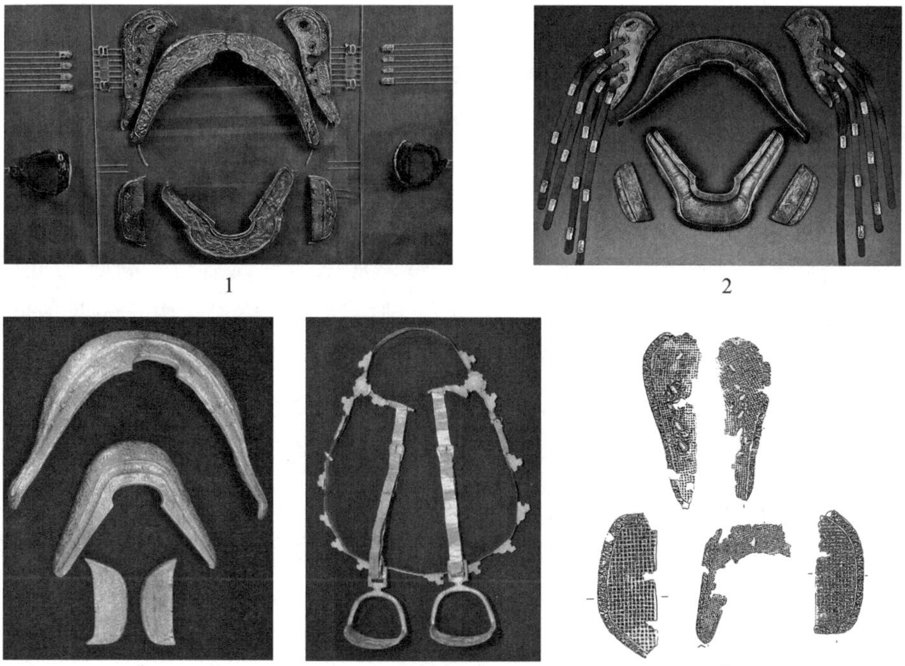

1　2　3　4　5

图 2-23　鞍具组合②

1. 展览复原的鞍包片、镫（大营子辽驸马墓） 2. 展览复原的鞍包片和鞘（代钦塔拉辽墓）
3. 鞍包片（陈国公主墓） 4. 胸带、镫、镫带的组合（陈国公主墓） 5. 鞍包片的组合（红花岭辽墓）

① 一副完整，另一副在前室出土，原为完整的一副，现残段为 24 小块，表面鎏金，有舞凤、宝珠等花纹。

② 图中的 1、2、4 摘自内蒙古国有馆藏珍贵文物数据库，3 摘自《辽陈国公主墓》，5 摘自《法库红花岭辽墓》。

4：红花岭辽墓出土的铜鎏金鞍包片（图 2-23，5），特殊之处为网格状结构，从图片观察均已残破且无后鞍桥，后鞍翅上亦有五孔。例证 5：代钦塔拉辽墓出土的银鎏金鞍包片有前后鞍桥包片、前后翅包片 6 件（图 2-23，2），应为一副鞍包片。此墓的 2 套鞍具出土时均置于鞍架上，因木鞍腐朽残断散落于耳室地面，从残断的两件木前桥和两件木后桥判断为两副鞍具，另一副鞍包片的不存应为盗掘所致。例证 6：吐尔基山辽墓出土 3 套银鎏金鞍包片，每套 6 件俱全。

鞍与镫最明确的组合形式见于陈国公主墓（图 2-23，4），通过套桥式胸带延出的小带与镫带相连，鞍置于其上，从壁画中观察推测还有镫带延长跨过马身的使用方法，因为目前还未发现鞍上直接有穿孔以连接镫带的实物或图像资料。

鞘是指鞍后系有若干条由带扣、带箍、牌饰组成的装饰性带子[①]，又称马具蹀躞带，垂于后鞍翅上。陈国公主墓出土的鞍后翅包片上有五个穿孔，最后一孔系鞧带，余四孔直接系鞘，最后一孔与鞧带挽结的银带也是鞘，长 80 厘米，五根鞘均为长带，位于鞍后。陈国公主墓的马具使用的是五鞘[②]，辽代带五鞘孔的鞍翅出土很多，如大营子辽驸马墓（图 2-23，1）、道其尔格辽墓、代钦塔拉辽墓（图 2-23，2）、红花岭墓、吐尔基山辽墓所出者，说明这些墓的马具为装备五鞘的等级较高的马具。更为难的是，吐尔基山辽墓鞘孔内保留了比较完整的蹀躞带，牌饰缀系在皮带上。

3. 胸带组合

胸带又称攀胸，是用以固定鞍具的胸前带，常见套桥式结构。例证 1：陈国公主墓出土的两副银胸带最为完整（图 2-23，4），结构属于套桥式，由长短两条带相连接成封闭环形，在上部的短带两侧岔出小带来连接镫带。例证 2：代钦塔拉辽墓出土的胸带保存了一段原有的排列模式，由一条皮革带、2 件双鱼形铜鎏金饰和 6 个大铜铃、20 个小铜铃组成，双鱼饰位于皮带两端，大小铜铃间隔用皮条缀于革带上。残长 105、宽 5.5 厘米[③]。这条保留革带的胸带揭示的重要信息在于：一是保留了胸带的结构，为复原胸带提供了参考依据；二是明确了双鱼形饰的用途为马具，出土时 2 件双鱼形铜鎏金饰铆于串铃皮带的两端[④]（图 2-24，6）。现依据这两点认识对代钦塔拉胸带的展览复原图进行考察（图 2-21，8）。被复原的胸带只有 6 个大铜铃无小铜铃，且皮带两端被复原为风铃形带头，显然是仿照大营子辽驸马墓的项带将铃铛错位复原为项带，与本墓简报的描述大相径庭。再仔细观察双鱼饰的背后有背板铆钉的痕迹，可见双鱼饰位

① 鞘和跋尘的名称采自《唐代的马具与马饰》。

② 鞘初出时只有一条，五鞘应是承一鞘而来，庆陵壁画中的圣宗驭马使用的是六鞘。

③ 兴安盟工作站．科右中期代钦塔拉辽墓清理简报［A］．内蒙古文物考古文集（二）［C］．北京：大百科出版社，1997.

④ 大营子辽驸马墓出土的 10 余件铜双鱼饰也用于串铃之两端。

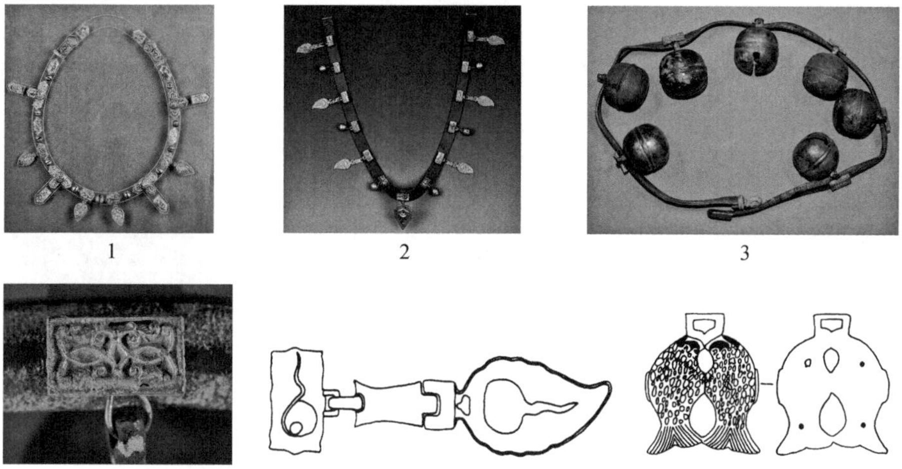

图 2-24　胸带组合①

1、2. 胸带与杏叶的组合（大营子驸马墓、代钦塔拉 M3）3. 胸带与铃的组合（巴林左旗福山乡三合村征集）4. 下出孔牌饰与带的组合（巴林左旗福山乡三合村征集）5. 下出孔牌饰与杏叶的组合（代钦塔拉 M3）6. 双鱼饰与胸带的组合（代钦塔拉 M3）

于皮带两端在实际操作中也是可信的，故代钦塔拉胸带的复原需要参照皮带保留的原有结构。例证 3：大营子辽驸马墓出土的一部分铜鎏金铃仍连在皮革上，革带宽 4.6 厘米，带中部有等距离的小孔，铃鼻插入其中，带后有皮条顺穿，由于共出的铃大小有别，推测可能间隔使用。另外，巴林左旗博物馆征集的铃与皮带保存完好（图 2-24，3、4），牌饰下出环连接铃（图 2-24，4），可能为胸带或项带。

杏叶常悬挂于胸带或鞧带之上。常与带下出孔的牌饰搭配使用，这种实物的组合见于代钦塔拉 M3（图 2-24，2、5），故将大营子辽驸马墓出土的杏叶连缀于胸带的复原尝试可能是正确的（图 2-24，1）。

4. 鞧带组合

鞧带又称后鞧，是用以固定鞍具的臀后带，由缀连的带扣、带箍、节约、牌饰组成，有两种结构。

A 类　单线式。例证：陈国公主墓出土的两副完整鞧带（图 2-25，1），由一条长 320 厘米的长带和两条 15 厘米的短带相接组成，两条短带分别系于鞍后翅的最后孔，长带与之挽结，所余部分拖垂较长，达 80 厘米。代钦塔拉 M3 辽墓出土的鞧带也照此被复原为连缀杏叶的单线式鞧带（图 2-25，3）。

B 类　网络式。例证：大营子辽驸马墓的鞧带只剩鞧带上的金属带具，通过复原

① 图中的 1～4 摘自内蒙古国有馆藏珍贵文物数据库，余摘自简报。

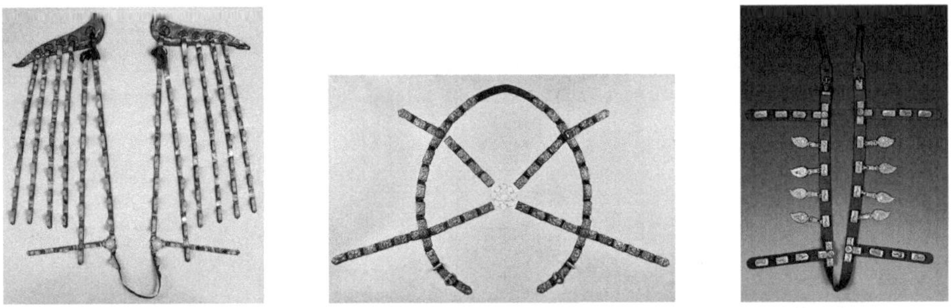

1　　2　　3

图 2-25　鞧带组合[①]

1、3. A 类鞧带（陈国公主墓、代钦塔拉 M3）　2. B 类鞧带（大营子辽驸马墓）

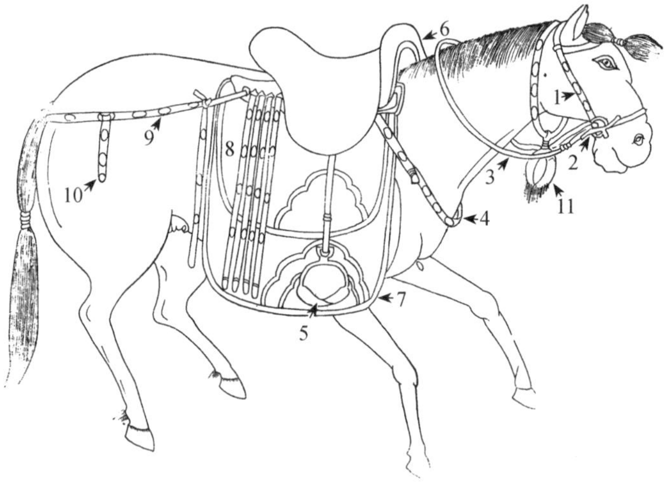

图 2-26　马具组合示意图[②]

1. 狭义的络头　2. 衔镳　3. 缰　4. 胸带　5. 镫　6. 鞍包片　7. 障泥　8. 鞘　9. 鞧带　10. 踆尘　11. 缨罩

认为是由纵横两条带组成的网式鞧带[③]（图 2-25，2）。

踆尘附属于鞧带，处于马胯部，每侧一条，一般较短。据考证，踆尘自晚唐始出现[④]，在辽墓壁画中，踆尘甚为流行和常见，如庆陵壁画、张世古墓壁画（图 2-22，5）等不胜枚举。陈国公主墓出土的踆尘为银带上镶狻猊形玉饰（图 2-25，1），长 28 厘米，而李赞华的《骑射图》中的踆尘加饰了两个绒球（图 2-22，4）。

① 图中的 1 ~ 3 摘自内蒙古国有馆藏珍贵文物数据库。

② 图片摘自《辽陈国公主墓》。

③ 根据冯恩学老师的研究，辽代鞧带分为单线式和网状式两种：一种是以陈国公主墓为代表的单线式鞧带；一种是以大营子辽驸马墓为代表的网状式鞧带，后者复原过。

④ 孙机．唐代的马具与马饰［A］．中国古舆服论集论丛［C］．上海：上海古籍出版社，2013：103.

第四节　器皿的类型与组合

一、类　　型

根据现有考古资料将器皿分为杯、碗、盘、盆、碟、壶、罐、渣斗、盒、盏托、匜等十一大类。

1. 杯

辽墓出土的金银杯有带把杯、多曲杯、高足杯、折肩罐。尺寸见表 2-6。

表 2-6　辽代金银杯　　（单位：厘米、克）

器物名称	质地 / 数量	尺寸、重量	出土地点或收藏地点
金把杯	金 /2	口径 5.9、底径 3.5、高 5.8	吐尔基山辽墓
鎏金錾花银把杯	银 /2	口径 7.3、腹径 5.2、底径 3.9、高 6.4	耶律羽之墓
凫纹银鎏金把杯	银鎏金 /2	高 4.2、口径 11.1、底径 6.2、柄径 1.5，重 165	扎斯台辽墓
五曲银鎏金把杯	银鎏金	高 6、口径 9、底径 4.6，重 321	扎斯台辽墓
四曲云耳银把杯	银	口径 11.4、底径 4.9、高 3.3、重 52.5	巴林右旗羊场乡二八地村出土
金把杯	金	口径 8.5、高 5.9、耳长 7.6、宽 2.2	沈阳考古发现
五角文银把杯	银	口径 8、高 9	二八地 M1 辽墓
五瓣花形金杯	金	口径 7.6、底径 4、高 4.9	耶律羽之墓
圆口花瓣腹金杯	金	口径 7.7、高 3、底径 4.2	耶律羽之墓
五曲银杯	银	口径 9、底径 3.5、残高 2.5	朝阳沟 M2 辽墓
复瓣仰莲纹银杯	银 /2	高 6.4、口径 9.6、足径 4.8	巴林右旗窖藏
荷叶敞口银杯	银 /2	口径 10.2、底径 4.5、高 3.2	巴林右旗窖藏
六曲银杯	银	高 3.3、口径 6.8	喀左北岭辽墓
五曲银杯	银	口径 5.8、高 3.5 厘米	二八地 M1 辽墓
五曲银杯	银 /2	口径 6.1、高 3.5	解放营子辽墓
五曲银杯	银	口径 6.2、高 3	赤峰新地辽墓
六曲银杯	银	直径 8、高 3.7，重 42.8	宁城县博物馆藏
二十五曲葵口银杯	银 /2	口径 8.7、通高 5、足径 4.5、高 6.4、口径 9.6、足径 4.8	巴林右旗窖藏
二十二曲葵口银杯	银 /2	口径 7.4、高 5、底径 3.4	建昌龟山一号墓

续表

器物名称	质地 / 数量	尺寸、重量	出土地点或收藏地点
银高足杯	银	口径 9.9、高 4.4、底径 4	大营子辽驸马墓
錾耳折肩罐	银鎏金	口径 7.9、高 16、腹径 12.5、底径 7.6、重 383	吐尔基山辽墓
无錾耳折肩罐	银鎏金	口径 7.6、腹径 12.2、底径 7.1、高 14.8	耶律羽之墓
“大郎君”折肩罐	银	口径 6、通高 11.2	二八地 M1 辽墓
素面折肩罐	银	口径 5.2、高 10.2	解放营子辽墓
金花银折肩罐	银鎏金	口径 5.5、高 11、足径 5.5	赤峰市博物馆

（1）带把杯

根据杯体的形状差异可分为三型。

A 型　折棱体，杯体为七棱或八棱状。侈口，器壁稍内弧，下部带横折棱，高圈足，联珠装饰口沿、折棱和足底边，把位于杯体上部，均带指垫。标本 1：吐尔基山辽墓出土的一对金把杯（图 2-27，1），八棱体，腹壁稍内弧，喇叭形圈足，双鱼尾形指垫，叶芽形指鋬，八棱框内为 8 幅人物图，两件双鱼尾形指垫略有不同，一件浮雕嵌绿松石，另一件为阴刻。标本 2：耶律羽之墓出土的一对鎏金錾花银把杯（图 2-27，2），七棱体，弧腹内向，腹下折内收为圜底，喇叭七边形圈足，花式指垫，叶芽形指鋬未封闭成环形，七棱框内为 7 幅人物图。

B 型　碗形，杯体为敞口弧腹状。标本 1：阿鲁科尔沁旗扎斯台辽墓出土的一对凫纹银鎏金把杯①（图 2-27，3），圆口，浅腹，花瓣形指垫，圆凸形指鋬，腹壁錾刻花卉纹七组，内底浮雕一凫鸟，以阴刻波浪纹、双鱼为地纹，圈足外撇。标本 2：阿鲁科尔沁旗扎斯台辽墓出土的银鎏金把杯②（图 2-27，4），五曲花式深腹，花瓣形指垫，圆凸形指鋬，腹壁捶揲五组莲蓬和凫鸟，圈足外撇。标本 3：沈阳考古发现的金把杯③（图 2-27，5），宽大的花瓣形指垫，内底、口沿、指鋬均錾花。标本 4：巴林右旗羊场乡二八地村出土的银把杯，四曲，浅弧腹，平底，云朵状单耳，器身外壁口下錾刻一周卷草纹。

C 型　罐形。标本：二八地 M1 辽墓出土的银把杯（图 2-27，6），圆口，深圆腹，花式指垫，无指鋬，垫划五角星纹。

（2）多曲杯

多曲杯与多曲碗形制接近，区分的关键在于口径与高度的比例关系，一般来说，

① 资料未发表，现藏于内蒙古阿鲁科尔沁旗博物馆。
② 资料未发表，现藏于内蒙古阿鲁科尔沁旗博物馆。
③ 图片资料见于《沈阳考古发现六十年》。

图 2-27 带把杯①
1、2. A 型（吐尔基山辽墓、耶律羽之墓） 3～5. B 型（扎斯台辽墓、扎斯台辽墓、沈阳考古发现）
6. C 型（二八地 M1）

杯的口径略小，杯体较深，带圈足。根据多曲的数目差异可分为二型。

A 型 五曲或六曲。根据有无纹样可分为二亚型。

Aa 型 有纹样。标本 1：耶律羽之墓出土的五瓣花形金杯（图 2-28，1），五曲葵口，曲腹较深，喇叭形高圈足。内底錾双鱼纹，外腹开光、内饰卷草卢雁纹。标本 2：耶律羽之墓出土的圆口花瓣腹金杯（图 2-28，2），圆形口，弧腹分为五瓣，圈足。錾双雁衔枝纹。标本 3：朝阳沟 M2 辽墓出土的五曲银杯，敞口，深腹，口沿及腹部均呈五曲，碗底划字。标本 4：小喇嘛沟 M1 出土的银杯，五曲花式口，外壁以花口下的五道浅槽均分为五部分。标本 5：巴林右旗窖藏出土的一对复瓣仰莲纹银杯（图 2-28，3），五瓣花式口，唇外卷，深圆腹，高圈足外侈。通体錾花，杯底划字。标本 6：巴林右旗窖藏出土的一对荷叶敞口银杯（图 2-28，4），五瓣荷叶形口，圈足外撇。斜腹压印叶脉纹。

Ab 型 无纹样，银质。标本 1：喀左北岭辽墓出土的素面银杯（图 2-28，5），六曲葵口，腹壁有六条凸棱，圜底，应有圈足。标本 2：二八地 M1 辽墓出土的银杯，五瓣花形，敞口，斜腹，圈足。标本 3：解放营子辽墓出土的一对素面银杯

① 图中的 1、3、4、6 摘自内蒙古国有馆藏珍贵文物数据库，2 摘自《探寻逝去的王朝——辽耶律羽之墓》，5 摘自《沈阳考古发现六十年》。

图 2-28　多曲杯、高足杯[①]

1～4. Aa 型多曲杯（耶律羽之墓、耶律羽之墓、巴林右旗窖藏、巴林右旗窖藏） 5、6. Ab 型多曲杯（喀左北岭辽墓、解放营子辽墓） 7、8. B 型多曲杯（巴林右旗窖藏、建昌龟山一号墓） 9. 高足杯（大营子辽驸马墓）

（图 2-28，6），五曲葵口，曲腹，圈足。标本 4：赤峰新地辽墓出土的素面银杯，五曲葵口，圈足外侈。标本 5：宁城县博物馆藏银杯，六曲葵口，腹壁以六条凸棱分瓣明显，圈足外撇。

B 型　二十二曲或二十五曲。标本 1：巴林右旗窖藏出土的一对二十五曲葵口银杯（图 2-28，7），口微外侈，圈足微外侈。通体錾花。标本 2：建昌龟山一号墓出土的一对二十二曲葵口银杯（图 2-28，8），器形颇似转轮菊，杯体外侈，深腹，腹壁印水波纹。

（3）高足杯

碗形，杯体浅，口径大于深，高圈足。

标本：大营子辽驸马墓出土的银高足杯（图 2-28，9），敞口，浅弧腹，喇叭形高圈足，足与杯之间有节[②]。杯内底为团龙戏珠纹。

---

① 图中的 1、2 摘自《探寻逝去的王朝——辽耶律羽之墓》，3、6、9 摘自内蒙古国有馆藏珍贵文物数据库，4、7 摘自《内蒙古昭马达盟巴林右旗发现辽代银器窖藏》，5 摘自《喀左北岭辽墓》，8 摘自《辽宁建昌龟山一号辽墓》。

② 齐东方的《唐代金银器》认为唐代碗形高足杯为折棱、托盘、节依次从有到无的演变过程。该杯仍然保留着足与杯之间的节，后期节消失后俨然融合到碗的形制中了。

（4）折肩罐①

长颈且肩部有折棱。根据鋬耳的有无可分为二型。

A型　附鋬耳。标本1：吐尔基山辽墓出土的银鎏金折肩罐（图2-29，1），圆唇外卷，长颈，肩部折棱，花式指垫，圆纽形指鋬，圈足。通体錾莲瓣凤纹。标本2：奈林稿木头营子M2辽墓出土的银鎏金折肩罐（图2-29，2），环形指垫式鋬耳。通体压印缠枝牡丹立凤纹，下部残缺。

B型　无鋬耳。标本1：耶律羽之墓出土的银鎏金折肩罐（图2-29，3），圆唇外卷，长颈，肩部出棱，圆腹，圈足。通体錾人物故事纹。标本2：二八地M1辽墓出土的"大郎君"银折肩罐（图2-29，4），圆唇外卷，圈足。底部錾刻"大郎君"铭文。标本3：解放营子辽墓出土的素面银折肩罐（图2-29，5），无包唇，圜底。标本4：赤峰市博物馆藏金花银折肩罐（图2-29，6），圈足。颈、腹部錾飞鸟纹。

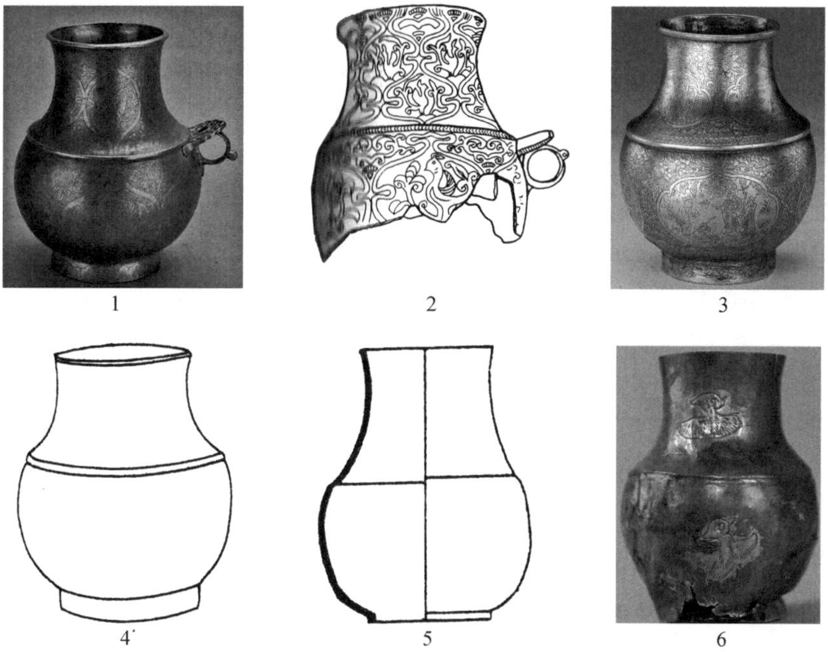

图2-29　折肩罐②

1、2. A型（吐尔基山辽墓、奈林稿木头营子M2辽墓）

3～6. B型（耶律羽之墓、二八地M1、解放营子辽墓、赤峰市博物馆藏）

2. 碗

辽墓出土的金银碗有多曲碗、平底碗、弧腹碗。尺寸见表2-7。

① 按照使用功能将折肩罐归入杯类。

② 图中的1、6摘自内蒙古国有馆藏珍贵文物数据库，2摘自《辽代金银器研究》，3摘自《探寻逝去的王朝——辽耶律羽之墓》，4、5摘自《辽代金银器》。

表 2-7　辽代金银碗　（单位：厘米、克）

器物名称	质地 / 数量	尺寸、重量	出土地点或收藏地点
团花鹦鹉纹银碗	银	口径 25、高 5.2	二八地 M1 辽墓
银碗	银	口径 18、底径 10、高 10	小喇嘛沟 M1 辽墓
平底银碗	银 /2	口径 7.2、高 6.2、底径 4.2	白音塔拉辽墓
平底银碗	银 /2	高 4.8	二八地 M1 辽墓
金花银碗	银鎏金	口径 16.8、底径 13.8、高 6.1	陈国公主墓
平底银碗	银	口径 6.9、底径 3.5、高 3	乌兰察布市博物馆
平底银碗	银	口径 8.8、高 3.6、底径 3.8	赤峰市博物馆
平底银碗	银	口径 7.8、高 3.4	赤峰市博物馆
柳斗形银碗	银 /2	口径 10.4、高 5.6	巴林右旗窖藏
银鎏金碗	银鎏金	口径 13.8、底径 9.8、高 4.5	大营子辽驸马墓
鎏金錾花银碗	银鎏金	口径 9.2、底径 8、高 3.1，重 135	林西县孤榆树三队墓葬
柳斗形银碗	银	口沿长 13.5	乌兰察布市博物馆
银碗	银	口径 18、底径 10、高 10	小喇嘛沟 M1 辽墓
金花银碗	银鎏金	口径 23.3、底径 12、高 7.1，重 618	耶律羽之墓
金花银碗	银鎏金	口径 20、底径 10、高 6.5，重 297	耶律羽之墓
银碗	银	口径 11、壁厚 0.04、唇厚 0.2	巴彦库仁 M1 辽墓
银碗	银	口径 16	巴扎拉嘎 M1 辽墓
小银碗	银	口径 7.5、高 2.5	小吉沟辽墓
银碗	银	口径 17、底径 10.2、高 8.5	小喇嘛沟 M1 辽墓
金花银盖碗	银鎏金	盖口径 20.5、盒径 20、底径 10.3、通高 20，重 845	吐尔基山辽墓

（1）多曲碗

曲口或曲腹，五曲或六曲，多带圈足。标本 1：二八地 M1 辽墓出土的团花鹦鹉纹银碗（简报称为“双凤纹”）（图 2-30，1），五曲葵口，弧腹对应为五瓣，圈足。錾团花鹦鹉纹。标本 2：小喇嘛沟 M1 辽墓出土的素面银碗，五曲花式口，平沿，深弧腹，内壁花口下起棱，圈足微外侈①。

（2）平底碗

平底碗的器壁多为深腹，与俗称的钵盂器形接近。根据腹壁的形状可分为二型。

A 型　斜壁直收。标本 1：白音塔拉辽墓出土的一对平底银碗，敞口，深腹，束腰。标本 2：二八地 M1 辽墓出土的一对平底银碗（图 2-30，2），侈口，口沿外翻，斜腹弧收。标本 3：陈国公主墓出土的金花银碗（图 2-30，3），体型较大，直口微敛，直壁弧收，平底。口沿、内底錾金花图案。标本 4：乌兰察布市博物馆藏曲腹平底银

① 辽宁省文物考古研究所．凌源小喇嘛沟辽墓［M］．北京：文物出版社．2015：28．

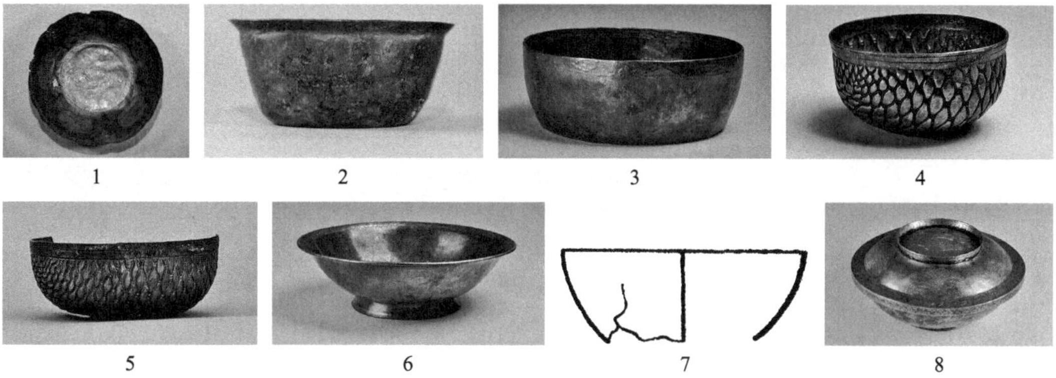

图 2-30　碗[①]

1. 多曲碗（二八地 M1） 2、3. A 型平底碗（二八地 M1、陈国公主墓） 4、5. B 型平底碗（巴林右旗窖藏、乌兰察布市博物馆藏） 6、7. A 型弧腹碗（耶律羽之墓、巴扎拉嘎 M1） 8. B 型弧腹碗（吐尔基山辽墓）

碗。标本 5：赤峰市博物馆藏八曲平底银碗。标本 6：赤峰市博物馆藏银碗，平底，斜腹。

B 型　直壁弧收。标本 1：巴林右旗窖藏出土的一对柳斗形银碗（图 2-30，4），侈口，直壁弧收，圜底。外壁压印柳条编织纹。标本 2：大营子辽驸马墓出土的银鎏金碗，直口，圜底。内底錾团龙戏珠纹。标本 3：赤峰市林西县孤榆树三队墓葬出土的鎏金錾花银碗[②]，平底。口沿錾刻一周花纹。标本 4：乌兰察布市博物馆藏柳斗形银碗，与标本 1 非常相似（图 2-30，5），体型略大。标本 5：小喇嘛沟 M1 辽墓出土的素面银碗，大口微敞，深弧腹，平底。

（3）弧腹碗

弧腹碗的器壁呈弧形，浅腹，多有圈足。根据有无碗盖可分为二型。

A 型　无盖。标本 1：耶律羽之墓出土的一件尺寸较大的金花银碗（图 2-30，6），侈口，浅弧腹，圈足。内底錾金花、錾摩羯纹。标本 2：耶律羽之墓出土的另一件尺寸较小的金花银碗，侈口，浅弧腹，圈足，内底錾金花、錾摩羯纹，与标本 1 纹样不尽相同。标本 3：巴彦库仁 M1 辽墓出土的银碗，圆唇，唇边外凸，唇下压印一周莲瓣纹，底部残缺。从线图推测应为弧腹碗。标本 4：巴扎拉嘎 M1 辽墓出土的银碗（图 2-30，7），底残。从线图观察应属弧腹碗。标本 5：小吉沟辽墓出土的小银碗，侈口，弧腹，圜底。外壁、内底压印花纹。标本 6：小喇嘛沟 M1 辽墓出土的 2 件素面银碗，直口，外沿起棱，圆弧腹，圈足外侈。

B 型　有盖。目前材料仅见于吐尔基山辽墓出土的金花银盖碗（图 2-30，8），碗体较浅，腹壁斜收，盖与碗均有圈足。錾双鱼纹。

① 图中的 1～6、8 摘自内蒙古国有馆藏珍贵文物数据库，7 摘自《科右中期巴扎拉嘎辽墓》。

② 资料未发表，现藏于内蒙古赤峰市林西县博物馆。

3. 盘

根据盘的形状可分为三型。尺寸见表 2-8。

表 2-8　辽代金银盘　　（单位：厘米、克）

器物名称	质地 / 数量	尺寸、重量	出土地点或收藏地点
素面银盘	银 /1	口径 31、底径 28.2、高 2.8	建昌龟山一号墓
镏银铜盘	镏银铜器	口径 21.1、底径 11.9、高 5.4、足高 2.1	敖汉旗英凤沟 M7 辽墓
鎏金錾花银盘	银鎏金 /2	口径 15.9、腹径 12.4、底径 10.3、高 3.5	耶律羽之墓
五瓣花形银盘	银器	直径 16.5、高 3.4 厘米	二八地 M1 辽墓
海棠形金花银盘	银鎏金器	盘径 14 ~ 19.8、底径 8.9 ~ 13.5、高 3.8，重 258	吐尔基山辽墓
海棠形金花银盘	银 /1	长 24.8、宽 18.6	白音塔拉辽墓
素面海棠形银盘	银器	口径长 21、宽 15.5、高 1	解放营子辽墓
海棠形錾花银盘	银 /1	通长 31、沿宽 1.8、宽 18	巴林右旗窖藏

A 型　圆形盘。平面为圆形，侈口，弧腹，平底或圈足。标本 1：建昌龟山一号墓出土的素面银盘（图 2-31，1），圆形，浅腹，壁略外弧，平底，通过货币推断为 1102 ~ 1106

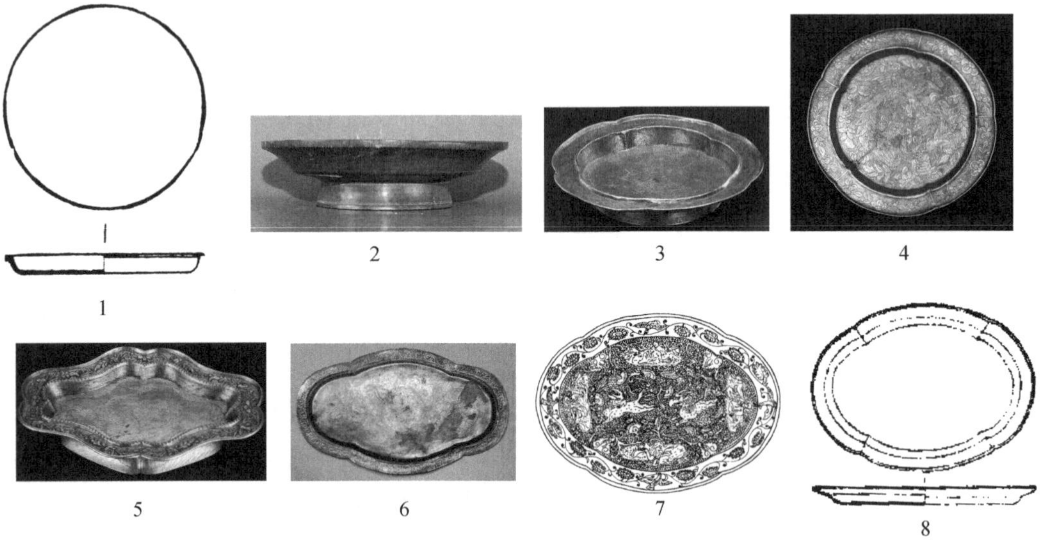

图 2-31　盘[①]

1、2. A 型（龟山一号辽墓、英凤沟 M7 辽墓）　3、4. B 型（均为耶律羽之墓）

5、6. Ca 型（吐尔基山辽墓、巴林右旗窖藏）　7、8. Cb 型（白音塔拉辽墓、解放营子辽墓）

① 图中的 1 摘自《辽宁建昌龟山一号辽墓》，2 ~ 6 摘自内蒙古国有馆藏珍贵文物数据库，7 摘自《科左后旗白音塔拉契丹墓葬》，8 摘自《内蒙古解放营子辽墓发掘简报》。

年。标本2：敖汉旗英凤沟M7辽墓出土的镏银铜盘（图2-31，2），圆形，侈口，折棱腹，凸棱圈足外撇。

B型　葵花形盘。平面为葵花形，葵花形的特点是花瓣为漫圆弧状。标本1：耶律羽之墓出土的一件鎏金錾花银盘（图2-31，3），五曲葵花形，宽口折沿，圈足外撇。錾缠枝花纹。标本2：耶律羽之墓出土的另一件鎏金錾花银盘（图2-31，4），五曲葵花形，宽口折沿，圈足外撇。錾双凤纹。标本3：二八地M1辽墓出土的银盘，五瓣花形。口沿錾刻连枝花纹。标本4：白音塔拉辽墓出土的金花银盘，八曲葵花形，平折沿，圆底。盘内阴刻摩羯纹。

C型　海棠形盘。平面呈菱形或漫弧菱形，常被俗称为海棠形盘。根据曲度的大小可分为二亚型。

Ca型　曲度大。标本1：吐尔基山辽墓出土的海棠形金花银盘（图2-31，5），宽口折沿，倭角。标本2：巴林右旗窖藏出土的海棠形錾花银盘（图2-31，6），宽口沿。盘心三组圆形图案，圈内为双鱼和宝相莲纹。

Cb型　曲度小。标本1：白音塔拉辽墓出土的海棠形金花银盘（图2-31，7），盘心对称錾刻四位坐式鎏金人物，中间为两只奋力追逐的鹰头有角兽。标本2：解放营子辽墓出土的素面海棠形银盘（图2-31，8）。

4. 盆

敞口，深腹，体型较大较深。根据腹的形状可分为二式。尺寸见表2-9。

表2-9　辽代金银盆、碟　（单位：厘米、克）

器物名称	质地/数量	尺寸、重量	出土地点或收藏地点
“左相公”素面银盆	银/1	口径34、底径23.5、高7.2	耶律羽之墓
铜鎏金盆	铜鎏金/1	口径38.4、腹径34、底径24、高10	陈国公主墓
契丹字花式银碟	银/2	口径11.1、高1.6	张家营子辽墓
龙纹转轮菊形银碟	银/8	口径11.4、高2.2、底径6	朝阳北塔
葵口小银碟	银/8	口径8、底径5.7、高1.3，重19.4	庆州白塔
摩羯形金花银盆	银/1	口径37.5、高6.5、底径30，重1179	吐尔基山辽墓

Ⅰ式　弧腹。标本1：吐尔基山辽墓出土的摩羯纹金花银盆（图2-32，1），圆形，侈口，腹壁弧收，平底。内壁錾刻八团对雁团花纹。标本2：耶律羽之墓出土的“左相公”素面银盆（图2-32，2），五曲花形腹，圈足。

Ⅱ式　斜腹内弧收。标本：陈国公主墓出土的铜鎏金盆（图2-32，3），深腹，斜腹内弧收成平底。底錾六角形图案，口沿錾阿拉伯文。

5. 碟

标本 1：张家营子辽墓出土的 2 件契丹字花式银碟，平底，侈口，碟口花边。标本 2：朝阳北塔出土的 8 件转轮菊形银碟（图 2-32，4），平底。内底錾刻龙纹。标本 3：庆州白塔出土的 8 件葵口小银碟（图 2-32，5），六曲葵口，斜壁，浅腹，平底，素面无纹。尺寸见表 2-9。

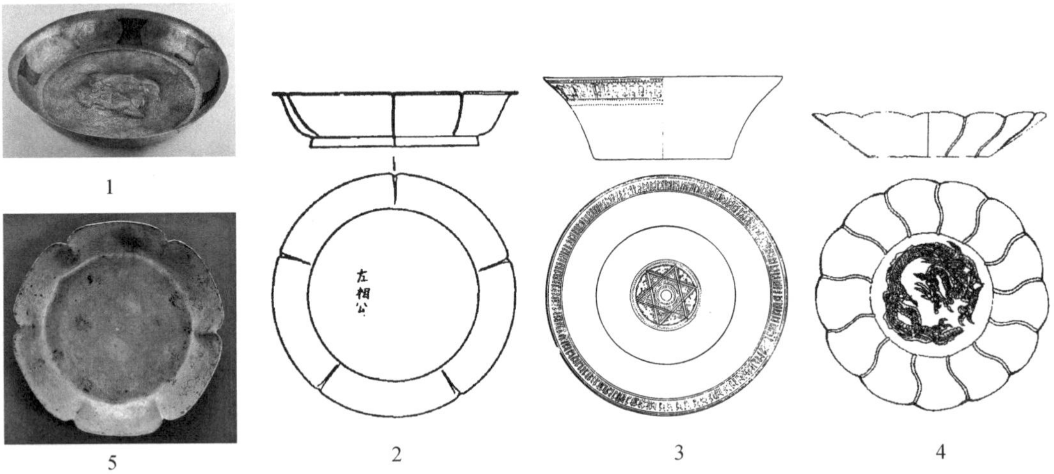

图 2-32　盆、碟[①]

1、2 Ⅰ式盆（吐尔基山辽墓、耶律羽之墓） 3. Ⅱ式盆（陈国公主墓） 4、5. 碟（朝阳北塔、庆州白塔）

6. 壶

壶在辽代金银器中比较常见，有的肩附提梁，有的腹部塑把，对应有流，实为“壶”类器也。尺寸见表 2-10。

表 2-10　辽代金银壶　（单位：厘米、克）

器物名称	质地 / 数量	尺寸、重量	出土地点或收藏地点
银提梁壶	银	高 10.2、口径 7.2、底径 6.7	大营子辽驸马墓
人物纹金花银提梁壶	银鎏金	通高 27.5、盖口径 6.3、壶口径 5.9，重 1331	吐尔基山辽墓
银提梁壶	银	口径 8、高 38、底径 32，盖高 7.1、盖径 8.2	阿鲁科尔沁旗博物馆
银壶	银 /2	口径 6.6、通高 9.8、底径 4	白音塔拉辽墓
银壶	银	口径 4.6、通高 10.1、底径 5.6	陈国公主墓

① 图中的 1、5 摘自内蒙古国有馆藏珍贵文物数据库，2 摘自《辽耶律羽之墓发掘简报》，3 摘自《辽陈国公主墓》，4 摘自《辽宁朝阳北塔天宫地宫清理简报》。

续表

器物名称	质地 / 数量	尺寸、重量	出土地点或收藏地点
八棱錾花银注壶	银	通高 26、腹径 15、足径 9.5	巴林右旗窖藏
铜鎏金注壶	铜鎏金	口径 3.5、高 12.5、腹径 6.7、底径 4.1	阿鲁科尔沁旗博物馆
银注壶	银	口径 5.8、通高 20、底径 7.3、腹径 12.5、高 12.5、盖径 6.9	敖汉旗博物馆

（1）提梁壶

壶体附加提梁。一般在器体的肩部铆焊环或铺首，再连接弧形的提梁，提梁可以自由活动。根据体型特征的不同可分为二型。

A 型　矮体。标本：大营子辽驸马墓出土的银提梁壶（图 2-33，1），平底，肩部铆焊铺首，上接弧形提梁，上系银链。

B 型　高体。根据腹的形状可分为二亚型。

Ba 型　鼓腹。标本：吐尔基山辽墓出土的人物纹金花银提梁壶（图 2-33，2），溜肩，弧腹，喇叭口圈足，宝珠形盖，一提梁穿过肩部两挂钩。腹部为开光人物图，肩

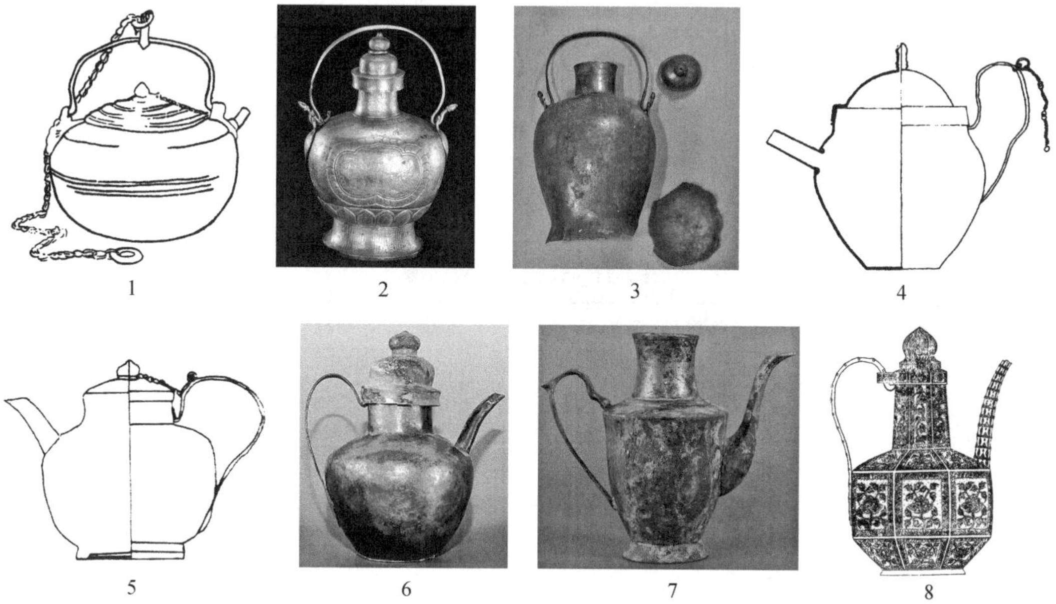

图 2-33　壶[①]

1. A 型提梁壶（大营子辽驸马墓）　2. Ba 型提梁壶（吐尔基山辽墓）　3. Bb 型提梁壶（阿鲁科尔沁旗博物馆藏）　4. A 型Ⅰ式带把壶（白音塔拉辽墓）　5. A 型Ⅱ式带把壶（陈国公主墓）　6. A 型Ⅲ式带把壶（敖汉旗博物馆藏）　7. B 型带把壶（阿鲁科尔沁旗博物馆藏）　8. C 型带把壶（巴林右旗窖藏）

① 图中的 1、4、6 摘自《辽代金银器》，2、3、7、8 摘自内蒙古国有馆藏珍贵文物数据库，5 摘自《辽陈国公主墓》。

部錾对狮纹。

Bb 型　弧腹。标本：阿鲁科尔沁旗博物馆藏银提梁壶（图 2-33，3），直颈，圆肩，足部外撇，肩部双耳以提梁相连，圆纽形盖。另外，奈林稿 M2 辽墓出土的银提梁壶，只剩壶把，形制不得而知。

（2）带把壶

器物的一侧有弧形的把手，相对的一侧有流，俗称注壶。根据腹的形状可分为三型。

A 型　鼓腹。根据颈的长短可分为三式。

Ⅰ式：无颈。标本：白音塔拉辽墓出土的银壶（图 2-33，4），直口，无颈，鼓腹，短直流，宽扁柄，上系银链。圆帽盖上饰宝珠形纽。

Ⅱ式：短颈。标本：陈国公主墓出土的银壶（图 2-33，5），短颈，椭圆形流，宝珠形纽盖，纽与柄间系银链。

Ⅲ式：颈加长。标本 1：敖汉旗博物馆藏银注壶（图 2-33，6），直颈增长，平底，宝珠形纽盖。标本 2：小喇嘛沟 M1 辽墓出土的银壶，直口，长斜颈，细长曲流。

B 型　弧腹。标本：阿鲁科尔沁旗博物馆藏铜鎏金注壶（图 2-33，7），长颈，折肩，弧腹，圈足外撇，一侧为四棱形长流，另一侧为长把手。

C 型　折腹。标本：巴林右旗窖藏出土的八棱錾花银注壶（图 2-33，8），折腹，典型特征是竹节形长流和竹节形长弯柄，大宝珠式盖。通体錾花纹。

7. 罐

壶体呈罐形，平底。根据盖的有无可分为二型。尺寸见表 2-11。

表 2-11　辽代金银罐、渣斗　　（单位：厘米、克）

器物名称	质地 / 数量	尺寸、重量	出土地点或收藏地点
金花银罐	银鎏金 /2	口径 8.2、残高 10.6、底径 7.1	白音塔拉辽墓
银罐	银	口径 5.9、高 6.9	朝阳北塔
小银罐	银 /2	口径 5.4、腹径 7、底径 4.2、通高 8.2，重 57.7	陈国公主墓
鎏银铜罐	鎏银铜	口径 5.4、高 7.5、底径 5	巴林右旗博物馆
鸳鸯纹金花银渣斗	银鎏金 /1	口径 15.4、腹径 10.5、底径 8.3、通高 12	耶律羽之墓
对雁纹金花银渣斗	银鎏金 /1	口径 18、腹径 13、底径 9.5、高 13.8	耶律羽之墓
银渣斗	银 /1	口径 18.5、底径 6.9、通高 13.5	小喇嘛沟 M1 辽墓
银渣斗	银 /1	口径 24.5、底径 9.9、通高 16	陈国公主墓

A 型　无盖。标本 1：白音塔拉辽墓出土的 2 件金花银罐（图 2-34，1），口斜直，鼓腹。腹部錾刻 3 组团花纹。标本 2：朝阳北塔出土的银罐，小口，鼓腹，矮圈足。标

本 3：巴林右旗博物馆藏鎏银铜罐（图 2-34，2），颈缩短，鼓腹，平底。素面。

B 型　有盖。标本：陈国公主墓出土的 2 件小银罐（图 2-34，3），溜肩，鼓腹，平底，带盖。盖顶饰螺旋形纽。

8. 渣斗

渣斗为分体制作，上部为侈口斗盘，其下有细直颈与下部的罐形体相连，加附圈足。根据斗盘形状的差异可分为二式。尺寸见表 2-11。

Ⅰ式：斗盘较浅。标本 1：耶律羽之墓出土的一件鸳鸯纹金花银渣斗（图 2-34，5），浅盘口，直领，鼓腹，圈足外撇。标本 2：耶律羽之墓出土的另一件对雁纹金花银渣斗（图 2-34，4），形制与标本 1 基本相同。标本 3：小喇嘛沟 M1 辽墓出土的银渣斗，大敞口，短直径，折肩，圆鼓腹，假圈足外侈明显。

Ⅱ式：斗盘较深。标本：陈国公主墓出土的银渣斗（图 2-34，6），斗盘加大加深，折领更加明显，腹部最大径移至肩部，圜底圈足。

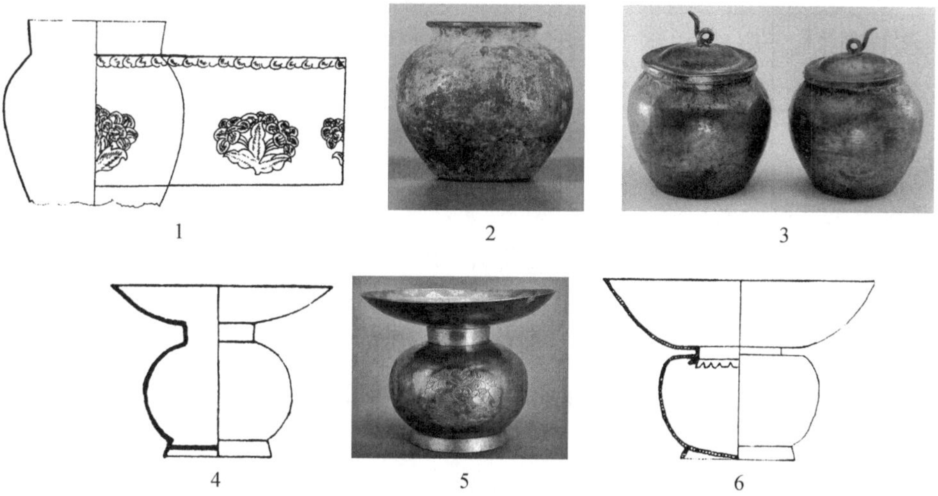

图 2-34　罐、渣斗①

1、2. A 型罐（白音塔拉辽墓、巴林右旗博物馆藏）3. B 型罐（陈国公主墓）

4、5. Ⅰ式渣斗（耶律羽之墓、耶律羽之墓）6. Ⅱ式渣斗（陈国公主墓）

9. 盒

盒的种类丰富多样，基本形制为上、下分体，有花式盒、圆盒、方盒、链盒四种。尺寸见表 2-12。

① 图中的 1 摘自《科左后旗白音塔拉契丹墓葬》，2、3、5 摘自内蒙古国有馆藏珍贵文物数据库，4 摘自《辽耶律羽之墓发掘简报》，6 摘自《辽陈国公主墓》。

表 2-12　辽代金银盒　（单位：厘米、克）

器物名称	质地 / 数量	尺寸、重量	出土地点或收藏地点
双狮纹银盒	银 /1	口径 14.6、通高 8.9	耶律羽之墓
双狮纹金花银盒	银鎏金	盖口径 23.5、底径 22.1，盒口径 23.1、底径 18.4，重 825	吐尔基山辽墓
绶带花结亚字形银盒	银 /1	直径 4.7、通高 2.2	耶律羽之墓
龙纹金花银盒	银鎏金	盖口径 19、盒口径 18.4、通高 11.2，重 686	吐尔基山辽墓
龙纹金花银盒（奁）	银鎏金 /1	口径 25.4、底径 21.8、通高 21	陈国公主墓
圆形银粉盒	银	直径 10、高 5	宁城县博物馆
双凤纹银盒	银	口径 5.3、底径 3.1、通高 5.2	易县净觉寺
舍利盒	银 /3	高 10.6、宽 8.5，高 7.5、宽 6.5	农安万金塔基
嵌宝石鎏金包银漆盒	银鎏金漆	长 26、宽 25、高 13	吐尔基山辽墓
八曲花瓣形金盒	金	直径 5.5、高 1.5	陈国公主墓
童子纹银链盒	银	通链高 11.2、宽 3.4	朝阳北塔
菊花形金链盒	金	长 4.2、宽 3.3、厚 1.6	巴林右旗博物馆

（1）花式盒

根据盒的形状不同可分为三型。

A 型　菱花形。标本 1：耶律羽之墓出土的双狮纹银盒（图 2-35，1），为四组花瓣组成的菱花形，圈足。标本 2：吐尔基山辽墓出土的双狮纹金花银盒（图 2-35，2），为五组花瓣组成的菱花形，高圈足，体型更大更高。

B 型　亚字形。标本：耶律羽之墓出土的绶带花结亚字形银盒（图 2-35，3），盝顶式盒盖，上铸绶带花结纹。

C 型　圆弧花瓣形。标本：吐尔基山辽墓出土的龙纹金花银盒（图 2-35，4），为十曲圆弧花瓣形。

（2）圆盒

圆盒是指盒为圆形或椭圆形。标本 1：陈国公主墓出土的龙纹金花银盒（简报称为“奁”）（图 2-35，5），比一般盒略深，内置 3 个圆银粉盒。标本 2：宁城县博物馆藏圆形银粉盒（图 2-35，6），边饰涡纹和乳钉纹，起合的环形扣已脱落。标本 3：易县净觉寺出土的双凤纹银盒亦为圆盒（图 2-35，7）。

（3）方盒

方盒是指盒为方形或圆方形。标本 1：农安万金塔基出土的 3 件舍利盒，内置舍利与胶结的白色物质。标本 2：吐尔基山辽墓出土的嵌宝石鎏金包银漆盒（图 2-35，8），抹角方形，盒内镶一层银箔，上錾饰人物故事纹。

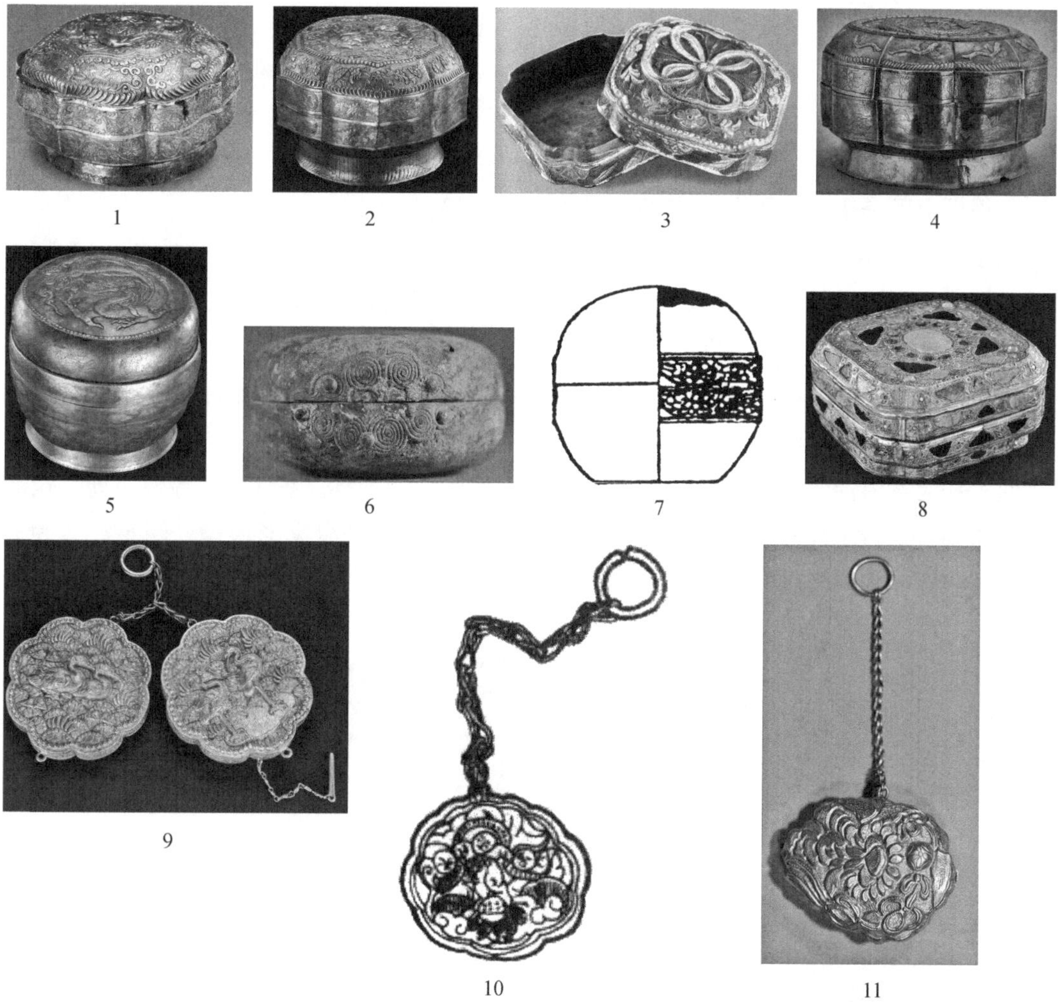

图 2-35　盒[①]

1、2. A 型花式盒（耶律羽之墓、吐尔基山辽墓）3. B 型花式盒（耶律羽之墓）4. C 型花式盒（吐尔基山辽墓）5～7. 圆盒（陈国公主墓、宁城县博物馆藏、净觉寺出土）8. 方盒（吐尔基山辽墓）9、10. A 型链盒（陈国公主墓、朝阳北塔出土）11. B 型链盒（巴林右旗博物馆藏）

（4）链盒

链盒指带链的小盒，精而巧。根据形状不同可分为二型。

A 型　八曲形。标本 1：陈国公主墓出土的八曲花瓣形金盒（图 2-35，9），两面各錾双鹤、鸳鸯纹。标本 2：朝阳北塔出土的童子纹银链盒（图 2-35，10），椭圆形。两面各捶揲出三个童子及云纹图案。盒上端系银链。

① 图中的 1、3 摘自《探寻逝去的王朝——辽耶律羽之墓》，2、4～6、8、9、11 摘自内蒙古国有馆藏珍贵文物数据库，7 摘自《河北易县净觉寺舍利塔地宫清理记》，10 摘自《辽宁朝阳北塔天宫地宫清理简报》。

B型　仿生形。标本：巴林右旗博物馆藏菊花形金链盒（图2-35，11），为随形而制的仿生器。

10. 盏托

根据上下是否分体可分为二型。尺寸见表2-13。

A型　一体。标本1：大营子辽驸马墓出土的金花银盏托（图2-36，1），弧腹内向。器身上下和盘的内部为绶带纹。标本2：朝阳沟M2辽墓出土的银鎏金盏托（图2-36，5），敞口，浅腹，圈足一周折棱。口沿至圈足外錾六层纹样，内底划字。标本3：陈国公主墓出土的3件银盏托（图2-36，2），弧腹外向。圈足外刻符号。

B型　盏、托分体。标本1：哈鲁辽墓出土的银盏托，（图2-36,3）为分体组合式，六曲，托为宽沿海棠形金花银盘，圈足，盏为折棱金带把杯。标本2：赤峰市博物馆藏金花银盏托，（图2-36，4）亦为组合式，五曲，托为宽沿海棠形银盘，圈足，盏为五曲金花银碗，内底錾莲花。标本3：净觉寺出土的银盏托，盏、托分体、六曲。

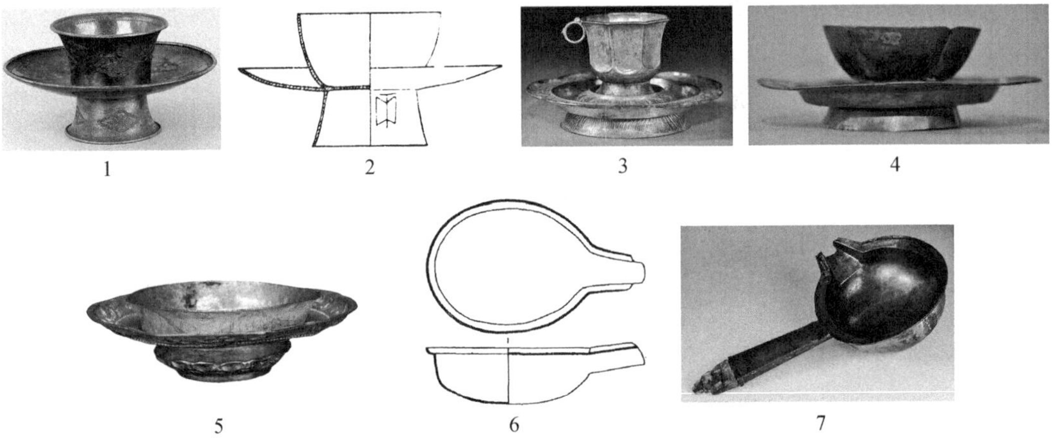

图2-36　盏托、匜[①]

1、2、5. A型盏托（大营子辽驸马墓、陈国公主墓、朝阳沟M2）3、4. B型盏托（哈鲁辽墓、赤峰市博物馆藏）6. A型匜（大营子辽驸马墓）7. B型匜（耶律羽之墓）

11. 匜

圜底、楔形流。根据把的有无可分为二型。尺寸见表2-13。

① 图中的1、3、4、7摘自内蒙古国有馆藏珍贵文物数据库，2摘自《辽陈国公主墓》，5摘自《辽宁省文物考古研究所藏文物精华》，6摘自《赤峰县大营子辽驸马墓发掘简报》。

表 2-13 辽代金银盏托、匜 （单位：厘米、克）

器物名称	质地 / 数量	尺寸、厘米	出土地点或收藏地点
银鎏金盏托	银鎏金	托径 14.5、盘径 10.2、足径 5、通高 4.2	朝阳沟 M2 辽墓
银盏托	银 /3	盏托口径 8.4、盘径 16、圈足径 6.8、通高 7.8	陈国公主墓
六曲银盏托	银	盏径 4.4、圈足径 3.6、通高 4.2	净觉寺
金花银盏托	银鎏金	盏高 3.4、直径 7、足径 3.7，托高 2.2、直径 12.8、足径 6	大营子辽驸马墓
银盏托	银 /2	盏高 3.4、直径 7、足径 3.7，托高 2.2、直径 12.8、足径 6	哈鲁辽墓
金花银盏托	银鎏金	盏口径 7.2、底径 5.3、高 6.4，托口 16.8、足径 11.1、通高 3.1，重 270	赤峰市博物馆
银匜	银 /1	口径 16.6、把长 11.9	大营子辽驸马墓
银匜	银 /1	长 21.3、宽 18、高 5.5	耶律羽之墓

A 型　有把。标本：大营子辽驸马墓出土的银匜（图 2-36，6），口沿外出，圜底，一侧有楔形流，另一侧有扁长的空心把手。

B 型　无把。标本：耶律羽之墓出土的素面银匜（图 2-36，7），椭圆形，口沿立折圜底，一侧有流。

另外，奈林稿墓出土的银匜只剩一小残块。

二、组　合

根据使用功能的不同，可将器皿分为茶具、酒具、餐具、妆洗具四种。判断的依据有三：器物本身的组合关系、共出器物的出土位置和壁画中的使用组合。

1. 茶具的组合

从考古出土的可资参考的数据看，茶具有两类组合。

A 类　碗 + 盘。

例证 1：赤峰市博物馆藏金花银碗与盘为固定的一套组合（图 2-37，1）。例证 2：白音塔拉辽墓出土的海棠形鎏金錾花银盘和 2 件银碗的搭配组合（图 2-37，2）。

B 类　壶 + 盏托。

茶具中的壶古称为汤提点、汤瓶、壶等。例证 1：大营子辽驸马墓出土的银提梁壶与银盏托的组合（图 2-37，3），共出于后室，应为一套茶具。巴林左旗滴水壶辽代壁画墓中甬道南壁“归来图”壁画上绘有这种带链提梁壶的使用图像，链子从人的颈后绕过，另一只手拉住链尾[①]，方便野营游动使用。例证2：陈国公主墓出土的1件银注壶和3件银盏托的组合（图2-37，4），依据有二：一是素面银质和尺寸比较契合；二是二者的出土位置基本一致，分别位于东耳室内和门口过道。例证3：朝阳沟M2辽墓出土的银鎏金盏托与提梁铜罐倒置扣合在一起，为研究其使用提供了一定的线索。

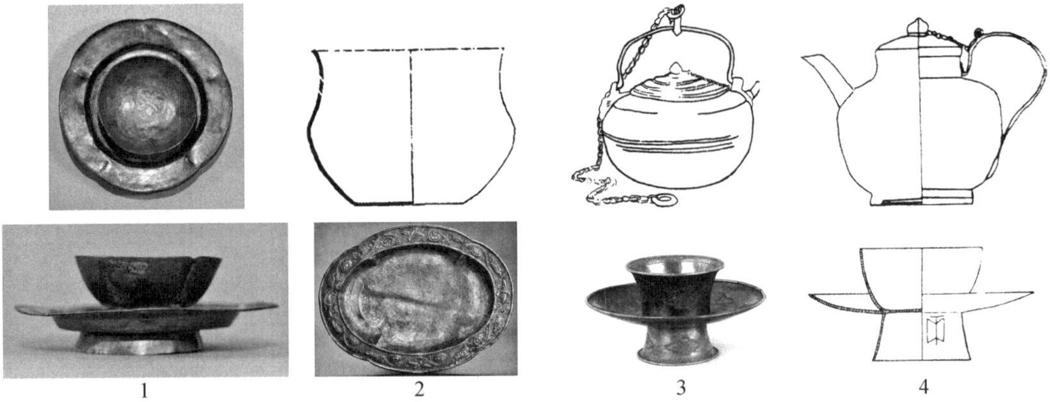

图2-37　茶具组合[②]

1、2. A类（赤峰市博物馆藏、白音塔拉辽墓）　3、4. B类（大营子辽驸马墓、陈国公主墓）

此外，敖汉旗羊山M1辽墓壁画中呈现“茶道图”的图景（图2-39，1）。桌前置一盛茶的盝顶流苏竹笥，右侧为一三足铁火盆，盆内置两个煮茶的瓜棱带盖执壶，桌上放四套带托盏杯、一个盖罐和一盘一碗，一盏杯内盛枣，盘内盛果子。类似的备茶图还见于宣化张文藻辽墓中的壁画上（图2-39，2）。

2. 酒具的组合

A类　杯＋盘。

例证1：耶律羽之墓出土的五瓣花形金杯、圆口花瓣腹金杯、鎏金錾花银把杯、鎏金錾花折肩罐与2件鎏金錾花银盘组合使用（图2-38，1）。例证2：哈鲁辽墓出土的带把杯与盘为固定搭配的一套酒具（图2-38，2）。例证3：建昌龟山一号墓出土的2件多曲银杯与素面圆形银盘、铜执壶的组合（图2-38，3），刚好组成一套酒具。

B类　壶＋碗。

注子和注碗是古称，专指酒具。例证1：巴林右旗窖藏出土的八棱錾花银执壶与八棱錾花银温碗恰为一套温酒器（图2-38，4），壶置于碗中。例证2：敖汉旗博物馆藏银注壶与银温碗也为一套（图2-38，5），壶置于碗中。例证3：巴彦库仁辽墓出土的银壶

① 巴林左旗博物馆．内蒙古巴林左旗滴水壶辽代壁画墓［J］．考古，1999（8）.

② 图中的1、2下图、3下图摘自内蒙古国有馆藏珍贵文物数据库，2上图摘自《科左后旗白音塔拉契丹墓葬》，3上图摘自《赤峰县大营子辽驸马墓发掘简报》，4摘自《辽陈国公主墓》。

图 2-38　酒具组合①

1～3. A 类（耶律羽之墓、哈鲁辽墓、建昌龟山一号辽墓）　4、5. B 类（巴林右旗窖藏、敖汉旗博物馆藏）

与银碗，作为本墓中唯一的两件器皿共出于墓主头的右侧，且碗口径略大于壶口径。

酒具在辽代绘画中表现得最为常见和清晰。敖汉旗羊山 M1 辽墓壁画中的“备饮图”中桌上左置一曲口长盘，内放 2 个瓜棱小罐，右放 2 个仰莲纹温碗，一温碗内置一敞口罐，右桌角上放一高足杯。桌前地上放置四孔的酒瓶架，每孔插一修瓶，瓶口加泥封，泥封下各垂小鉴以区别酒种和时间。酒瓶架为长方覆斗形，黄色并绘有木纹。酒瓶架之右侧放一大瓮内置一杆，疑似酿酒缸。“墓主人宴饮图”中主人身后立一双手捧渣斗的契丹人（图 2-39，3），近前的侍者双手捧一托有曲口小碗的海棠盘做恭请墓主饮酒状，左前方的契丹侍者双手捧一垫有方巾的方盘，上置一无颈小口带盖大罐，应为盛酒器。

3. 餐具的组合

从出土资料分析辽代的金银餐具，碗和匙为常用餐具，与箸、盘、碟中的一种或几种组合为筵席用具。

① 图中的 1 摘自《探寻逝去的王朝——辽耶律羽之墓》，2、5 摘自内蒙古国有馆藏珍贵文物数据库，3 摘自《辽宁建昌龟山一号辽墓》，4 摘自《奢华之色——宋元明金银器研究（卷三）》。

图 2-39　壁画和木板画中的器皿[①]

1. 敖汉旗羊山 M1 辽墓“茶道图”　2. 宣化张文藻辽墓“茶道图”　3. 敖汉旗羊山 M1 辽墓“墓主人宴饮图”
4. 敖汉旗羊山 M1 辽墓“烹饪宴饮图”　5. 巴林右旗都希苏木友爱村出土的“侍宴图”木版画
6. 大同东风里辽墓东壁壁画“侍酒散乐图”　7. 大同东风里辽墓北壁壁画起居图

A 类　碗 + 匜。

例证：大营子辽驸马墓出土的银鎏金碗、银匜、银箸、银匙[②]的组合，共出于后室。

① 图中的 1、3、4 摘自《中国北方游牧民族饮食文化研究》，2 摘自《草原华章——契丹文物精华展》，5 摘自《草原牧歌——契丹文物精华》，6、7 摘自《大同东风里辽壁画墓》。
② 银箸、银匙为进食工具，在第二节工具的类型与组合章节探讨。

B类 盘或碟。

朝阳北塔出土的8件龙纹葵花形银碟，共出10件葵花形铜碟，形制相似，平底无足，盛放干果等，分置于宾客近前。碟与盘的区别，除前者小、后者大之外，碟通常无足，多盛放干果等易切分的食物，每置于宾客近前；而盘有无足、有足之分。其功能有二：一是前述作为茶具、酒具的托盘使用；二是直接盛放各式果品、面点用于席面陈设。

敖汉旗羊山M1辽墓壁画中小方桌上放一子母口黑色圆盘（图2-39，3），内盛西瓜，旁边为曲口竹编式浅盘，内盛石榴、桃子、枣等水果，可见饮酒与品尝水果是同时进行的。敖汉旗羊山M1辽墓壁画中的“烹饪宴饮图”展现了多种餐具（图2-39，4）：桌上放2个曲口带子母口的黑色食盒，左侧盒内盛馒头，右侧盒内盛包子；桌之里侧放箸一双，一个刀形物，一个深腹大碗和3个小碗；烹饪画面中左侧为一高腿深腹大鼎，鼎口外露兽腿两只和肉块，鼎后一人挽袖双手握棍插入鼎内搅动肉块；右侧一人左手端一黑色圆盘，右手执箸做从盘中夹食状，蹲坐者右手握一刀做切肉状，左手为扶肉状，其身后一人躬立双手托一圆盘，内3个黑色小碗。此外，同墓M3壁画“备食图”中的倚坐者左手端白盘，右手持一勺做向盘内取食状，其前放置一摞长方形红色食盒共5叠，左立者举双手扶住头顶上的红色大盘，盘内盛满肉类，疑为较远处的户外庭院里的主人送去食物。

壁画中的餐具有盒、圆盘、碗、盘、箸、匙等，功能不尽相同。黑色漆盒为盛放馒头、包子等食物的盛食器，红色食盒叠在一起增加了保温的作用。大小碗的功能根据食物的需要而异。盘为食物从鼎到桌的传输工具，或直接盛放肉类，或盛托碗以防汤品外溢。箸、匙显然为进食器，从画面呈现的观察与我们今天的功用相差无几。另外，宝山壁画墓中的“侍仆图”里有盖碗的图像，与吐尔基山金花银盖碗的形制类似。

4. 妆洗具的组合

A类 盒+镜。

考古实物资料见于吐尔基山辽墓出土的嵌宝石鎏金包银漆盒，内置鸾凤纹铜镜（图2-40，1）。图像资料出现在广德公汉人墓的木棺画上，木棺画的主体是四神图，门两侧丰腴的两侍女一人捧奁形盒，一人抱镜，显然是作梳妆之用。

B类 盆+匜+粉盒+渣斗。

耶律羽之墓出土银鎏金盆和银鎏金匜、银鎏金盒、金花银渣斗的组合（图2-40，2），出土时匜置于盆内，说明匜确作取水器之用。大同东风里辽墓北壁起居图中就同时出现茶具与渣斗，侍从分别持带把碗、茶托、渣斗朝向寝床，侍奉主人的起居（图2-39，7）。后演化为收纳各种废弃物之用，用途极广，不限于妆洗，在壁画的宴饮图中也有出现。

图 2-40　妆洗具组合①

1. A 类（吐尔基山辽墓） 2. B 类（耶律羽之墓） 3. C 类（陈国公主墓）

C 类　盒＋罐＋粉盒＋渣斗。

陈国公主墓出土金花银奁形盒、金链盒、银渣斗的组合，奁形盒内置小银罐和小银盒（图 2-40，3），小银盒内有白色和黑色粉块，由此推断，尺寸较小的罐、盒有用于盛放胭脂等化妆品的功用，奁形盒则为收纳各种小罐、小盒等小件物品的储物盒。

在辽墓壁画中，茶具和酒具经常同时出现。例如，2011 年发掘的山西大同东风里辽代壁画墓的东壁“侍酒散乐图”中同时在使用酒具和茶具（图 2-39，6），侍从分别持黄色托盘（内置两盏）和花式注壶、温碗一套，人物前方地面堆放的三足曲口炭火盆内有三把小注壶，注壶、盏、托盘为茶具的组合，注壶和温碗为酒具的组合。类似的画面还出现在巴林右旗都希苏木友爱村出土的“侍宴图”木版画上（图 2-39，5），男执注壶和温碗构成的酒具，女执碗与盘组成的茶具。可见喝酒与饮茶在辽朝贵族生活中占据重要地位，贵重的金银茶具与酒具成为他们追捧和愿意展示的对象。

① 图中的 1 摘自《文物华章》，2 摘自《探寻逝去的王朝——辽耶律羽之墓》，3 中的铜鎏金盆摘自《草原牧歌——契丹文物精华》。

第五节　葬具的类型与组合

一、类　　型

本书所指的葬具涵盖冠、面具、网络、靴、靴底、枕六小类，其中前三项出土比例更大，前文已述金银器以及经金银工艺处理过的器物作为本书的重点研究对象，但由于涉及葬具之间的组合问题，铜鞋垫也被纳入本章节的探讨。尺寸见表2-14。

表2-14　辽代金银葬具

器物名称	质地/数量	尺寸/厘米	出土地点或收藏地点
银鎏金卷云冠	银鎏金	口径18、高31.4	陈国公主墓
铜鎏金卷云冠	铜鎏金	宽36、高24、直径21	巴林左旗博物馆
银鎏金卷云冠	银鎏金	口径20.6、高约32	敖瑞山辽墓
冠	银	口径21.3、高27.2、宽30.3	小喇嘛沟M11辽墓
银鎏金高翅冠	银鎏金	口径19.5、高26、立翅高30	陈国公主墓
银鎏金高翅冠	银鎏金	口径21、通高23、立翅高29	敖瑞山辽墓
银鎏金高翅冠	银鎏金	高28.5 、筒径15、翅高36	多伦贵妃墓
银鎏金高翅冠	银鎏金/1	高31.4、径21.47，重784	扎鲁特旗辽墓
铜鎏金高翅冠	铜鎏金/1	口径23、高30.2	香港梦蝶轩藏
银鎏金莲叶冠	银鎏金	高28.4、筒径19.2	甘肃省博物馆
银鎏金莲叶冠	银鎏金	高23.3、直径21，重146	香港梦蝶轩藏
银鎏金男冠	银鎏金/1	口径19、通高30、最宽处35	小喇嘛沟M1辽墓
铜鎏金莲叶冠	铜鎏金	高31.5、宽31.4	内蒙古博物院
铜鎏金额冠	铜鎏金	通高11、宽16	后刘东屯二号墓
银鎏金额冠	银鎏金	通高12.5、宽15.3	小喇嘛沟M1辽墓
铜鎏金额冠	铜鎏金	高22.4、底边长28	建平炮手营JRM1辽墓
银鎏金下颌托	银鎏金/1	残长14、宽4.1、厚0.05	小喇嘛沟M1辽墓
公主睁眼金面具	金	长20.5、宽17.2	陈国公主墓
驸马睁眼金面具	金	长21.7、上额最宽处18.8	陈国公主墓
男像银鎏金面具	银鎏金	长21.5、宽16.2	小喇嘛沟M1辽墓
女像银鎏金面具	银鎏金	长21、宽16	小喇嘛沟M1辽墓
银面具	银	长21.6、宽22.2	小喇嘛沟M11辽墓
铜鎏金闭眼面具	铜鎏金	高26、最宽处19	豪欠营子M6辽墓
铜鎏金闭眼面具	铜鎏金	长20.3、最宽处20.6	柴达木辽墓
铜鎏金闭眼面具	铜鎏金	长22.2、宽22.4	翁牛特旗博物馆馆藏
闭眼银面具	银	长23.1、宽19.	翁牛特旗博物馆馆藏

续表

器物名称	质地 / 数量	尺寸 / 厘米	出土地点或收藏地点
闭眼银面具	银	长 20.2、上宽 15.5	彰武朝阳沟 M3 辽墓
铜鎏金闭眼面具	铜鎏金 /2	男面具：长 27.5、通高 26.5、厚约 0.09；女面具：长 25.5、通宽 21.5	敖瑞山辽墓
铜鎏金闭眼面具	铜鎏金 /2	男面具：长 20、宽 18.2；女面具：长 20.7、宽 18	新民巴图营子辽墓
闭眼银面具	银	高 20、宽 17.5	巴林左旗博物馆馆藏
全身银丝网络	银	全长 168	陈国公主墓
金花银靴	银鎏金 /4	高 34、底长 32	陈国公主墓
金花银靴	银鎏金 /2	靴身最长 27、最宽 14、最高 42	多伦贵妃墓
金花银枕	银 /2	长 49、宽 36.8、上高 13、下高 1	陈国公主墓
银片饰漆木枕	银	长 53.4、宽 24.9 ~ 42.9、前高 1.5、后高 7.8	多伦贵妃墓

1. 冠

根据冠的造型和功能分为卷云冠、高翅冠、莲叶冠、额冠、金箍冠五型。

A 型　卷云冠。卷云冠是指由若干云朵形金属叶片叠压插拼缝缀而成的冠，有的冠内附金属网。根据冠背的差异可分为二亚型。

Aa 型　无高冠背。标本 1：陈国公主墓出土的银鎏金卷云冠①（图 2-41，1），由 16 片云朵形镂花银片叠压插拼缝缀而成，前后叶片于顶部缝合，无高冠背和立饰，而于卷云叶片外表贴附若干圆形饰和凤鸟饰。标本 2：巴林左旗博物馆藏铜鎏金卷云冠②（图 2-41，2），亦由若干云朵形鎏金镂花叠压插拼缝缀而成，前后叶片于顶部缝合，无高冠背和立饰，内衬丝织品，铁质冠箍。

Ab 型　有高冠背。标本 1：敖汉旗英凤沟 M7 辽墓出土的银鎏金冠（图 2-41，3），从受损变形的高清图片观察应为云朵形镂花铜片叠压插拼缝缀而成的卷云冠，冠顶有凤鸟衔环立饰，后冠背略高，镂花铜片下附金属网。标本 2：温多尔敖瑞山辽墓出土的铜鎏金冠③（图 2-41，5），高冠背，前后银片于顶端缝合为一体，镂花银片后附一层金属网。同墓共出莲花座凤鸟立饰，经观察报告图片，与该冠鎏金工艺一致，更有可能为卷云冠的立饰。标本 3：凌源小喇嘛沟 M11 辽墓出土的银冠（图 2-41，4），后冠背明显高出且有花边装饰，由 8 个银片组成，以银丝绑于白色丝网上，顶部

① 内蒙古自治区文物考古研究所，哲里木盟博物馆．辽陈国公主墓［M］．北京：文物出版社，1993．

② 内蒙古国有馆藏珍贵文物数据库资料。

③ 赤峰市博物馆考古队，阿鲁科尔沁旗文物管理所．赤峰市阿鲁科尔沁旗温多尔敖瑞山辽墓清理简报［J］．文物，1993（3）．

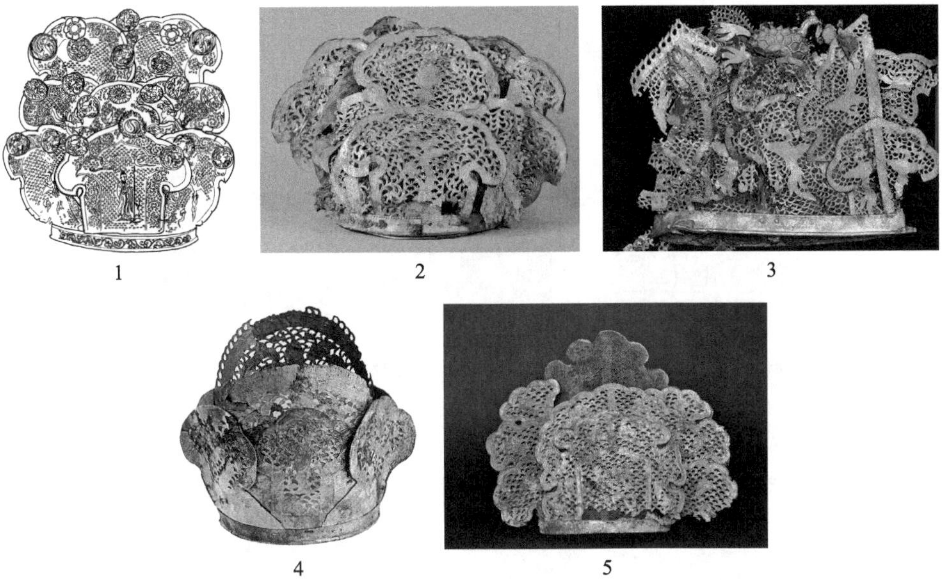

图 2-41　A 型卷云冠①

1、2. Aa 型（陈国公主墓、巴林左旗博物馆藏）

3 ~ 5. Ab 型（英凤沟 M7 辽墓、凌源小喇嘛沟 M11 辽墓、敖瑞山辽墓）

无立饰。

B 型　高翅冠。高翅冠是指半球形冠筒两侧竖立翅膀形高叶的冠，冠顶多立饰，冠筒由十字梁框架与镂空片组合而成。根据翅与筒的比例关系可分为二亚型。

Ba 型　冠筒较高，翅略高出冠筒。标本 1：陈国公主墓出土的银鎏金冠②（图 2-42，1），为中期典型的高翅冠，冠筒较高，翅略高出冠筒，冠顶立饰为莲花座人物造像。标本 2：扎鲁特旗辽墓出土的银鎏金冠③（图 2-42，2），原报告未刊出线图，通过将原报告的文字描述与数据库信息核对，确认该图片所示就是扎鲁特辽墓被盗缴回的银鎏金冠，冠筒很高，翅高出部分甚少，冠顶缀饰莲花座火焰形立饰，冠筒内裹有银丝。标本 3：多伦贵妃墓出土的银鎏金冠（图 2-42，3），翅为银片用银丝缀合而成的复翅，满布镂花装饰，冠、双翅饰双凤纹，辅以变形云纹。

Bb 型　冠筒较低，翅明显高于冠筒。标本 1：香港梦蝶轩收藏的铜鎏金冠④（图 2-42，4），冠筒较低，翅明显高于冠筒，冠顶为圆形底座无立饰。标本 2：法国集

① 图中的 1 摘自《陈国公主墓》，2 摘自内蒙古国有馆藏珍贵文物数据库之巴林左旗博物馆，3 摘自内蒙古国有馆藏珍贵文物数据库之敖汉旗博物馆，4 摘自《辽宁省文物考古研究所藏文物精华》，5 摘自内蒙古国有馆藏珍贵文物数据库之阿鲁科尔沁旗博物馆。

② 内蒙古自治区文物考古研究所，哲里木盟博物馆. 辽陈国公主墓［M］. 北京：文物出版社，1993.

③ 武雅琴，李铁军. 扎鲁特旗出土辽代器物［J］. 内蒙古文物考古，2001（2）.

④ 埃玛·邦克，等. 金翠流芳——梦蝶轩藏中国古代饰物［M］. 香港：香港大学美术博物馆，2002.

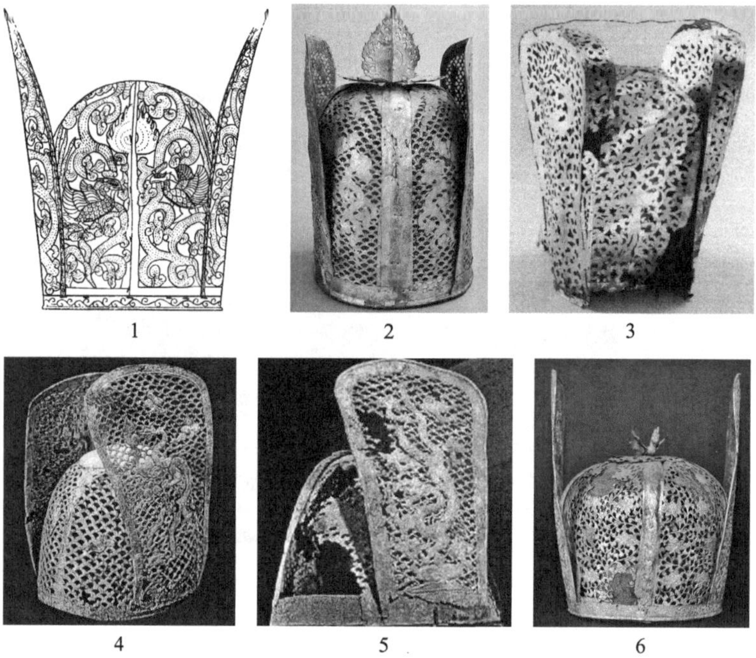

图 2-42　B 型高翅冠[①]

1 ~ 3. Ba 型（陈国公主墓、扎鲁特旗辽墓、多伦贵妃墓）

4 ~ 6. Bb 型（梦蝶轩藏、法国集美亚洲艺术博物馆藏、敖瑞山辽墓）

美亚洲艺术博物馆藏铜鎏金冠[②]（图 2-42，5），形制与标本 1 极为相似，惜冠筒残损，右翅缺失。标本 3：温多尔敖瑞山辽墓出土的铜鎏金冠（图 2-42，6），冠筒更低，高翅更高，需要更正的是图片复原的冠顶立饰可能是错误的，因为出土时散落立饰的鎏金工艺与该冠区别较大[③]。标本 4：凌源小喇嘛沟 M1 辽墓出土的银鎏金女冠，残损严重，从残存部分观察，形制应为冠筒较低的高翅冠[④]。

C 型　莲叶冠。莲叶冠是指半球形冠筒插拼莲叶形金属片组成的冠，冠筒上缀冠耳，有的冠顶有立饰。根据冠耳的形制可分为二亚型。

Ca 型　立耳。标本 1：甘肃省博物馆藏银鎏金冠[⑤]（图 2-43，1），由半球形冠筒插拼前后两片莲叶形金属片组成，两侧冠耳直立，正面略高，冠顶有大尾凤鸟立饰。标

① 图中的 1 摘自《辽陈国公主墓》，2 摘自内蒙古国有馆藏珍贵文物数据库之扎鲁特旗博物馆，3 摘自简报，4、5 摘自《辽代金冠》，6 摘自内蒙古国有馆藏珍贵文物数据库之阿鲁科尔沁旗旗博物馆。

② 贾玺增. 辽代金冠［J］. 紫禁城，2011（11）.

③ 赤峰市博物馆考古队，阿鲁科尔沁旗文物管理所. 赤峰市阿鲁科尔沁旗温多尔敖瑞山辽墓清理简报［J］. 文物. 1993（3）.

④ 辽宁省文物考古研究所. 凌源小喇嘛沟辽墓［M］. 北京：文物出版社，2015.

⑤ 贾玺增. 辽代金冠［J］. 紫禁城，2011（11）.

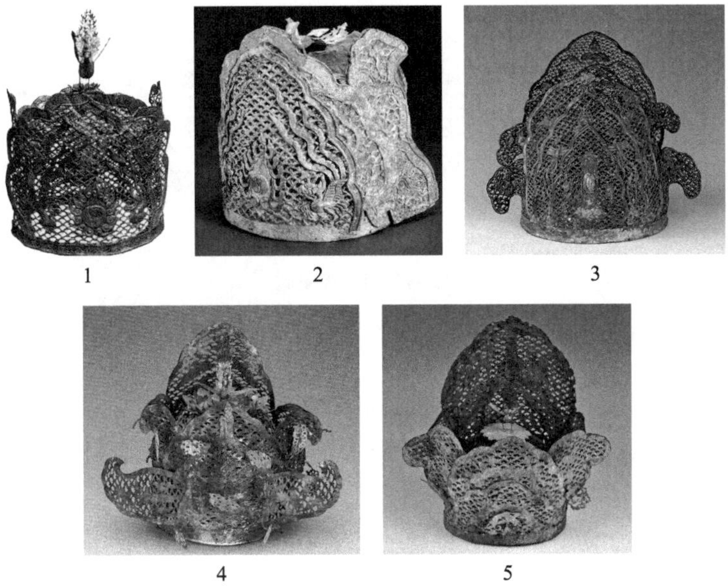

图 2-43　C 型莲叶冠[①]

1、2. Ca 型（甘肃省博物馆藏、梦蝶轩藏）3 ~ 5. Cb 型（赤峰市辽墓出土、小喇嘛沟 M1 辽墓、内蒙古博物院藏）

本 2：梦蝶轩收藏的银鎏金冠（图 2-43，2），与标本 1 结构极为类似，唯凤鸟立饰造型有差异。

Cb 型　垂耳。标本 1：内蒙古博物院藏铜鎏金冠[②]（图 2-43，3），半球形冠筒前后装饰莲叶形片，两侧为云朵形双垂耳，冠顶有凤鸟立饰，为赤峰市辽墓出土品。标本 2：凌源小喇嘛沟 M1 辽墓出土的银鎏金男冠（图 2-43，4），形制与标本 1 相若，由多片形状、大小不同的镂雕鎏金薄银片制成，翅膀形双垂耳[③]，冠正中装饰莲花座鎏金凤鸟立饰。标本 3：内蒙古博物院藏另一件铜鎏金冠（图 2-43，5），云朵形双垂耳，高冠背。

D 型　额冠。额冠指无冠体，与其他冠帽搭配使用的额前装饰，通常尺寸较短无法围拢为冠圈，故缝于织物上进行佩戴。根据造型差异可分为二亚型。

Da 型　二凤托珠造型。标本 1：后刘东屯二号墓出土的铜鎏金额冠[④]（图 2-44，2），为二凤托珠镂空造型。标本 2：小喇嘛沟 M1 辽墓出土的银鎏金额冠（图 2-44，1），整体为二凤托珠镂空造型，冠箍两端亦为凤首。

---

① 图中的 1、3 摘自《辽代金冠》，2 摘自《金翠流芳——梦蝶轩藏古代饰物》，4 摘自《凌源小喇嘛沟辽墓》，5 摘自内蒙古国有馆藏珍贵文物数据库。

② 内蒙古国有馆藏珍贵文物数据库资料。

③ 贾玺增．辽代金冠［J］．紫禁城，2011（11）．

④ 康平县文化馆文物组．辽宁康平县后刘东屯辽墓［J］．考古，1986（10）．

1　2　3　4

图 2-44　D 型额冠[1]

1、2. Da 型（小喇嘛沟 M1 辽墓、后刘东屯二号墓）3、4. Db 型（梦蝶轩藏、建平炮手营 JRM1）

Db 型　云朵造型。标本 1：梦蝶轩收藏的铜鎏金额冠[2]（图 2-44，3），如意云朵造型，正中长方形牌饰上似有文字。标本 2：建平炮手营 JRM1 出土的铜鎏金冠[3]（图 2-44，4），如意云朵造型，下方八边形牌饰上錾梵文，冠周有小孔且冠背面残存丝织品附属物，证实了额冠的使用方法。

E 型　金箍冠（含下颌托）。

这里论及的金箍冠既无高翅，也无冠叶，四条立带于冠顶相交，冠箍下连接金质下颌托，下颌托作为附件，为冠的一部分。

标本 1：吐尔基山金箍冠[4]（图 2-45，1、2），为十字梁冠与金下颌托的组合冠，罩于棉帽内，四条立带于冠顶相交成十字梁结构，冠箍为十字梁与金下颌托的连接枢纽。标本 2：凌源小喇嘛沟 M1 辽墓出土的银鎏金下颌托[5]（图 2-45，3），宽勺形底托，两侧颊带残断，是辽代继吐尔基山金下颌托之后的第 2 例下颌托资料。

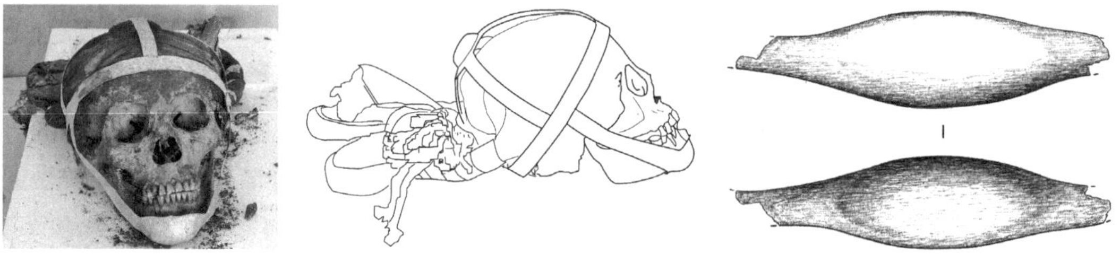

1　2　3

图 2-45　E 型金箍冠[6]

1. 金箍冠（吐尔基山辽墓）2. 金箍冠示意图（吐尔基山辽墓）3. 银鎏金下颌托（小喇嘛沟 M1）

---

① 图中的 1 摘自《凌源小喇嘛沟辽墓》，2 摘自《辽宁康平县后刘东屯二号辽墓》，3 摘自《金翠流芳—梦蝶轩藏古代饰物》，4《辽宁建平县两处辽墓清理简报》。

② 贾玺增．辽代金冠［J］．紫禁城，2011（11）．

③ 辽宁省文物考古研究所．辽宁建平县两处辽墓清理简报［J］．北方文物，1991（3）．

④ 内蒙古文物考古研究所．内蒙古通辽市吐尔基山辽代墓葬［J］．考古，2004（7）．

⑤ 辽宁省文物考古研究所．凌源小喇嘛沟辽墓［M］．北京：文物出版社，2015．

⑥ 图中的 1、2 由冯恩学老师提供，3 摘自《凌源小喇嘛沟辽墓》。

2. 面具

从目前掌握的材料来看，辽代发现的面具数量有 30 面之多，喜用金、银、铜三种金属原料制作，衍生出金面具、银面具、银鎏金面具、铜鎏金面具、鎏银铜面具、铜面具、金丝面具七种。根据眼睛的睁闭情况可分为二型。

A 型　睁眼。眼睛完全睁开，眼眶錾出轮廓。根据结构差异可分为三亚型。

Aa 型　实面圆顶面具，嘴、鼻、耳均无开缝或开孔。标本 1：陈国公主墓出土的公主金面具①（图 2-46，1），一体式耳，圆头顶，无开缝或孔。标本 2：陈国公主墓出土的驸马金面具（图 2-46，2），耳与面具分体连缀，圆头顶，无开缝或孔。标本 3：凌源小喇嘛沟 M1 辽墓出土的男像银鎏金面具（图 2-46，3），无耳，圆头顶，丰满圆润，无开缝或孔。标本 4：凌源小喇嘛沟 M1 辽墓出土的女像银鎏金面具（图 2-46，4），无耳，颧骨较高，下颌尖圆，无开缝或孔。

Ab 型　实面平顶面具。标本：凌源小喇嘛沟 M11 辽墓出土的银面具（图 2-46，5），平头顶，一体式耳，刻有胡须，应为男像。

Ac 型　金丝面具。标本：南京博物院藏金丝面具（图 2-46，6），睁眼，眉眼、鼻孔、嘴在金丝上压出凹痕，细金丝绞丝编织额头，绞丝紧密作为发际②，金片包边的金丝面具目前独此一件。

图 2-46　A 型睁眼面具③

1～4. Aa 型（陈国公主墓、陈国公主墓、小喇嘛沟 M1 辽墓、小喇嘛沟 M1 辽墓）

5. Ab 型（小喇嘛沟 M11 辽墓）　6. Ac 型（南京博物院藏）

---

① 内蒙古自治区文物考古研究所，哲里木盟博物馆. 辽陈国公主墓［M］. 北京：文物出版社，1993.

② 杨海涛. 罕见的辽代金丝面具［J］. 北方文物，2006（4）.

③ 图中的 1、2 摘自《辽陈国公主墓》，3、4 摘自《凌源小喇嘛沟辽墓》，5 摘自《辽宁省文物考古研究所藏文物精华》，6 摘自《罕见的辽代金丝面具》。

B 型　闭眼。眼睛闭合，细錾一条弧线以示。根据眼睛开缝与否可分为二亚型。

Ba 型　眼睛开缝。眼睛弧线錾透面具，眼缝能透光，大多数耳、鼻、嘴均开孔或开缝。标本 1：豪欠营子 M6 辽墓出土的铜鎏金面具，眼微开眼缝，嘴有口缝，耳部有穿孔。标本 2：柴达木辽墓出土的铜鎏金面具，左额髡发，眼缝微启，嘴留口缝，耳有小穿。标本 3：上烧锅 M5 辽墓出土的银面具①（图 2-47，1），眼微睁，口微张，耳垂有穿孔。标本 4：解放营子辽墓出土的两件铜面具②，鼻眼、须眉、嘴耳均开孔。另外，翁牛特旗博物馆藏铜鎏金面具（图 2-47，2）、辽宁博物馆藏银鎏金面具（图 2-47，3）、翁牛特旗博物馆藏银面具（图 2-47，4），通过对其高清图片的观察比对也应属此型。

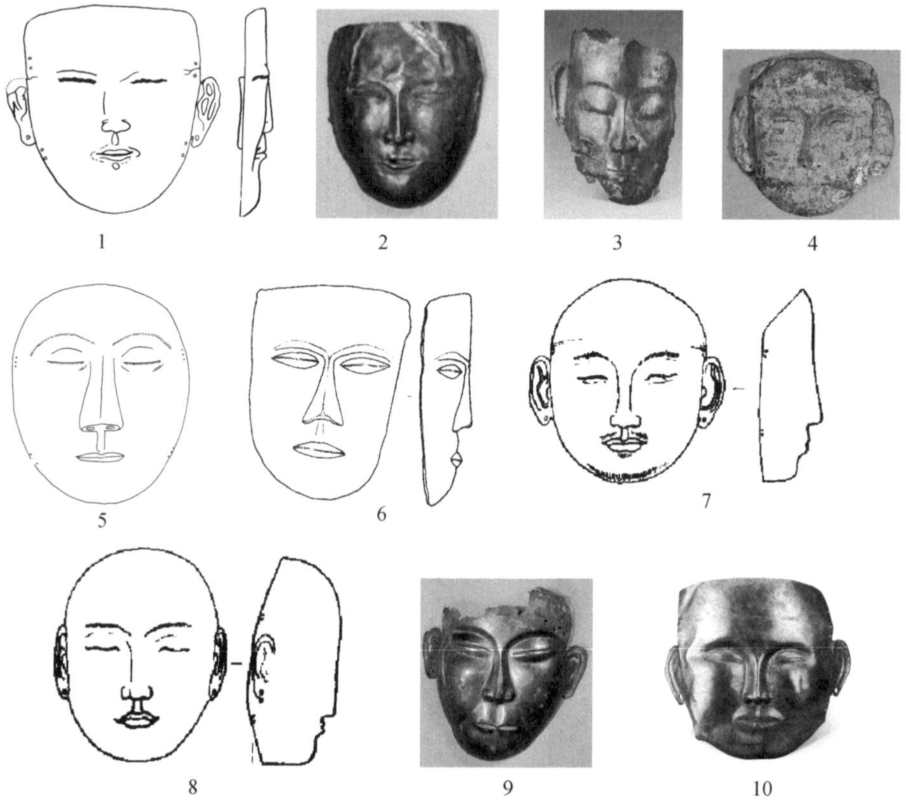

图 2-47　B 型闭眼面具③

1 ~ 4. Ba 型（上烧锅 M5 辽墓、翁牛特旗博物馆藏、辽宁博物馆藏、翁牛特旗博物馆藏）

5 ~ 10. Bb 型（喀左北岭辽墓、朝阳沟 M3、敖瑞山辽墓、敖瑞山辽墓、巴林右旗博物藏、阜新民主水库出土）

① 项春松. 上烧锅辽墓群［J］. 内蒙古文物考古，1982（2）.

② 翁牛特旗文化馆，昭乌达盟文物工作站. 内蒙古解放营子辽墓发掘简报［J］. 考古，1979（4）.

③ 图中的 1 摘自《上烧锅辽墓群》，2、4 摘自内蒙古国有馆藏珍贵文物数据库之翁牛特旗博物馆，3 摘自《松辽风华——走进契丹、女真人》，5 摘自《喀左北岭辽墓》，6 摘自《彰武县朝阳沟墓地》，7、8 摘自《赤峰市阿鲁科尔沁旗温多尔敖瑞山辽墓清理简报》，9 摘自内蒙古国有馆藏珍贵文物数据库之巴林右旗博物馆，10 摘自《辽宁博物馆》。

Bb 型　眼睛不开缝。眼睛弧线轻轻滑过，未錾透面具，大多数耳、鼻开孔，少数嘴开缝。标本 1：喀左北岭墓的银面具（图 2-47，5）。标本 2：彰武朝阳沟 M3 出土的银面具（图 2-47，6）。标本 3：敖瑞山辽墓出土的两件铜鎏金面具（图 2-47，7、8）。标本 4：阜新民主水库出土的银面具（图 2-47，10）。标本 5：新民巴图营子辽墓出土的两件铜鎏金面具。标本 6：英凤沟 M7 出土的银鎏金面具。另外，巴林右旗博物馆藏银面具（图 2-47，9）、巴林左旗博物馆藏铜鎏金面具、林西县博物馆藏银面具、奈曼旗王府博物馆藏银鎏金面具、巴林左旗博物馆藏银面具、喀喇沁旗文物管理所收藏的铜鎏金面具、奈曼旗王府博物馆藏铜鎏金面具、敖汉旗博物馆藏银鎏金面具、内蒙古博物院馆藏铜鎏金面具，通过对其高清图片的观察比对也应属此型。

3. 网络

金属网络有银质和铜质两种质地，鲜见银丝鎏金和铜丝鎏金的网络，见诸报道的网络墓葬近 30 处。根据保存状况可分为三型。

A 型　全身网络。标本 1：陈国公主墓出土的银丝网络最为典型，陈国公主穿着的银丝网络由头网、臂网、手网、胸背网、腹网、腿网、足网七部分组成，是目前所知最为完整的全身网络（图 2-48，1）。驸马穿着的银丝网络残断太甚，能辨清的有头网、手网和足网三部分。标本 2：豪欠营子辽墓出土的铜丝网络由头网、臂网、手网、胸背网、腿网、足网六部分组成（图 2-48，2）。标本 3：敖瑞山辽墓出土的铜丝网络为手网、足网、腿网保存较好的全身网络。标本 4：尖山辽墓出土完整的全身铜丝网络，由臂网、右手网、胸背网、腿网、足网五部分组成。另外，叶茂台 M8、达拉明安辽墓、库伦 M5、曲家沟 M2、叶茂台 M18、大西沟 JSM1 均出土全身铜丝网络。

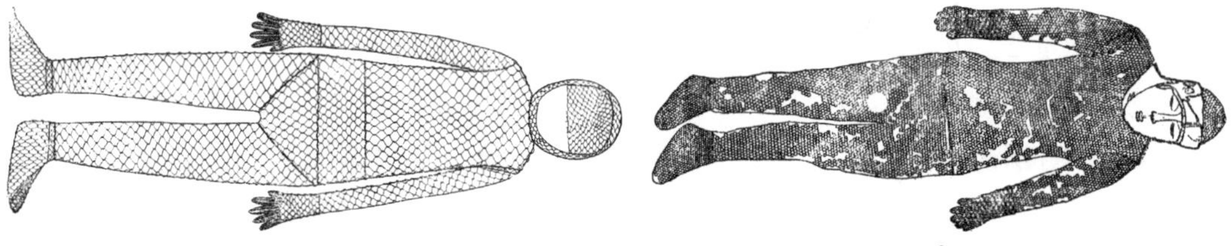

1　　　　2

图 2-48　A 型全身网络①

1. 银丝网络（陈国公主墓） 2. 铜丝网络（豪欠营子辽墓）

B 型　手足网络。根据分指与否可分为二亚型。

Ba 型　分指。标本 1：耿延毅墓出土的银丝手套网络②1 副，用银丝编结成网状，

---

① 图中的 1 摘自《辽陈国公主墓》，2 摘自《察右前旗豪欠营子 6 号墓清理简报》。

② 朝阳地区博物馆．辽宁朝阳姑营子辽耿氏墓发掘报告［A］．考古学集刊（3）［C］．北京：中国社会科学出版社，1983.

五指分开，通长 23 厘米。标本 2：清河门 M2 辽墓出土的铜丝手套网络[①]，手套存四指，套中保存了各节指骨。标本 3：吉林双骆驼岭辽墓出土的铜丝手套，分指手套现存三指，指内留有指骨的残骸，网孔为菱形和方形，手指处较密，手腕处较疏。

Bb 型　不分指。标本：豪欠营 M2 辽墓出土的铜丝手网，一体式不分指。

另外，大窝铺辽墓出土的铜丝手足网络分指情况不明。

C 型　非完整的残段的网络片段，有的还能识别，有的无法辨别。此型在辽墓中存在的数量最多，不胜枚举，如红花岭 M1 辽墓，豪欠营 M3 辽墓，双骆驼岭辽墓，朝克图东山 M3 辽墓，朝阳沟 M1 辽墓，羊彪沟辽墓，小喇嘛沟 M6 辽墓，叶茂台 M9、M11、M13、M15、M17、M19 等辽墓出土的铜丝网络状况不明。

4. 靴

陈国公主与驸马合葬墓出土的两双金花银靴。出土时穿于银丝足网之外，由靴靿、靴面、靴底三部分各自打制以银丝缝缀而成。

5. 靴底

目前掌握的鞋底资料为铜质，考虑到靴底在葬具中的重要性，将不属金银器范畴的铜靴底也纳入类型讨论范围。根据是否与靴共出可分为二型。

A 型　布靴铜底，置于布靴中。标本 1：柴达木辽墓出土的 1 双铜靴底，与布靴共出，系薄铜片剪制鞋底形，沿边有 14 对双眼，背部尚粘连残余丝织物。标本 2：解放营子辽墓出土的 1 双靴底，放在男长靴中，器身瘦长，系用薄铜片打制，周围有 13 对双眼。

B 型　裸铜靴底。标本 1：小刘杖子 M1 辽墓出土的 2 双铜靴底，狭长形尖头，一大一小。标本 2：上烧锅 M5 辽墓出土的 3 双铜靴底，其中一双脚尖作长条三角尖形，后跟呈半圆形，周沿有 16 对双眼。另一双略小。标本 3：喀左北岭辽墓出土的铜靴底。标本 4：小喇嘛沟 M7 辽墓出土的 1 件铜靴底，边缘一周有成对双眼，长 27.8、宽 7、厚 0.8 厘米。

关于靴底的定名做如下说明：此物均有成对双眼，应作与他物连缀之用，A 型出土位置可以确定是与布靴筒缝接，B 型因与熟知的陈国公主银靴底周缘上折的形制不同，故推测不是与银靴筒缝接，应是与腐朽的布靴筒缝接，故认为定名为靴底（而非鞋垫）更为妥当些，裸铜靴底可能为有机物靴朽损所遗。

6. 枕

标本 1：陈国公主墓出土的 2 件金花银枕。枕面上缘呈连弧形，下缘平直，箕状

---

① 李文信. 义县清河门辽墓发掘报告［J］. 考古学报，1954（2）.

底座焊于枕面底部。标本 2：多伦贵妃墓出土的银片饰漆木枕（嵌银木枕），梨形枕面，七组对蝶形银饰片装饰枕面。

二、组　合

根据目前掌握的资料情况，归纳出葬具有 7 种组合方式。

A 类　冠 + 面具 + 网络 + 靴 + 枕。

Aa 类　冠 + 面具 + 网络 + 靴 + 枕。例证：陈国公主墓出土的两套全套葬具（图 2-49，1、2），由银鎏金冠、金面具、银丝网络、金花银靴、金花银枕五部分组成。

Ab 类　冠 + 靴 + 枕。例证：多伦贵妃墓因盗掘追缴回的葬具组合，由银鎏金冠、金花银靴、银片饰漆木枕三部分组成（图 2-49，3）。

B 类　冠 + 面具 + 网络。

Ba 类　冠 + 面具 + 网络 + 胸牌。例证 1：新民巴图营子辽墓出土铜鎏金冠、铜鎏金面具、铜丝网络、铜鎏金真言胸牌的组合。例证 2：法国集美亚洲艺术博物馆收藏铜鎏金冠、铜鎏金面具、铜丝网络、铜鎏金胸牌的组合（图 2-50，1）。

Bb 类　冠 + 面具 + 网络。例证 1：温多尔敖瑞山辽墓出土铜鎏金冠、铜鎏金面具、铜丝网络的组合（图 2-50，2）。例证 2：扎鲁特旗辽墓出土银鎏金冠、银鎏金面具、银丝头网的组合。

Bc 类　冠 + 面具。例证 1：小喇嘛沟 M11 辽墓出土银冠、银面具的组合，有准确的出土位置组合图（图 2-50，3）。例证 2：英凤沟辽墓出土银鎏金冠、银鎏金面具的组合。例证 3：小喇嘛沟 M1 辽墓出土银鎏金冠、银鎏金面具以及银鎏金下颌托的组合，其实是两套不同性别的组合，一套男像（图 2-50，4），一套女像（图 2-50，5）；残存 1 件下颌托，性别佩戴不明①。

Bd 类　冠 + 网络。例证 1：萧孝忠墓出土鎏金冠残片、铜丝手网的组合。例证 2：朝克图东山 M4 辽墓出土铜冠、铜丝网络的组合。

C 类　面具 + 网络。

Ca 类　面具 + 网络 + 毡布冠。例证 1：解放营子辽墓出土铜面具、铜靴垫，且男墓主头戴毡冠，脚踩鞋底，女墓主头部扎缠。例证 2：豪欠营 M6 辽墓出土铜鎏金面具、全身铜丝网络，头部缠裹巾帻。

Cb 类　面具 + 网络。例证 1：范杖子 M101 辽墓出土银面具、铜丝网络的组合。例证 2：查干坝 M5 辽墓出土铜面具、全身铜丝网络的组合。例证 3：皮匠沟 M1 辽墓出土铜面具、铜丝网络的组合。例证 4：古都河 M1 辽墓出土铜面具、铜丝网络的组

① 从《小喇嘛沟辽墓 M1 出土银器检测报告》中的数据分析，银鎏金冠、银鎏金面具以及银鎏金下颌托在金相组织、成分构成、制作工艺方面存在较高的相似度。

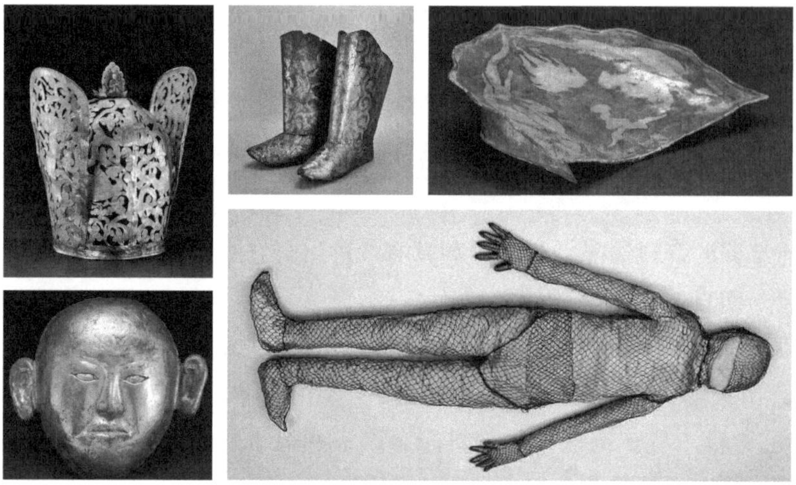

1

2

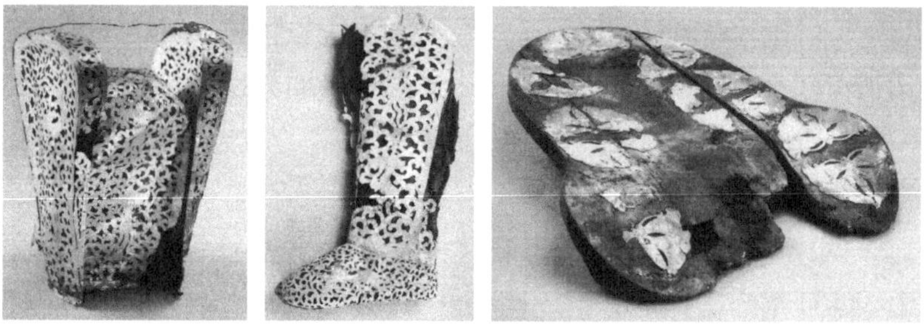

3

图 2-49　A 类葬具组合[①]

1、2. Aa 类（陈国公主墓公主佩戴、陈国公主墓驸马佩戴）3. Ab 类（多伦贵妃墓）

合。例证 5：肖德温辽墓出土铜面具、手足铜丝网络的组合。例证 6：望道石辽墓出土铜面具、铜丝手足网络的组合。[①]

Cc 类　面具 + 网络 + 鞋垫。例证：上烧锅 M5 辽墓出土铜面具、铜网络、铜靴底的组合。

① 图中的 1、2 摘自《辽陈国公主墓》，3 摘自《内蒙古多伦县小王力沟辽代墓葬》。

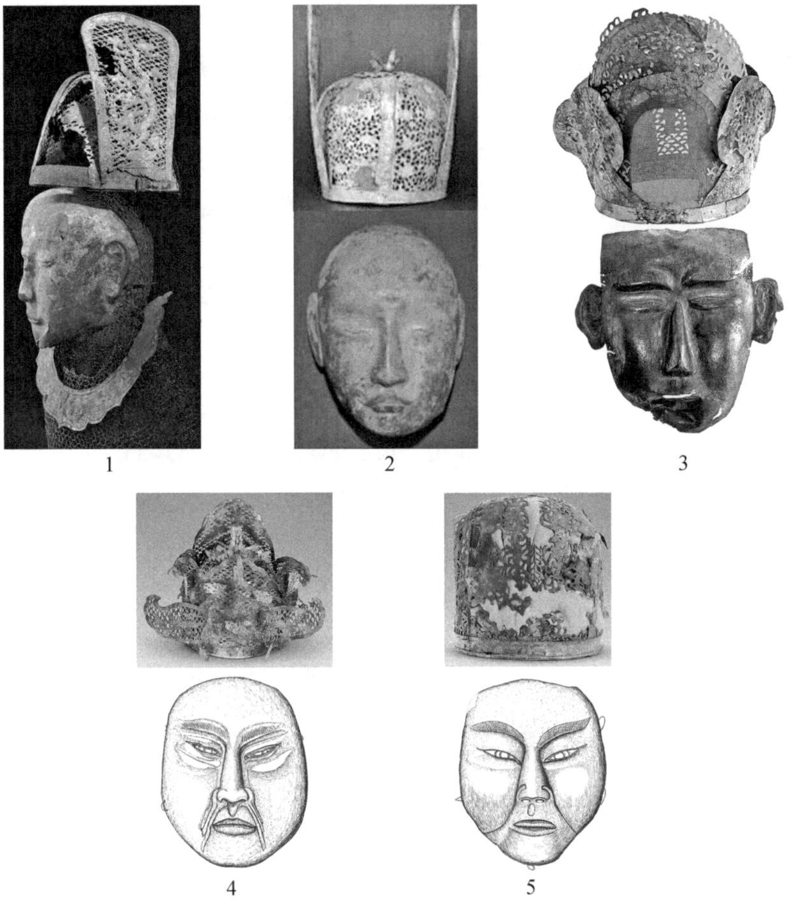

图 2-50　B 类葬具组合[①]

1. Ba 类（法国集美亚洲艺术博物馆藏）2. Bb 类（敖瑞山辽墓）

3～5. Bc 类（小喇嘛沟 M11 辽墓、小喇嘛沟 M1 辽墓、小喇嘛沟 M1 辽墓）

D 类　面具 + 靴底。

例证 1：北岭 M1 辽墓出土银面具、银靴底的组合。例证 2：解放营子辽墓出土铜面具、铜靴底的组合。例证 3：柴达木辽墓出土铜鎏金面具、铜靴底的组合。例证 4：上烧锅 M5 辽墓出土银面具、铜靴底的组合。例证 5：温家屯 M2 辽墓出土铜面具、铜靴底的组合。例证 6：小刘杖子 M1 辽墓出土铜面具、铜靴底的组合。

E 类　单独冠。

例证 1：炮手营 JRM1 辽墓出土的铜鎏金额冠。例证 2：后刘东屯 M2 辽墓出土的铜鎏金额冠。

① 图中的 1 摘自《亚洲古董艺术》，2 摘自《赤峰市阿鲁科尔沁旗温多尔敖瑞山辽墓清理简报》，3～5 摘自《凌源小喇嘛沟辽墓》。

F 类　单独面具。

例证 1：朝阳沟 M3 辽墓出土的银面具。例证 2：山嘴子辽墓出土的银面具。例证 3：清河门 M4 辽墓出土的银面具。例证 4：十间房辽墓出土铜面具。例证 5：新地辽墓出土的铜面具。例证 6：白塔子辽墓出土的铜面具。例证 7：小刘杖子 M2、M3、M4 辽墓出土的 4 件铜面具。例证 8：温家屯 M1 辽墓出土的铜面具。

G 类　单独网络。

前文已述，分三型：A 型全身网络 10 例标本、B 型手足网络 5 例标本、C 型非完整残段网络 12 例标本。

第六节　其他金银器的类型与组合

本书所指的其他金银器指除人体装饰品、工具、马具、器皿、葬具之外的辽代金银器，由于器形独特不便归类或用途不甚明确，故单列一项。

一、类　型

1. 挂饰

标本 1：大营子辽驸马墓出土的八角人兽纹包金银佩（图 2-51，1），中有八角孔，内外有廓，外缘处起凸棱。标本 2：大营子辽驸马墓出土的四鱼银璧（图 2-51，2），体做浮雕式四鱼盘绕状，正反纹样一致。外径 4.2、内径 1.3 厘米。

2. 立体饰件

（1）动物立饰

标本 1：耶律羽之墓出土的 2 件虎形银鎏金饰。长 7、高 3 厘米。标本 2：耶律羽之墓出土的鸿雁银鎏金饰。长 2.1、高 2.5 厘米。标本 3：耶律羽之墓出土的鹿形银鎏金饰（图 2-51，4）。长 5、高 3 厘米。标本 4：耶律羽之墓出土的狮形银鎏金饰（图 2-51，3）。长 3.5、高 2 厘米。标本 5：耶律羽之墓出土的鎏金木雕坐狮（图 2-51，5）。宽 7、通高 15.6 厘米。立于棺床四角，蹲坐于莲花座上。

（2）铃形饰

标本 1：朝阳沟 M2 辽墓出土的双面人首金花银铃（图 2-51，6）。头顶直径 3.9、底径 10.6、高 10 厘米。标本 2：大营子辽驸马墓出土的双面人首金花银铃。标本 3：白音塔拉辽墓出土的双面人首金花银铃。标本 4：朝阳沟 M2 出土的狻猊形银鎏金饰（图 2-51，7）。直径 5.1、高 2.8 厘米。标本 5：陈国公主墓出土的银鎏金流苏，筒形，上窄下宽，上部焊一个小环纽，下口边缘截成锯齿形花边。长 2.8 厘米。为尸床上丝织帷幔的垂体。

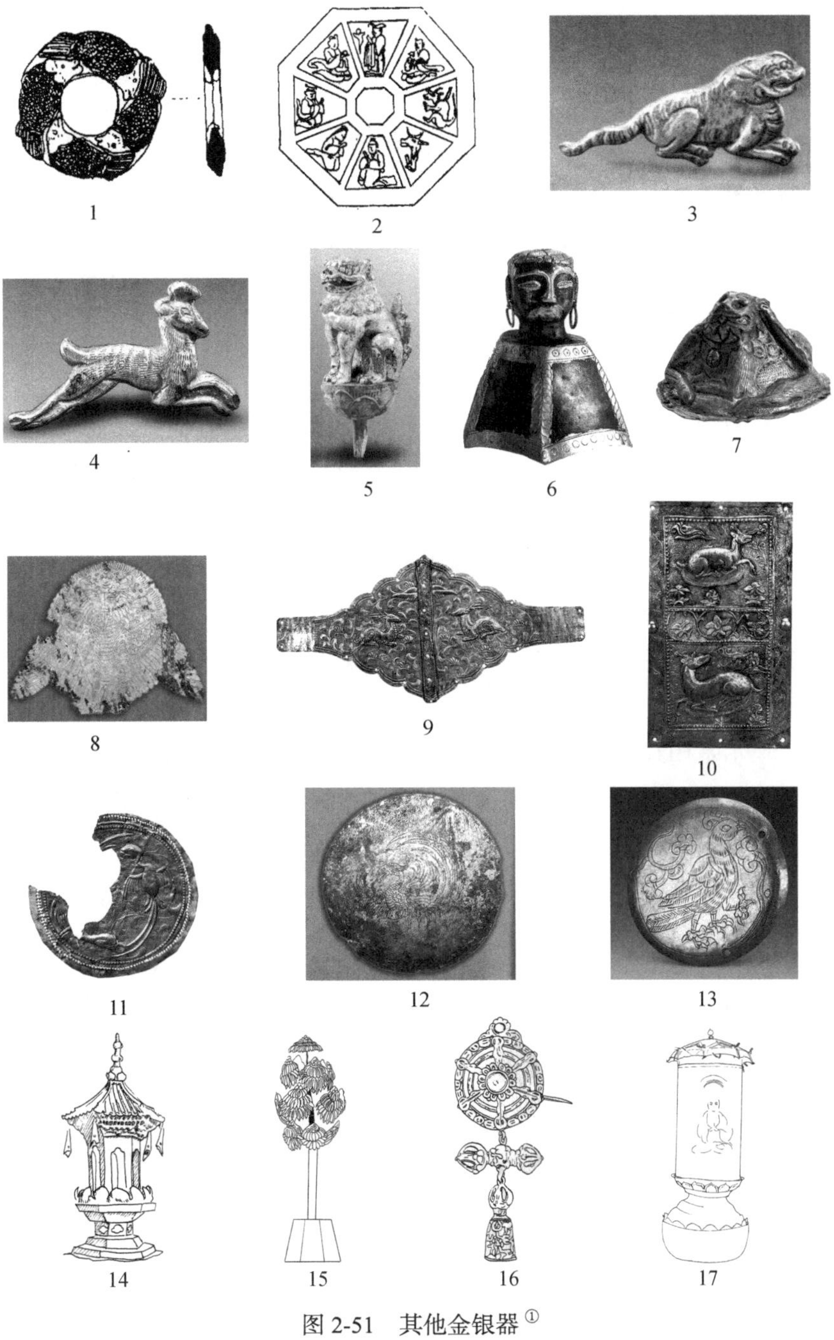

图 2-51　其他金银器 ①

1、2. 挂饰（均为大营子辽驸马墓） 3 ~ 5. 动物立饰（均为耶律羽之墓） 6、7. 铃形饰（均为朝阳沟 M2） 8. 随形饰片（耶律羽之墓） 9 ~ 11. 镶嵌饰片（均为朝阳沟 M2） 12、13. 圆形饰片（耶律羽之墓、吐尔基山辽墓） 14. 舍利银塔（易县净觉寺） 15. 银菩提树（朝阳北塔） 16. 金法轮（朝阳北塔） 17. 金银经塔（朝阳北塔）

① 图中的 1、2 摘自《赤峰县大营子辽驸马墓发掘简报》，3 ~ 5、12 摘自《探寻逝去的王朝——辽耶律羽之墓》，6 ~ 11 摘自《辽宁省文物考古研究所藏文物精华》，13 摘自《文物华章：内蒙古自治区文物考古研究所 60 年重要出土文物》，14 ~ 17 摘自《辽代金银器》。

3. 平面饰片

（1）随形饰片

标本1：耶律羽之墓出土的武士铜鎏金饰片。高40.8、宽23.6、厚0.03厘米。标本2：耶律羽之墓出土的铜鎏金饰片（简报称“海东青饰片”）（图2-51，8）。高24.3、宽30.5、厚0.03厘米。标本3：扎斯台辽墓出土的人形金饰，捶揲而成，分男女像，头戴三叉冠，上身穿直领左衽长袍，足穿高鞡靴，腰部系带，衣服上錾刻花草纹，颈、手、足部有穿孔。高9.2厘米[①]。

（2）镶嵌饰片

标本1：朝阳沟M2辽墓出土的菱形卧鹿纹（图2-51，9）、飞马纹银鎏金饰片。长25.2～35.4、宽8～14.2厘米。标本2：朝阳沟M2辽墓出土的长方形双鹿纹银鎏金饰片（图2-51，10）。长20、宽12.3厘米。标本3：朝阳沟M2辽墓出土的圆形鹦鹉纹银鎏金饰件（图2-51，11），周有一圈细密的小孔。直径10.2厘米。标本4：朝阳沟M2辽墓出土的菱花形立鹿纹银鎏金饰片，周有两层细密的小孔。高11.6、宽10.3厘米。标本5：朝阳沟M2辽墓出土的梯形鸟衔花纹银鎏金饰片。

（3）圆形牌饰

标本1：吐尔基山辽墓出土的三足乌纹金牌饰（图2-51，13），表面呈圆形，向上凸起。直径3.2、厚0.05厘米，重11.6克。标本2：吐尔基山辽墓出土的月宫伐桂纹牌饰。直径3.3、厚0.05厘米，重5.3克。标本3：耶律羽之墓出土的三足乌纹铜鎏金饰片（图2-51，12），无孔。标本4：阿鲁科尔沁旗博物馆藏圆形金禽鸟纹牌饰。直径3.3厘米，重5克。

4. 佛教供养器

佛教供养器主要指两类：一类是供养器皿，形制与生活用具并无差异，故在器皿的类型与组合章节进行了讨论；另一类指特定的宗教器物，如舍利塔、经卷、菩提树、法器等。受材料和笔者知识背景的局限，宗教器物不作为本书的研究重点，为呈现辽代金银器资料的完整性，在此仅将资料列出。

（1）舍利塔

标本1：朝阳北塔天宫地宫出土的金舍利塔，方形单层檐式，三层平台式基座。标本2：朝阳北塔天宫地宫出土的银鎏金塔，六角形三重檐式，由基座、塔身、刹顶构成。标本3：朝阳北塔天宫地宫出土的金银经塔（图2-51，17），由塔基、塔身、塔刹等多截套接而成，塔身呈圆筒形。标本4：阜新辽塔出土的金塔，为圆形塔。标本5：阜新辽塔出土的银塔，圆筒形塔身。高25厘米。标本6：易县净觉寺出土的银塔（图

---

① 张景明. 中国北方草原古代金银器［M］. 北京：文物出版社，2005.

2-51，14），为六边形塔。标本 7：巴林右旗庆州白塔出土的鎏金凤衔珠银舍利塔，六边形塔身。高 42 厘米。

（2）银树

标本 1：朝阳北塔天宫地宫出土的银菩提树（图 2-51，15），银棍外包银片作树干，插在八角锥体台座上，银丝为树枝，银片为叶。标本 2：北京房山辽墓出土的银花树。

（3）金法轮

标本：朝阳北塔天宫地宫出土的金法轮（图 2-51，16），由法轮、金刚杵、筒形柄组成，连以金丝。长 6.5、法轮直径 2.7 厘米。

（4）木胎银棺

标本：朝阳北塔天宫地宫出土的木胎银棺，木板制成，外包银片，银片刻释迦牟尼涅槃像和帝后礼佛图。银片长 33、宽 17～18.1 厘米。

（5）金板金法舍利

标本：巴林右旗庆州白塔出土的金板梵文咒，上镌刻梵文陀罗尼咒 77 字，左侧竖刻汉文“相轮樘中陀罗尼咒”8 字，金属板上镌刻陀罗尼咒的形式，辽代称其为金法舍利。长 16.5、宽 9.3 厘米。

（6）筒形银瓶

标本 1：朝阳北塔天宫地宫出土的筒形银瓶。高 8.4 厘米。标本 2：巴林右旗庆州白塔辽墓出土的长颈舍利银瓶。高 9、腹径 2.8 厘米。

二、组　合

1. 武士饰片＋朱雀饰片

例证：耶律羽之墓共出土 2 件武士铜鎏金饰片和 1 件朱雀铜鎏金饰片[①]（图 2-52，1），应为小帐门两侧、门楣的装饰。

2. 虎形银饰＋鸿雁银饰＋鹿形银饰＋狮形银饰

例证：耶律羽之墓共出土虎形银饰、鸿雁银饰、鹿形银饰、狮形银饰（图 2-52，2），均呈半浮雕形，背后铆焊银钉，似为木棺或其他物品的装饰。

3. 长方形银鎏金饰片＋圆形银鎏金饰片＋梯形银鎏金饰片＋菱花形银鎏金饰片

例证：朝阳沟 M2 辽墓出土有长方形银鎏金饰片、圆形银鎏金饰片、梯形银鎏金饰片、菱形卧鹿纹、飞马纹银鎏金饰片、长方形双鹿纹银鎏金饰片、菱花形立鹿纹银鎏金饰片、梯形鸟衔花纹银鎏金饰片（图 2-52，3），周围有或疏或密的小孔，应与某

① 经彭善国考释后重新定名为朱雀饰片。

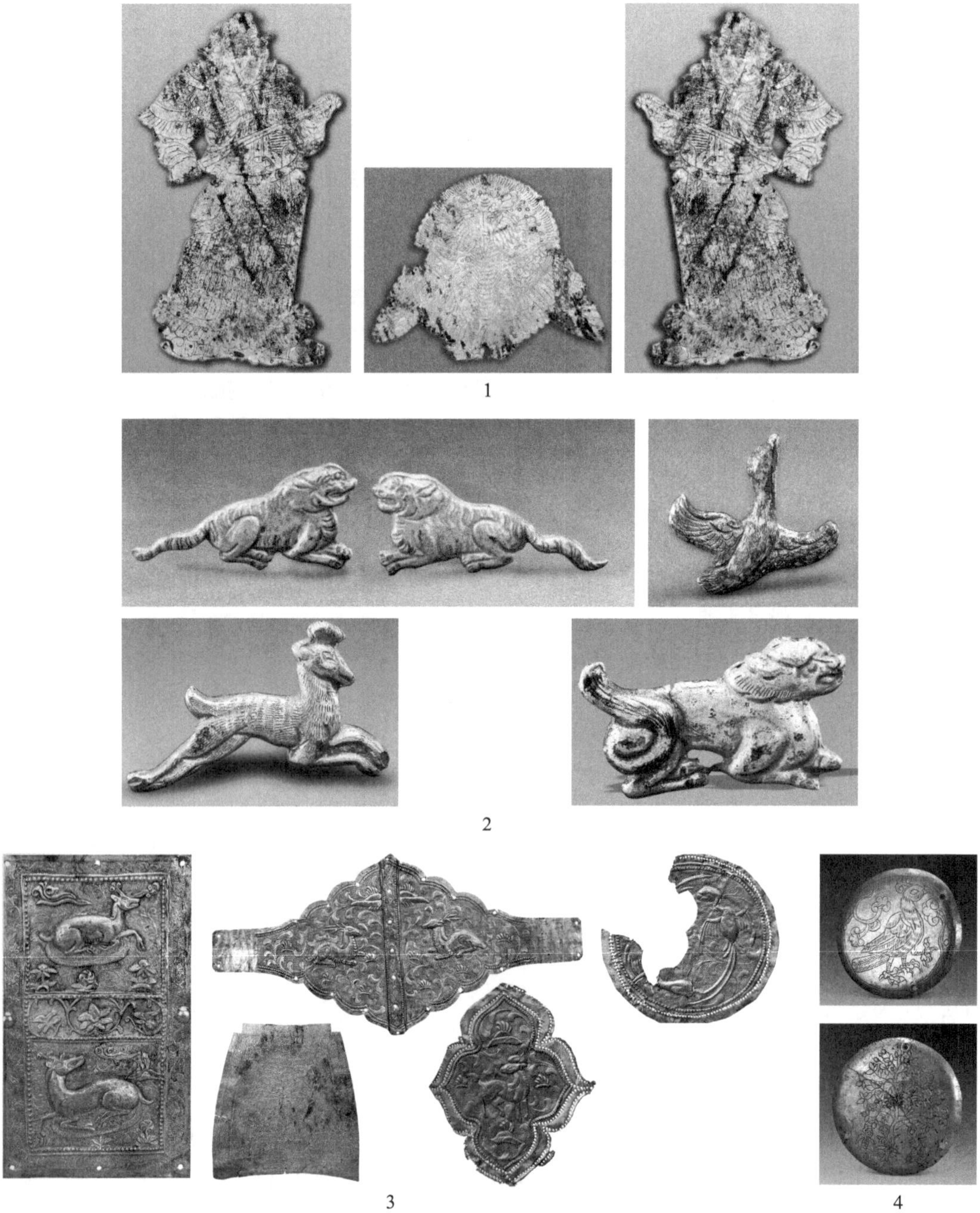

图 2-52　其他金银器的组合[①]

1、3. 饰片组合（耶律羽之墓、朝阳沟 M2）　2. 饰件组合（耶律羽之墓）　4. 牌饰组合（吐尔基山辽墓）

① 图中 1、2 摘自《探寻逝去的王朝——辽耶律羽之墓》，3 摘自《辽宁省文物考古研究所藏文物精华》，4 摘自《文物华章：内蒙古自治区文物考古研究所 60 年重要出土文物》。

物镶嵌使用，用途不明。

4. 金牌 + 银牌

例证：吐尔基山辽墓出土三足乌纹金牌和月宫伐桂纹银牌（图 2-52，4），周有三孔，用线将其缝于衣服之上，分别象征太阳和月亮，与藻井上的壁画图案遥相呼应[①]。

① 在辽代用类似手法表示太阳和月亮很常见，2019 年《文物春秋》刊发的《河北涿鹿辽代东郡夫人康氏墓发掘简报》墓室穹庐顶壁画中，卷云托起太阳和月亮，太阳为主色平涂，内绘三足乌，月亮内以淡墨绘桂树。

第三章　辽代金银器的纹样解析

纹样是辽代金银器上最为夺目的装饰艺术。朱天舒先生首次将辽代金银器的纹样分为动物纹、植物纹、佛教图案和其他图案四类进行了范例式的研究[①]，本章延续了相似的研究思路，在资料的广度和图片的整合上拓展，收集了68例辽墓的金银器资料，选取160余张图片，图文并茂地将辽代金银器的纹样构成完整地展现出来。辽代金银器的纹样，根据装饰部位分成主题纹样和附属纹样，主题纹样装饰于器物的显著位置，比较醒目，附属纹样装饰在器物口沿、底边或者主题纹样的空隙处，共同构成辽代金银器的纹样系统。

第一节　主题纹样

1. 龙纹

根据龙纹的表现形态，可分为五型。

A型　团龙纹。见于大营子辽驸马墓金花银高足杯（图3-1，1）、吐尔基山菱花形金花银盒（图3-1，2）、陈国公主金花银奁（图3-1，3）、朝阳北塔转轮菊形银碟（图3-1，4）、凌源小喇嘛沟M1银鎏金泡饰。

B型　坐龙纹。仅见于张家营子银鎏金捍腰（图3-1，5）。

C型　二龙戏珠纹。见于大营子辽驸马墓铜鎏金节约（图3-1，6）、大营子辽驸马墓银鎏金后鞍桥包片（图3-1，7）、敖瑞山前鞍桥包片（图3-1，8）。

D型　升龙纹。见于耶律羽之金花银砚盒（图3-1，9）、陈国公主金大带（图3-1，10）。

E型　行龙纹。见于代钦塔拉铜鎏金牌饰（图3-1，11）和巴彦库仁金铊尾（图3-1，12）。

2. 凤纹

根据凤尾的差异可分为三型。

A型　阔叶形尾。见于吐尔基山金下颌托（图3-2，1）、耶律羽之银鎏金盘（图3-2，5）、四川窖藏步摇上的团凤纹，大营子辽驸马墓银鎏金缨罩、巴林右旗博物馆藏银鎏金

---

① 朱天舒．辽代金银器［M］．北京：文物出版社，1998．

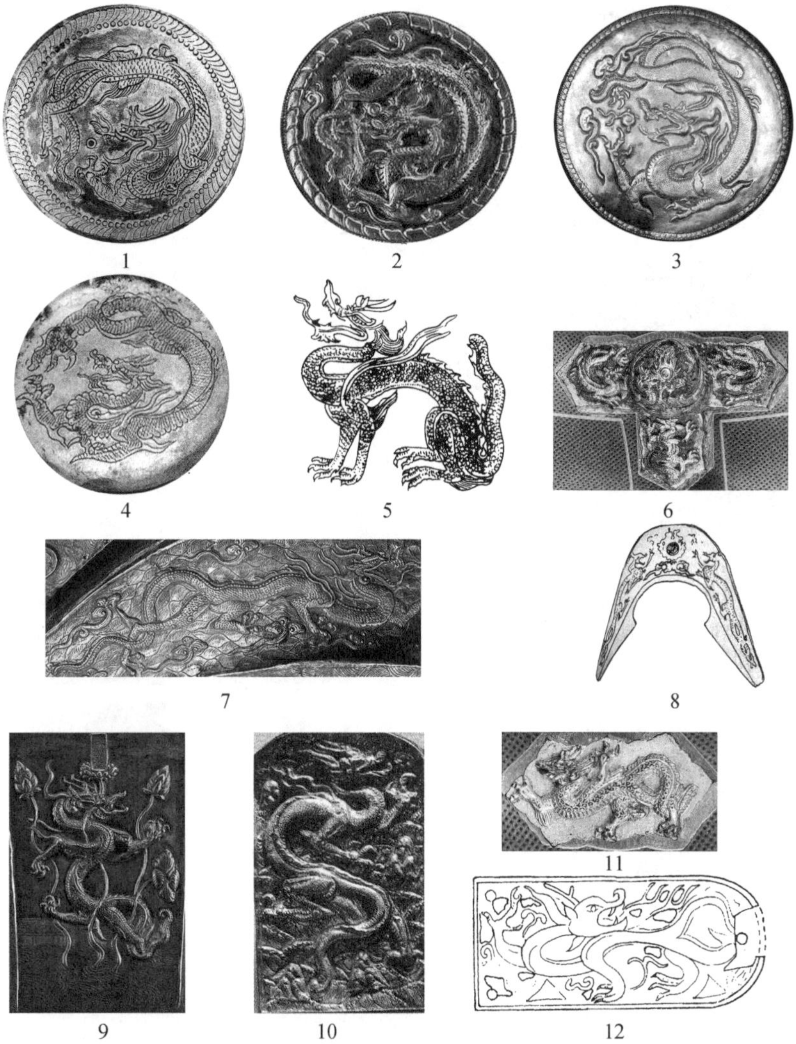

图 3-1　龙纹①

1～4. A 型团龙纹（大营子辽驸马墓金花银高足杯、吐尔基山菱花形金花银盒、陈国公主金花银奁、朝阳北塔转轮菊形银碟）　5. B 型坐龙纹（张家营子银鎏金捍腰）　6～8. C 型二龙戏珠纹（大营子辽驸马墓铜鎏金节约、大营子辽驸马墓银鎏金后鞍桥包片、敖瑞山前鞍桥包片）　9、10. D 型升龙纹（耶律羽之金花银砚盒、陈国公主金大带）　11、12. E 型行龙纹（代钦塔拉铜鎏金牌饰、巴彦库仁金铊尾）

鞍桥包片、吐尔基山金花银前鞍桥包片上的飞凤纹，吐尔基山金折肩罐（图 3-2，4）、张家营子金耳环（图 3-2，2）、陈国公主墓银蹀躞带、耶律羽之墓银鎏金杏叶、陈国公主墓彩绘银障泥、哈鲁金戒指（图 3-2，3）上的立凤纹。

B 型　长翎尾。见于大营子辽驸马墓银鞍桥包片、小喇嘛沟 M1 银鎏金冠（图 3-2，

① 图中的 1～3、6、7、9～11 摘自内蒙古国有馆藏珍贵文物数据库，4 摘自《朝阳北塔考古发掘与维修工程报告》，5 摘自《辽代金银器》，余摘自简报，8 摘自《赤峰市阿鲁科尔沁旗温多尔敖瑞山辽墓清理简报》，12 摘自《内蒙古陈巴尔虎旗巴彦库仁辽代墓葬清理报告》。

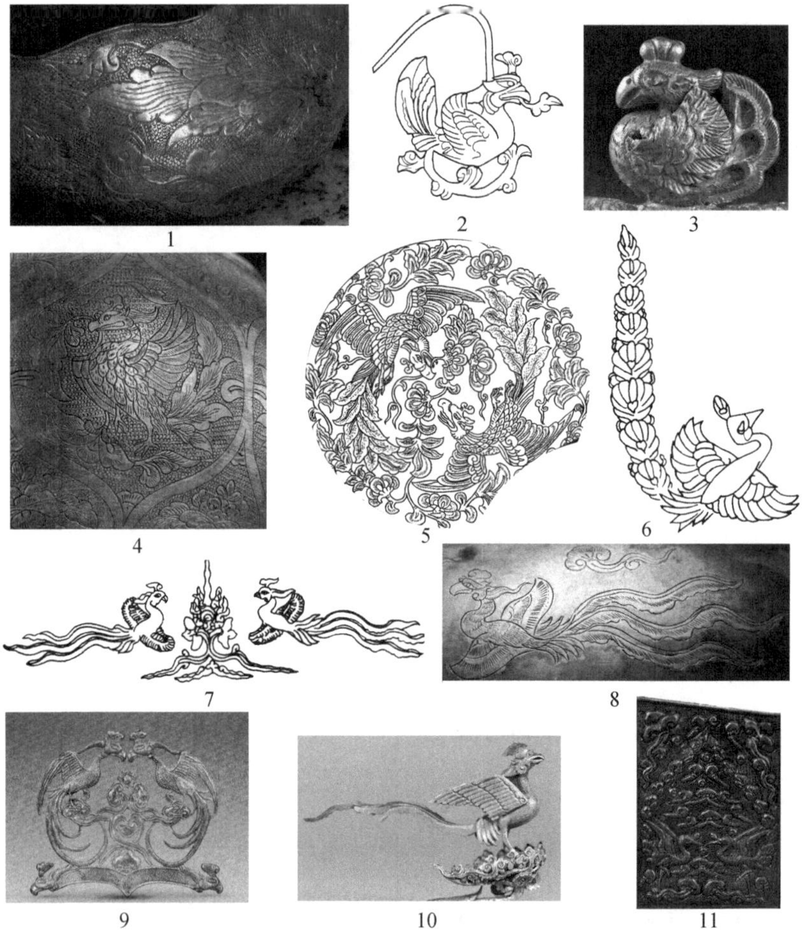

图 3-2　凤纹[①]

1 ~ 5. A 型（吐尔基山金下颌托、张家营子金耳环、哈鲁金戒指、吐尔基山金折肩罐、耶律羽之银鎏金盘）
6、11. C 型（陈国公主墓辽彩绘银障泥、通辽博物馆银鎏金大带） 7 ~ 10. B 型（前窗户银鎏金捍腰、陈国公主墓金花银奁、小喇嘛沟 M1 银鎏金冠、赤峰市博物馆藏金凤首银股钗）

9）、前窗户银鎏金捍腰（图 3-2，7）、内蒙古博物院藏银鎏金捍腰、英凤沟 M7 金花银鞍桥包片、陈国公主墓两件银枕、后刘东屯 M2 铜鎏金冠上的二凤戏珠纹、张家营子银鎏金鞍桥包片、建平炮手营 JRM1 铜鎏金额冠、陈国公主墓银鎏金卷云冠上的双凤纹、吐尔基山十字梁金冠、埋王沟 M4 铜鎏金节约上的团凤纹，陈国公主墓金花银奁（图 3-2，8）、赤峰市博物馆藏金凤首银股钗（图 3-2，10）、埋王沟 M4 铜鎏金牌饰、陈国公主墓两双银靴上的飞凤纹、小努日木金冠饰、陈国公主墓银鎏金高翅冠上的立凤。

C 型　花穗形尾。见于陈国公主墓辽彩绘银障泥上的飞凤（图 3-2，6）和通辽博物馆银鎏金大带上的双凤（图 3-2，11）。

---

① 图中的 1 由冯恩学老师提供，2、6、7 摘自《辽代金银器》，3、4、8、10、11 摘自内蒙古国有馆藏珍贵文物数据库，5 摘自《探寻逝去的王朝——辽耶律羽之墓》，9 摘自《凌源小喇嘛沟辽墓》。

3. 摩羯纹

根据摩羯的构图方式，可分为二型。

A 型　单摩羯。见于耶律羽之墓两件金花银碗（图 3-3，4）、哈鲁辽墓出土的金花银盏托托盘（图 3-3，1）、耶律羽之墓铜鎏金牌饰（图 3-3，2）、耶律羽之墓金花银碗（图 3-3，7）、凌源小喇嘛沟 M1 银杯和金耳环，以及吐尔基山（图 3-3，3）等多处辽墓出土的摩羯形金耳环。

B 型　双摩羯。见于水泉 M1 银鎏金带銙（图 3-3，5）、吐尔基山辽金花银盆（图 3-3，6）、吐尔基山海棠形金花银盘（图 3-3，8）、凌源小喇嘛沟 M1 银长盘（图 3-3，9）。

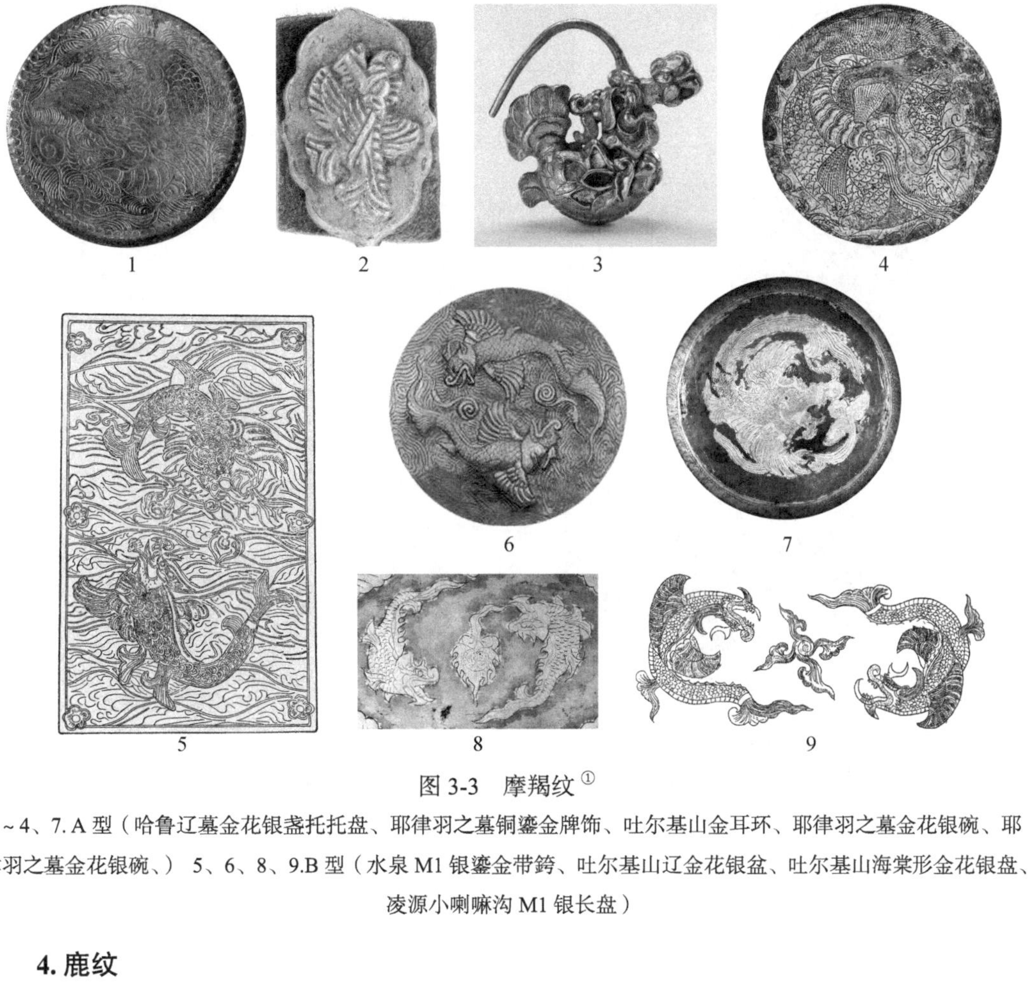

图 3-3　摩羯纹[①]

1～4、7. A 型（哈鲁辽墓金花银盏托托盘、耶律羽之墓铜鎏金牌饰、吐尔基山金耳环、耶律羽之墓金花银碗、耶律羽之墓金花银碗、）5、6、8、9.B 型（水泉 M1 银鎏金带銙、吐尔基山辽金花银盆、吐尔基山海棠形金花银盘、凌源小喇嘛沟 M1 银长盘）

4. 鹿纹

辽代的鹿纹，根据鹿顶的差异可分为四型。

---

① 图中的 1、3、6、8 摘自内蒙古国有馆藏珍贵文物数据库，2、4、7 摘自《探寻逝去的王朝——辽耶律羽之墓》，5 摘自《辽宁北票水泉一号辽墓发掘简报》，9 摘自《凌源小喇嘛沟辽墓》。

A 型　羊角顶。见于大营子辽驸马墓铜鎏金节约（图 3-4，1）、大营子驸马墓铜鎏金牌饰（图 3-4，2）、朝阳沟 M2 银鎏金饰件（图 3-4，3）上饰的鹿纹。

B 型　灵芝顶。见于朝阳沟 M2 银鎏金饰件（图 3-4，4）、耶律羽之墓铜鎏金鹿饰上饰的鹿纹（图 3-4，5）。

C 型　无顶。仅见于大营子辽驸马墓铜鎏金节约上饰的鹿纹（图 3-4，6）。

D 型　花角顶。见于大营子辽驸马墓铜鎏金缨罩（图 3-4，7）、朝阳沟 M2 银鎏金饰件（图 3-4，8）上饰的鹿纹。

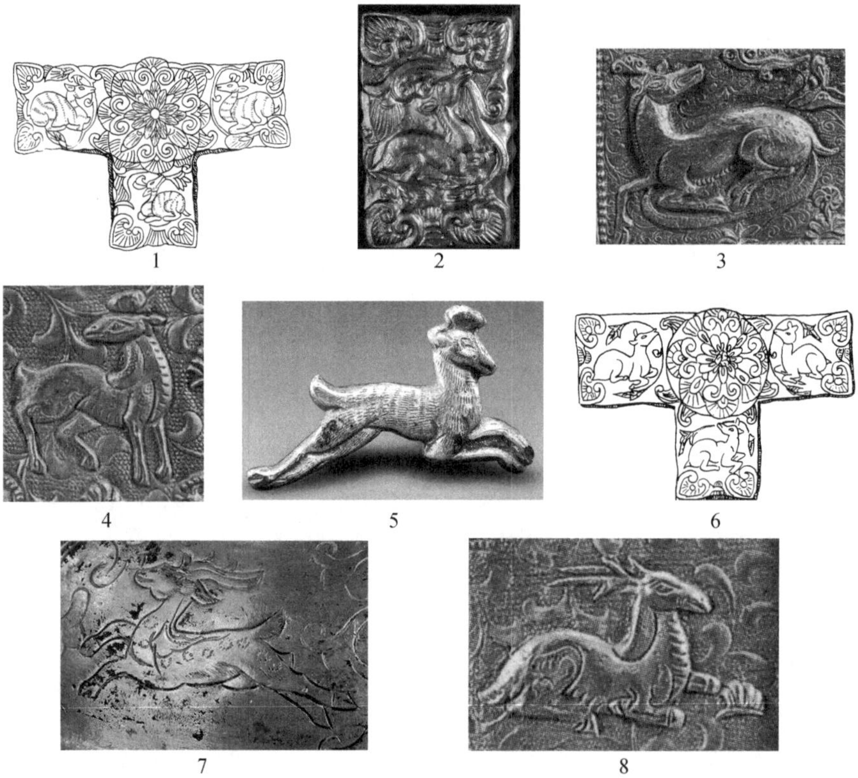

图 3-4　鹿纹[①]

1～3. A 型（大营子辽驸马墓铜鎏金节约、大营子辽驸马墓铜鎏金牌饰、朝阳沟 M2 银鎏金饰件）4、5. B 型（朝阳沟 M2 银鎏金饰件、耶律羽之墓铜鎏金鹿饰）6. C 型鹿纹（大营子辽驸马墓铜鎏金节约）7、8. D 型鹿纹（大营子辽驸马墓铜鎏金缨罩、朝阳沟 M2 银鎏金饰件）

5. 鱼纹

根据构图方式的差异可分为三型。

A 型　一上一下首尾相接的圆形构图。见于耶律羽之墓多曲金杯（图 3-5，1）、巴

① 图中的 1、6 摘自《辽代金银器》，2、7 摘自内蒙古国有馆藏珍贵文物数据库，3、4、8 摘自《沈阳考古文集》，5 摘自《探寻逝去的王朝——辽耶律羽之墓》。

林右旗窖藏海棠形银盘（图 3-5，2）内底中心的双鱼纹。

B 型　并排同向的构图。见于吐尔基山金花银盖碗（图 3-5，3）、二林场铜鎏金鱼（图 3-5，4）、代钦塔拉铜鎏金鱼（图 3-5，5）、吐尔基山金手镯镯首上的双鱼（图 3-5，6）、二八地辽墓出土的铜鎏金四鱼方形饰。

C 型　八字形构图。见于吐尔基山金把杯指鋬上的双鱼（图 3-5，7）。

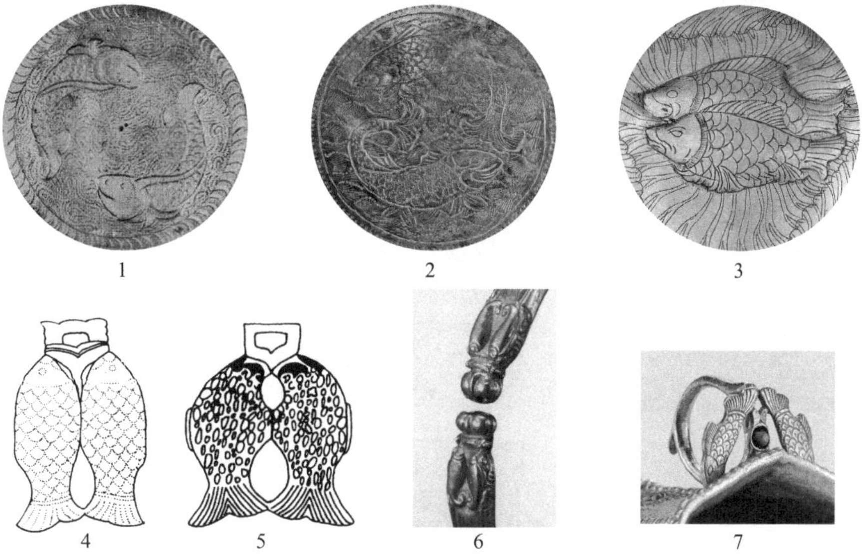

图 3-5　鱼纹[①]

1、2. A 型（耶律羽之墓多曲金杯、巴林右旗窖藏海棠形银盘）3 ~ 6. B 型（吐尔基山金花银盖碗、二林场铜鎏金鱼、代钦塔拉铜鎏金鱼、吐尔基山金手镯）7. C 型（吐尔基山金把杯）

6. 狮纹

根据构图方式的差异可分为四型。

A 型　双狮纹。见于吐尔基山金花银盒（图 3-6，1）、耶律羽之墓银鎏金盒（图 3-6，2）上的纹样。

B 型　立狮纹。仅见于耶律羽之墓铜鎏金杏叶（图 3-6，3）上的纹样。

C 型　奔狮纹。见于耶律羽之墓铜鎏金饰（图 3-6，4）、吐尔基山金花银盒（图 3-6，5）和金花银提梁壶上的纹样。

D 型　坐狮纹。见于耶律羽之墓鎏金木狮（图 3-6，6）。

① 图中的 1 摘自《探寻逝去的王朝——辽耶律羽之墓》，2、3、7 摘自内蒙古国有馆藏珍贵文物数据库，4 摘自《内蒙古通辽县二林场辽墓》，5 摘自《科右中旗代钦塔拉辽墓清理简报》，6 摘自《文物华章：内蒙古自治区文物研究考古所 60 年重要出土文物》。

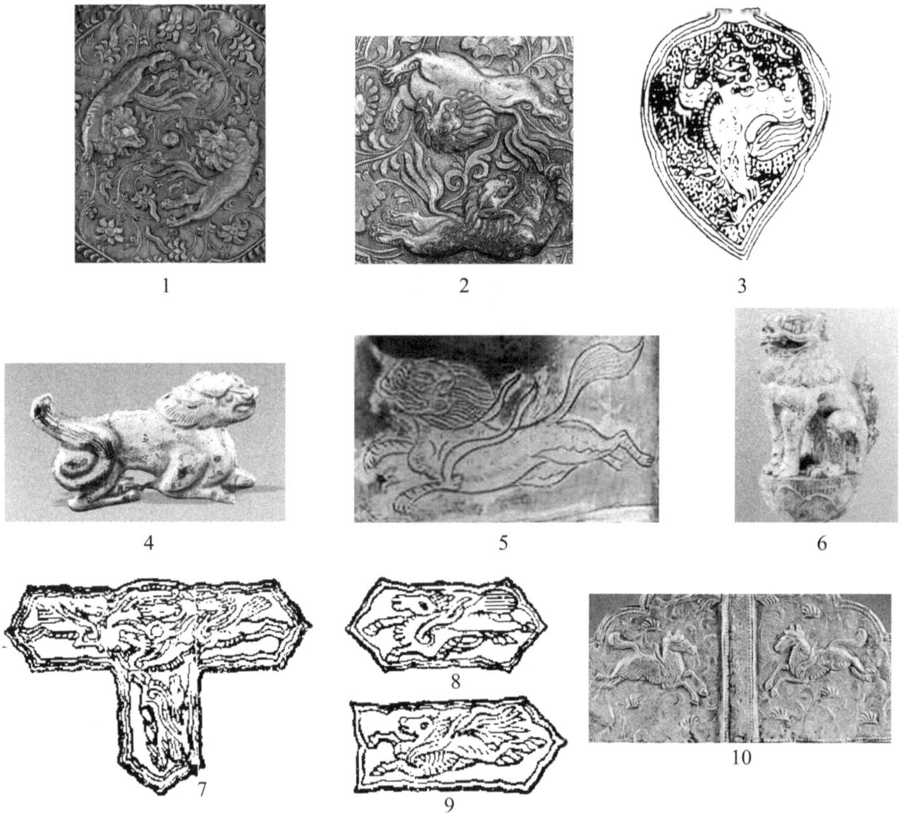

图 3-6　狮纹和翼马纹[①]

1、2. A 型（吐尔基山金花银盒、耶律羽之墓银鎏金盒） 3. B 型（耶律羽之墓铜鎏金杏叶） 4、5. C 型（耶律羽之墓铜鎏金饰、吐尔基山金花银盒） 6. D 型（耶律羽之墓鎏金木狮） 7 ~ 10. 翼马纹（沙子沟 M1 铜鎏金节约、沙子沟 M1 铜鎏金牌饰、沙子沟 M1 铜鎏金牌饰、朝阳沟 M2 铜鎏金饰件）

7. 翼马纹

翼马纹又称飞马纹或天马纹。见于沙子沟 M1 铜鎏金节约（图 3-6，7）、铜鎏金牌饰（图 3-6，8、9），朝阳沟 M2 铜鎏金饰件（图 3-6，10）上的纹样。

8. 鸿雁纹

根据构图方式的差异可分为二型。

A 型　雁踏莲。见于耶律羽之墓金花银渣斗（图 3-7，1）、金碗（图 3-7，2），李贝堡铜鎏金牌饰（图 3-7，3），吐尔基山金花银盆。

B 型　雁衔枝。见于耶律羽之墓另一件金碗上的单雁（图 3-7，4）。

---

① 图中的 1、2、5 摘自内蒙古国有馆藏珍贵文物数据库，3 摘自《辽耶律羽之发掘简报》，4、6 摘自《探寻逝去的王朝——辽耶律羽之墓》，7 ~ 9 摘自《内蒙古敖汉旗沙子河、大横河辽墓》，10 摘自《沈阳考古文集》。

9. 雀纹

根据构图方式的差异可分为二型。

A 型　雀绕花枝纹。见于白音塔拉海棠形金花银盘（图 3-7，9）、梦蝶轩藏金手镯（图 3-7，11）、前窗户银鎏金手镯（图 3-7，12）上的纹样。

B 型　单雀纹。见于宁城县博物馆藏金簪（图 3-7，10）、赤峰市博物馆藏金花银折肩罐（图 3-7，13）上的纹样。

10. 鹦鹉纹

见于二八地 M1 金花银碗（图 3-7，16）、朝阳沟 M2 银鎏金牌饰（图 3-7，17）、朝阳沟 M2 金花银缨罩（图 3-7，18）、陈国公主墓银鎏金卷云冠（图 3-7，19）上的纹样。

11. 鸳鸯纹

见于陈国公主墓双鹤双鸳纹金链盒（图 3-7，8）、凌源小喇嘛沟 M1 银鎏金鸳鸯纹马带具。

12. 鹤纹

仅见于陈国公主墓双鹤双鸳纹金链盒（图 3-7，15）、二林场辽墓出土了一组动态的鹤纹带具（图 3-7，14），材质为铜质，纹饰可作参考。

13. 凫纹

凫纹即鸭纹。仅见于扎斯台辽墓的两件银鎏金把杯（图 3-7，5、6）、花根塔拉辽墓出土的一件圆形金牌饰（图 3-7，7）。

14. 折枝纹

折枝纹形态多样，根据折枝的特点可分为三型。

A 型　折枝花叶纹。大花阔叶，肥厚繁茂。见于大营子辽驸马墓金花银前鞍翅包片（图 3-8，1）、耶律羽之墓金花银渣斗（图 3-8，2、7）、耶律羽之金花银簪（图 3-8，3）、耶律羽之墓银鎏金碗（图 3-8，4）、吐尔基山银鎏金步摇（图 3-8，5）、内蒙古博物院藏桃形带銙（图 3-8，6）、吐尔基山金花银碗（图 3-8，8）、哈鲁金花银盏、小喇嘛沟 M1 银鎏金二凤火焰珠纹额冠。

B 型　折枝果实纹。花纹清晰地表现出写实的果实。仅见于吐尔基山金花银碗（图 3-8，9），果实簇拥在阔叶的顶端。

C 型　十字折枝纹。花、枝、叶构成十字形状。见于二八地 M1 金花银碗（图 3-8，10）、巴林右旗八棱银温碗（图 3-8，11）、敖瑞山银节约（图 3-8，12）、大营子辽驸马

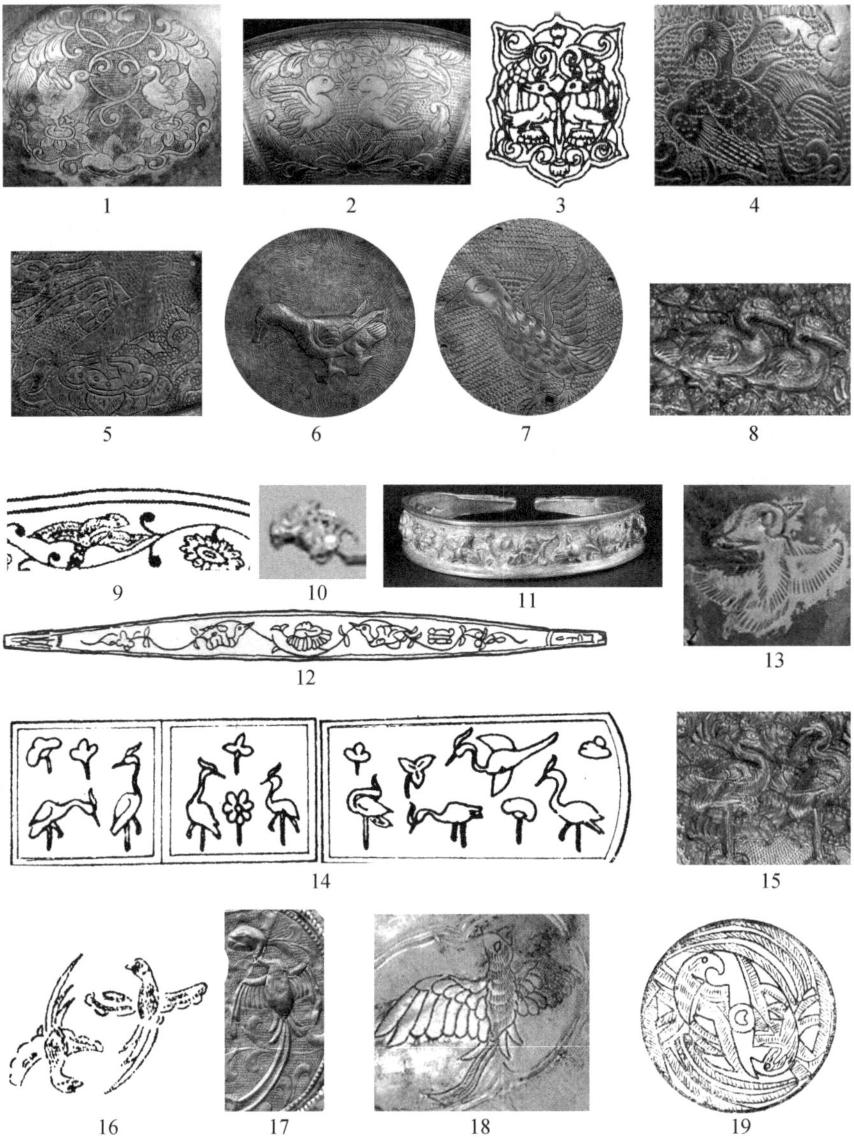

图 3-7　禽鸟纹①

1～3. A 型鸿雁纹（耶律羽之墓金花银渣斗、耶律羽之墓金碗、李贝堡铜鎏金牌饰） 4. B 型鸿雁纹（耶律羽之墓金碗） 5～7. 凫纹（扎斯台辽墓银鎏金把杯、扎斯台辽墓银鎏金把杯、花根塔拉金牌饰） 8. 鸳鸯纹（陈国公主双鹤双鸳纹金链盒） 9、11、12. A 型雀纹（白音塔拉海棠形金花银盘、梦蝶轩藏金手镯、前窗户银鎏金手镯） 10、13. B 型雀纹（宁城县博物馆藏金簪、赤峰市博物馆藏金花银折肩罐） 14、15. 鹤纹（二林场铜带銙和铜銠尾、陈国公主双鹤双鸳纹金链盒） 16～19. 鹦鹉纹（二八地 M1 金花银碗、朝阳沟 M2 银鎏金牌饰、朝阳沟 M2 金花银缨罩、陈国公主墓银鎏金卷云冠）

---

① 图中的 1、2、4 摘自《探寻逝去的王朝——辽耶律羽之墓》，3 摘自《法库李贝堡辽墓》，5～7、10、13 摘自内蒙古国有馆藏珍贵文物数据库，8、14、15、19 摘自《辽陈国公主墓》，9 摘自《科左后期白音塔拉契丹墓葬》，11 摘自《金翠流芳——梦蝶轩藏中国古代饰物》，12 摘自《辽宁朝阳前窗户村辽墓》，16 摘自《克什克腾旗二八地一、二号辽墓》，17、18 摘自《辽宁省文物考古研究所藏文物精华》。

墓双面人首金花银铃（图 3-8，13）、陈国公主金花银奁（图 3-8，14）、内蒙古博物院藏方形带銙（图 3-8，15）、小喇嘛沟 M9 银牌饰、耶律羽之墓银鎏金折肩罐上开光空隙里的纹样。

15. 缠枝花纹

以弯曲的主干配以茎、蔓、叶、花，根据花形的差异可分为二型。

A 型 缠枝莲纹。见于陈国公主墓金花银碗上的缠枝花（图 3-9，1）、耶律羽之墓银鎏金盘盘心的主题图案（图 3-9，2）、代钦塔拉银鎏金后鞍翅包片（图 3-9，3）、代钦塔拉银鎏金前鞍翅包片（图 3-9，4）、朝阳沟 M2 银鎏金牌饰（图 3-9，5）、内蒙古博物院藏银鎏金捍腰（图 3-9，6）、小喇嘛沟辽墓出土的银捍腰。

B 型 缠枝菊花。见于代钦塔拉银鎏金后桥包片（图 3-9，7）、陈国公主金手镯上的缠枝花（图 3-9，8）。

16. 卷草纹

轴对称图形，根据枝蔓的简繁程度可分为二型。

A 型 以细葡萄藤组成的单线条型。见于二八地 M1 辽墓（图 3-10，1）、泉巨涌辽墓（图 3-10，2）的马具带饰上。

B 型 以葡萄藤双线条型为主体，搭配果实或叶片。见于耶律羽之墓（图 3-10，3、4）、萨力巴乡水泉辽墓（图 3-10，5、6）、阿鲁科尔沁旗博物馆馆藏的节约（图 3-10，7）。

17. 团花纹

图案化花朵的泛称。见于南皂力营子 M1 金戒指（图 3-11，1、2）、沙子沟 M1 铜鎏金节约（图 3-11，3）、陈国公主墓金戒指（图 3-11，4）、代钦塔拉金戒指（图 3-11，5）、硃碌科金戒指（图 3-11，6）、小努日木金戒指（图 3-11，7）。

18. 莲瓣纹

根据构图方式的差异可分为二型。

A 型 平面莲瓣。见于大营子辽驸马墓银鎏金缨罩（图 3-12，1）、陈国公主墓金花银碗（图 3-12，2）、巴林右旗窖藏海棠形银盘（图 3-12，3）、赤峰市博物馆藏金花银碗（图 3-12，4）、巴林右旗窖藏银杯（图 3-12，5、6）、建平炮手营铜鎏金额冠。

B 型 立体莲瓣，上托物。见于陈国公主墓卷云冠立饰（图 3-12，8）、小努日木冠顶立饰（图 3-12，7）、哈鲁辽墓的莲托凤形戒指（图 3-12，9）、通辽市博物馆藏莲托凤立饰。

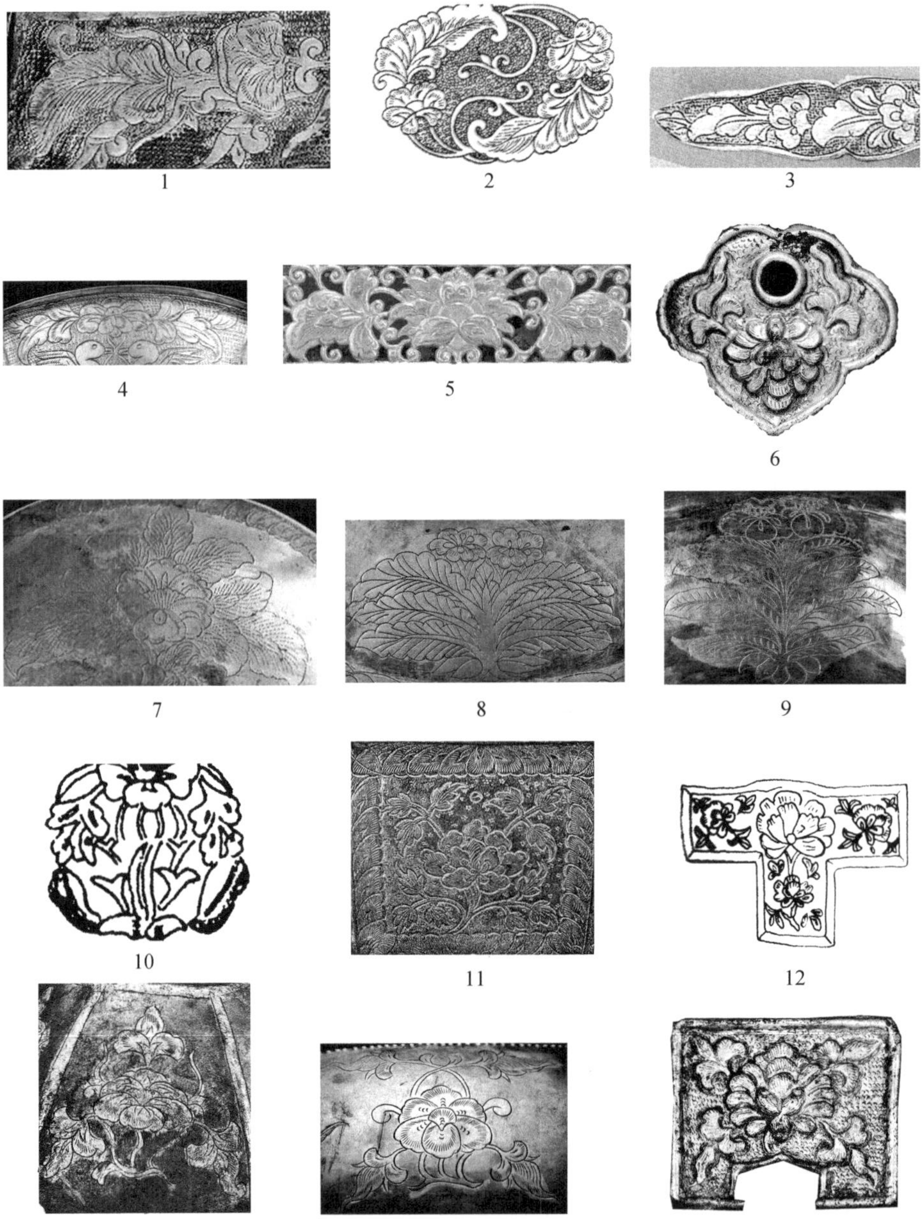

图 3-8　折枝纹①

1～8. A 型（大营子辽驸马墓金花银前鞍翅包片、耶律羽之墓金花银渣斗、耶律羽之墓金花银篦、律羽之墓银鎏金碗、吐尔基山银鎏金步摇、内蒙古博物院藏桃形带銙、耶律羽之金花银渣斗、吐尔基山金花银碗）　9. B 型（吐尔基山金花银碗）　10～15. C 型（二八地 M1 金花银碗、巴林右旗八棱银温碗、敖瑞山银节约、大营子驸马墓双面人首金花银铃、陈国公主金花银奁、内蒙古博物院藏方形带銙）

① 图中的 1、6、8、9、11、13～15 摘自内蒙古国有馆藏珍贵文物数据库，2、3、4、7 摘自《探寻逝去的王朝——辽耶律羽之墓》，5 摘自《文物华章：内蒙古自治区文物考古研究所 60 年重要出土文物》，10 摘自《克什克腾旗二八地一、二号辽墓》，12 摘自《赤峰市阿鲁科尔沁旗温多尔敖瑞山辽墓清理简报》。

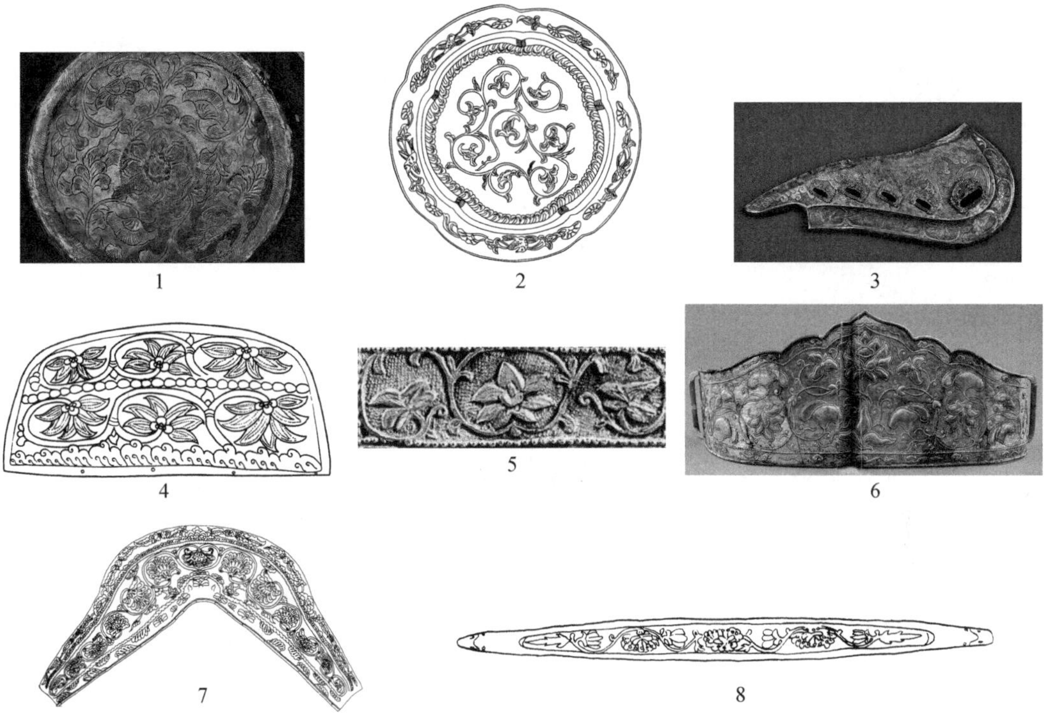

图 3-9　缠枝花纹①

1～6. A 型（陈国公主墓金花银碗、耶律羽之墓银鎏金盘、代钦塔拉银鎏金后鞍翅包片、代钦塔拉银鎏金前鞍翅包片、朝阳沟 M2 银鎏金牌饰、内蒙古博物院藏银鎏金捍腰）　7、8. B 型（代钦塔拉银鎏金后桥包片、陈国公主金手镯）

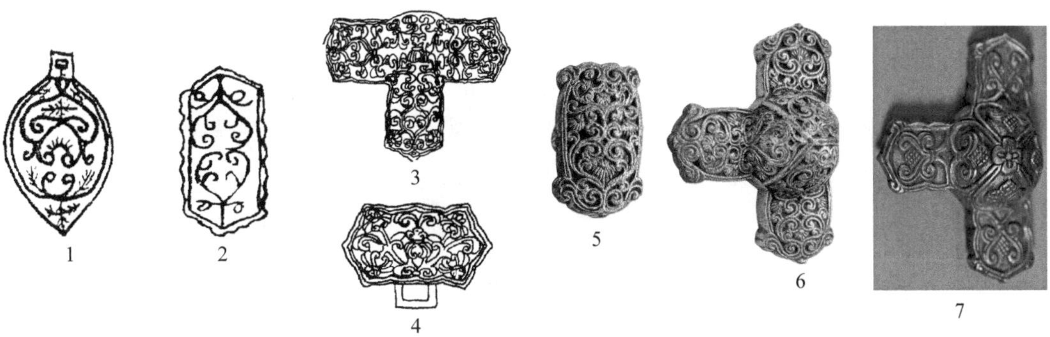

图 3-10　卷草纹②

1、2. A 型（二八地 M1 辽墓马具、泉巨涌辽墓马具）　3～7. B 型（耶律羽之墓节约、耶律羽之墓节约、萨力巴乡水泉辽墓节约、萨力巴乡水泉辽墓节约、阿鲁科尔沁旗博物馆藏节约）

① 图中的 1、3 摘自内蒙古国有馆藏珍贵文物数据库，2 摘自《探寻逝去的王朝——辽耶律羽之墓》，4、7 摘自《科右中期代钦塔拉辽墓清理简报》，5 摘自《沈阳考古文集》，6 摘自《中国北方草原古代金银器》，8 摘自《辽陈国公主墓》。

② 图中的 5、6 摘自《契丹文物精华》，7 摘自内蒙古国有馆藏珍贵文物数据库，余摘自《辽代契丹马具探索》。

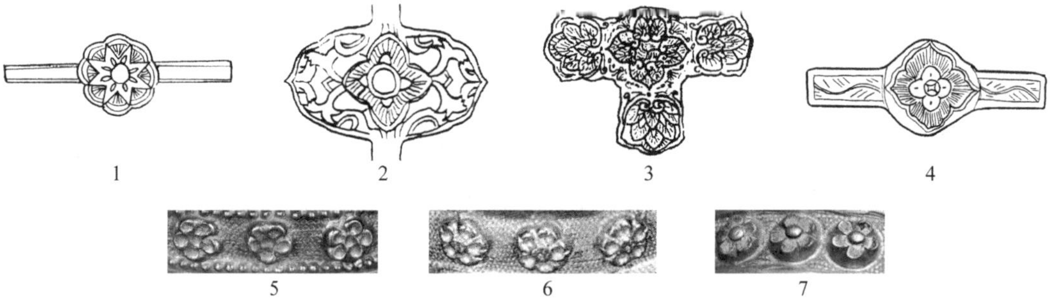

图 3-11　团花纹 ①

1、2. 南皂力营子 M1 金戒指　3. 沙子沟 M1 铜鎏金节约　4. 陈国公主墓金戒指

5. 代钦塔拉金戒指　6. 硃碌科金戒指　7. 小努日木金戒指

图 3-12　莲瓣纹 ②

1 ~ 6. A 型（大营子辽驸马墓银鎏金缨罩、陈国公主墓金花银碗、巴林右旗窖藏海棠形银盘、赤峰市博物馆藏金花银碗、巴林右旗窖藏银杯、巴林右旗窖藏银杯）　7 ~ 9. B 型（小努日木冠顶立饰、陈国公主墓卷云冠立饰、哈鲁辽墓金戒指）

① 图中的 1、2、4 摘自《辽代金银器》，3 摘自《辽代契丹马具探索》，5、7 摘自内蒙古国有馆藏珍贵文物数据库，6 摘自《辽宁博物馆》。

② 图中的 1、2、4 ~ 9 摘自内蒙古国有馆藏珍贵文物数据库，3 摘自《草原牧歌——契丹文物精华》。

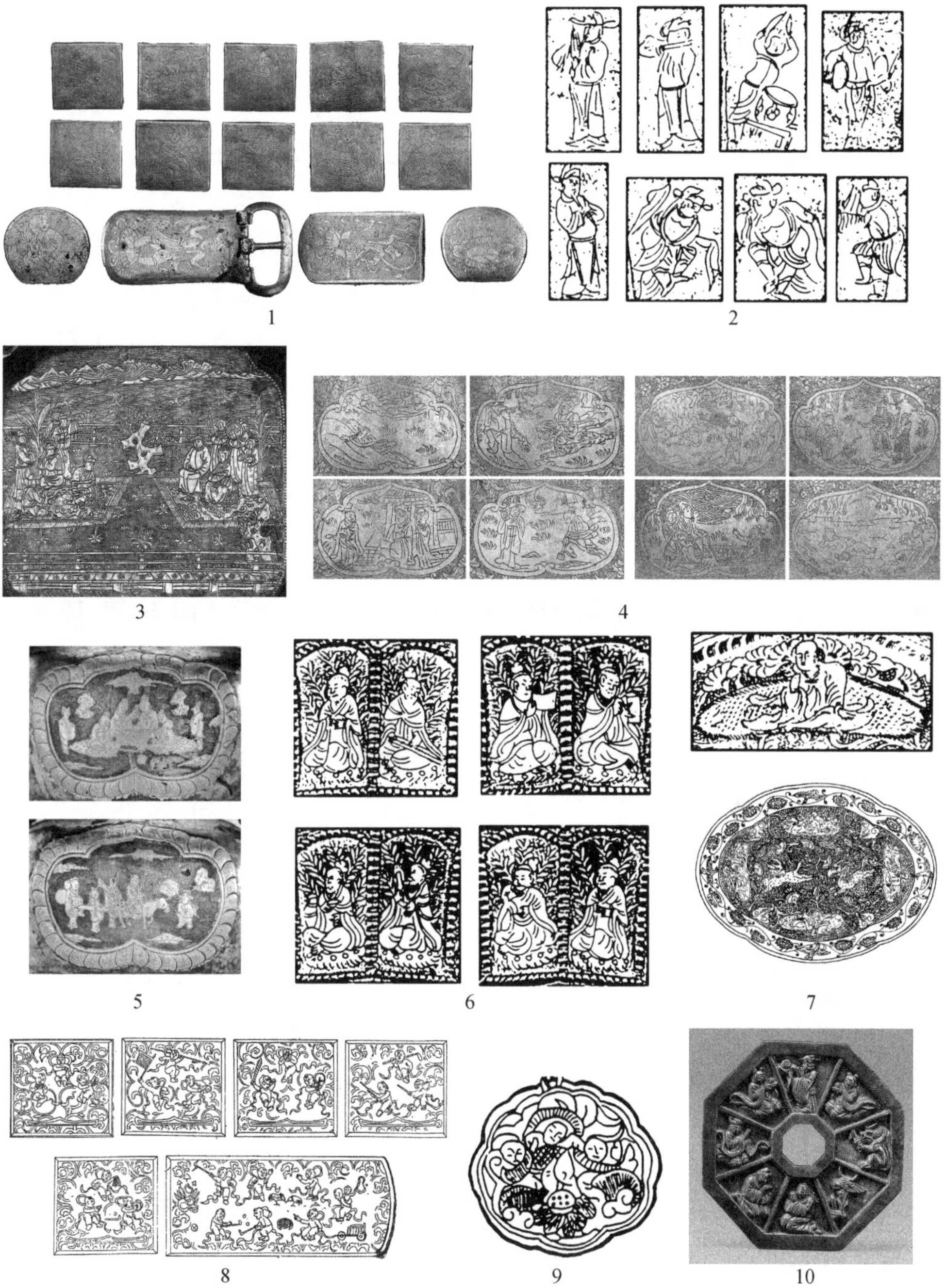

图 3-13　人物纹①

1、2. A 型（吐尔基山铜鎏金带、哈鲁辽墓金把杯）3～7. B 型（吐尔基山鎏金包银漆盒、耶律羽之墓金折肩罐、吐尔基山金花银提梁壶、耶律羽之墓金带把杯、白音塔拉金花银盘）8、9. C 型（前窗户银带方銙、朝阳北塔银链盒）10. E 型（大营子辽驸马墓包金银佩）

① 图中的 1 摘自《相映成辉——草原丝绸之路文物精华》，2、5 摘自内蒙古国有馆藏珍贵文物数据库，3、10 摘自《草原牧歌——契丹文物精华》，4、6 摘自《探寻逝去的王朝——辽耶律羽之墓》，7 摘自《科左后音塔拉契丹墓葬》，8 摘自《辽宁朝阳前窗户村辽墓》，9 摘自《辽宁朝阳北塔天宫地宫清理简报》。

19. 人物故事纹

根据内容题材的差异可分为五型。

A 型　伎乐人物。见于吐尔基山铜鎏金带上的一组纹样（图 3-13，1）、哈鲁辽墓金把杯上的一组图案（图 3-13，2）。

B 型　历史人物故事。见于吐尔基山鎏金包银漆盒上的庭院赏月图（图 3-13，3）、耶律羽之墓金折肩罐上的八幅纹样（图 3-13，4）、耶律羽之墓金带把杯上的七副纹样（图 3-13，6）、吐尔基山金花银提梁壶上的两幅纹样（图 3-13，5）、科左后旗白音塔拉辽墓金花银盘上的四组纹样（图 3-13，7）。

C 型　婴戏图。见于前窗户银带方銙上的一组婴戏图（图 3-13，8）、朝阳北塔银链盒上的婴戏图（图 3-13，9）。

D 型　道教人物。见于陈国公主银鎏金高翅冠冠顶的立饰、银鎏金冠正面叶片上的纹样。

E 型　人兽图。见于大营子辽驸马墓包金银佩上的一组纹样（图 3-13，10）。

20. 绶带纹

见于大营子辽驸马墓银盏托、耶律羽之墓亚形金花银盒、吐尔基山雁形嵌银漆盒上。

第二节　附属纹样

1. 云纹

根据云纹的造型差异可分为三型。

A 型　双翅形云头，短云尾。见于大营子辽驸马墓银鎏金前鞍翅包片（图 3-14，1），陈国公主墓银鎏金卷云冠（图 3-14，2）、银蹀躞带之银囊（图 3-14，3）、金花银靴（图 3-14，4）。

B 型　灵芝形云头，短云尾。见于小努日木金手镯（图 3-14，5），陈国公主银鎏金卷云冠（图 3-14，6）、金花银枕（图 3-14，8），小喇嘛沟异兽纹银饰（图 3-14，7）。

C 型　变形云纹，多头多枝，长云尾。见于吉林博物院藏银鎏金捍腰（图 3-14，9）、陈国公主金花银枕（图 3-14，10）、彩绘银障泥（图 3-14，12），耶律羽之墓银鎏金盒（图 3-14，11）。

2. 鱼子纹

根据布局的稀疏可分为三型。

A 型　细密型。见于耶律羽之墓、吐尔基山嵌宝石鎏金包银漆盒（图 3-15，1），小房身辽墓出土的錾花银木管（图 3-15，2）。

B 型 疏朗型。见于阿鲁科尔沁旗博物馆藏铜鎏金手镯的鱼子底纹，间隙较宽。（图 3-15，3）。

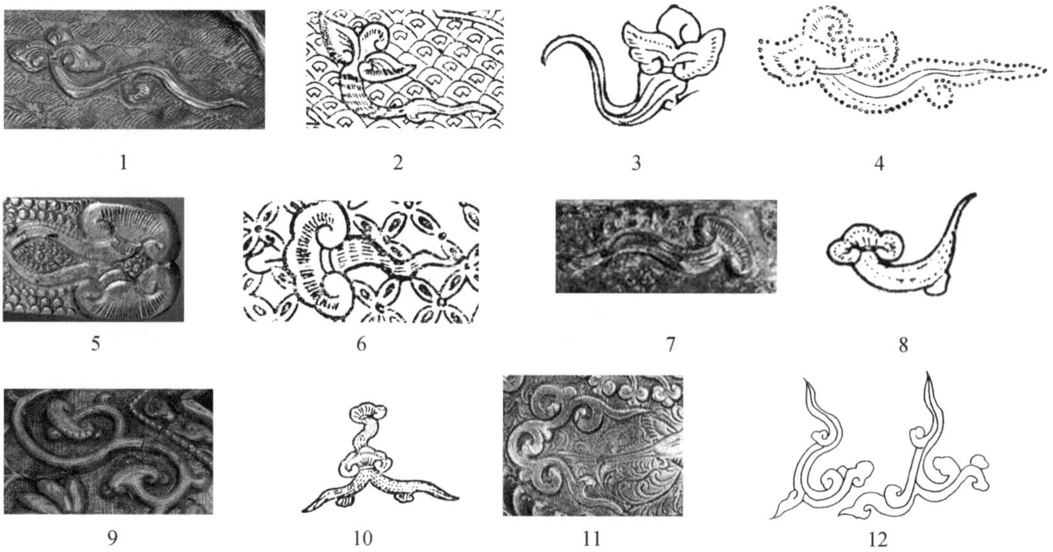

图 3-14 云纹①

1～4. A 型（大营子辽驸马墓银鎏金前鞍翅包片、陈国公主墓银鎏金卷云冠、陈国公主墓银蹀躞带之银囊、陈国公主墓金花银靴） 5～8. B 型（小努日木金手镯、陈国公主墓银鎏金卷云冠、小喇嘛沟异兽纹银饰、陈国公主墓金花银枕） 9～12. C 型（吉林博物院藏银鎏金捍腰、陈国公主墓金花银枕、耶律羽之墓银鎏金盒、陈国公主墓彩绘银障泥）

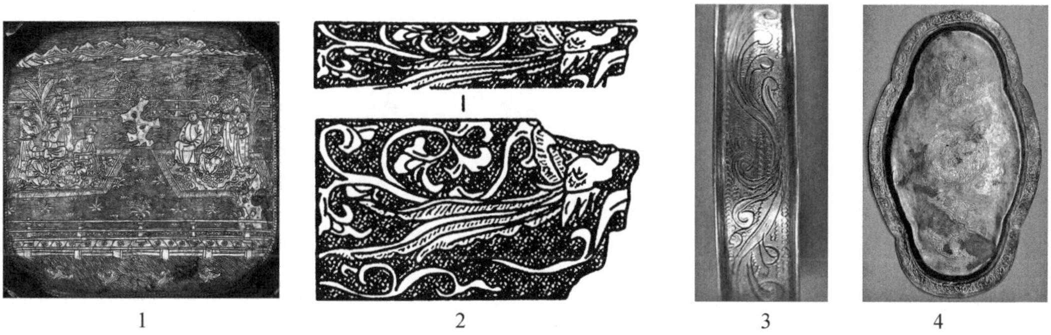

图 3-15 鱼子纹②

1、2. A 型（吐尔基山嵌宝石鎏金包银漆盒、小房身辽墓錾花银木管）

3. B 型（阿鲁科尔沁旗博物馆藏铜鎏金手镯） 4. C 型（巴林右旗窖藏海棠形银盘）

① 图中的 1、5 摘自内蒙古国有馆藏珍贵文物数据库，2、4、6、8、10 摘自《辽陈国公主墓》，3、12 摘自《辽代金银器》，7 摘自《凌源小喇嘛沟辽墓》，9 摘自《松辽风华——走进契丹 女真人》，11 摘自《探寻逝去的王朝——辽耶律羽之墓》。

② 图中的 1 摘自《文物华章：内蒙古自治区文物考古研究所 60 年重要出土文物》，2 摘自《法库小房身村南沟辽代墓葬》，3、4 摘自内蒙古国有馆藏珍贵文物数据库。

C 型　边缘型。见于巴林右旗窖藏银盘内底团花的外轮廓（图 3-15，4）。

3. 联珠纹

见于多座辽墓出土的新月形联珠棱耳环之折棱、耶律羽之墓金把杯之折棱、白音塔拉金花银盘内口沿、陈国公主墓花形金盒的边沿、耶律羽之墓金花银碗碗沿、大营子辽驸马墓金花银高足杯内底、陈国公主墓金花银碗碗心上的纹样。

4. 叶瓣纹

见于耶律羽之墓银鎏金折肩罐之折肩和双鸳纹金花银渣斗之斗盘，吐尔基山金花银提梁壶人物纹的开光边框、海棠形金花银盘和圆形金花银盆双摩羯纹的边饰，陈国公主墓金花银奁盘龙纹的边框，巴林右旗窖藏银碗腹壁口沿处和圈足处的边饰。

5. 小花纹

见于耶律羽之墓双雁纹金花银渣斗之斗盘和陈国公主墓金花银奁上的边饰。

第四章　辽代金银器的分期研究

契丹辽帝国立国二百余年，其间不断融合燕山南北的胡汉文化，作为贵重材质的金银器更会成为文化演变的风向标。辽代金银器的考古资料远不及大唐盛世的金银器资料丰富，尤其晚期的资料骤然减少，时间跨度与唐相比也缩短了几十年，运用严格意义的考古学方法，通过考察每一件辽代金银器物的形制和纹样得出一个相对确定的时间（齐东方先生在《唐代金银器研究》中采用了标准器物的研究方法）是比较困难的，极可能出现更大的偏差。基于此，本书尝试在墓葬时代的分期框架下，对金银器资料的阶段性现象和特征从不同角度进行揭示和阐述，在分析过程中引入数学统计学方法和历史文献学方法，进而研究现象背后的历史背景，与严格意义上的考古学分期研究还存在些许差异。

目前学界通常将辽代金银器分为三期，但是就每期具体的截止时间仍存细微差异①。韩建武在《试论辽代金银器的分期和特点》中提出了三期说，将辽代金银器分为与历史分期一致的早、中、晚三期，朱天舒在《辽代金银器》一书中也采用相同观点。近年来，辽代考古资料的不断更新为分期研究提供了科学依据，如吐尔基山辽墓等几处重点、高级墓葬。为方便讨论辽代金银器的阶段性特征，本书采用韩建武和朱天舒的观点，将辽代金银器划分为三期：早期从太祖神册元年至景宗乾亨五年（916 ~ 982年），中期为圣宗、兴宗两朝（982 ~ 1055 年），晚期为道宗、天祚帝两朝（1055 ~ 1125年），立足于金银器墓葬，在阐明时代关系的基础上，将金银器纳入早、中、晚三期的时代框架之中考察，选取器形、纹样、材质、种类四个参数。

第一节　金银器墓葬的时代确定

本章研究的内容是以出土金银器的辽墓为基础，所以非常有必要阐明出土有金银器墓葬的时代关系。

在出土有金银器的辽墓的时代判断方面，主要有如下三种情况。

1）由于目前辽墓的分期比较成熟，根据出土器物的形制及墓葬形制的特点，加上墓志铭所提供的墓主人信息，多数墓葬的时代已经非常清楚，简报中已经明确给出了所属分期的结论。笔者通过再次分析，认为简报结论正确，遂直接采用其观点。表 4-1 中未加黑体部分皆为能明确断代墓葬或者纪年墓。

---

① 张景明在《辽代金银器研究》中按照文化因素的消长分为三期。

表 4-1　墓葬分期表

墓葬	早期	中期	晚期	备注
克什克腾旗二八地 M1 辽墓	√			
大营子赠卫国王墓	√			穆宗应历九年（959 年）
敖汉旗沙子沟辽墓	√			
敖汉旗大横沟辽墓	√			
通辽市科左后旗白音塔拉辽墓	√			契丹早期
阿鲁科尔沁旗辽耶律羽之墓	√			太宗会同四年（941 年）
通辽市奈林稿木头营子 M2 辽墓	√			
通辽市吐尔基山辽墓	√			
通辽科右中期代钦塔拉辽墓	√			
呼伦贝尔市陈巴尔虎旗巴彦库仁辽墓	√			
凉城县水泉 M26、M27 辽墓	√			
康平后刘东屯 M1 辽墓	√			
康平后刘东屯 M2 辽墓	√			
阜新七家子辽墓	√			穆宗时期
辽宁北票泉巨涌辽墓	√			
北票水泉一号辽墓	√			
康平张家窑一号墓	√			接近穆宗时期
彰武县朝阳沟 M2 辽墓	√			穆宗应历年间
叶茂台辽墓	√			
双龙岗 M3 辽墓	√			
大西沟 JSM1 辽墓	√			早期偏晚
梯子庙 M3 辽墓	√			
梯子庙 M2 辽墓	√			
白塔村 M2 辽墓	√			
南皂力营子一号辽墓	√			
上烧锅 M3 辽墓	√			穆宗以前
敖包恩格尔辽墓	√			
大横沟 M1 辽墓	√			早于沙子沟 M1
沙子沟 M1 辽墓	√			
阜新水泉沟辽墓	√			契丹时期
建平硃碌科辽墓	√			
法库小房身辽墓	√			
阜新海力板辽墓	√			
李贝堡辽墓	√			

续表

墓葬	早期	中期	晚期	备注
法库县叶茂台 M9 辽墓	√			
阜新梯子庙辽墓	√			
锦州张扛村辽墓 M1 辽墓	√			
七家子辽墓	√			穆宗时期
海力板辽墓	√			穆宗时期
巴扎拉嘎 M1 辽墓	√			穆宗时期
通辽市奈曼旗陈国公主墓		√		圣宗开泰七年（1018 年）
通辽二林场辽墓		√		
扎鲁特旗浩特花辽墓		√		
敖汉旗英凤沟 M7 辽墓		√		
建平张家营子		√		
辽宁朝阳前窗户村辽墓		√		
锦州张扛村辽墓 M2 辽墓		√		
河北承德县道北沟村辽墓		√		
喀左北岭辽墓		√		
蓟县营房村辽墓		√		
朝阳姑营子 M1 辽墓		√		耿知新墓
朝阳姑营子 M2 辽墓		√		耿延毅墓，开泰八年（1019 年）
朝阳姑营子辽耿氏家族 M3 辽墓		√		
庆州白塔		√		重熙十六年至重熙十八年（1047～1049 年）
彰武朝阳沟 M3 辽墓		√		
小努日木辽墓		√		中晚期
道北沟村辽墓		√		
小吉沟辽墓		√		
农安万金塔基		√		
泉巨涌辽墓		√		辽圣宗之前
扎鲁特旗辽墓		√		中晚期
查干勿苏辽墓		√		中期偏早
炮手营 JRM1 辽墓		√		辽圣宗统和十年（992 年）以后
韩佚墓		√		统和十三年（995 年）和统和二十九年（1011 年）
净觉寺			√	
朝阳北塔			√	重熙年间
叶茂台 M23 辽墓			√	
西山村 M9 辽墓			√	中晚期

续表

墓葬	早期	中期	晚期	备注
赤峰新地辽墓			√	中晚期
建昌龟山一号墓			√	
宁城县埋王沟 M4 辽墓			√	大康七年（1081 年），萧氏墓
银窝沟辽墓			√	中晚期
赤峰解放营子辽墓			√	
赤峰市阿鲁科尔沁旗温多尔敖瑞山辽墓			√	
丰宁小皮匠沟辽墓			√	
赤峰小刘杖子 M1 辽墓			√	
辽宁法库叶茂台 M23 辽墓			√	
阿旗万金山 M1 辽墓			√	耶律家族墓地
建平新民巴图营子辽墓			√	
法库红花岭辽墓			√	
丰宁五道沟门辽墓			√	
尚暐符墓			√	寿昌五年（1099 年）
李贝堡 M1 辽墓			√	
齐齐哈尔梅里斯长岗辽墓			√	不早于 1104，武将

注：黑体部分的墓葬年代与简报原文所判断的年代有出入或简报未明确断代，其余部分则直接采用简报观点

2）由于各种原因，部分简报中关于墓葬所属期别不明确或需要调整的墓（表 4-1 中黑体部分为此类墓葬）。以下本书将对部分墓葬的年代进行进一步分析。

冯恩学先生对辽代墓葬及出土器物，尤其是鸡冠壶进行了系统的分析研究，将鸡冠壶分为提梁型、双孔无凸型、单孔有凸型、单孔无凸型，而且做出一张详尽的类型演变直观图。本书将参照其三期 6 段的演变结论，将一些具备断代条件的墓葬纳入辽代墓葬时间框架内，对后刘东屯 M1、张扛村 M2、张家营子辽墓、前窗户辽墓、喀左北岭 M1、解放营子辽墓、巴图营子辽墓、李贝堡 M1、小皮匠沟辽墓 9 处墓葬的所属期别进行调整。

康平后刘东屯 M1 辽墓所出鸡冠壶与耶律羽之纪年墓出土者，均为 Aa 矮体提梁型特征，故将此墓定为辽代早期。张扛村 M2 辽墓中出土的鸡冠壶与中期耿延毅墓的鸡冠壶颇为相似，皆为 B 型双孔无凸型，耿延毅墓是开泰八年（1019 年）的纪年墓，那么张扛村 M2 推测为辽代中期墓葬是更为妥当的。此类的 B 型Ⅲ式鸡冠壶还在张家营子辽墓、前窗户辽墓、喀左北岭 M1 辽墓中出土，且出有鸡冠壶中期纪年墓较多①，故将张家营子简报认定的早期重新认定为中期，将简报对前窗户辽墓、喀左北岭 M1 辽

① 韩相墓也是出有鸡冠壶的纪年墓。参见河北省博物馆．河北迁安上芦村辽韩相墓［J］．考古，1973（5）．

墓认定的早前期更新为中期将更为准确些。解放营子辽墓被简报认定为中晚期，鉴于同墓共出的鸡冠壶为Ab高体提梁型，与晚期乌兰哈达辽墓中的同类器物的形态几乎一致，演化到了提梁壶的晚段，那么解放营子辽墓可能定为辽代晚期更合适一点。巴图营子辽墓所出绿釉鸡冠壶也属这一型式，为高体提梁鸡冠壶，故也暂定为辽代晚期。李贝堡M1辽墓、小皮匠沟辽墓出土的无鼻马镫已经演化到了辽代晚期阶段，成为晚期断代的重要标志，由于简报未给出时代分期，故将两处墓葬定为辽代晚期。

3）少部分出土有金银器的墓葬，由于简报未发表或没有出土可以准确断代的器物。故这类墓葬，本书暂不做重点讨论，如上烧锅M4、M5，小哈达辽墓没有出土可以准确断代的器物；和布特哈达辽墓、敖汉旗萨力巴乡老牛槽沟辽墓、彰武高丽庙沟辽墓、扎斯台辽墓、科尔沁左翼后旗满斗辽墓、赤峰巴林右旗哈鲁辽墓、凌源八里铺村辽墓、扎鲁特旗辽墓、赤峰市林西县孤榆树三队墓葬、巴扎拉嘎M1辽墓的简报未发表。

第二节　器形的分期研究

在阐明出有金银器的辽代墓葬时代关系的基础上，以第三章每类器物的分类分型为基础依据，做出存在演变关系的器类的分期图。对辽代金银器中的每类器物的器形演变特征进行总结目前还无法做到，原因有二：一是有的器物的序列还不完整，二是看似完整的器物序列选用的资料有的来自博物馆征集和收藏，在时代早晚上不能作为可靠的参考依据。鉴于此，仅对存在序式演变关系的典型器物在早、中、晚器形和数量多寡上的变化特征进行考察，以期抛砖引玉。

一、人体装饰品

辽代的头饰有簪、钗、步摇、巾环等类别，数量不多。簪有花头簪、凤鸟簪、珠翠簪、匕形簪，其中以花头簪数量为多，早期的簪有花头簪、匕形簪，中期为珠翠簪。钗有银棱钗、金凤钗，目前发现的5件银棱钗均为早期，钗在辽代并不流行。步摇有金叶步摇和铃铛步摇，早期的步摇为铃铛步摇，中期为琥珀珍珠金叶步摇。巾环在早期和晚期都有出土，数量不多（图4-1）。

辽代的耳环类型丰富，造型独特，有U形带凸耳环、摩羯形耳环、联珠棱新月形耳环、鱼舟形耳环、圆环形耳环、凤形耳环、迦绫频迦形金耳环、葫芦枝纹耳环等类型，以前三项为特色。早期流行U形带凸耳环，摩羯形耳环和联珠棱新月形耳环应是在U形带凸耳环的基础上演变而来的，中期数量明显下降，即使在金银器盛出的中期陈国公主墓中也未能见到这种独具特色的耳环（图4-2）。晚期耳环衰落，仅见素面圆环形耳环（图4-3）和葫芦形耳环，葫芦形耳环为晚期耳环出现的新形式，为仿生造型的新款式。

类型 \ 分期		早期	中期	晚期
簪	Aa 型	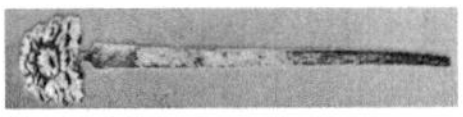 1		
	D 型	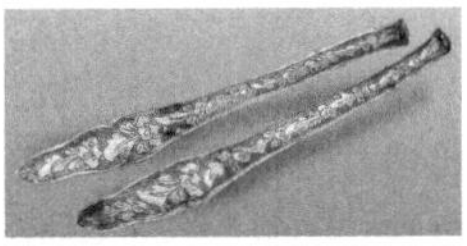 2		
钗	A 型	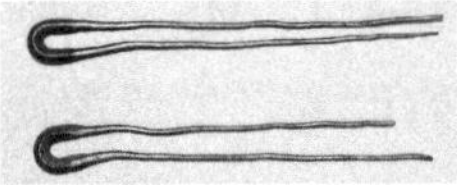 3		
步摇	A 型		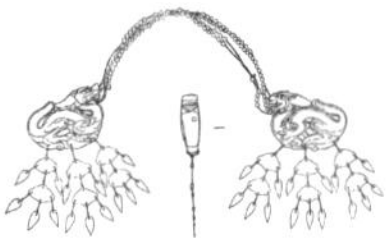 4	
	B 型	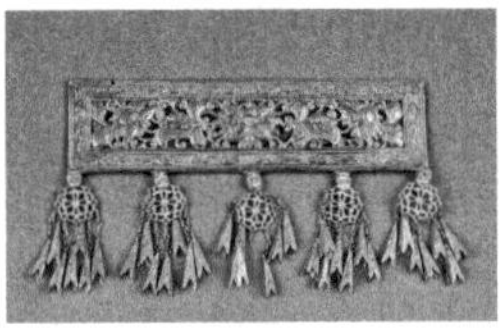 5		
巾环		 6		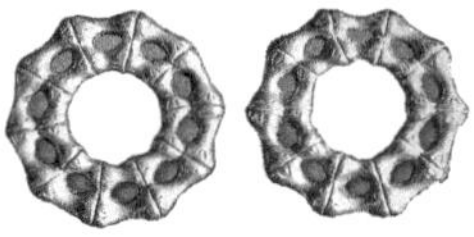 7

图 4-1　头饰分期图

1. 扎斯台辽墓　2. 耶律羽之墓　3. 二八地 M1 辽墓

4. 陈国公主墓　5. 吐尔基山辽墓　6. 大西沟辽墓　7. 红花岭辽墓

璎珞是辽代首饰的特色，喜用玛瑙、琥珀、水晶搭配金银组件——T 形饰、心形饰、镂空球、管组合而成，在早、中期最为流行。

辽代戒指分为盾形戒指、花形戒指、圆形戒指、无面戒指，除无面戒指外，其他三种戒指均有亚型（图 4-3）。辽代早期，这四种戒指均有发现。到了中期，很多形制的戒指已经不在墓葬中发现：联珠纹盾形戒指和镂空绳纹盾形戒指已经不见，只有錾花草纹盾形戒指还在使用；嵌石花形戒指已经不见，无嵌石花形戒指继续存在；圆形戒指和无面戒指在中期时可能均已不再流行。晚期时，中期仅存的两种随葬的戒指，即錾花草纹盾形戒指和无嵌石花形戒指，只有无嵌石花形戒指在这个时期继续使用。这么看来，早期的戒指种类繁多，随葬的数量也相对较多，随着时间的推移，种类越来越少，数量也相对变少（图 4-4）。

类型 \ 分期		早期	中期	晚期
耳环	Aa 型	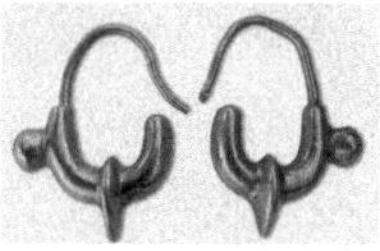 1	 2	
	Ac 型	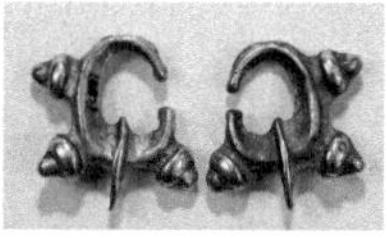 3		
	Ba 型	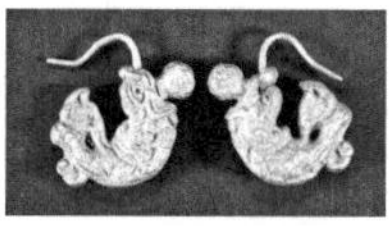 4	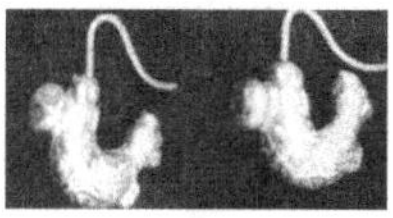 5	
	Bb 型	 6		
	Bc 型	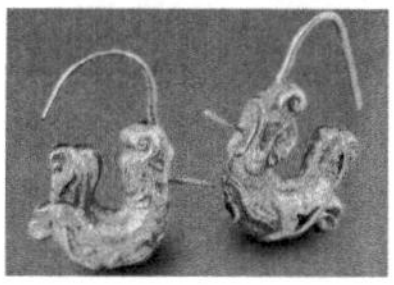 7		
	Ca 型	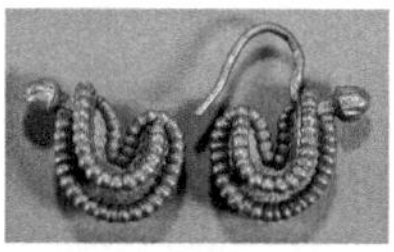 8	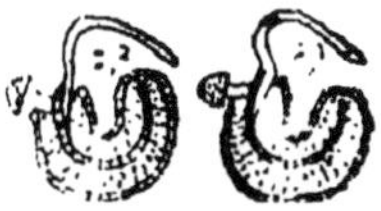 9	
	Cb 型	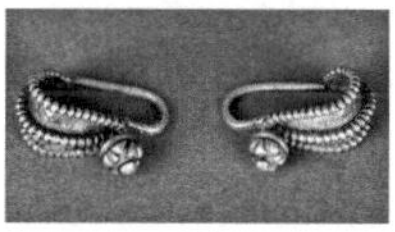 10	 11	

图 4-2　耳环分期图

1. 沙子沟 M1 辽墓　2. 小哈达辽墓　3. 巴彦库仁 M1 辽墓　4、8. 二八地 M1 辽墓　5. 小努日木辽墓　6. 吐尔基山辽墓　7. 耶律羽之墓　9. 道北沟村辽墓　10. 代钦塔拉辽墓　11. 前窗户辽墓

手镯，分为扁体镯、半扁体镯和圆体镯，扁体镯又分为若干亚型。辽代早期流行随葬扁体镯和圆体镯。到了中期，兽首形开口的扁体镯继续使用，其他形制的扁体镯已经不见于该时期的墓葬之中；圆体镯也已不见；在这个时期新出现了半扁体镯，可能是早期某型扁体镯的演变。晚期时，可能已经不流行使用手镯，因为这期间未发现

类　型　分期		早期	中期	晚期
耳环	D 型	 1		
	E 型	 2		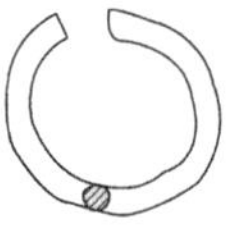 3
	F 型	 4		
璎珞	B 型	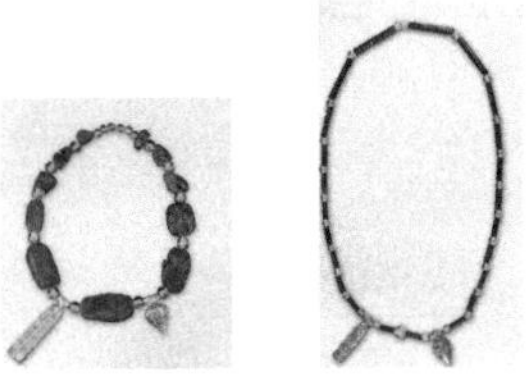 5		
戒指	Aa 型	 6		
	Ab 型	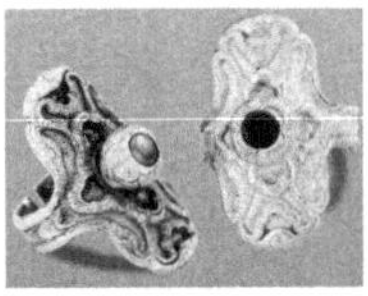 7	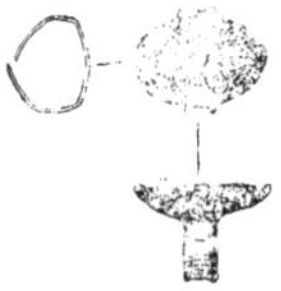 8	
	Ac 型	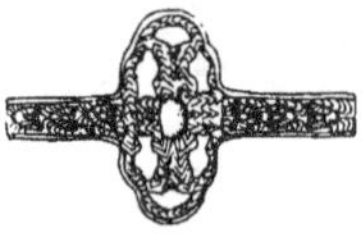 9		
	Ba 型	 10		

图 4-3　耳环、戒指分期图

1. 巴图营子辽墓　2. 朝阳沟 M2 辽墓　3. 叶茂台 M23 辽墓　4. 和布特哈达辽墓　5、7. 耶律羽之辽墓　6. 二八地 M1 辽墓　8. 营房村辽墓　9. 梯子庙 M3 辽墓　10. 代钦塔拉辽墓

类	型　分期	早期	中期	晚期
戒指	Bb 型	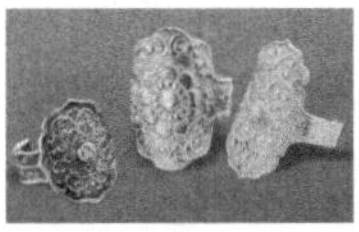 1	 2	
	Ca 型	 3		
	Cb 型	 4		
	D 型	 5		
手镯	Aa 型	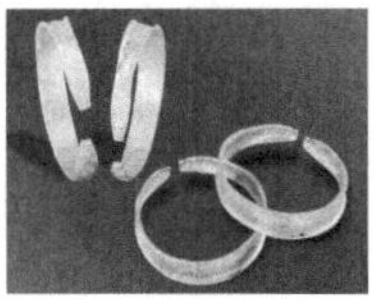 6	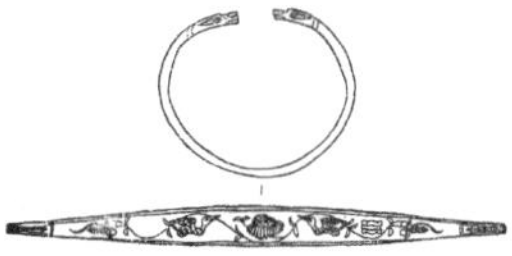 7	
	Ab 型	 8		
	Ac 型	 9		
	B 型		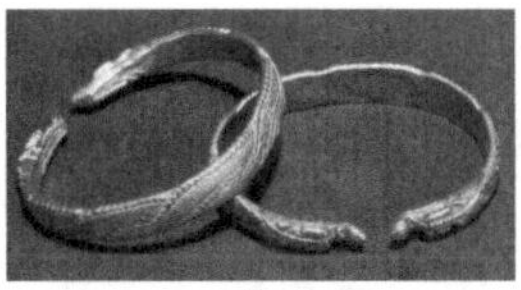 10	

图 4-4　戒指、手镯分期图

1、3、4、6. 耶律羽之墓　2. 陈国公主墓　5. 朝阳沟 M2 辽墓

7. 前窗户辽墓　8. 张扛村 M1 辽墓　9. 白音塔拉辽墓　10. 陈国公主墓

随葬手镯的现象（图 4-4）。

带銙，分为方形銙、桃形銙、马蹄形銙、圆形銙、直线 - 流角形銙、捍腰、圭形銙。其中方形銙和桃形銙又分别分为二亚型。辽代早期，流行用方形銙、桃形銙、马蹄形銙、圆形銙、直线 - 流角形銙这五种形制的带銙随葬；到了中期，方形銙、圆孔桃形銙和圆形銙继续使用，空顶桃形銙、马蹄形銙、直线 - 流角形銙已经不见于此期墓葬之中，新出现了捍腰和圭形銙这两种形制。晚期，只有方形銙和圆孔桃形銙这两种形制继续使用。带扣，分为半弧长尾型、半弧短尾型和半弧无尾型三种形制。辽代早期流行使用半弧长尾型、半弧短尾型带扣。中期时，除了早期的两种带扣继续使用外，还新出现了半弧无尾型带扣，所有形制的带扣在中期同时出现。到了晚期时，仅发现半弧短尾型带扣继续随葬于墓葬之中，另外两种带扣可能已经不再流行。铊尾，可能只在辽代早期流行，中、晚期皆不见此类器物。横栓带具，早、中期墓葬中见有出土，晚期不见此类器物（图 4-5）。

二、工　具

工具中的刀剑类，早期的墓葬流行随葬剑，大多搭配包银木剑鞘，并且剑鞘上多用各种纹样修饰。早期还有个别墓葬随葬错金银铁矛。中期以后，墓葬随葬品中已不见剑和矛，开始流行随葬银刀，多素面，尺寸一般较短，除陈国公主墓的银刀用琥珀作柄比较华丽外，其他银刀比较简单，与早期随葬的剑相比，风格趋向简朴。中期墓葬中多见刀。晚期仅有 1 座墓葬中发现有银刀随葬。

银锥，可能中期开始有随葬的习俗，中期墓葬中发现一个玉柄银锥。晚期的锥则相对简单，还有一些属于打猎用的工具，如臂鞲和银号角，此类物品仅在早期墓葬中随葬，这也从侧面反映了契丹人对待狩猎的态度上的变化。

辽墓的各个时期皆有随葬针筒的习俗，针筒的制作比较精细。针筒内未发现针，也不排除原本随葬金针或银针，后来腐蚀掉的可能性。仅在吐尔基山辽墓中发现一枚金针，却是装在针线包里随葬的。

耳勺、剪刀、镊子等小工具基本发现于早期墓葬中，制作比较精良；在中期时仅发现一个镊子，铜鎏金，相对简朴；晚期则未发现随葬上述器物。

银匙，分为四型，A 型为圆柱形长柄银匙，早期发现，中期仍然使用，晚期不见。B 型竹节式长柄和 D 型绳索羽毛形长柄，能确定相对年代的一例仅在中期墓葬中出土，C 型为三棱形长柄，唯一的标本出现在晚期的净觉寺。

金银器中的笔套、笔洗、砚台等文具基本上从中期开始出现，仅在早期墓葬中发现一个金花银砚盒。这个现象可能反映了契丹人在汉化程度方面的变化。

辽墓出土 2 面银镜，皆在中期墓葬中出土，早期、晚期墓葬中不见随葬。与银镜相比较，铜镜在辽代墓葬出土更为普遍，二者的使用功能相同（图 4-6）。

类	型 ＼ 分期	早期	中期	晚期
腰带	A类		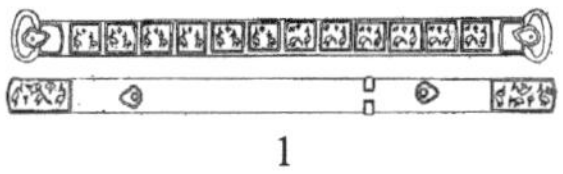 1	
	B类		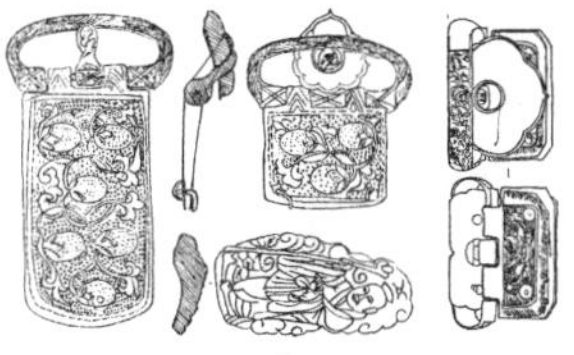 2	
	C类	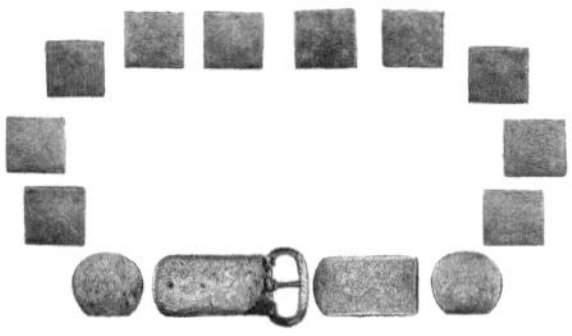 3	 4	
蹀躞带	Da类		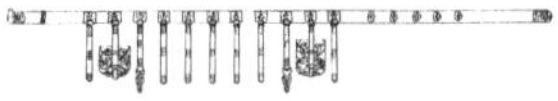 5	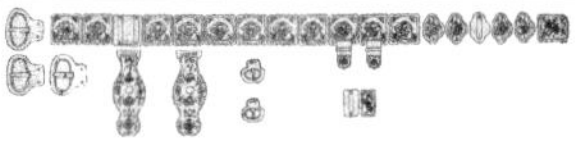 6
	Db类	 7		
	Dc类	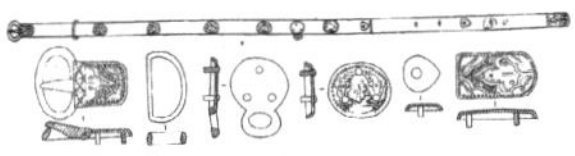 8	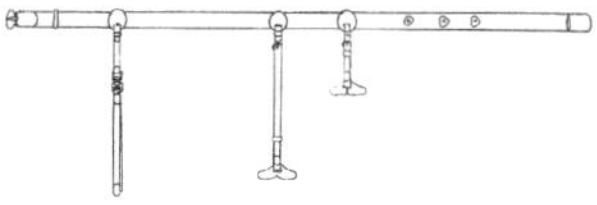 9	
捍腰	E类		 10	
大带	F类		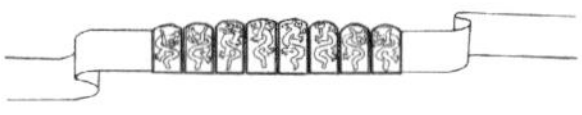 11	

图 4-5　带分期图

1. 张扛村 M2 辽墓　2. 耿知新辽墓　3. 吐尔基山辽墓　4. 前窗户辽墓　5、9、11. 陈国公主墓　6. 敖瑞山辽墓　7. 奈林稿木头营子 M2 辽墓　8. 巴彦库仁辽墓　10. 张家营子辽墓

三、马　　具

衔镳。衔镳在实际使用中以铁质为多，数量较少的金银衔镳反而不具有实用性。已公布的金银长体镳在早期、中期、晚期都有发现，早期和中期更流行复孔式衔、长体镳、

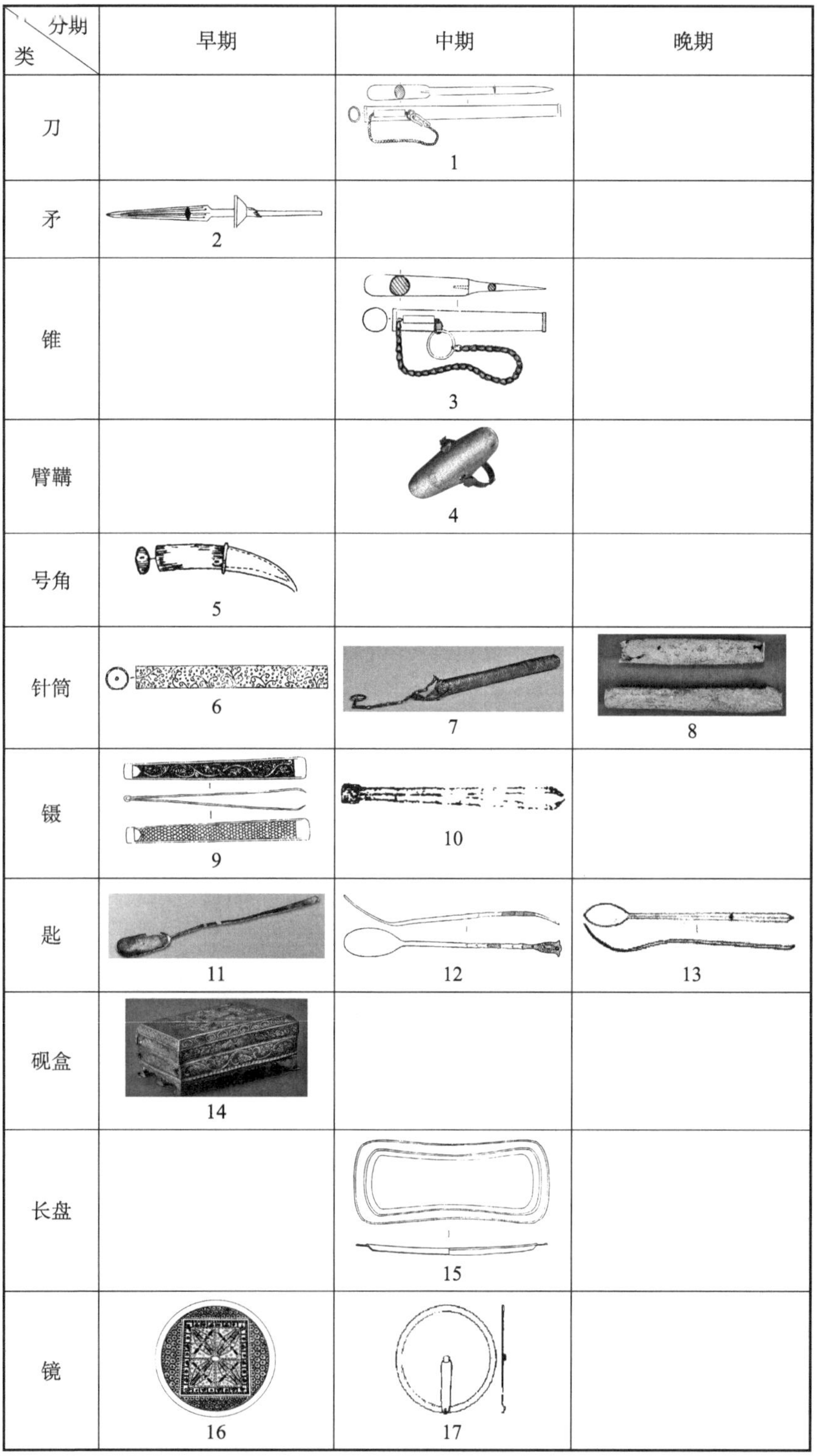

图 4-6　工具分期图

1、3、7、12、15、17. 陈国公主墓　2. 大营子辽驸马墓　4. 朝阳沟 M2 辽墓　5. 二八地 M1 辽墓　6. 后刘东屯二号墓　8. 敖瑞山辽墓　9. 白音塔拉辽墓　10. 营房村辽墓　11、14. 耶律羽之墓　13. 净觉寺　16. 代钦塔拉

镳插衔的组合方式，晚期只有一例，为单孔式衔，有孔长体镳、衔穿镳的组合方式。镳上的活环能起到阻挡镳向外侧移动的作用，是对无孔长体镳的一种改良。

鞍包片的形状是有变化的，尤以前桥包片的变化最为明显，有研究者根据前鞍桥包片的形状变化分为三式[①]。早期前鞍桥包片上顶的横向宽阔、纵向较窄，上缘微鼓或平，下脚外张加大。中期横向变窄，上缘外鼓加大，下脚外张变小。晚期横向变得更窄，上缘外鼓较甚，下脚外张变小，总之，辽代的前鞍桥包片经历了由平阔到鼓立的演变。

缨罩分二型。金银质圆顶缨罩在早期更为流行，中期仍在使用，金银质平底缨罩仅在早期发现。当卢在辽代甚为罕见，仅存早期 1 例，可能驰骋时会阻挡视线。

马镫。辽代马镫基本为素面铁质，个别金银镫装饰华丽。短柄镫是辽代马镫的主要类型，为唐代马镫的直接延续。转柄镫至迟在辽代中期就已被发明出来，主要流行于中晚期，穿梁镫是晚期被创造出来并逐渐流行的新式镫，数量较少的金银马镫的变化规律与此相同。

杏叶。辽代杏叶的叶尖随所处位置而变化，少数叶尖向下垂直，多数向左弯曲或向右弯曲，已公布的杏叶材料均为早期，中、晚期不再流行（图 4-7）。

四、器　皿

辽代金银器中的器皿种类多、形制丰富，下文将分类讨论各器形各时期的特征及变化特点。

杯。根据杯体的形状差异分为带把杯、多曲杯和高足杯。带把杯分为折棱体、碗形、罐形。不论哪种形制的带把杯，除了少数不能确定相对年代的器物之外，其余皆在早期墓葬中出土。多曲杯中有两种形制的杯，一种为五曲或六曲杯；还有一种为二十二曲或二十五曲杯。五曲或六曲杯又分为有纹样杯和无纹样杯，有纹样杯皆在早期墓葬中出土。无纹样杯，早、中、晚期墓葬中均有出土，且形制差别不大。可以看出，早期同时出现了有纹样杯和无纹样杯，到了中期以后，则不见有纹样杯，开始使用、流行不饰纹样的多曲杯。高足杯，仅发现 1 件标本，出土于辽代早期墓葬大营子辽驸马墓中，该杯为 959 年的纪年标准器。唐代碗形高足杯折棱、托盘、节依次从有到无演变[②]，该杯仍然保留着足与杯之间的节，已经到了演变的最后阶段，该器是晚唐杯的余续。

杯的总体特点：器皿中的杯，早期墓葬出土的杯种类多，有折棱杯、多曲杯、高足杯。到了中期以后，只有不饰纹样的多曲杯继续出现，并延续到晚期。

折肩罐。虽将其命名为罐，但从使用功能的角度当属于杯类。分为有鋬耳罐和无鋬耳罐，有鋬耳的皆发现于早期墓葬中。无鋬耳罐在早期和晚期墓葬中均有出土，早

---

① 冯恩学．辽代契丹马具探索［A］．考古学集刊（14）［C］．北京：文物出版社，2004.

② 齐东方．唐代金银器研究［M］．北京：中国社会科学出版社，1999.

分期 类	早期	中期	晚期
缨罩	 1	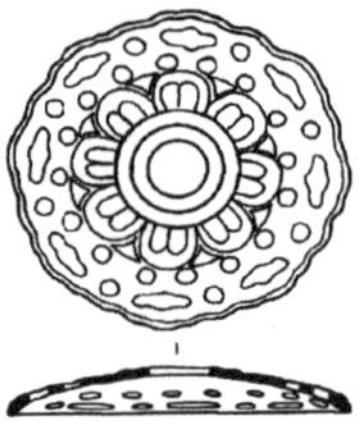 2	
前桥包片	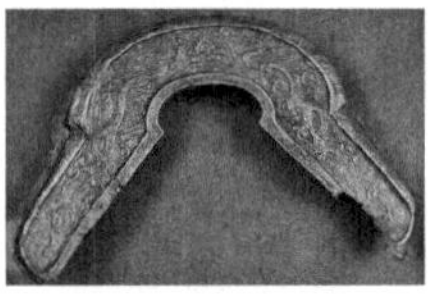 3	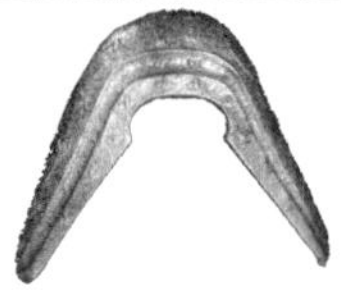 4	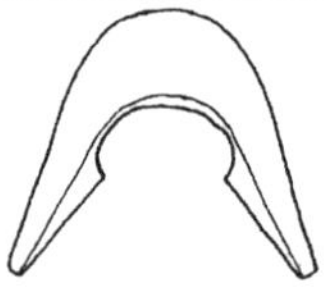 5
马镫	 6	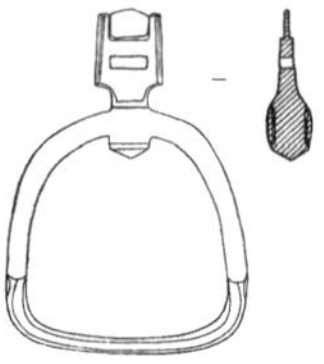 7	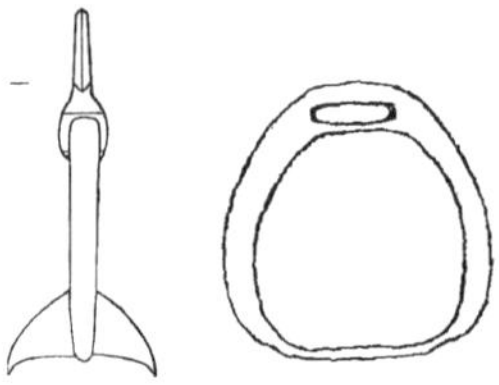 8
衔镳组合	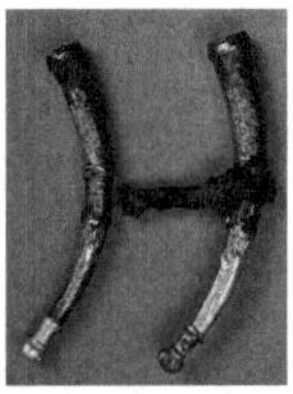 9	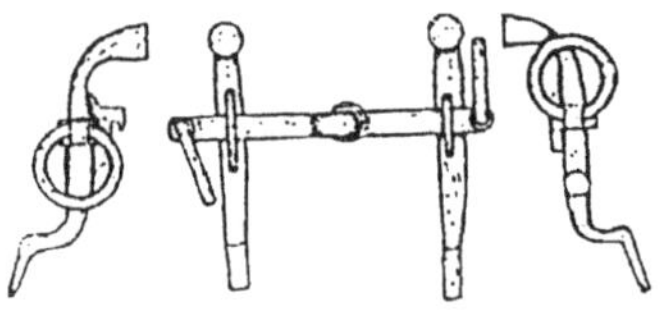 10	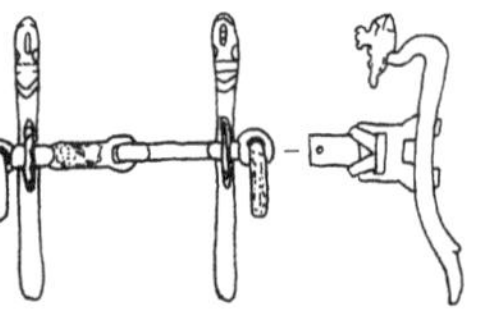 11

图 4-7　马具分期图

1. 吐尔基山辽墓　2. 姑营子 M3　3、6. 大营子辽驸马墓　4、7、10. 红花岭辽墓　5. 敖瑞山辽墓　8. 小皮匠沟墓　9. 代钦塔拉 M3　11. 陈国公主墓

期无錾耳罐的器底为圈足，且有錾纹样或铭文，制作精良；晚期则近圜底，素面，制作相对简单，故折棱线下移、圆唇外卷从有到无、纹样从满地装饰逐渐简化到素面似乎是折肩罐从早到晚的演变趋势（图 4-8）。

碗。分为多曲碗、平底碗和弧腹碗。多曲碗在辽代早期已出现。平底碗中有两种形制的碗，一种斜壁直收，另外一种直壁弧收。辽代早期即开始随葬斜壁直收的碗，并在中期继续使用此类器物。直壁弧收的碗以及弧腹碗仅在早期出现，中期可能没有随葬这两种器物的习俗。

碗的总体特点：辽代早期墓葬随葬的碗种类较多，三种形制的碗全部在早期出现，到了中期，只有个别形制的碗继续沿用，如斜壁直收平底碗和弧腹碗。晚期不见有碗随葬。

类	型	早期	中期	晚期
带把杯	A 型	 1		
	C 型	 2		
多曲杯	Aa 型	 3		
	Ab 型		 4	 5
	B 型			 6
高足杯		 7		
折肩罐	A 型	 8		
	B 型	 9		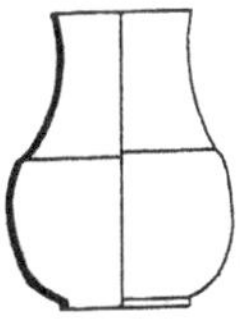 10

图 4-8 杯、罐分期图

1、8. 吐尔基山辽墓 2. 二八地 M1 辽墓 3、9. 耶律羽之墓 4. 喀左北岭辽墓 5、10. 解放营子辽墓 6. 建昌龟山一号墓 7. 大营子辽驸马墓

盘。可能早期流行葵花形盘，到了中期以后，不见葵花形盘，开始随葬圆形盘，中期的圆形盘为平底盘，到了晚期后演变为圈足盘。海棠形盘早、晚期皆有发现，早期的装饰非常复杂，晚期海棠形盘则装饰相对简单，盘心三组圆形图案，圈内为双鱼和宝相莲纹，为晚期出现的新样式（图 4-9）。

盆。早期墓葬出土的盆为弧腹，中期墓葬出土的盆则斜腹内弧收。

碟。可能中期开始有随葬碟的习俗，晚期亦有此种随葬品。

壶。分为提梁壶和带把壶。早期比较流行提梁壶，而且制作比较精美。中期及晚期墓葬中未发现随葬提梁壶。带把壶，早、中期皆有发现。早期鼓腹带把壶无颈，中期墓葬出土的带把壶则是短颈，具有明显的演变规律，同时，一件馆藏的带把壶为长颈壶，根据演变趋势，这件壶很可能为晚期墓葬出土之器物。

带把壶的演变规律是，壶颈由无到有，由短及长。带管状流的带把壶出现于唐代中期，用于饮茶和饮酒，短流注壶流行于辽早中期，长流注壶流行于辽晚期，与温碗共出的套壶也是晚期出现的新时尚。

罐。分为无盖和有盖。早期墓葬出土的无盖罐长颈，整体瘦高；晚期墓葬发现的无盖罐则短颈，且整体矮胖。有盖罐仅发现于中期墓葬中（图 4-10）。

渣斗。早期墓葬出土的渣斗的斗盘较浅，中期墓葬出土的渣斗的斗盘较深。演变规律比较明显。

盒。分为花式盒、圆盒、方盒、链盒四种。早期流行随葬花式盒和方盒，中期以后，花式盒消失，方盒继续存在，新出现了圆盒和链盒，中期的圆盒为圈足；到了晚期，方盒不见，圆盒演变为平底，链盒还有发现。

盏托。早期盏托造型比较简练，中期的盏托较精美，装饰复杂。

匜。可能早期有随葬此器物的习俗，中期以后不见此类随葬品（图 4-11）。

器皿的总体规律：早期墓葬随葬的器皿种类丰富，制作精良，数量多；中期次之，晚期最差。另外，有少数器物，如盘、盆、带把壶等，存在明显的演变规律。

五、葬　　具

辽代的冠有卷云冠、高翅冠、莲叶冠、额冠、金箍冠等多种类型，中期的卷云冠分无高冠背和有高冠背二亚型，晚期无高冠背者消失，高冠背者流行起来。中期的高翅冠冠筒较高，翅略高于冠筒，晚期冠筒变矮，冠翅明显高于冠筒，矮冠筒的高翅冠更省料且适于佩戴。莲叶冠分立耳和垂耳二亚型，选用的材料多为馆藏品，不具备序列考察的完整性，但从唯一的出土品推测出垂耳的莲叶冠在中期曾流行。早期的额冠仅有二凤托珠造型一种，中期有二凤托珠造型和云朵造型两种，且二凤题材更加本土化、线条更加灵动。金箍冠为孤例，仅在早期流行。

类	型 \ 分期	早期	中期	晚期
多曲碗		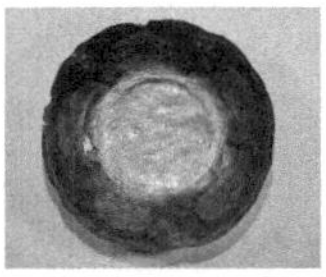 1		
平底碗	A 型	 2	 3	
弧腹碗	A 型	 4		
	B 型	 5		
盘	A 型		 6	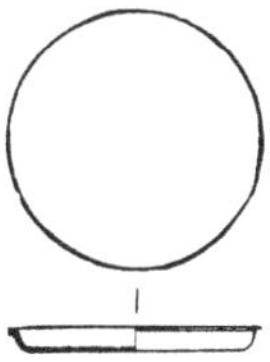 7
	B 型	 8		
	Ca 型	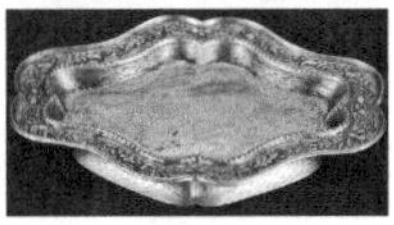 9		
	Cb 型	 10		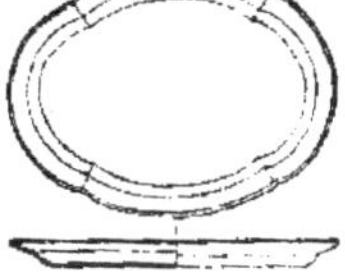 11

图 4-9　碗、盘分期图

1、2. 二八地 M1 辽墓　3. 陈国公主墓　4、8. 耶律羽之墓　5、9. 吐尔基山辽墓　6. 英凤沟 M7 辽墓
7. 龟山一号辽墓　10. 白音塔拉辽墓　11. 解放营子辽墓

类	型 \ 分期	早期	中期	晚期
盆		 1	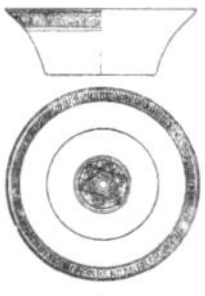 2	
碟			 3	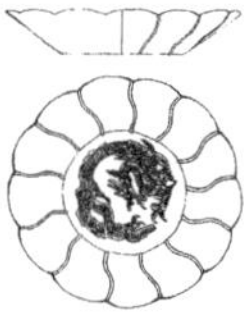 4
提梁壶	A 型	 5		
	Ba 型	 6		
带把壶	A 型	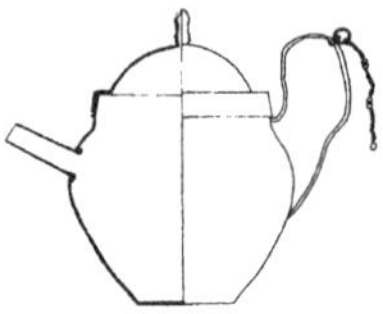 7	 8	
罐	A 型	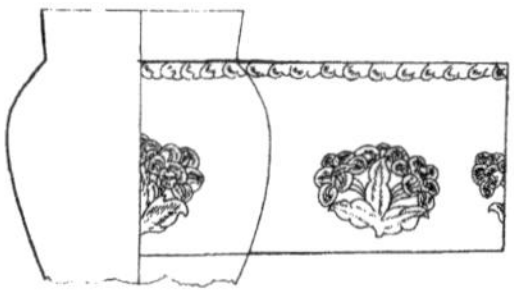 9		
	B 型		 10	

图 4-10　盆、碟、壶、罐分期图

1、6. 吐尔基山辽墓　2、8、10. 陈国公主墓　3. 庆州白塔　4. 朝阳北塔　5. 大营子辽驸马墓　7、9. 白音塔拉辽墓

类	型	早期	中期	晚期
渣斗		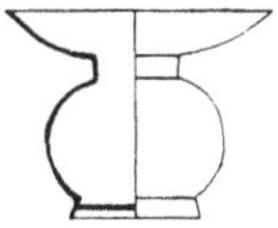 1	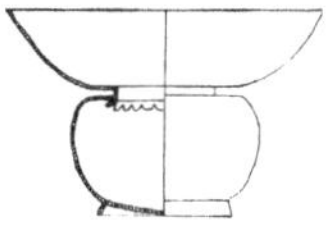 2	
花式盒	A型	 3		
	B型	 4		
	C型	 5		
圆盒			 6	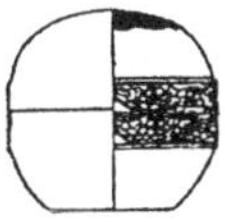 7
方盒		 8		
链盒	A型	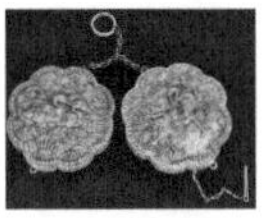 9	 10	
盏托	A型	 11	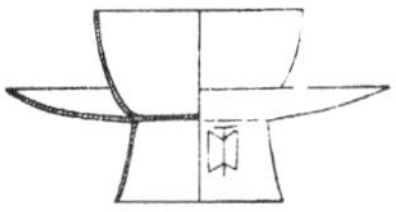 12	
匜	A型	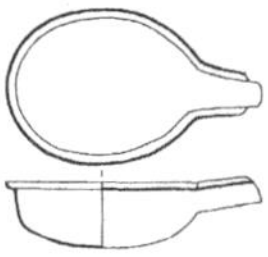 13		
	B型	 14		

图4-11　渣斗、盒、盏托、匜分期图

1、3、4、14. 耶律羽之墓　2、6、9、12. 陈国公主墓　5、8. 吐尔基山辽墓
7. 净觉寺出土　10. 朝阳北塔出土　11、13. 大营子辽驸马墓

类	型	早期	中期	晚期
冠	A 型 卷云冠		 1  2	 3
	B 型 高翅冠		 4	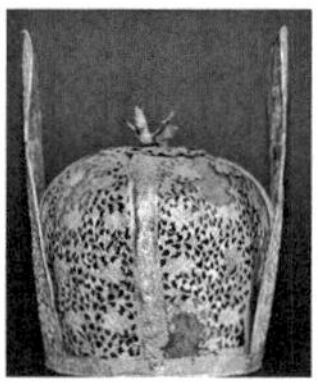 5
	D 型 额冠	 6	 7	
面具	A 型 睁眼		 8 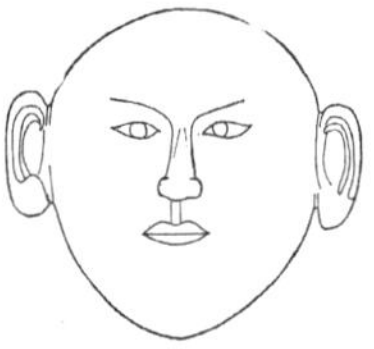 9	
	B 型 闭眼		 10	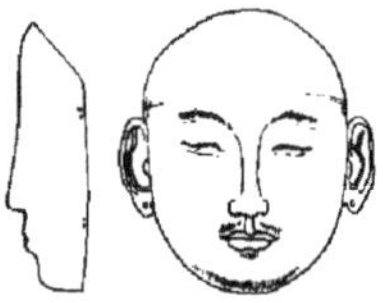 11
网络	A 型 网络		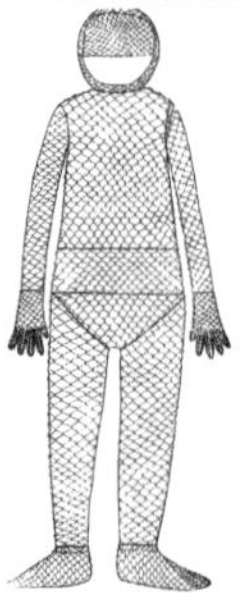 12	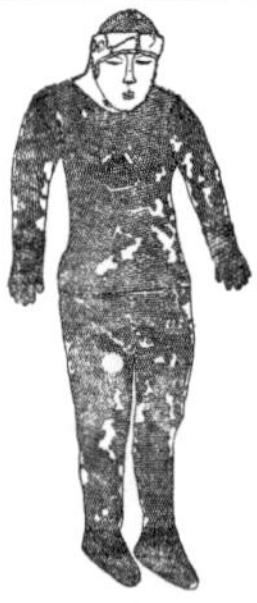 13

图 4-12　葬具分期图

1、4、9、12. 陈国公主墓　2、8. 小喇嘛沟 M11 辽墓　3、5、11. 敖瑞山辽墓　6. 后刘东屯二号墓　7. 小喇嘛沟 M1 辽墓　10. 朝阳沟 M3 辽墓　13. 豪欠营子 M6 辽墓

辽代的面具有睁眼面具和闭眼面具两种，中期的面具有睁眼和闭眼两种，以圆顶睁眼面具为主流，晚期睁眼面具消失，仅存闭眼面具，而且个别出现后托。

辽代的网络按保存状况划分为全身网络和非全身网络，以陈国公主网络为代表的中期全身网络有腹网，以豪欠营 M6 标本为代表的晚期全身网络无腹网，编织方式相似（图 4-12）。

第三节　纹样的分期研究

根据辽代墓葬的分期研究成果，通过将辽代金银器上的纹样进行类型分析，以揭示其分期演变特点，现将特点明显的纹样探索如下，详见图 4-13。

从表 4-2 可以看出，早期流行的纹样有龙纹、A 型 B 型凤纹、摩羯纹、鱼纹、雀纹、鹦鹉纹、狮纹、翼马纹、鸿雁纹、鹿纹、绶带纹、牡丹阔叶纹、缠枝花纹、卷草纹、团花纹、莲花纹、人物故事纹、鱼子纹、联珠纹、叶瓣纹、小花纹；中期出现的新纹样有 C 型凤纹、B 型云纹、E 型阔叶牡丹纹、鹤纹，而早期的狮纹、翼马纹、鸿雁纹、鹿纹、A 型 B 型阔叶牡丹纹、绶带纹不再流行；晚期升龙纹、A 型凤纹、摩羯纹、雀纹、鹦鹉纹、人物故事纹、A 型 C 型云纹、C 型 D 型阔叶牡丹纹、缠枝花纹、卷草纹、团花纹、小花纹不再流行。

表 4-2　辽代金银器上的纹样分期演变

类 \ 型 \ 分期		早期	中期	晚期	类 \ 型 \ 分期		早期	中期	晚期
龙纹	团龙	——	——	——	折枝纹	A 型	——		
	二龙戏珠	——	——	——		B 型	——		
	升龙	——	——			C 型	——	——	
	行龙	——		——	卷草纹	A 型	——		
凤纹	A 型	——	——			B 型	——		
	B 型	——	——	——	缠枝花纹		——	——	
	C 型		——	——	团花纹		——	——	
摩羯纹		——	——		莲瓣纹		——	——	——
鹿纹		——			云纹	A 型	——	——	
鱼纹		——	——	——		B 型		——	
狮纹		——				C 型	——	——	
翼马纹		——			绶带纹		——		
鸿雁纹		——			鱼子纹		——	— —	- - - -
鹤纹			——		联珠纹		——	——	- - - -
雀纹		——	——		叶瓣纹		——	——	— — —
鹦鹉纹		——	——		小花纹		——	——	
鸳鸯纹			——		人物纹		——	——	

龙纹是辽代的重要纹样之一。团龙纹、二龙戏珠纹在辽代一直流行，行龙纹中期不见，而升龙纹晚期不见，龙纹发展到晚期兽性弱化，辅助纹样消失。凤纹是辽人的至爱，使用频率甚至高出龙纹，A 型凤纹流行于辽之早期和中期，不见于晚期，B 型凤纹流行时间最广，早、中、晚期都在使用，凤尾由三、四或五根细长翎组成，其中三根最为典型，多与火焰珠组合出现，且集中在马具和葬具上，C 型凤纹是始现于中期的一种新纹样，头部向上扬起，冠、嘴、尾部特征较早期发生了较大变化，晚期在铜镜上也在使用，其中曲喙含珠或曲喙衔枝的立凤纹属于 A 型或 B 型，仅见于辽之早期和中期。辽代的摩羯纹被广泛使用于早、中期的金银器皿和金银耳环上。鹿纹在早期甚为流行，中、晚期衰退不见。辽代金银器上云纹有的与龙凤纹搭配，在早中期尤为流行。阔叶牡丹纹是辽代金银器上最常见的植物纹样，器皿上使用最多，其次是装饰品和马具牌饰，A 型、B 型只在早期流行，更具写实风格，多叶构图发展至中、晚期，图案愈加程式化，变化甚微。辽代的鱼子纹很有特点，经历了细密到疏朗再到几近消失的过程。联珠纹中的立体联珠尤在辽代早期流行，平錾联珠在辽代早、中期都能见到，晚期器皿上的联珠纹已经接近鱼子纹的模样了。

第四节　材质的分期研究

本节将在历史分期的框架内，统计金器、银器、铜鎏金器等不同材质的数量所占总数量的比例变化，并结合文献分析各类材质此消彼长的原因。

图 4-13 为辽代各期各类器物统计图，从这张图可以看出，在早期，金器、银器、铜鎏金器、银鎏金器、嵌银铁器、铁鎏金器这六类器物，除铁鎏金器的数量较之中、晚期相对较少外，其余均比中、晚期的同类器物数量多，而且有的器物，如铜鎏金器的数量比中、晚期的铜鎏金器的数量要多出很多。这从反面也印证了早期辽代国力的强盛及厚葬之风的盛行。中期时，最高统治者注意到了奢靡之风的害处，屡有禁令，圣宗时，“庚辰，禁止穿戴明金、缕金、贴金服饰”[①]；兴宗时，“丁卯，禁止丧葬杀牛马及埋藏珍宝”[②]。但禁令也有所松弛，兴宗重熙十二年六月，“诏世选宰相、节度使族属及身为节度使之家，许葬用银器”[③]，所以晚期仍能见到巴林右旗窖藏的银器储备，而金器却几乎不见了。正由于行政命令的作用，这个时期随葬的金银器类随葬品的数量多比早期少很多，显示出辽代晚期统治者仍然高度集权，上下政令通畅。另外，国力的衰退、征战的频繁，厚葬之风已经没有了物质基础，所以这个时期的金银器类随葬品的数量急剧减少，质量也不可同日而语。

---

① （元）脱脱等．辽史 · 本纪第十六 圣宗耶律隆绪（七）［M］．北京：中华书局，1974.

② （元）脱脱等．辽史 · 本纪第十九 兴宗耶律宗真（二）［M］．北京：中华书局，1974.

③ （元）脱脱等．辽史 · 本纪第十九 兴宗耶律宗真（二）［M］．北京：中华书局，1974.

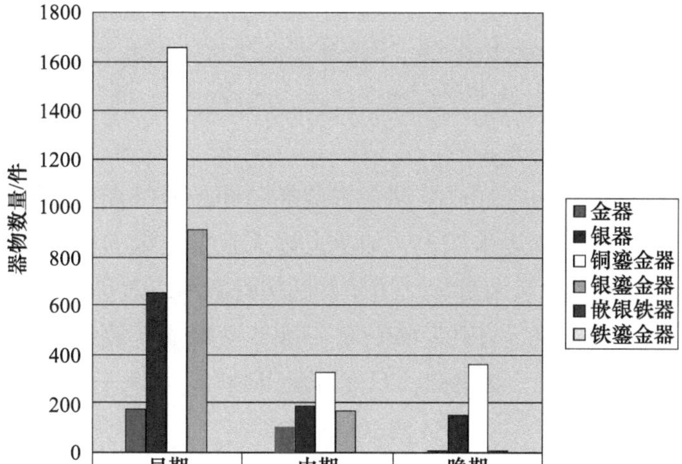

	早期	中期	晚期
金器	180	104	4
银器	651	190	125
铜鎏金器	1656	322	327
银鎏金器	911	169	6
嵌鎏铁器	74	0	0
铁鎏金器	1	2	3

分期

图 4-13　辽金银器数量的阶段性统计图

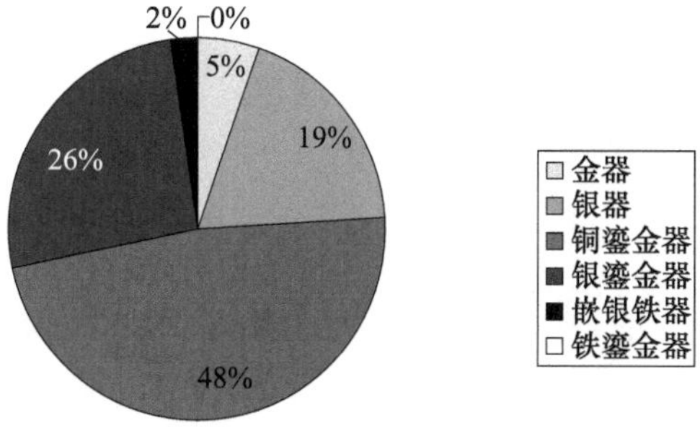

图 4-14　辽早期金银器不同质地的数量对比图

早期，即从太祖神册元年至景宗乾亨五年（916 ~ 983 年），从早期各类器物所占比例图上看（图 4-14），这期间铜鎏金器在所有金银器类随葬品中所占的比例最大，接近所有金银器类随葬品总数的一半；银鎏金器次之，占 26%；银器所占的比例也比较可观，接近五分之一；其余三类的随葬品，即金器、嵌银铁器和铁鎏金器，所占的比例则很小。从工艺方面看，很显然，鎏金器是这个时期主要的金银器类随葬品，从质地方面看，银器和铜器是该时期重要的随葬品原料，金器的数量则相对较少。这两方面是辽代早期随葬品的主要特点。

辽代早期，是辽朝国力的上升期，连破室韦、奚诸部，讨伐女真，攻灭粟末靺鞨建立的渤海国，取得幽云十六州，夺取了很多财富，俘掠了大量人口。这个时期，出现了皇帝对大臣赏赐珍贵金银器的现象，如大臣海思，“帝知其贫，以金器赐之，海思即散于亲友”①。会同元年九月，“壬子，诏群臣及高年，凡授大臣爵秩，皆赐锦袍、金

① （元）脱脱等. 辽史 · 海思传［M］, 北京：中华书局，1974.

带、白马、金饰鞍勒，着于令"[①]。应历十八年十二月，穆宗"宴饮连日，赐金盂、细锦及孕马百匹，左右授官者甚众"[②]。"瑜鲁古献良马，赐银二千两。以近侍忽剌比至先以闻，赐银千两。"[③] 耶律夷腊葛与穆宗秋猎，应命射鹿，鹿"应弦而踣，上大悦，赐金、银各百两"[④]。

结合历史背景，加上辽代早期金银器类随葬品的特点可以看出，此时的辽代由于国力增强，汉文化影响逐步深入，加上上述文献中记载的君主有了赏赐臣子贵重金属器的现象，这时期的辽代墓葬较之更早些的契丹墓葬，效仿中原王朝兴起了厚葬之风。

此外，据史料记载，辽代早期，辽军战胜敌军或者攻城略地之后，多劫掠百姓而归，如"及进兵击仁恭，拔书州，尽迁其民以归"[⑤]，"芮子，拔其城，擒宋瑶，俘其家属，徙其民于阴山南"[⑥]，"壬午，留赵延昭守贝州，徙所俘户于内地"[⑦]。这些被俘虏的汉人，进入草原以后，带来了先进的农业、手工业和高超的生产技术及精良的工具，对辽代的社会发展起到了推动作用，辽代初期理论上应该是其手工业的起步期。但是辽早期金银器却最为精美，种类繁多，这与辽代直接掠夺唐、五代的汉人，从而带来了直接的手工业生产技术有关，直接拿来为我所用，所以辽代金银器起点很高。并且银器（包括银鎏金器）这种相对贵重的金属，占有很大的比例。这期间出土金银器的数量多、质量高。

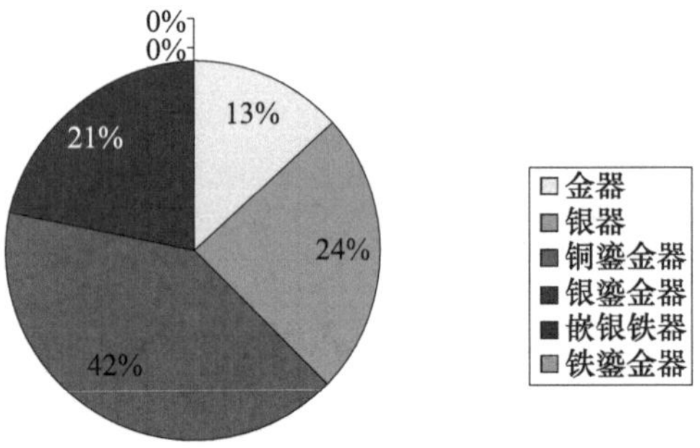

图 4-15　辽中期金银器不同质地的数量对比图

辽代中期，也就是圣宗、兴宗两朝（982～1055 年），从中期金银器类随葬品所占比例图来看（图 4-15），铜鎏金器和银鎏金器较之早期的比例下降，只占金银器类随葬品总数的 42% 和 21%；金器比例大幅上升，占了 13%；银器比例也略有上升，占了 24%；早期还有一定数量的嵌银铁器在这个时期已经不见，鎏金铁器比例还是很小。从工艺方面看，鎏金器还是大宗；从质地看，银质类器物（包括银鎏金器）已经超过了铜器类（铜鎏金器）成为辽代中期墓葬中金银器类随葬品最重要的器物；同时，金器这种贵金属器物也占有了一定的数量。

① （元）脱脱等. 辽史 · 太宗纪［M］，北京：中华书局，1974.
② （元）脱脱等. 辽史 · 穆宗下［M］，北京：中华书局，1974.
③ （元）脱脱等. 辽史 · 穆宗下［M］，北京：中华书局，1974.
④ （元）脱脱等. 辽史 · 列传第八［M］. 北京：中华书局，1974.
⑤ （元）脱脱等. 辽史 · 太祖纪［M］. 北京：中华书局，1974.
⑥ （元）脱脱等. 辽史 · 太祖纪［M］. 北京：中华书局，1974.
⑦ （元）脱脱等. 辽史 · 太宗纪［M］. 北京：中华书局，1974.

辽代中期，是整个辽代最为兴盛的时期。澶渊之盟以后，辽朝结束了与强敌北宋之间的征战，不仅改变了长期与宋作战而带来的财力物力消耗，而且每年还从北宋得到10万两白银和20万匹绢，大大地增强了国力，人民也能安居乐业，发展生产。这个时期，皇帝赏赐大臣的现象仍时有出现。统和二年四月，“……征女直捷，授普宁兼政事令，勤德神武卫大将军，各赐金器诸物”[①]。陈昭衮只身杀虎救了圣宗，圣宗“即日设燕，悉以席上金银器赐之”[②]，“（兴宗）幸北院大王高十行帐拜奥，赐银绢”[③]。《辽史·礼志五》公主下嫁仪规定，“选公主诸父一人为婚主……自纳币至礼成，大略如纳后仪”“拟送终之具，至覆尸仪物皆在”“赐其婿朝服、四时袭衣、鞍马，凡所需无不备。选皇族一人，送至其家”“亲王女封公主者婚仪：效此，以亲疏为差降”。陈国公主是景宗的孙女、耶律隆庆亲王之女，一切礼遇皆与帝女相同。公主和驸马的随葬穿戴，都是结婚时朝廷的赏赐，可见这部分随葬品非死后急需而制。

在辽代中期的历史背景下，结合该时期辽代金银器的特点可发现，这个时期的辽代金银器中，金器的比例迅速增加；皇帝扩大可随葬银器的人群范围，使得银器的比例居所有金银器类随葬之冠；较之辽代早期，金银器类随葬品中的金器、银器比例最高，也从侧面反映了此时为辽代最强盛时期。但这个时期，随葬品的种类及精美程度较之早期却略有下降，可能是这个时期辽代人金银器的制作工艺和水平、丧葬观念有了某些变化。

辽代晚期为道宗、天祚帝两朝（1055～1125年）。从晚期金银器类随葬品所占比例图来看（图4-16），铜鎏金器占到了所有金银器类总数的70%，处于绝对优势地位；银器的比例也比较可观，占到了27%；金器、银鎏金器等其他四类器物只占到了所有金银器类随葬品的3%。此期间，变化最大的就是金银器类随葬品的材质比例的变化，银器的比例相对早、中期下降严重，金器所占的比例则几乎可以忽略不计。

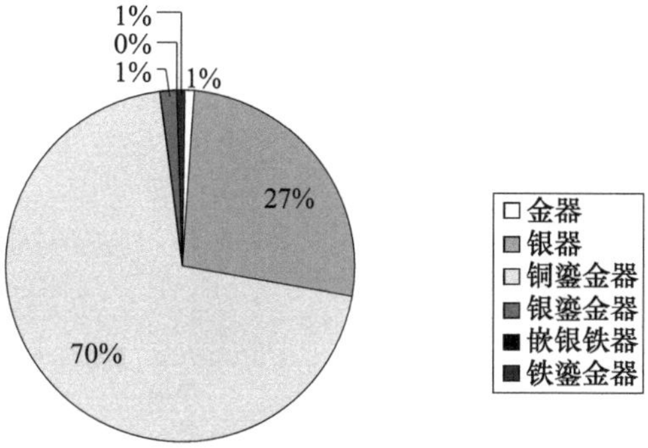

图4-16　辽晚期金银器不同质地的数量对比图

辽代晚期，是整个辽代的衰落、灭亡时期。道宗时期，耶律乙辛擅权，诬陷皇后及太子，导致皇后被赐死，太子被囚禁并被其杀害。耶律乙辛擅权结束之后，道宗在政治上依然昏庸无能，政事荒废。史料记载：“帝万年倦勤，用人不能自择，令各掷骰

① （元）脱脱等．辽史·圣宗纪［M］．北京：中华书局，1974.

② （元）脱脱等．辽史·陈昭衮传［M］．北京：中华书局，1974.

③ （元）脱脱等．辽史·兴宗一［M］．北京：中华书局，1974.

子以采胜者官之。（耶律）俨尝得胜采，上曰：'上相之征也。'迁知枢密院事。"[①] 天祚帝也继承了道宗的败政，"即位，拒谏饰非，穷奢极侈，盘于游畋，信用馋谗、纪纲废弛，人情怨怒"[②]。在这两位昏庸皇帝的治理下，辽朝迅速衰落，并走向灭亡。此期间，在文献中也极少见到皇帝赏赐大臣贵重金银器的记载。

在这种历史背景下，再结合辽代晚期金银器的特点可以发现，这个时期金银器类，尤其是金器这种贵重金属器具，比例严重下降，从侧面反映了这个时期辽代的衰败。晚期金银器匮乏，原因可能有三：一是与国力衰退有关，宋晋的岁币，邻近国家的输贡骤然下降；二是中央依旧高度集权，禁令执行得非常好，没有僭越的墓葬出现，政令依旧畅通；三是三彩明器的出现逐渐取代金银器，厚葬之风才真正终止。

第五节　种类的分期研究

1）本节依旧以早、中、晚期为卡尺，以数据的统计结果为依托，统计出土人体装饰品、工具、马具、器皿、葬具五大种类的墓例的阶段性变化，并选取早、中、晚三期中的一些典型墓葬进行具体分析，以期对各大种类的阶段性变化有更深入的认识。

图 4-17 为出土各类器物的墓葬数量图，本书将从横向和纵向对该图进行分析。

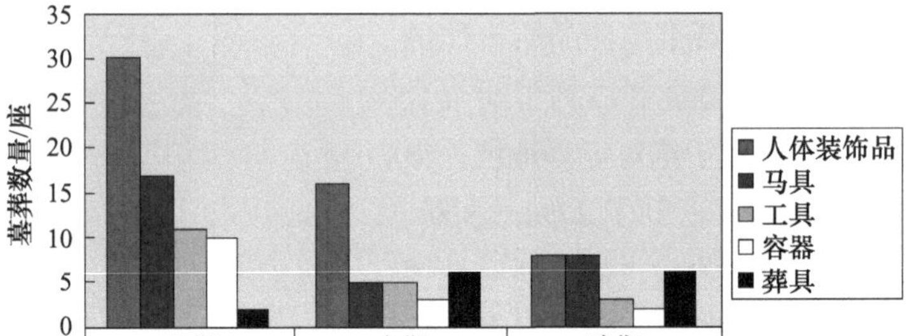

	早期	中期	晚期
人体装饰品	30	16	8
马具	17	5	8
工具	11	5	3
容器	10	3	2
葬具	2	6	6

图 4-17　辽金银器种类的阶段性统计图

首先从纵向上分析该图。早期，出土人体装饰品的墓葬数量为 30 座，占有绝对优势地位；其次是马具，出土马具的墓葬数量为 17 座；出土工具和器皿的墓葬数量差不多；出土葬具的墓葬很少。在早期，很显然，人体装饰品是主要的随葬器类，其次为

① （元）脱脱等．辽史·耶律俨传［M］．北京：中华书局，1974．
② （元）脱脱等．辽史·耶律阿思传［M］．北京：中华书局，1974．

马具，出土工具和器皿的墓葬数量不多，不是主要的随葬器类。葬具在早期为最“不受重视”的器类。

中期，出土人体装饰品的墓葬为16座，占有绝对优势地位；出土马具和工具的墓葬均为5座，出土器皿和葬具的墓葬分别为3座和6座。在中期，人体装饰品仍然是主要的随葬器类；相对早期而言，马具的地位下降，不再是重要的随葬器类；出土工具和器皿的墓葬数量也在下降；此期出土葬具的墓葬数量居于中期的第二位，葬具的受重视程度急剧上升。

晚期，出土人体装饰品和马具的墓葬数量均为8座；出土工具和器皿的墓葬分别为3座和2座；出土葬具的墓葬为6座。到了晚期，人体装饰品虽然还是主要的随葬品器类，但已经不是一枝独秀；马具的地位，相对中期上升，和人体装饰品一同成了这个时期的主要随葬品器类；工具和器皿的地位仍在下降；葬具在这个时期仍然是重要的随葬品器类。

从横向上看，随葬人体装饰品的墓葬数量随着时间的推进，逐渐减少，这也印证了上文分析纵向规律发现的装饰品类随葬品的地位是逐渐下降的这一特点。早期时，出土马具的墓葬数量是很可观的，到了中期后数量急剧下降，晚期出土葬具墓葬的数量又略有上升，这样看来，辽代中期最不重视马具。随着时间的推进，随葬工具和器皿的墓葬数量逐渐小幅度减少，这两类器物一直不是辽代重要的随葬品器类。葬具，早期极少，中、晚期则增加到6座。那么，早期时并不喜用此类随葬品，中、晚期葬具的地位或者作用则大幅上升。

2）典型墓葬随葬品器类的分析。本书选取同级别分期不同的典型墓例，纵向探寻随葬品器类的变化情况。辽代墓葬的复杂性，辽代墓葬是存在等级的，对不同时代相同级别的墓葬分别进行对比研究，才更具备科学性。

从出土金银器的辽代墓葬的情况看，大体可分为两类：一类为同时期出土器物最多、器物质量最好的墓葬；另一类为出土物相对较少、质量相对一般的墓葬。一般来说，出土物的数量和质量代表着墓葬的等级，同一个时期的出土物较多、质量较好的墓葬当是这个时期较高等级的墓葬，出土物相对较少、质量相对一般的墓葬则为相对普通的墓葬。

本书选取了4座高等级的墓葬，分别为早期的大营子赠卫国王墓和阿鲁科尔沁旗耶律羽之辽墓，中期的陈国公主墓，晚期的敖瑞山辽墓。这4座墓葬均是各期中出土器物较多、器物质量较好的墓葬，也就是等级较高的墓葬；随机选取了6座相对普通的墓葬。本书将对这10座墓葬的随葬品器类进行分析，以探寻规律。

在高级墓葬方面，早期的大营子赠卫国王墓和阿鲁科尔沁旗耶律羽之辽墓，随葬的马具的种类及数量居五类随葬品之首，人体装饰品和器皿的种类及数量也比较可观，工具很少，均未发现葬具。到了中期，陈国公主墓中的马具还是最重要的随葬品，人体装饰品、工具、器皿的种类和数量也很多，中期高级别墓葬中出现了葬具。很显然，中期高级别的墓葬不仅较之早期墓葬多了葬具类随葬品，而且其他四类的随葬品的种类及数量均要多于早期。据《辽史 · 礼志五》公主下嫁仪规定，“选公主诸父一人为婚主……自纳币至礼成，大略如纳后仪”“拟送终之具，至覆尸仪物皆在”“赐其婿朝服、四时袭衣、鞍马，凡所需无不备。选皇族一人，送至其家”“亲王女封公主者婚仪：效此，以亲疏为差降”。陈国公主是景宗的孙女、耶律隆庆亲王之女，一切礼遇皆与帝女相同。公主和驸马的随葬穿戴，都是结婚时朝廷御赐之物，是由专门机构的皇家工匠集中制作，代表着中期最高的金银制作水准，也不难理解辽代最鼎盛中期阶段的高级墓葬的随葬品情况明显好于早期的缘由了。晚期阶段较高级墓葬的敖瑞山辽墓，马具的种类和数量仍然要多于其他四类器物，但未发现器皿类随葬品，而且人体装饰品、马具、工具及葬具的种类和数量较之早、中期要少很多，很显然，这时期的辽代高级墓葬要“逊色”很多。总体来看，不同时期的高级墓葬均重视随葬马具，这和契丹为游牧民族有很大的关系；从中期开始高级别墓葬出现了葬具，这也是一大特点。

在相对普通的墓葬方面，早期的克什克腾旗二八地 M1 和敖汉旗沙子沟辽墓的马具依然是最重要的随葬品，均未发现葬具。相对而言，克什克腾旗二八地 M1 的随葬品情况要比敖汉旗沙子沟辽墓好一些，因为克什克腾旗二八地 M1 的随葬品的数量和种类要多于敖汉旗沙子沟辽墓，而且敖汉旗沙子沟辽墓未出土器皿。中期，通辽二林场辽墓和敖汉旗英凤沟 M7 辽墓均发现随葬马具和工具，但是敖汉旗英凤沟 M7 辽墓随葬了葬具。总体看来，中期相对普通墓葬的随葬品种类和数量均较少，与早期同级别墓葬随葬品的情况大相径庭。晚期阶段的赤峰解放营子辽墓和辽宁李贝堡 M1 辽墓的总体随葬品情况和中期差不多。这么看来，早期阶段，相对普通墓葬的随葬品的情况要明显好于中、晚期。

如此看来，辽代墓葬的随葬品类别情况有如下特点：早期不重视随葬葬具，中、晚期开始流行随葬葬具。两个级别的墓葬在不同时期的变化情况并不一致，高级别的墓葬在中期时达到高峰，晚期最差。相对普通的墓葬则在早期达到了高峰，中、晚期最差，而且早期墓葬的随葬品种类除了葬具外非常完整，中、晚期墓葬的随葬品种类不完整。我们知道，辽代中期皇帝发布了禁止厚葬的禁令，兴宗时，“丁卯，禁止丧葬杀牛马及埋藏珍宝”①，所以，相对普通的墓葬在中期时随葬品的质量和数量突然下降（陈国公主死在兴宗发布禁令之前，所以禁令没有影响到陈国公主的厚葬情况）。晚期时，辽代墓葬的衰落情况及原因就不再赘述。

通过考释发现近半数的器物形制在悄然发生着演变，以耳环、戒指、手镯、带銙、鞍包片、马镫、折肩罐、带把壶、海棠形盘、渣斗、冠、面具最为明显。从纹样上看，早期的纹样最为丰富，中期纹样在缩减，同时又补充出现了几种新纹样，晚期纹样迅速减少。从材质上看，铜鎏金器始终是主角，早期银鎏金器和银器备受瞩目，品质很

---

① （元）脱脱等. 辽史 · 本纪第十九兴宗耶律宗真（二）[M]. 北京：中华书局，1974.

高，中期纯金器和银器的比例上升，品质有所下降，晚期几乎被鎏金铜器和银器所垄断。从种类上看，早期极为重视人体装饰品和马具，中期葬具出现并替代了马具的位置，晚期马具比例微弱上弹，葬具仍然是重要的门类，整体而言人体装饰品、工具、容器的比例在不断下降。金银器作为辽代手工业的一个门类，在初创期的起点很高，这与大唐盛世高超的金银器制作技术密切关联，文献记载很多技艺娴熟的中原匠人主动或被动为辽所用，造就了早期金银器在器形、纹样、材质、种类、品质诸多方面的高水准；中期辽人没有因循守旧，在纯金器、银器、葬具上改变或创新，将金银器推至新的高度，文献记载这一时期辽国力最为强盛，赏赐成风；晚期金银器衰落，是国力不堪与金银器禁令双重因素使然。

第五章　辽代金银器的社会性

在人类社会生活中，黄金、白银及其器物以其多重的价值和功能，参与了丰富多彩的社会政治、经济文化甚至军事生活，成为社会发展的润滑剂。辽代金银器在墓葬中的比例一定程度上是它们参与现实生活的再现，考察重要墓葬中金银器随葬现象及其组合信息，尝试析出典型器物中潜含的民族性和等级性，进而结合文献窥探金银器在辽代社会中的重要作用。

第一节　金银器随葬现象的考察

随葬习俗可理解为现实社会的折射或抽象化再现，是对现实生活的刻意模仿，能一定程度上反映当时的社会文化现象。辽代金银器随葬现象的整体感受，不同于手工业发展的一般规律，在早期就呈现出迅猛的发展势头，相关遗存在辽上京腹地、中京地区发现较多。通过重要墓葬中金银器随葬现象及其组合信息的考察分析，可以窥视金银器在辽代社会中的重要意义。

依据器物功能的不同，为方便研究我们把将辽代金银器分为人体装饰品、工具、马具、器皿、葬具五大类。人体装饰品里有头饰、耳饰、璎珞、戒指、手镯和带具，能分类分型，资料充裕；工具名目很多，有刀、剑、矛、锥、臂鞲、号角、针、针筒、耳勺、剪刀、镊子、荷包、匙、箸、笔套、银笔洗、砚台、砚盒、银长盘、镜，每一种只有一两例资料；马具出土数量多，种类丰富，包括衔、镳、缰、当卢、缨罩、障泥、镫、踋尘、带具等零部件，金银器马具以银鎏金质、银质、铜鎏金质见多，偶有包银铁质、错银铁质者，鲜有纯金者，能够占到整体马具的50%以上，金银质地的马具能基本涵盖辽马具的主体类型。器皿有杯、碗、盘、盆、碟、壶、罐、渣斗、盒、盏托、匜等器类，是最能体现文化微沉淀的一类；葬具独树一帜，自成体系，有冠、面具、网络、靴、枕等器类。

在白音塔拉墓随葬品中，人体装饰品48件、器皿7件、工具4件、马具零散件145件。人体装饰品中的戒指形制很特别，分上下两层；手镯为活扣式，在辽墓随葬品中仅见，这种活扣样式的手镯在和林格尔土城子唐晚期墓中出土过[①]；金丝编缀的项饰更是罕见，让人联想起阿鲁柴登出土的匈奴遗物和达茂旗出土的鲜卑遗物；银钗的出土数量

① 孙机．中国古舆服论丛［M］．上海：上海古籍出版社，2013：244．

在辽墓中是最多的一例，这在以髡发包巾为主流的社会是很难见到的，有三种不同的形制。值得一提的是，上述戒指、手镯、项饰、丝球、双鱼形饰、镊子、马具牌饰都有金（或银鎏金或银包金）、银各一套，形制基本相同，数量不对等，可能分属于男、女墓主人，并存在身份等级上的差异。简报认为此墓属于契丹早期墓葬，从金银器随葬品上也能看到多元且为后世少见的文化因素，感觉到早期与前代的种种传承关系。

在吐尔基山辽墓随葬品中，金银器出土最多。据不完全统计，人体装饰品 22 件，其中金丝球是构成璎珞的重要组件，经辨别有三种，分别与不同形状的玛瑙搭配成三条项链供墓主人佩戴；器皿 10 件、工具 8 件、完整的马具至少有 3 套 22 组，包括缨带、络头、鞍包片、胸带、鞧带、马镫、衔镳在内的完备序列。从材质上分析，器皿都是银器或金花银器，人体装饰品规格最高，均为纯金质，马具中 3 组鞍包片的材质均为金花银器或银器通体鎏金，镳中有银质或鎏金银质，为墓主所格外珍视，其余带上的牌饰多为鎏金铜质。墓主人是一位女性，随葬纯金首饰、重视人体装饰并不为怪，然而随葬数量庞大且制作精良的马具却很特别，辽墓虽然有女性随葬马具的先例，但数量之多前所未有，学界目前研究成果推测她是一位大萨满[①]，充满先知与智慧，如与马具结合我们觉得她还是一位精骑射善田猎的女中豪杰。纵观可知，该墓马具的数量和等级可与大营子墓相媲美，墓室规格略低，石室风格显示在时间上更早，属于辽建国初期高级契丹贵族中的重要人物。

在代钦塔拉 M3 随葬品中，金银器为大宗。其中人体装饰品 17 件、马具 2 套，无器皿，银镜在辽墓中仅此一例，在小帐顶部悬挂。从材质上看，人体装饰品都是纯金制作，马具中鞍包片为鎏金银质，1 件衔镳为错银铁质，其余都是鎏金铜质，人体和马的装饰比较重要，从人体装饰品的性别分配来看，女性佩戴的种类明显优于男性。从随葬的契丹大字木牍判断墓主人应该是契丹贵族，头向西北与主流的东南向有差异，在时间上更早。

在耶律羽之墓随葬品中，含鎏金器在内的金银器是大宗，在人体装饰品和器皿上很突出，器类齐全，做工精湛，马具仅存鞍翅包片、杏叶等零散件，工具寥寥无几，砚盒表明主人精于文墨。从材质上分析，纯金器 15 件，除 2 件金杯外，其余均为首饰；鎏金银和银器 12 件，除 2 件簪外，余皆为器皿；鎏金铜材质多用于马具，可见对人体装饰和酒食器的珍视。该墓是 941 年的夫妻合葬墓，男墓主是耶律羽之，是太祖的堂兄弟，辅佐东丹王耶律倍，政绩突出，太宗特加哀诏，赏赐送终之礼，这些金银器中应该有部分赏赐所得。

在大营子 M1 随葬品中，金银器的比例很高，1161 件金银器（含鎏金器）能占到全部随葬品 2162 件的 50% 以上，其中马具 14 组 1111 件、工具 7 件、器皿 6 件、人体装饰品 37 件；从材质上看，银质占主体，2 组鞍具等级最高，为银鎏金材质，其余 6 组为铜鎏金、铁嵌银或银镶玛瑙，6 件器皿中只有 1 件鎏金，唯有人体装饰品中使用纯金，用在蹀

---

① 冯恩学．吐尔基山辽墓墓主身份解读［J］．民族研究，2006（3）．

蹀带和璎珞的金丝球上，可见男墓主重视人马装饰。据墓志记载，墓主人曾任“安国军节度使，门下平章事开国公”，官爵职位都很高，祖父官居大王。该墓为959年的纪年墓。

在二八地M1随葬品中，人体装饰品14件、器皿7件、一组茶具、一组酒具、马具零散件315件、工具8件，其中银号角出土6件。从材质上分析，整体规格不高，人体装饰品有金、银、鎏金铜三种材质，器皿均为银质，马具除缨罩和鞍包片为银质外，牌饰、杏叶均为鎏金铜材质，工具有银质和鎏金铜质两种材质。此墓为单人男性的石棺墓，头北脚南，是上京地区时代较早的墓葬，有的器物有使用痕迹和铭文，墓主人应该是“大郎君”契丹贵族，且有饮茶、饮酒的高品质追求。

朝阳沟M2虽然多次被盗，仍出土随葬品655件。人体装饰品27件，马具3套431件，为带皮革的全套马具，器皿2件，工具4件。从材质上看，整体规格较高，男墓主的人体装饰品均为纯金和鎏金银质，女墓主则降为银质和铜制，种类上也很悬殊，马具有鎏金银质、银质和鎏金铜质三种，器皿有鎏金银和银质，工具均为鎏金银质。此墓为夫妻合葬墓，木棺单室，男性地位明显高于女性。

在张家营子墓随葬品中，人体装饰品5件、工具3件、器皿2件、马具273件，其中当卢为难得的孤例。从材质上分析，人体装饰品为纯金或银鎏金，工具中的一套进食具为银质，马具主要是银鎏金、银和铜鎏金三种，衔镳通常为铁质，错银处理显示出墓主的身份等级以及墓主对马具的珍视。

早期金银器的特点：普遍重视人体装饰品和马具，有在人体装饰品上使用纯金的传统，马具无纯金制品，最高为银鎏金，鞍包片多为银质或银鎏金，男女在墓中的地位不对等，代钦塔拉墓中的女性高于男性，朝阳沟M2恰恰相反。在器皿方面，耶律羽之墓和吐尔基山辽墓表现突出，可能为赏赐或进贡所得，从侧面反映出墓主人卓越的社会交往能力；在马具方面，大营子辽驸马墓最为瞩目，吐尔基山辽墓次之。就人体装饰品而言，耳环、戒指、璎珞是男性和女性都可以佩戴的，而手镯、簪专属于女性。时间上越早的墓葬，某些器物的形制与前代的联系越多，同时随葬品中难辨识用途的小饰件越多。铁质衔镳、铁质马镫的错银、包银处理实际上是在弱化器物的实用性，在彰显墓主身份特殊的同时，不排除制作初衷就是明器。

陈国公主墓随葬品44组3227件，佩饰的比例最大，就金银器而言，葬具10件，器皿13件，工具9件，人体装饰品173件，其中腰带6条，且保存了完整的组合信息，驸马佩戴5条不同形制的腰带，公主佩戴1条金銙大带，马具2套18副263件，包括络头、衔镳、胸带、马镫、包银木鞍、障泥、蹀躞带、鞧带在内的全套装备，彩绘障泥为孤例，木鞍极难保存，这是目前所知的第二例。葬具、工具、人体装饰品与男女墓主有比较明确的位置关系，手镯、头饰、荷包、针筒为公主专属，腰带以及悬挂物刀、锥以驸马为主，公主也佩戴银鞘琥珀柄铁刀，冠、面具、网络、靴、枕男女兼用。陈国公主家世显赫，为圣宗弟耶律隆庆的嫡生女，按照辽制：皇子嫡生者，与帝女同。该墓为1018年的纪年墓。

凌源小喇嘛沟 M1 随葬品 700 件，金银器 174 件，占 25% 的比例。人体装饰品 14 件，葬具 5 件，马具 113 单件，器皿 6 件，其中执壶、温碗、银杯应为一套酒具，工具只发现一件木鞘包银皮的长剑，但是从存留的 4 件骨角塞推测应该有 4 件银号角的存在。从材质上看，金器只有 3 件首饰，鎏金银器较多，主要用于葬具和马具，通体鎏金，不见纹样的局部鎏金，银器主要是器皿，纹样均不鎏金，在带具和捍腰上纹样高浮雕隐起，鎏金铜器用于马具装饰。M1 位于整个家族墓的中心，等级最高，通过刻花白瓷罐等器物推测为圣宗时期的墓葬，报告整理者通过与陈国公主墓相比较，认为墓主人身份和地位略低于公主一级，但高于一般节度使或普通契丹贵族，相当于重要节度使一级或高级贵族家族的重要成员①。同墓地的 M11 出土的葬具和戒指均为银质，数量很少，应为该家族中的一般成员。

多伦贵妃墓被盗，出土人体装饰品 10 件、葬具 3 件、工具 4 件、器皿 1 件，无马具。从材质上看，金器 47 件，其中金戒指 9 件、金垂饰 38 件，可能是帷幔上的装饰，鎏金银器 4 件，用于冠、靴、捍腰、短刀上，银器用于工具和器皿，比较看重人体装饰。据墓志记载，墓主人契丹贵妃兰陵萧氏为圣宗贵妃，葬于辽圣宗统和十一年（993 年），木制围榻的葬具并不多见，父亲萧一宁官至归德军节度使。

中期金银器的特点：葬具横空出世，呈现出冠、面具、网络、靴、枕的固定搭配，在陈国公主墓中得到最完整的展示，组合最为完备，冠与面具为金质，网络为银丝，靴与枕为金花银质，为目前资料的顶配，葬具在中期的创制可以成为断代的一条依据，面具有睁眼和闭眼之分，从目前的资料看，睁眼的面具都集中在中期，闭眼的面具在中期和晚期兼有，有一定的标识性。仍然重视人体装饰品和马具，腰带男女通用但有所不同，中期腰带的样式更多，契丹蹀躞带、汉式腰带琳琅满目，多专属男性，在陈国公主身上佩戴女性专用的一种大带，由 8 件独立的金銙固定在丝带上使用，为以往所不见，多伦贵妃墓出土的一件被命名为捍腰，形制和陈国公主的大带颇有相似，鎏金银托镶嵌 7 块玉銙，龙纹纹样都如出一辙，唯有银托做成两侧有孔的捍腰式，我们推测陈国公主大带是在此基础上的新创。陈国公主墓马具做成了明器，我们得以管窥完整的马具搭配，女性随葬马具的传统仍在延续。器皿的品质整体在下降，即使在皇帝的贵妃墓都很难见到富丽堂皇的金器或金花银器了。

温多尔敖瑞山随葬品中，人体装饰品 3 件，为蹀躞带和璎珞的组件；马具 28 件，其中鞍前桥包片 1 件，余为鞧带组件；葬具 4 件，冠和面具的组合；无工具和器皿。从材质上看，均为铜质鎏金。该墓在辽京正东 80 千米，为八角形单室墓，夫妻合葬的晚期墓葬，同墓出土了影青、定窑白瓷、仿定窑瓷等器皿。

巴林右旗友爱窖藏是辽晚期出土器皿最多的一处窖藏，窖藏在唐代金银器中有很深的传统，在唐代的赤峰地区也发现过金银器窖藏。器皿 24 件，执壶和温碗为一套酒

---

① 辽宁省文物考古研究所. 凌源小喇嘛沟辽墓［M］. 北京：文物出版社，2015：132.

具，海棠形银盘成为三彩器的重点仿制对象，柳斗形银碗据以往学者研究是仿生器的代表性器物，受到北宋文化的影响，事实是这种仿制蒲篮或柳编器的器形在晚唐就出现了，有可能同时受到了类似的启发，具体的传播路线目前看还不清晰。荷叶形、莲花形、芙蓉花形都是之前不见的新器形。

晚期金银器的特点：随葬金银器的墓葬急剧减少，在为数不多的金银器墓葬中，人体装饰品和马具的传统仍在延续，金器、金花银器消失不见，取而代之的是鎏金铜器，器皿在一处窖藏中偶见，材质均为银质，且出现了新器形，这种器形的出现与北宋普遍盛行的写实之风不无关系。

第二节　辽代金银器的民族性

葬俗一向是比较稳定的民族特征，它的改变需要漫长且复杂的过程，其他部族的融入是促成变化的重要因素之一。辽代墓葬通常通过有迹可据的墓制和葬制的特点体现出来，具体表现在墓向、椁室、壁画、葬尸、葬服、随葬品、葬仪等方面，成为判断墓葬族属的重要依据，如契丹贵族墓的主室往往存在椁室制度，成为断定辽墓族属的一个特征，与金银器资料结合就能够得出一些认识来。

一、腰带的民族性

就目前辽代金银带具的考古资料而言，有六类组合形式，即A类双带扣双铊尾带、B类双带扣单铊尾带、C类单带扣单铊尾带、D类蹀躞带、E类捍腰、F类大带。辽代因俗而治，百官分为北面和南面两大系统。《辽史·仪卫志》记载服饰制度“北班国制，南班汉制，各从其便焉”，所谓国制就是指契丹服，宋人称作蕃服，汉制则指中原地区汉人穿的汉服。腰带是服饰的重要组成部分，通过对墓葬族属的综合判断，A类、B类、C类腰带多见于汉族墓葬，中、晚期也有契丹人在使用，而D类、E类、F类腰带则专属于契丹族，从数量上看D类蹀躞带出土最多，与以契丹族为主体的国家建制是符合的。以陈国公主墓为例，同时出土了除E类外的全部形制的腰带，公主和驸马属于契丹皇族，不仅使用蹀躞带，同时也用汉式腰带，这种情况在文献中有详细记载：辽朝的汉服，不仅南面官穿，皇帝也穿；乾亨之后，在举行大典时连北面官也穿，这种礼制一直坚持到辽亡。

二、耳环的民族性

U形带凸耳环是一种形制特殊的耳环，在辽代比较流行，目前能见到10例出土资料，以单凸者为多（图5-1，3），三凸者为孤例，见于巴彦库仁辽墓M1出土的金耳环

（图 5-1，1），整体呈“C”形，有三个乳凸圆饰，钩下端正中为纵向叶形片饰，应该属于与别的文化接触后的仿制。在东后贝加尔地区的布尔霍图伊文化遗存中有形制相似的金耳环，单凸者（图 5-1，4）和三凸者（图 5-1，2）均有发现且数量不少，这种耳环的文化内涵极其复杂，据研究这一地区在 4 世纪先后渗入了突厥人、靺鞨人和契丹人，靺鞨文化遗存中也随葬类似特征的耳环，并以图片的形式展示了这类耳环的突厥成分，没有展开分析①，但也为这种特殊装饰品的渊源提供了一些线索。在呼伦贝尔地区，谢尔塔拉唐代墓地出土过类似的耳环，巴尔虎左旗甘珠尔花石棺墓 M3 出土的耳环为萤石浇铸（图 5-1，5），与本书讨论的 U 形带凸耳环形制如出一辙，墓主人为老年男性，简报认为是辽墓②，这一地区的巴彦库仁 M1 辽墓出土了三凸 U 形带凸耳环，隐约感觉到呼伦贝尔地区可能是这种耳环交流的一个节点，从这个节点再向契丹腹地扩散，在这个过程中，单凸形制的耳环纵横辐射，而三凸形制的耳环可能被遗弃了。

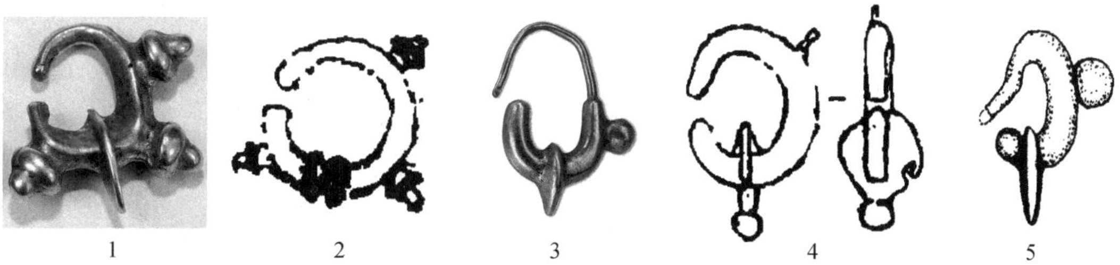

1　2　3　4　5

图 5-1　U 形三凸耳环和 U 形单凸耳环③

1、2. U 形三凸耳环（巴彦库仁辽墓 M1、布尔霍图伊文化遗存）3～5. U 形单凸耳环（沙子沟 M1 辽墓、布尔霍图伊文化遗存、巴尔虎左旗甘珠尔花石棺墓 M3）

三、文具上的民族融合

考古所见的金银文具有 4 例，英凤沟 M7、宁城埋王沟 M4、凌源小喇嘛沟 M1、陈国公主墓出土者。英凤沟 M7 出土了一套完整的文具组合，4 件银文具相邻出土，银砚和银笔管由银链相连，银长盘、银笔洗与前两者皆相邻，根据同墓出土的其他随葬品和男、女墓主人佩戴鎏金银面具的情况分析，该墓墓主人应该是契丹贵族；出土鎏金铜砚台和鎏金铜笔套的宁城埋王沟 M4 也是一座契丹人的墓葬，据墓志载墓主人为萧孛特本，葬于大康七年（1081 年）。出土摩羯纹银长盘的凌源小喇嘛沟 M1 属于契丹家族墓地，报告根据白瓷刻花莲纹盖罐的时代特征判断为辽圣宗时期。陈国公主墓也

① 林树山编译. 东后贝加尔地区的室韦文化源流及其成份［J］. 北方文物，1989（4）.

② 王成，陈凤山. 新巴尔虎左旗甘珠尔花石棺墓群清理简报［J］. 内蒙古文物考古，1992（1，2）.

③ 图中的 1 摘自内蒙古国有馆藏珍贵文物数据库，2、4 摘自《东后贝加尔地区的室韦文化源流及其成份》，3 摘自《敖汉旗文物精华》，5 摘自《新巴尔虎左旗甘珠尔花石棺墓群清理简报》。

出土了一件形制类似的银长盘，其出土位置与玉砚、玉笔洗相邻，应为一套文具。

契丹人使用文房四宝，反映出契丹人汉化的民族融合现象。英凤沟出土的银笔洗、银盘均刻划契丹字，笔洗内尚存墨痕，双连体银笔套一侧染有墨迹，说明是文化程度较高的契丹上层人物的生前实用器。但是同时契丹人也进行了改良，金银文具不见于中原农业地区，定居的农业文化是以玉质为代表的，以金属制作的文具有不易损坏、便于携带的优点，如双连体笔套可以保护毛笔，埋王沟出土者一管内尚存毛笔一支，英凤沟银砚台设计得更为精妙，砚池顶端与柄相通处有一小孔，这一设置可能与存储墨汁有关，只要倾斜砚身，剩余的墨汁通过小孔回流到柄内，将孔加塞墨汁就不会流出，这种改良无疑更适应四时游牧狩猎的生活方式。

第三节　辽代金银器的等级性

辽代墓葬的等级通常可以通过墓葬形制来判断。辽代的契丹墓，一般都营建墓室，以供死者如生前居住，考古发现的以砖室墓居多，石砌墓、砖石混砌墓次之，土洞墓很少见，属于地位低下的平民或奴仆。

皇帝陵墓一般由三正室和四侧室组成，契丹大贵族墓一般由两正室和两侧室组成，以后室为主室，如陈国公主驸马合葬墓；早期的驸马赠卫国王墓更是特殊，由前室、中室和后室三个正室，东侧室和西侧室两个侧室，以中室为主。契丹一般贵族墓，都是单室墓，只有一个墓室而无侧室，如科右中期巴扎拉嘎 M1、锦州张杠村 M1、通辽二林场墓。故讨论金银器的等级性，大约要分皇族、大贵族、一般贵族墓葬三个层次，平民墓葬很少使用金银器物。

一、腰带的等级性

从腰带的组合可以看到，目前考古所见的形制清楚的双带扣双铊尾带有 4 例，是流行于中期的一种腰带。从墓葬形制上判断，张扛村、二林场墓主人属于契丹一般贵族之列，从材质上看，铜材质选用更多一些，与同时期出土金银带的墓主人相比，在身份等级上会低一些。凌源小喇嘛沟 M1 为 11 座墓群中唯一的多室墓，出土的遗物组合等级也较高，出土的银鎏金腰带也是等级较高的一例，据报告推测墓主人可能是一般节度使或高级贵族家族的普通成员①。

奈林镐 M2 辽墓是一座石头垒砌的单室小墓，从墓制看等级不高，但是出土了很多金器，令人瞩目的是一条 Db 型金蹀躞带，带銙有“古眼”，而且有的形制也比较特殊，同时共出土了一套金首饰、银器皿，这与单室墓的形制不甚对称，我们不得不重

① 辽宁省文物考古研究所. 凌源小喇嘛沟辽墓［M］. 北京：文物出版社，2015：133.

新审视墓主的等级，随葬品的档次可与大营子辽驸马墓相媲美，可能也是等级较高的贵族墓。

二、马具的等级性

在目前所见的考古资料中，大营子辽驸马墓出土马具最多，虽被盗掘仍出土8组辔饰，鞍饰3组、缨罩8件、嵌银铁镫9副，另有衔镳9副，此墓形制由五室构成，随葬品大多为皇家所赐，根据墓志可知，墓主有功臣之号，官“安国军节度使……门下平章事开国公”，属于官爵和职位相当高的一类；代钦塔拉M3出土马具2副，铜鎏金、银鎏金各1副，初步判定存在鞍饰、缨罩、胸带、鞦带的马具组合，另外有包银衔镳、铁镫，通过砖砌多室墓的形制和契丹大字木牍判断，属于契丹大贵族墓。二八地M1出土完整的一套木鞍与银鞍饰，铁镫4件，出土很多铜铃散件构成项带或胸带，还有300余件带饰等零散件，足以呈现马具在墓葬中的分量。从墓制看，该墓是砖砌石棺单室墓，从折肩罐的铭文判断墓主人是位“大郎君”的契丹贵族，在辽代官制中并无此设置，比上述两例墓主等级要低。从马具分析，等级越高的墓葬，成套马具数量越多，且以金银材质为主，多为皇家赏赐，等级越低的墓葬，辔饰、缨罩、衔镳等多混搭使用，铜、铁材质的比例上升。死后随葬马具多为生前实用物品。

三、葬具的等级性

葬具是墓葬制度中不会轻易改变的一个要素，在一段时间内具有一定的稳定性，反映在等级性上，可通过材质的选择，以及制作工艺的精细与否初步反映出来。以凌源小喇嘛沟墓地为例，无论从民族还是等级上考虑，从材质或制作优劣上也能初步反映出来。凌源小喇嘛沟M1辽墓出土两套银鎏金冠和面具的葬具组合，M11也出土了一套银冠与银面具的组合，前文所述M1在家族墓群中等级最高，M11次之，这种差异与葬具的鎏金做法、金银用量以及保存的完好程度是相对应的。

第四节　辽代金银器的社会作用

辽代金银器的繁盛固然受到唐代金银器的强大冲击，但是由于社会内部文化基因和文化土壤的不同，对金银的理解也存在很大差异。唐代皇室贵族对金银狂热，史载金银器体现出价值崇拜和命运向往的结合观念，唐代皇室贵族认为将金银器做成器皿对身体健康有奇效。契丹族的金银崇拜有另一套传统，欧亚草原斯基泰、匈奴、乌孙、鲜卑、突厥等游牧民族墓葬的考古发掘表明，大量使用金银器是草原民族的传统，草原民族十分喜爱金银饰品，契丹也沿袭了这一悠久的传统，金银用于人体装饰品、马具上的比例较高，器皿反居其次。唐代金银器的情况是有很多铭文，表明进奉的金银直接制成器物送到中央，而考古资料显示，辽代金银器铭文极少，只有少数几件有“大郎君”的铭文，金银作为进奉的专业职能相对弱化。通过文献史料，能够增进我们对金银器社会功能的认识。

一、对内赏赐

臣子因某种才能或军功会得到金银的赏赐。辽代早期的重臣海思，因机警善辩，深得辽太宗的赏识，“帝知其贫，以金器赐之，海思即散于亲友”①。应历十四年（964年）“十月丙午，近侍乌古者进石错，赐白金二百五十两”②。统和二年（984年）四月，“……征女直捷，授普宁兼政事令，勤德神武卫大将军，各赐金器诸物”③。

对内赏赐中，带和鞍成为重要的物品。统和十二年（994年），“霸州民李在宥年百三十有三，赐束帛、锦袍、银带，月给羊酒，仍復其家”④。圣宗“又喜吟诗，出题诏宰相已下赋诗，诗成进御，一一读之，优者赐金带”⑤。重熙“二十一年（1052年）秋，祭仁德皇后，（兴宗）诏儒臣赋诗，（杜）防为冠，赐金带”⑥。会同元年（938年）九月“壬子，（太子）诏群臣及高年，凡授大臣爵轶，皆赐锦袍、金带、白马、金饰鞍勒，著于令”⑦。

酒具代表的饮酒风尚也能在金银器上呈现。统和四年（986年）五月，判官蒲姑率辽军攻下蔚州及灵丘、飞狐，“赐蒲姑酒及银器”；七月，辽军得朔州，擒宋将杨继业，“赐涅里底等酒及银器”；十一月，双骨里遇宋先锋于望郡，得胜，“赐酒及银器”⑧。耶律休哥因作战勇猛，“帝（景宗）悦，赐御马、金盂……”⑨陈昭衮与圣宗秋猎，只身杀虎救了圣驾，圣宗“即日设燕，悉以席上金银器赐之”⑩，并加重赏赐，赐官赐姓，赐节钺赐美赋。应历十六年（966年）十二月，穆宗“宴饮连日，赐金盂、细锦及孕马百匹，左右授官者甚众”⑪，金盂极可能就是酒器。

---

① （元）脱脱等. 辽史·卷百十三·列传第四十三. 北京：中华书局，2011：1509.
② （元）脱脱等. 辽史·卷七·本纪第七·穆宗下. 北京：中华书局，2011：82.
③ （元）脱脱等. 辽史·卷十·本纪第十·圣宗一. 北京：中华书局，2011：113.
④ （元）脱脱等. 辽史·卷十三·本纪第十三·圣宗四. 北京：中华书局，2011.
⑤ （宋）叶隆礼. 契丹国志·圣宗天辅皇帝［M］. 上海：上海古籍出版社，1985.
⑥ （元）脱脱等. 辽史·卷八十六·列传第十六. 北京：中华书局，2011：1326.
⑦ （元）脱脱等. 辽史·卷四·本纪第四·太宗下. 北京：中华书局，2011：44.
⑧ （元）脱脱等. 辽史·卷十一·本纪第十一. 北京：中华书局，2011：122，123，126.
⑨ （元）脱脱等. 辽史·卷八十三·列传第十三. 北京：中华书局，2011：1300.
⑩ （元）脱脱等. 辽史·卷八十一·列传第十一. 北京：中华书局，2011：1286.
⑪ （元）脱脱等. 辽史·卷七·本纪第七·穆宗下. 北京：中华书局，2011：84.

二、对外互赠

金银器是契丹与其他民族交往互赠的重要礼品。《契丹国志·卷二十一》保留着辽与其他国家或民族的馈献礼单，在宋朝贺契丹生辰礼物中，“金酒食茶器三十七件”“金玉带二条”“金花银器三十件，银器二十件”；“正旦，则遣以金花银器、白银器各三十件……”对于契丹每年入境的国使，金银回赐十分丰富，“至贝州赐茶药各一银合”，以及金花银罐器、金带、银饰箭筒、金涂银镂幡胜、金银器皿等，在给宋的回赐中，“金涂鞍辔马二匹”是必不可少的。

三、葬具的赙赠

以实用金银器皿进行陪葬，在辽代早、中期墓葬中很普遍。辽驸马赠卫国王墓志记载，朝廷赙赠他随葬“衣服二七封，银器十一事，鞍一十三面”[①]，考古出土了大量金银器物。皇族的葬具由官府定制并提供，甚至公主出嫁时，葬具也成为嫁妆的重要组成部分，这在《辽史·礼制五》中有明确记载，“赐公主……拟送终之具，至覆尸遗物皆在赐其胥朝服、四时袭衣、鞍马、凡所须无不备……亲王女封公主者婚仪：仿此，以亲疏为差降，”[②]公主的驸马也得到赏赐，且公主的赙赠是有等级差异的，以血缘亲疏为标准，考古资料显示身份一般的贵族还不能配给。

---

① 前热河省博物馆筹备组．赤峰县大营子辽驸马墓发掘报告［J］．考古学报，1956（3）．

② （元）脱脱等．辽史·卷五十二·志第二十一·礼志五．北京：中华书局，2011：864，865．

第六章　辽代金银器的文化因素探析

辽朝实行“以国制治契丹、以汉制待汉人”[①]分俗而治的统治政策，一定程度上限制了契丹人的汉化，国俗得以保留和传承。事实上，民族融合是历史演变的大趋势，统治者并没有强制契丹化或汉化，而是契丹文化在国俗、汉俗以及胡俗的融合中衍生出更多的新内涵，这在文献记载和辽代考古资料中均有体现。每种文化都有自己复杂的历史背景，决定了辽代金银器是多种文化的集合体，契丹文化因素、唐宋汉文化因素、宗教文化因素、西域胡文化因素、鲜卑文化因素在辽代金银器上均有不同比例的体现，就纹样而言都有自己复杂的文化内涵，同时也能折射出不同文化圈的种种关系。

第一节　契丹文化因素

契丹文化因素指契丹国俗中原有的传统，或者是吐故纳新之后的新习俗，与其他文化圈存在显著差异，如与渔猎、骑射有关的工具、马具，以及人体装饰品、葬具中最具契丹特色的一些器具。

一、渔猎生活用具

渔猎生活用具的考古材料有锥、臂鞲、号角、刀。锥见于陈国公主墓出土的玉柄银锥和尚暐符辽墓出土的银锥，臂鞲见于朝阳沟 M2 辽墓出土的银鎏金鞲，号角见于二八地 M1 出土的 6 件银号角、上烧锅辽墓出土的银号角和吐尔基山辽墓出土的银号角，刀见于陈国公主墓出土的琥珀柄银刀和玉柄银刀、扎鲁特旗辽墓出土的银刀、银窝沟辽墓出土的银刀和多伦贵妃墓出土的鎏金银鞘玛瑙柄短刀。

陈国公主玉柄银锥已被孙机先生考证为刺鹅锥[②]。《辽史・营卫志》生动地描述了春捺钵放鹰鹘以及使用刺鹅锥的情况：“春捺钵曰鸭子河泺，天鹅未至，卓帐冰上，凿冰取鱼。冰泮，乃纵鹰鹘捕鹅雁，皇帝每至，侍御皆服墨绿色衣，各备连锤一柄，鹰食一器，刺鹅锥一枚，于泺周围相去各五七步排立。皇帝冠巾，衣时服，系玉束带，于

① （元）脱脱等. 辽史・百官志一［M］. 北京：中华书局，1974.

② 孙机. 一枚辽代刺鹅锥［J］. 文物，1987（11）.

上风望之。有鹅之处举旗，探骑驰报，远泊鸣鼓。鹅惊腾起，左右围骑皆举帜麾之。五坊擎进海东青鹘，拜授皇帝放之。鹘擒鹅坠，势力不加，排立近者，举锥刺鹅，取脑以饲鹘。救鹘人例赏银绢。皇帝得头鹅，荐庙，群臣各献酒果，举乐。更相酬酢，致贺语，皆插鹅毛于首以为乐。赐从人酒，遍散其毛。”[①]宋姜夔的《白石诗集·契丹歌》中有“一鹅先得金百两，天使走送贤王庐”的诗句。文献记载刺鹅锥的使用群体比较广泛，皇帝、侍御甚至王公贵族均可使用，用于鹰鹘击落鹅的瞬间，举锥刺鹅。考古出土的实物资料印证了文献的记载，尚暐符辽墓出土的银锥也是同样的用途。《虏中风俗》记载1013年晁迥祝贺辽圣宗生日介绍春捺钵的情况：“长泊多鹅鸭，戎主射猎，饮帐下骑，击扁鼓绕泊，惊鹅鸭飞起，乃纵海东青击之，或亲射焉。戎人皆佩金玉锥，号杀鹅杀鸭锥。”[②]说明金玉锥几乎是贵族蹀躞带上的标配，与墓葬出土者稀少的事实不相匹配，值得深入研究。

臂鞲是春捺钵中另一种渔猎用具，其功能用于架鹰鹘以防鹰爪将手臂抓伤，在实际生活中以皮质为主，有柔软亲肤和易于抓附等优点，而金属或玉质臂鞲坚硬、冰凉，极不适合日常生活使用，朝阳沟M2银鎏金鞲之所以选择珍贵的金银材质，显示了契丹人对渔猎活动的足够重视。《辽史·营卫志》记载秋捺钵呼鹿捕猎以及使用号角的情况：“秋捺钵曰伏虎林。七月中旬自纳凉处起牙帐，入山射鹿及虎……伺夜将半，鹿饮盐水，令猎人吹角效鹿鸣，既集而射之。谓之‘舐碱鹿’，又名‘呼鹿’。”[③]文献记载了号角的使用方法，考古出土的号角大小差异悬殊，可能会发出不同的声音吸引不同的鹿，完全是从围猎实践中摸索出的经验总结。辽墓出土的陈国公主琥珀柄银刀、玉柄银刀、扎鲁特旗银小刀、银窝沟银刀、多伦贵妃鎏金银刀，短小精悍，均在30厘米以下，不像武器，更多用作渔猎工具。陈国公主墓玉柄银刀，配有银鎏金鞘，装饰豪华，且带链能悬挂，为驸马腰部蹀躞带上的佩挂物，归于渔猎工具更为恰当，为外出打鱼狩猎提供其他急需的便利，文献记载辽国有罩鱼的习俗，宋使宋绶天禧四年（1020年）使辽，他也听闻“番俗喜罩鱼，设毡庐于河冰之上，密掩其门，凿冰为窍，举火照之，鱼尽来凑，即垂钓竿，罕有失者”，随身携带的刀在凿冰时也能派上用场[④]。

二、马　　具

马是契丹人日常出行和围猎的主要交通工具，故契丹人非常重视对马的装饰，爱马饰马。据宋太平老人撰《袖中锦》记载，契丹鞍与端砚、蜀锦、定瓷被并列为“天下第一”，契丹鞍能博得如此的赞誉说明其装饰艺术和质量有独到之处。辽朝皇帝还常将契丹

---

①（元）脱脱等．辽史·营卫志［M］．北京：中华书局，1974.

② 赵永春．奉使辽金行程录［M］．北京：商务印书馆，2017：28.

③（元）脱脱等．辽史·营卫志［M］．北京：中华书局，1974.

④ 赵永春．奉使辽金行程录［M］．北京：商务印书馆，2017：1995：36.

马匹和马具赠了宋朝皇帝和邻邦诸国，文献记载“宋朝皇帝生日，北朝所献：……涂金银龙凤鞍勒、红罗匣金线绣方鞯二具，白楮皮黑银鞍勒、毡鞯二具……”①，故金银马具成为能彰显契丹民族文化特色的贵重物品。大营子辽驸马墓、陈国公主墓出土了多套马具，装饰华丽富贵，金银、玉石材质昂贵，甚至连日常常用的铁镫、铁衔镳都作金银的装饰处理，错银马镫、包银衔镳是为例，更有甚者，最新考古资料显示契丹墓葬有手握马具的葬俗，凌源小喇嘛沟 M8 墓主左手握铁马衔镳，胸前压铁马镫②，马具与契丹人的关系更为密切。契丹鞍的特征是鞍金属包片以银质和银鎏金质最多，铜质和铜鎏金质较少，不见纯金者，可见契丹人崇尚银鞍。《旧五代史·晋书》载：“德钧乃以所部银鞍契丹直三千骑至镇州。”赵德钧出降契丹后，“时契丹主问德钧曰：‘汝在幽州日，所置银鞍契丹直何在？’德钧指示之，契丹尽杀于潞之西郊，遂锁德钧父子入蕃”③，赵德钧在幽州组建了一支以契丹俘虏为主力的骑兵，号“银鞍契丹直”，这可能是契丹尚银鞍之俗的佐证④。

三、人体装饰品

捍腰为契丹人颇具特色的服饰之一，也称“擀腰”。有史料记载：“田猎服：皇帝幅巾，擐甲戎装，以貂鼠或鹅项、鸭头为擀腰”⑤，选用貂皮或鹅项、鸭头制成的捍腰，为田猎服的骑射装备，在大漠风寒的蒙古草原骑马射猎时，能起到保暖护腰的功用。金质或铜鎏金质其实很不实用，金属材质佩系在腰间并不舒适，如前窗户辽墓、张家营子辽墓、小喇嘛沟辽墓出土者，更何谈保暖护腰。金属捍腰常用作袍带的背饰，使用时自腰后绕于腰上，在腰前打结，只是装饰功能。

T 形饰与心形饰的组合搭配也为契丹特有，见于耶律羽之、花根塔拉等多处墓葬，或有完整的组合关系，或散落不全，或与玉石珠饰组合，多为契丹璎珞的零部件，分别穿系于璎珞的左右两侧。这两种零部件的出土品材质丰富，造型统一，为契丹族独有的饰物。目前在辽以前中国南北各地和各代文化遗存中，尚找不到任何踪迹。

四、契丹葬具

面具、网络等金属葬具是契丹最具特色的部分。南宋文惟简在《虏廷事实》中描

---

① （宋）叶隆礼．契丹国志［M］．北京：中华书局，2014．

② 辽宁省文物考古研究所．凌源小喇嘛沟辽墓［M］．北京：文物出版社，2015：81．

③ （宋）薛居正．旧五代史·晋书［M］．北京：中华书局，1974．

④ 冯恩学．辽代契丹马具探索．［A］．考古学集刊（14）［C］．北京：文物出版社，2004．

⑤ （元）脱脱等．辽史［M］．北京：中华书局，1974．

述："北人丧葬之礼，盖各不同……惟契丹一种特有异焉。其富贵之家，人有亡者，以刃破腹，取其肠胃涤之，实以香药，明矾，五彩缝之。又以尖苇筒刺于皮肤，沥其膏血且尽，用金银为面具，铜丝络其手足。耶律德光之死，盖用此法。时人目为'帝羓'，信之有也。"[①] 目前学界关于契丹族金属面具与网络葬俗的起源还没有统一的定论，主要有六种学说[②]，即萨满教说、嫁到萧氏皇家女子专用说[③]、佛教说[④]、金缕玉衣说[⑤]、树葬说[⑥]及东胡说[⑦]。笔者认为契丹族随葬金属面具与网络的葬俗应是综合因素导致的结果，其中根植于契丹传统的树葬说和萨满说更有说服力。金属网络用树葬说解释更为合理，"契丹旧俗，父母死以哭为不壮，将尸体置于树上，三年后收骨焚之"，从当时实际需要考虑，为了避免遗骨四分五裂，可能会采取一定的措施，如用网结绳，或用渔网罩于尸上，同时渔猎结网对契丹人而言太熟悉了，逐渐演变为更为结实的金属网络。《旧唐书·北狄传》记载，契丹人实行树葬，"其俗死者不得做冢墓，以马驾车送入大山，置之树上，亦有服纪"。而萨满教是北方民族的普遍信仰，也是契丹民族的原始信仰。在吐尔基山辽墓中，墓主人佩戴的十字梁金箍冠、缀挂的铜铃、额前的步摇、日月的金银牌、胸前衣服上的"天""朝"契丹大字都显示了萨满文化的广泛存在[⑧]，其中金箍冠值得关注，由十字梁金箍帽圈和下端的金下颌托套接组成，不是契丹人的习见冠帽，非常罕见，与现代鄂温克族、达斡尔族、鄂伦春族的萨满帽极为相似，可能为辽代萨满专用的神帽[⑨]。与此同时，辽代的金银葬具数量庞大且类型多样，冠、面具、网络体现的保护尸体的初衷可能与萨满的灵魂不灭观有关，如尸体腐烂、骨架散落，灵魂将无法辨认自己，模拟面部的面具、固定头颅的下颌托、保护骨架的网络都用来竭力保持身躯的原形，以便灵魂认识和回归。

考古发现的金冠是葬具，但是文献记载契丹现实生活中有时也佩戴金冠，《辽史·礼志一》载："祭山仪：……皇帝服金文金冠，白绫袍，绛带，悬鱼，三山绛垂，饰犀玉刀错，络缝乌靴。皇后御绛挸，络缝红袍，悬玉佩，双结帕，络缝乌靴。皇帝、

① 文惟简．虏廷事实．说郛［从］，清顺治三年李际期宛委山堂刻本，"丧葬"条。
② 吕馨．辽墓出土金属面具与网络起源的再探讨［J］．南方文物，2012（1）．
③ 马洪路．契丹葬俗中的铜丝网衣及其相关问题［J］．考古，1983（3）．
④ 杜承武．辽代墓葬出土的铜丝网络与面具［A］．辽金史论集（第一辑）［C］．上海：上海古籍出版社，1987．
⑤ 木易．辽墓出土的金属面具、网络及相关问题［J］．北方文物，1993（1）．
⑥ 刘冰．试论辽代葬俗中的金属面具及相关问题［J］．内蒙古文物考古，1994（1）；侯峰．辽代契丹族金属面具、网络等葬俗的分析［A］．内蒙古文物考古文集（第二辑）［C］．北京：中国大百科全书出版社，1997．
⑦ 刘冰．试论辽代葬俗中的金属面具及相关问题［J］．内蒙古文物考古，1994（1）．
⑧ 冯恩学．吐尔基山辽墓墓主身份解读［J］．民族研究，2006（3）．
⑨ 冯恩学．吐尔基山辽墓萨满金帽的文化溯源［A］．新果集——庆祝林沄先生七十华诞论文集［C］．北京：科学出版社，2009．

皇后御鞍马。”[①] 且为祭山仪时的特殊着装，仅为皇帝单独佩戴，具有一定的礼仪功能。又载“祭服：辽国以祭山为大礼，服饰尤盛。大祀，皇帝服金文金冠……小祀，皇帝硬帽，红克丝龟文袍，皇后戴红帕，服络缝红袍，悬玉佩，双同心帕，络缝乌靴。朝服：皇帝服实里薛衮冠，络缝红袍，垂饰犀玉带错，络缝靴，谓之国服衮冕”[②]。可见，祭山仪大祀时皇帝所着的金文金冠为最高规格的国服，其他场合如小祀或朝服更换为硬帽和薛衮冠，金冠在现实生活中并不常用。而祭山仪、拜日仪等一系列独具契丹文化特色的礼仪活动是契丹统治者保持本民族文化的重要途径，而在这种活动中的着装也得持本民族文化特色，金文金冠正是契丹文化特色所在，它着重强调了纹样的华丽和材质的金贵，是最高规格的金冠。考古出土的实物资料有驸马所着的金冠，文献记载辽大使也着金冠，据宋人孟元老《京东梦华录》卷六载：“正旦大朝会……大辽大使顶金冠，后檐尖长如大莲叶……”所谓“后檐尖长如大莲叶”，可在陈国公主辽墓出土的驸马银鎏金冠冠背上找到相似之处，该冠背有两片叶片叠加而成，卷云形叶片叠加于更高的尖长大莲叶形叶片之上。驸马的银鎏金冠虽为随葬明器，但“冠内残留红褐色纱衬”，提升了金属冠的实用性能，很可能就是孟元老记录的辽大使所戴的同类金冠[③]。

契丹族本是生活在马背上的游牧民族，“大漠之间，多寒多风，畜牧畋渔为食，皮毛为衣，转徙随时，车马为家，随水草就畋渔岁以为常”[④]，“行营到处即为家，一卓穹庐数乘车，千里山川无土著，四时畋猎是生涯”[⑤]为其游牧渔猎生活的真实写照。渔猎生活工具和马具在辽建国定居后仍在使用，更深刻的制度背景是辽国建立后契丹人独创的四时捺钵制度，这是一项集皇家狩猎与政治议事为一体的制度，契丹族的皇帝和贵族大都精于骑射，喜好行围打猎，以训练骑射的技艺和保留本民族的传统，这种思路在926年宋使姚坤面见阿保机的行程录中有文字记述，“吾能汉语，然绝口不道于部人，惧其效汉而怯懦也”[⑥]，从中可以体味出阿保机有意保留本民族传统的初心。契丹统治者倡导和保持国俗，还体现在丧葬礼仪服饰和特殊的装饰品的选用上。选用贵重材质制作工具、装饰品、马具、葬具，表明游牧渔猎生活和丧葬礼仪在辽代契丹人生活中占据重要地位，也能窥视分俗而治的统治政策对保持国俗的积极作用。

---

① （元）脱脱等. 辽史［M］. 中华书局，1974：八三四.

② （元）脱脱等. 辽史［M］. 中华书局，1974：九〇五～九〇六.

③ 内蒙古自治区文物考古研究所、哲里木盟博物馆. 辽陈国公主墓［M］. 北京：文物出版社，1993：67.

④ （元）脱脱等. 辽史·营卫志（中）［M］. 北京：中华书局，1974.

⑤ 苏颂. 契丹帐. 引自赵永春. 奉使辽金行程录［M］. 北京：商务印书馆，2017.

⑥ 从《新五代史·四夷附录》中辑出，引自赵永春. 奉使辽金行程录［M］. 北京：商务印书馆，2017.

第二节　唐文化因素

唐代金银器对辽代金银器的影响主要体现在器皿上，大量考古资料表明辽代初创期对唐代金银器皿进行了直接的、全面的继承与模仿，此外，在杏叶、带銙的文化交流过程中也能看到唐文化的一点微痕迹。

一、器皿上的唐文化因素

辽代早期墓葬出土的金银器器皿与唐代墓葬或窖藏出土的金银器皿存在诸多相似之处，主要体现在造型和纹样两方面。

在造型方面，现举几例典型墓葬的出土器物进行比较。一是耶律羽之辽早期墓葬出土的金银器皿与江苏镇江丹徒丁卯桥唐晚期窖藏出土的银质器皿，前者所出素面银盆、五曲金杯（图 6-1，7）、弧腹金花银碗、银鎏金盘、菱花形银鎏金盒（图 6-1，6），后者所出银器为摩羯纹银盆、多曲银杯（图 6-1，2）、鹦鹉纹多曲银碗、海棠形银盘、菱花形银盒（图 6-1，1）等器皿，尤其是盆、杯、盒的造型极为相似，多曲盆、五曲花口杯及菱花形盒的造型和立墙几无差别，只是纹样不同而已。二是耶律羽之辽墓出土的弧腹碗（图 6-1，11）与何家村窖藏出土的两件弧腹碗（图 6-1，3），器形比较接近，前者唯无盖，与何家村出土者更为相似的有盖者见于吐尔基山辽墓出土的金花银盖碗（图 6-1，8），此种形制还在宝山 M1 辽墓的壁画上见到，都是唐代盖碗的直接继承。三是二八地 M1 辽早期墓葬（图 6-1，9）的多曲金花银碗也发现于丁卯桥唐代窖藏（图 6-1，4）中，两件多曲碗在造型和纹样上如出一辙，多曲深腹。此类器物从功能上讲应属酒海，为酒盏中的大器，唐代已经非常流行，为辽代所沿用。四是吐尔基山辽墓出土的海棠形摩羯纹金花银盘（图 6-1，10）与丁卯桥唐晚期窖藏中的凤纹海棠形金花银盘（图 6-1，5），在造型、盘沿装饰、盘心构图等方面几无差异，唯后者盘心纹样易双凤纹为双摩羯。

在纹样方面，辽代广为流行的牡丹阔叶纹、缠枝花纹、卷草纹、团花纹、绶结纹、联珠纹也是唐代金银器上的主要纹样，辽代的动物纹，如双鱼纹、摩羯纹、鹿纹、鸳鸯纹、鸿雁纹也能在唐代装饰中找到原型。现举几例典型墓葬的出土器物进行比较。一是哈鲁辽墓出土的金花银盏托上的牡丹阔叶纹（图 6-2，13）与西雅图艺术博物馆收藏的唐银碗[①]上的牡丹阔叶纹（图 6-2，6）极为相似，均为双花双叶对称布局，只是前者的蔓茎更为明显。二是大营子辽驸马墓出土金花银盏托上的绶结纹（图 6-2，14）与李郁唐墓出土银盒上的绶结纹（图 6-2，7），均为菱花形布局，只是花结的收尾有所差

① 韩伟. 海内外唐代金银器萃编［M］. 西安：三秦出版社，1989.

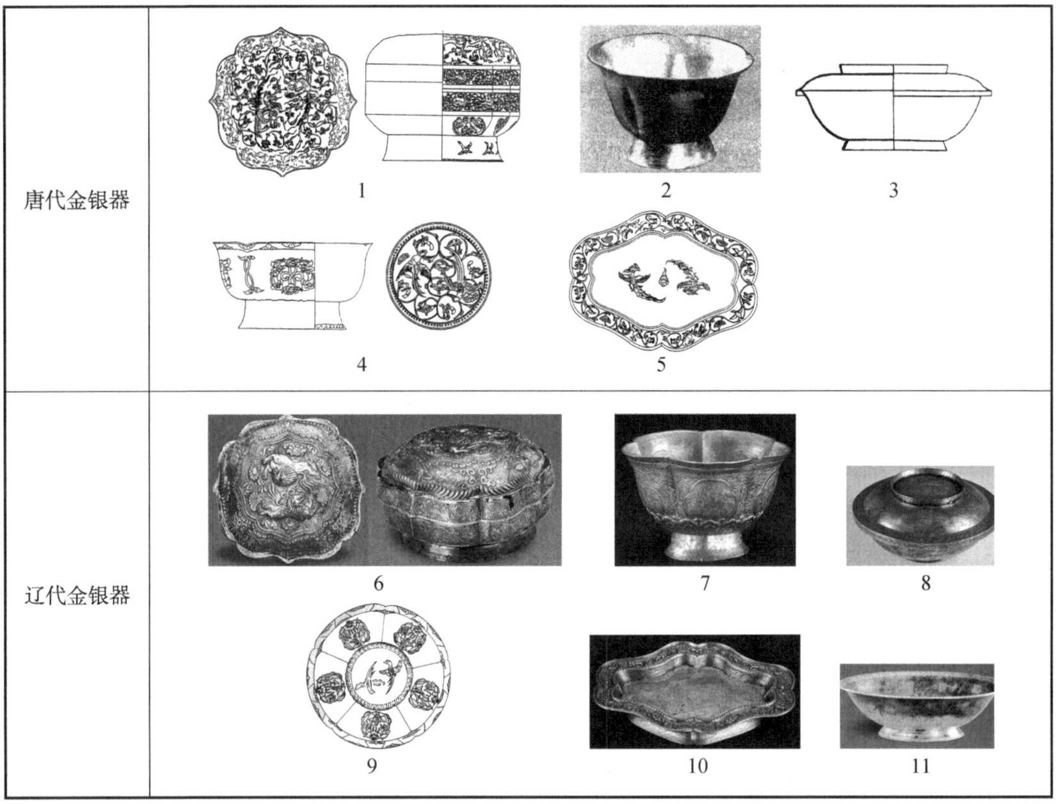

图 6-1　唐代金银器与辽代金银器之器形比较[①]

1. 唐菱花形银盒（丁卯桥窖藏） 2. 唐多曲银杯（丁卯桥窖藏） 3. 唐金花银盖碗（何家村窖藏）
4. 唐鹦鹉纹多曲银碗（丁卯桥窖藏） 5. 唐凤纹海棠形银盘（丁卯桥窖藏） 6. 辽菱花形银鎏金盒（耶律羽之墓）
7. 辽五曲金杯（耶律羽之墓） 8. 辽金花银盖碗（吐尔基山辽墓） 9. 辽鹦鹉纹金花银多曲碗（二八地 M1）
10. 辽海棠形摩羯纹金花银盘（吐尔基山辽墓） 11. 辽金花银碗（耶律羽之墓）

异。三是吐尔基山辽墓出土的金花银盖碗内底的双鱼荷叶纹（图 6-2，8）与背阴村唐墓出土的银长杯[②]内底的双鱼荷叶纹（图 6-2，1）几无差异，双鱼对叠的方式，底纹荷叶的做法足以体现辽对唐的继承关系。四是耶律羽之辽墓出土金杯内底的双摩羯纹（图 6-2,9）能在西安市文管会收藏唐代银盘[③]上的双摩羯纹（图 6-2,2）中找到相似者，后者唐代的摩羯纹金鱼特征明显，比较罕见，与辽代常见的此类纹样存在一定的差异。五是通过对耶律羽之辽墓出土金花银渣斗外腹的鸳鸯纹（图 6-2，10）与蓝田唐代窖藏出土银盘[④]内腹的鸳鸯纹（图 6-2，3），耶律羽之辽墓出土金花银渣斗外腹的对雁

---

① 图中的 1 ~ 5 摘自齐东方的《唐代金银器研究》，6、7、11 摘自《探寻逝去的王朝——辽耶律羽之墓》，8、10 摘自内蒙古国有馆藏珍贵文物数据库，9 摘自《辽代金银器》。

② 刘向群，朱捷云．陕西省耀县柳林背阴村出土一批唐代金银器［J］．文物，1966（1）．

③ 保全．西安市文管会收藏的几件唐代金银器［J］．考古与文物，1982（1）．

④ 樊维岳．陕西蓝田发现一批唐代金银器［J］．考古与文物，1982（1）．

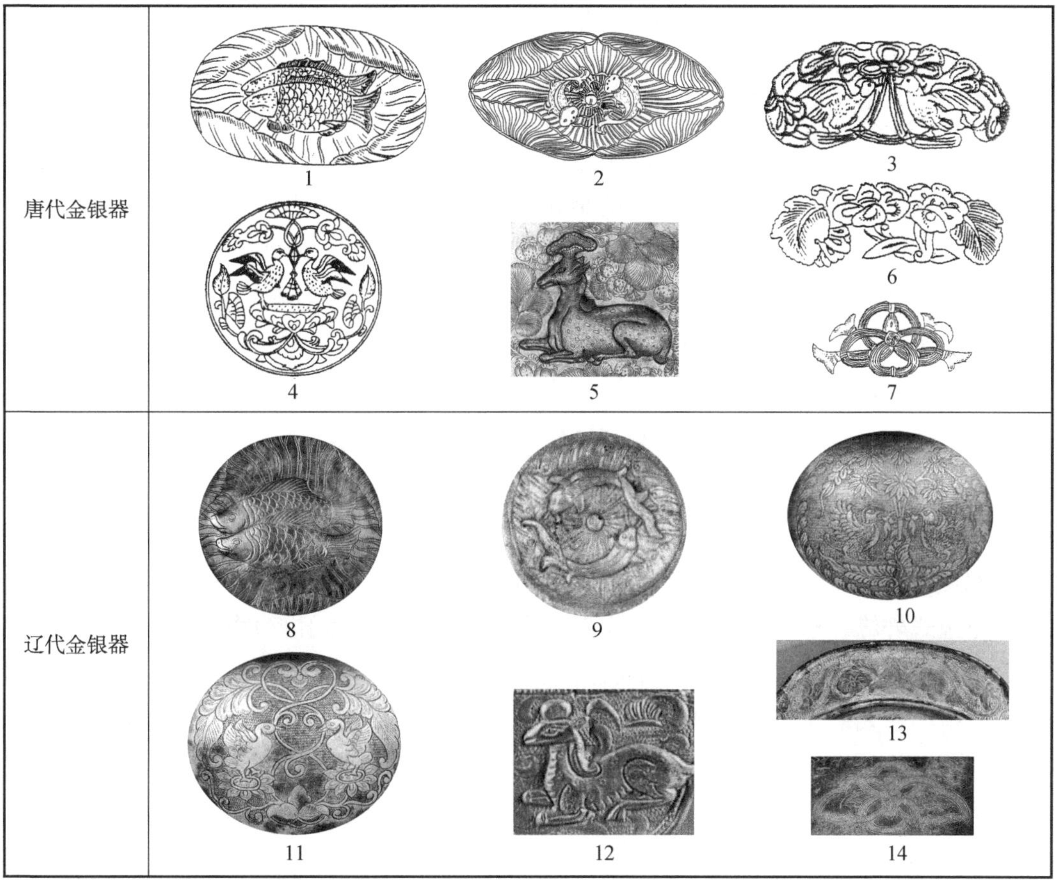

图 6-2　唐代金银器与辽代金银器的纹样比较①

1. 唐银长杯内底的双鱼荷叶纹（陕西背阴村窖藏）2. 唐银盘表面的双摩羯纹（西安市文管会收藏）3. 唐银盘内腹的鸳鸯纹（陕西蓝田窖藏）4. 唐银盒上的对雁纹（西安何家村窖藏）5. 唐金花银盘上的鹿纹（喀喇沁窖藏）6. 唐银碗上的牡丹阔叶纹（西雅图艺术博物馆藏）7. 唐银盒上的绶结纹（河南偃师李郁墓）8. 辽金花银盖碗内底的双鱼荷叶纹（吐尔基山辽墓）9. 辽金杯内底的双摩羯纹（耶律羽之墓）10. 辽金花银渣斗外腹的鸳鸯纹（耶律羽之墓）11. 辽金花银渣斗外腹的对雁纹（耶律羽之墓）12. 辽银鎏金饰片上的鹿纹（朝阳沟 M2）13. 辽金花银盏托上的牡丹阔叶纹（哈鲁辽墓）14. 辽金花银盏托上的绶结纹（大营子辽驸马墓）

纹（图 6-2，11）与何家村唐代窖藏出土银盒②上的对雁纹（图 6-2，4）的对比发现，二鸟相对展翅飞翔的形态完全相同，不同的是辽代周围的植物纹更加写实，而唐代为绶带花草纹。六是朝阳沟辽墓出土银鎏金饰片上的鹿纹（图 6-2，12）来自对喀喇沁唐代窖藏出土金花银盘③上的鹿纹（图 6-2，5）的模仿，唐代鹿纹的灵芝顶硕大，至辽代

---

① 图中的 1～4、6、7 摘自《唐代金银器研究》，5 摘自《中国北方草原古代金银器》，8、13、14 摘自内蒙古国有馆藏珍贵文物数据库，9～11 摘自《探寻逝去的王朝——辽耶律羽之墓》，12 摘自《沈阳考古文集》。

② 陕西省博物馆等．西安南郊何家村发现唐代窖藏文物［J］．文物，1972（1）．

③ 喀喇沁旗文化馆．辽宁昭盟喀喇沁旗发现唐代银鎏金银器［J］．考古，1977（5）．

明显收缩，甚至成为圆球状的装饰，整体风格与唐代相比，略失挺拔和端庄。

唐代金银器皿器形丰富、题材多样、工艺发达，对辽代金银器皿产生了全面的影响。辽代金银器上的造型和纹样多来自对唐代纹样装饰的模仿。辽代菱花形银盒、多曲银杯、盖碗、多曲银碗、海棠形银盘直接继承了唐代造型，辽代动物纹、植物纹直接继承了唐代纹样，甚至辽代成熟的金花工艺也直接取法于唐代工艺。与此同时，两者也存在些许差异：唐代金银器皿上的主要纹样是植物纹，动物纹也往往藏匿于卷草花叶之中，而辽代金银器则以动物纹或人物故事纹为主题纹样，植物纹作辅助装饰，单一的植物纹装饰的器皿在辽代反而罕见。

二、马具上的唐文化因素

辽代马具中的杏叶，造型和花纹装饰与唐代杏叶存在密切关联。唐代杏叶的特点是桃形造型，叶尖均垂直向下，顶端环有桃形、圆形、长方形多种形状，整体无边框，花边式外缘，植物纹以涡沟曲线来表现（图 6-3，4 ~ 6），动物纹藏于优美的叶纹之中。辽代杏叶继承了唐代杏叶的桃形造型和叶尖向下垂直的特征，花纹装饰有非常相似的范例，如耶律羽之立凤纹杏叶（图 6-3，11）与唐懿德太子墓出土的鸾鸟纹杏叶（图 6-3，1）图案相似，耶律羽之立狮纹杏叶（图 6-3，12）与卢芹斋旧藏双狮纹杏叶[①]（图 6-3，2、3）的狮子造型相似。但辽代杏叶又有自己的变化和发展：在造型方面，外轮廓统一，顶端环只有长方形一种，有凸起边框，纹样在边框内，叶尖除垂直向下外，多数的叶尖向左弯曲或向右弯曲，如二八地 M1 发现的 10 件杏叶三种弯曲方式兼有（图 6-3，7 ~ 9）；在纹样方面，动物纹占据整个画面，空处填以鱼子地，涡沟间隙填充叶脉也是辽代出现的新纹样[②]（图 6-3，10）。由此可见，辽代杏叶既有对唐代杏叶的继承，又在造型和纹样布局上有自己的创新，一言以蔽之，唐代杏叶造型复杂多变，纹样与轮廓巧妙结合，而辽代杏叶造型单调统一，纹样在边框内单独展现。

三、带具上的唐文化因素

巴彦塔拉辽墓出土的附环带銙（图 6-4，1），圆形銙面与圆形环孔相连，这种形制鲜见于辽代其他墓葬之中。通过查阅资料发现，这种附环銙广泛流行于隋唐时期[③]，何家村唐代窖藏出土的白玉九环銙也应为唐代初年制品[④]，环孔为椭圆形小孔（图 6-4,2）。

① 孙机．唐代的马具与马饰［J］．文物，1981（10）．

② 冯恩学先生在《辽代契丹马具探索》中有详细论述．

③ 孙机．中国古舆服论丛［M］．上海：上海古籍出版社，2013．

④ 孙机．中国古舆服论丛［M］．上海：上海古籍出版社，2013．

图 6-3　唐代杏叶与辽代杏叶①

1. 唐懿德太子墓出土　2、3. 芦芹斋藏　4、5. 唐鲜于庭诲墓出土　6. 唐永泰公主墓出土　7～9. 二八地 M1 出土　10. 辽驸马墓出土　11、12. 辽耶律羽之墓出土

吉林和龙八家子渤海遗址出过一副九环金带②（图 6-4，3），环孔的形状与巴彦塔拉辽墓环銙之形非常相似，环孔均呈较大的圆形，不同在于前者为銙、环分体式，而后者环与銙为一体式。辽代的附环带銙可能受到了唐代同类器物的影响，是辽初的一种改良。

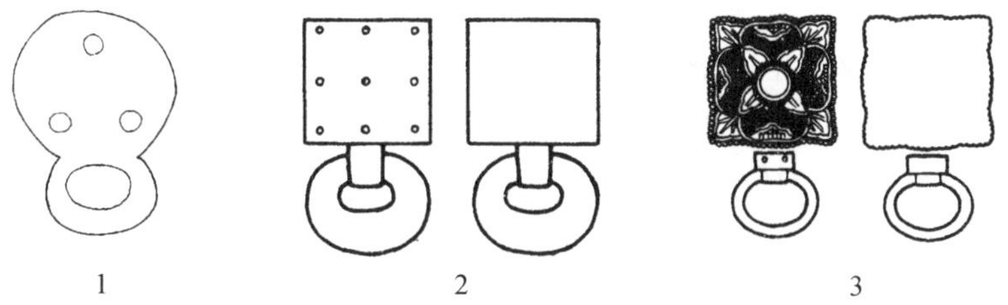

图 6-4　附环带銙③

1. 巴彦库仁辽墓的附环带銙　2. 何家村唐代窖藏出土的白玉九环銙　3. 吉林和龙八家子渤海遗址的九环金带

辽对唐的继承关系体现在辽代金银器对唐代金银器的直接效仿和继承，尤其是辽代金银器皿直接取法于成熟的唐代金银器皿，诸多唐代文献记载唐人有埋藏金银的

① 整图摘自《辽代契丹马具探索》。

② 韩伟．唐代革带考［J］．西北大学学报（哲社版），1982（3）；郭文魁．和龙渤海古墓出土的几件金饰［J］．文物，1973（8）．

③ 图中的 1 摘自《内蒙古陈巴尔虎旗巴彦库仁辽代墓葬清理报告》，2、3 摘自《中国古舆服论丛》。

传统[①]，事实上唐代金银器大多是以窖藏的形式面世，这对辽代早期金银器的影响是全面的，在造型和纹样上高度模仿甚至如出一辙，呈现出惊人的相似度。辽代早期就呈现出如此高超的金银技艺，另一个重要原因在于辽初在五代中原掠夺的汉人、渤海人中也有金银工匠。《辽史·地理志》记载了临潢县的居民来源："太祖天赞初南攻燕、蓟，以所俘人户散居潢水之北。"胡峤记曰："上京西楼，有邑屋市肆，交易无钱而用布，有绫锦诸工作，宦者、翰林、伎术、教坊、角抵、儒、僧尼、道士。中国人并汾、幽、蓟为多。"[②] 上京城汇集了各种职业的中原人，其中有已掌握娴熟技术的金银匠人。

第三节　宋文化因素

宋文化因素主要体现在器皿的造型和构图上，遵循写实、随形的设计思想，花蝶题材、花果造型立体化。

一、器皿上的宋文化因素

宋代金银器皿的显著特征是花式繁多、仿生写实[③]。在造型上，曲口分瓣增多，采用写实手法塑造器形，如五曲梅花形、六曲秋葵形、桃形、柳斗形杯或盏，十二曲或三十二曲花瓣形盒等。在纹样上，纹样构图依据器形花式而定，团菊或莲花造型的碗、盏，多采取"旋子"的构图形式[④]。建昌龟山一号辽晚期墓葬出土的二十二曲葵口银杯，分瓣增多，与宋代金银器风格非常接近。辽晚期巴林右旗窖藏出土的一系列器物，如二十五曲葵口银杯有较多分瓣。该窖藏的柳斗碗是模仿编织柳条筐的制品（图 6-5，2），与浙江湖州三天门宋墓出土的鎏金柳斗形罐[⑤]（图 6-5，6）在纹样和工艺上很相似，通体錾柳叶纹，在纹样上突破了唐代的散点宝相花布局，江苏吴县宋墓出土的荷叶盖柳斗形罐[⑥]的罐体也是相近的做法。巴林右旗窖藏的荷叶形银杯（图 6-5，3），以模仿荷叶的写实手法塑造造型，纹样上采取"旋子"构图方式，器底凸錾花蕊，每个曲壁上錾刻叶脉纹，叶脉纹随形弯曲，使器底、器壁和器形和谐统一，与江苏溧阳平桥宋代银器窖藏出土的荷叶形银鎏金杯[⑦]（图 6-5，7）在构图和造型上都很接近。宋代金银器

① 赵璘. 因话录［M］. 上海：上海古籍出版社，1979：88.
② （元）脱脱等. 辽史［M］. 北京：中华书局，1974.
③ 肖梦龙. 试谈宋代金银器的造型和装饰艺术［J］. 文物，1986（5）.
④ 肖梦龙. 试谈宋代金银器的造型和装饰艺术［J］. 文物，1986（5）.
⑤ 湖州市博物馆. 浙江湖州三天门宋墓［J］. 东南文化，2000（9）.
⑥ 叶玉奇，王建华. 江苏吴县藏书公社出土宋代遗物［J］. 文物，1986（5）.
⑦ 肖梦龙，汪青青. 江苏溧阳平桥出土宋代银器窖藏［J］. 文物，1986（5）. 文中称"云曲秋葵鎏金银盏"。

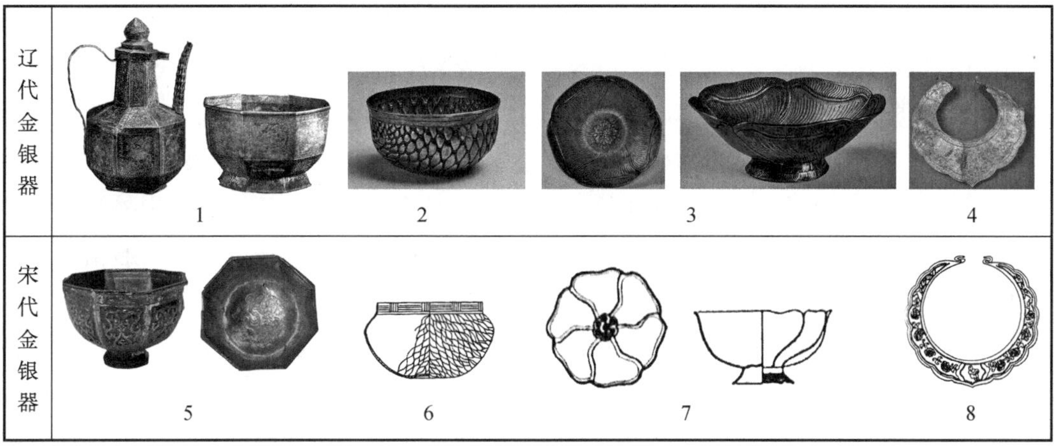

图 6-5　辽代金银器与宋代金银器之比较[①]

1. 辽八棱银壶、八棱银碗（巴林右旗银器窖藏） 2. 辽柳斗形银碗（巴林右旗银器窖藏） 3. 辽荷叶形银杯（巴林右旗银器窖藏） 4. 辽铜鎏金胸牌（香港梦蝶轩藏） 5. 辽宋八棱银鎏金碗（福建泰宁宋代银器窖藏） 6. 宋柳斗形银罐（浙江湖州三天门宋墓） 7. 宋荷叶形鎏银金杯（江苏溧阳平桥宋代银器窖藏） 8. 宋银鎏金项圈（浙江宁波天封宋代地宫）

上的精巧别致在辽晚期银器上显露出来。

巴林右旗窖藏出土的八棱带把壶和八棱银碗（图 6-5，1），八棱形制的壶和碗在早期并不流行。八角形也是辽代晚期的特征之一，如吉林省大安出土的契丹文八角形铜镜[②]、赤峰市博物馆藏八角形莲瓣纹铜镜都被划分到晚期[③]。八棱形碗还见于宋代，如福建泰宁宋代银器窖藏出土的八棱银鎏金碗（图 6-5，5）与巴林右旗辽代窖藏的八棱银碗形制接近，均为八棱折腹形制，只是足和腹形略有差异。另外，这种形制尺寸略大的深腹碗多与壶搭配使用，壶置于碗内，碗起到温酒器的作用。

二、人体装饰品上的宋文化因素

胸牌，又称项圈，金银扁片捶揲制作，辽代见于法国集美亚州艺术博物馆和梦蝶轩所藏者，新民巴图营子辽墓出土者因无图片不敢断言，依据简报的文字描述概属此列。梦蝶轩收藏的铜鎏金胸牌（图 6-5，4），牌面宽阔，由连弧曲线形成轮廓，边沿、项面錾刻四层文字[④]。经研究证实非辽代文字，著名语言学家认为他们是印度文[⑤]，很

---

① 图中的 1、5 摘自《奢华之色：宋元明金银器研究 · 卷三》，2、3 摘自内蒙古国有馆藏珍贵文物数据库，4 摘自《金翠流芳——梦蝶轩藏中国古代饰物》，6 摘自《浙江湖州三天门宋墓》，7 摘自《江苏溧阳平桥出土宋代银器窖藏》，8 摘自《中国古舆服论丛》。

② 陈述．跋吉林大安出土契丹文铜镜［J］．文物，1973（8）．

③ 于潜慧．赤峰市博物馆藏铜镜［J］．内蒙古文物考古，1994（1）．

④ 埃玛 · 邦克等．《金翠流芳——梦蝶轩藏中国古代饰物》．香港：香港大学艺术博物馆，2002．

⑤ E. G. Pulleyblank 写于 1998 年 10 月 22 日的信件。引自《金翠流芳—梦蝶轩藏中国古代饰物》。

可能代表密宗曼陀罗届中的音咒。新民巴图营子辽墓出土的铜鎏金胸牌[①]，通过简报的文字描述判断其造型与梦蝶轩藏者相若，器形较大呈椭圆形，边有一周压印圈点纹装饰，牌面刻真言“肴炬如来必破地狱真言”。上述两例的文字特征表明，其功能除装饰外，概与佛教相关联。此类胸牌在宋代遗迹中并不陌生，浙江宁波天封塔宋代地宫（图 6-5，8）中出土的银鎏金项圈[②]，形制与辽代项圈非常接近，花边形外缘，纹样似牡丹阔叶纹。辽代胸牌外缘以连弧曲线连成，中心为凸尖，开口处为 S 形相对。这种凸尖式的胸牌与宋代胸牌更为接近，追求精细化，可能来自宋文化的影响。

宁城博物馆藏嵌宝石金簪上的花蝶纹、金头银股簪上的石榴花纹，巴林右旗博物馆藏金链盒的菊花纹都不是辽代广为流行的题材。宁城县博物馆藏嵌宝石金簪，蝴蝶驻足于花丛中的宝石花蕊，相似的构图见于河北五道沟门辽晚期墓葬出土的花蝶纹铜镜[③]上。宁城县博物馆藏的金头银股簪，石榴果实被花叶包覆。而花蝶题材、花果造型恰恰是宋代的流行题材，据肖梦龙先生统计宋代金银器装饰中的花卉花果题材有 30 余种[④]，居各类之首。值得注意的是簪头与簪股的套合位置，宁城县博物馆藏的金头银股簪为头、股分离的分体簪，在簪首背后插孔套合，这是宋簪的典型做法，而大多数辽簪是在簪头前方的套管处套合。巴林右旗博物馆藏金链盒上的菊花题材，花瓣纹样随意布局，浙江湖州三天门宋墓出土的鱼形香囊和蝶形香囊[⑤]也是随形而制的设计。但是宋代金银器上较为典型的仿古、题诗赋文等做法，未影响辽代金银器。可见宋文化对辽代金银器的影响是局部的，远不及唐文化全面入微。

1004 年辽宋订立澶渊之盟，约定北宋每年给辽输银十万两，也为辽宋换取了难得的百年和平发展期。辽宋在边境增设榷场，设置官署监管贸易，使榷场贸易空前繁荣，包括金银器等各种货物可以依赖市场互通有无。辽宋频繁的互使往来、互赠礼物在文献中都有记载，《续资治通鉴长编》《辽史》等所载的聘使有一千六百人之多。每逢皇帝生日，辽之馈赠器物为“金龙水晶带，银匣副之……涂金银龙凤鞍勒、红罗匣金线绣方鞯二具……黄桦皮缠楮皮弓一”，多以装饰品、马具、弓箭为主，宋之馈赠器物为“遣金酒食茶器三十七件，金花银器三十件，银器二十件”[⑥]，则以金银酒食茶器为大宗。不仅如此，考古资料还证实了宋银在辽地的流通，1958 年，内蒙古巴林左旗出土的 5 件宋代银铤[⑦]，錾刻的铭文和铸款提供了翔实的信息：有宋代大观元年和郑和四年的年号，也有进贡者的姓名和宋代产银的地点，为宋银无疑，在内蒙古出土，更证实了

---

① 冯永谦. 辽宁省建平、新民的三座辽墓［J］. 考古，1960（2）.

② 林士民. 浙江宁波天封塔地宫发掘报告［J］. 文物，1991（6）.

③ 张汉英. 河北丰宁五道沟门辽墓［J］. 文物春秋，1996（2）.

④ 肖梦龙. 试谈宋代金银器的造型和装饰艺术［J］. 文物，1986（5）.

⑤ 湖州市博物馆. 浙江湖州三天门宋墓［J］. 文物，1986（5）.

⑥（宋）叶隆礼. 契丹国志 · 南北朝馈献礼物［M］. 北京：中华书局，2014.

⑦ 李逸友. 内蒙古巴林左旗出土北宋银铤［J］. 考古，1965（12）.

宋以贡银输入辽地的事实。辽朝统治者重用汉人参政，积极推广汉文化经典的传播，辽圣宗亲以契丹大字译白居易《讽谏集》已为时人所熟知①。作为同一时代南北对峙的两个政权，在和平交往若干年后极容易出现文化上的均衡化，然而，正因为辽代在早期全面接受了唐文化的影响，中期又衍生出独特的金银文化，故在与北宋的平行交往关系中仍然能坚守自己的路线，反映在金银器上表现出辽代金银器对宋代金银器的部分吸收和局部效仿。

第四节　佛教、道教文化因素

宗教文化的影响是潜移默化的，我们很难剥离出准确的时间点，不敢断言它们之间存在必然的联系，只是在研究中隐约感觉到一部分高频次出现的造型和纹样，一些典型的文化符号，唯有用宗教文化才能说得通，我们把这些文化现象摆出来，详尽的逻辑关系敬请方家斧正。

一、佛教文化因素

试从纹样和造型两方面来探讨辽代金银器与佛教的关联。

在纹样上，龙纹和凤纹是辽代金银器上使用广泛的重要纹样，其中与火焰纹的组合是亮点。火焰珠即神宝珠、摩尼宝珠，是佛教七宝之一，“摩尼”在梵语中为“离垢”之意，早在北魏敦煌壁画中就可以看到。二凤戏珠纹在宁夏固原九龙山隋墓金冠饰上有其简约造型，二龙戏珠纹则见于唐代晚期法门寺方形银盒上，两种纹样在辽代普遍使用。火焰珠在辽代显然是佛教的象征，敦煌莫高窟北魏285窟南顶的壁画上，中心为莲花托举的摩尼宝珠，两侧有飞天护卫，构图与建平张家营子银鎏金冠如出一辙，崇信佛教的墓主在壁画上也装饰二龙或二凤戏珠图案，由此可见此类造型与佛教艺术存在着密切联系。

在造型上，宝塔、迦陵频伽、璎珞、莲花座等造型更为丰富。见于朝阳北塔天宫出土的舍利金塔、婆金银塔、金银经塔、阜新红帽子乡辽金银塔（图6-6，6）、和布特哈达迦陵频伽形金耳环（图6-6，5）等。朝阳北塔天宫出土的舍利金塔、银鎏金塔、金银经塔皆装饰佛像。舍利金塔塔身刻密宗四方佛，塔身内隐刻大日如来佛。银鎏金塔塔身錾释迦牟尼和密宗金刚界五方如来，刻写梵文六字真言。金银经塔塔身四重套，最外一层錾大日如来和八大灵塔及塔名，第二重刻重三尊菩萨，第三重錾大日如来及八大菩萨，第四重银片刻写佛经②。迦陵频伽是佛经中好音鸟的梵文译名，形象为人首鸟

---

① （宋）叶隆礼．契丹国志［M］．北京：中华书局，2014.

② 朝阳北塔考古勘察队．辽宁朝阳北塔天宫地宫清理简报［J］．文物，1992（7）.

图 6-6　佛教题材的器物[①]

1～3. 辽莲托凤饰（通辽博物馆藏、陈国公主墓、陈国公主墓） 4. 莲托文字（建平炮手营辽墓） 5. 迦陵频伽形金耳环（和布特哈达） 6. 银塔、金塔（阜新红帽子乡辽塔）

身，迦陵频伽纹伴随佛教传入中国。辽代迦陵频伽造型中，爪的表现更为简单或隐匿，使用范围更加广泛，不仅局限于金银器，铜镜、陶瓷器上也有应用。璎珞为菩萨的佩饰，辽庆州城出土之石刻菩萨胸前饰璎珞。契丹本无璎珞，五代时期，后唐明宗将璎珞当作稀罕的礼物赐予太宗耶律德光[②]。耶律羽之等众多辽墓出土T形饰、心形饰、金丝球等璎珞散件，这与佛教文化的渗入不无关联。关山辽墓出土的金刚杵戒指实属罕见，玉质金刚杵戒面，金质戒箍，尺寸如此较小的金刚杵并不常见，加戒箍做成戒指更是精巧，辽代世俗社会借其表达对佛教思想的崇信。

莲花座是佛教经典和佛教艺术经常提到和见到的象征物。莲花与佛教有着不解之缘，它与释迦牟尼的本生故事联系在一起。佛祖出生后走了七步，一步一莲花[③]，莲花在佛教中有圣洁、美好、吉祥、幸福和圆满的象征含义。辽代的金银器、玉石器、琥珀器、瓷器、石刻上都能见到莲花或莲花与双鱼、禽鸟等的组合图案。在金银器装饰艺术中，除錾刻平面的莲花纹外，在高翅冠和莲叶冠的冠顶装饰莲座凤鸟立饰是辽代莲花纹的特色。有的与冠体脱离单独面世，如科左中期小努日木辽墓出土的莲托凤立饰与冠体分离。通辽市博物馆藏一件莲托凤立饰（图 6-6，1）也是冠体不存，与小努日木出土者极其相似，只是形态更加圆润，凤尾略短，不见翅膀。陈国公主墓出土的

① 图中的1、5摘自内蒙古国有馆藏珍贵文物数据库，6摘自《松辽风华——走进契丹、女真人》，余摘自简报。

② （宋）薛居正. 旧五代史·外国列传第一［M］. 北京：中华书局，1979.

③ 根据佛教典籍《本行经》的记载。

冠饰甚至是莲座与凤鸟的分离（图 6-6，2、3）。建平炮手营辽墓出土的铜鎏金额冠（图 6-6，4），莲花座上的框内直接錾刻梵文，更强化了莲花与佛教之间的联系。

契丹人的原始信仰是萨满教，佛教传入辽境，可能在辽立国之初①。辽统治者对佛教的传入采取了积极的欢迎态度。五京之内佛寺林立。耶律德光就有很深的佛学造诣。得道高僧不仅登堂入室，为帝王说经，还被授予很高的官职。皇后及官员之妻妾皆以习佛为尚，且多有释名。民间有佛教的基层社会组织有千人邑、念佛邑、舍利邑、供塔邑等。从皇家贵族到民间百姓，举国上下崇信佛教，尤其圣宗、兴宗时期佛教在辽地的传播最为兴盛。表现在辽代金银器上，一方面以金银制作或装饰佛或塔，另一方面佛教题材的造型或纹样在金银装饰品、葬具、马具上局部应用，一定程度上也反映了佛教文化已经融入辽代的装饰艺术中。

二、道教文化因素

辽代金银器上较为明确的道教符号有道士真武、鹤纹、原始天尊立饰、火焰珠中的阴阳图案、四神中的朱雀形象。陈国公主墓出土的驸马佩戴的银鎏金冠，正面叶片上錾道士人物真武形象（图 6-7，2），长髯，戴莲花冠，下方为昂首乌龟，右上方为展翅飞翔的仙鹤②，与陈国公主金盒上的立鹤纹寓意相近，成为道教文化的象征符号。陈国公主佩戴的银鎏金高翅冠冠顶的立饰就是一尊银鎏金质道教造像（图 6-7，1），高髻长须，身着宽袖长跑，双手持物盘膝而坐，简报认为是原始天尊造像③，最能体现辽代金银器与道教文化的密切关联。辽代火焰珠的珠心多数为阴阳图案，在二龙戏珠纹、二凤戏珠纹等三角式构图中尤为明显，火焰珠为佛教中的摩尼宝珠，阴阳图案与道教的太极图接近，叶茂台 M23 辽墓出土的银鎏金箔上饰有宝珠火焰纹（图 6-7，5），宝珠上錾阴阳太极图案。耶律羽之墓出土的“海东青”铜鎏金饰片（图 6-7，3），彭善国先生从文献和石棺图像两个角度重新定名④，根据出土位置重新判定为四神中的朱雀。笔者赞同此说，而且它与翁牛特旗朝格温都苏木出土的彩绘朱雀木饰件（图 6-7，4）为同一艺术形象。

辽墓壁画中随处可见道教文化因素的存在。关山 M3 辽壁画墓南壁、北壁各绘丹顶鹤、祥云，小龛内各绘一名道士，高髻花形冠，圆脸长须，着交领广袖黑边淡红色

---

① 冯继钦，孟古托力，黄凤岐．契丹族文化史［M］．哈尔滨：黑龙江人民出版社，1994．

② 内蒙古自治区文物考古研究所，哲里木盟博物馆．辽陈国公主墓［M］．北京：文物出版社，1993：67．

③ 内蒙古自治区文物考古研究所，哲里木盟博物馆．辽陈国公主墓［M］．北京：文物出版社，1993：67．

④ 彭善国．辽耶律羽之墓“海东青”饰片的定名问题［M］．文物春秋，2005（1）．

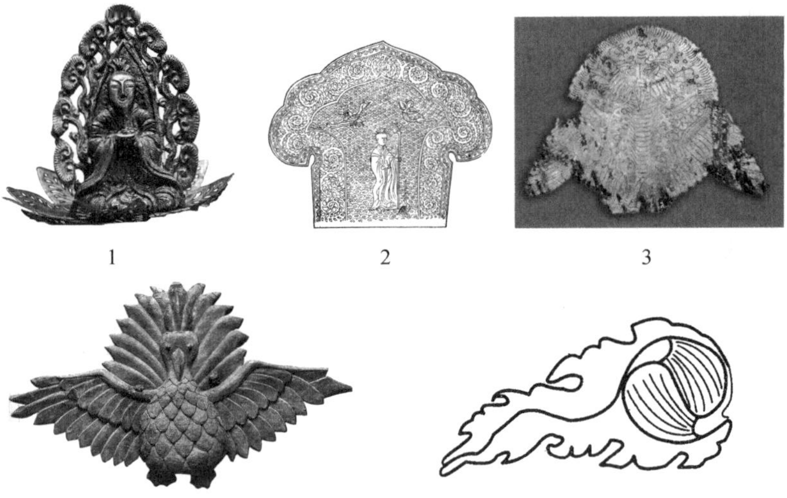

1　　2　　3

4　　5

图 6-7　道教题材的器物①

1、2. 道教人物（陈国公主佩戴银鎏金高翅冠、陈国公主驸马佩戴银鎏金卷云冠）　3、4. 朱雀（耶律羽之铜鎏金饰片、翁牛特旗朝格温都苏木彩绘朱雀木饰件）　5. 阴阳宝珠火焰纹（叶茂台 M23 银鎏金箔）

长袍，双手捧盘，盘内盛圣果，脚旁伏一小龟②。朝阳木头城子辽壁画墓甬道两侧亦绘有隐含道教内容的祥云仙鹤，二次葬于兴宗重熙十四年（1045 年）的萧和墓的壁画上不仅绘有仙鹤，还有道士的形象，而且在天井两侧各绘门神，汉族武士装扮，这是佛道两教融合共存的例证。《奉使辽金行程录》记载 1007 年辽中京以及佛道并存的情况："国主奉佛，其弟秦王隆庆好武，吴王隆裕慕道，见道士则喜。"③此外，二林场辽墓出土的三彩瓷枕，其上刻画特殊的人骑大鸟的艺术形象，所描绘的可能是中原汉地广为流传的道教神仙王桥乘白鹤升天而去的典故④。

第五节　西域胡文化因素

西域是一个很难界定的地理概念。陈垣先生在《元西域人华化考》中谈道："西域之名，汉已有之，其范围随时代之地理知识及政治势力而异。"⑤概略言之而未予以明确界定。星汉先生在《清代西域诗研究》中明确指出："西域有广狭两义。广义的西域可至中亚、南亚各地。狭义的西域则指今新疆维吾尔自治区及其附近地带……然而在涉

① 图中的 1、4 摘自《草原牧歌——契丹文物精华》，2 摘自《辽陈国公主墓》，3 摘自《探寻逝去的王朝——辽耶律羽之墓》，5 摘自《辽宁法库县叶茂台 23 号辽墓发掘简报》。

② 辽宁省文物研究考古所．关山辽墓［M］．北京：文物出版社，2011：21．

③ 赵永春．奉使辽金行程录［M］．北京：商务印书馆，2017：13．

④ 张柏忠．内蒙古通辽县二林场辽墓［J］．文物，1985（3）．

⑤ 陈垣．元西域人华化考［M］．上海：上海古籍出版社，2008．

及历代诗作的表述中，往往越出今新疆的范围，须视各历史时期的具体情况而定。”[1]故西域在不同时代包括的范围不同，我们只能大体圈出而很难准确划定，本书所论之西域，大概趋向星汉先生所谓的广义说。

从辽代金银器中能辨析出来的西域胡文化有突厥文化因素、粟特文化因素和不能确定族属的其他文化因素。其中，陈国公主墓铜鎏金盆是通过互赠或交往得到的一件伊斯兰文化的舶来品。

一、突厥文化因素

突厥文化因素对辽代金银器的影响主要表现在折肩罐、蹀躞带和马具上。

前文已将辽墓出土的折肩罐分为二型，即A型附錾耳和B型无錾耳。A型有吐尔基山金折肩罐（图6-8，2）和奈林稿木头营子M2银鎏金折肩罐（图6-8，1），B型有耶律羽之金折肩罐（图6-8，3）、二八地M1银折肩罐（图6-8，4）、解放营子银折肩罐和赤峰市博物馆藏金花银折肩罐。A型与赤峰李家营子M1出土的金折肩罐（图6-8，6）的形制接近，指垫式的环状把手，肩部有折棱。李家营子金折肩罐，素面无纹样，圈足外撇，其族属学界存在分歧：一种观点认为是突厥银器[2]，另一种观点认为是粟特带把杯[3]。笔者认为两种观点是对立统一的，因为“这种器形的陶器、金银器在阿姆河和锡尔河以东属于昭武九姓国和突厥分布范围的广大区域出土很多，是粟特人和突厥人使用的典型器物，其流行时间自7世纪一直到11世纪”[4]，但是李家营子折肩罐与粟特壁画和典型的粟特饮器还存在一定的差异，折棱特征明显和素面无纹也是突厥铭文折肩罐的共同特征，更似突厥银器。科比内M2出土两件折肩金罐，位于米努辛斯克盆地西部、濒临叶尼塞河上游，其中一件錾耳折肩罐錾满纹样，另一件无錾耳折肩罐有突厥文铭记。吐尔基山辽墓出土的金折肩罐与科比内M2出土的錾耳金折肩罐（图6-8，5）在器形、纹样上几无差异，錾耳、圈足的细节处理都是一致的，二者的纹样布局分别为莲瓣围成的开光内錾凤衔枝纹和“器身布满缠枝卷草，在颈部和腹部以枝蔓围绕成两排类似开光的莲瓣形，莲瓣内为凤衔绶带”[5]，几无差异。B型与科比内M2出土的另一件折肩罐（图6-8，7）器形相似，均为折棱无耳的形制，科比内M2出土者素面无纹，底部有突厥铭文，据研究者考证为突厥器物[6]。新材料是2001年发现

---

① 星汉．清代西域诗研究［M］．上海：上海古籍出版社，2009．
② 孙机．论近年内蒙古出土的突厥与突厥式金银器［J］．文物，1993（8）．
③ 齐东方．唐代金银器研究［M］．北京：中国社会科学出版社，1999．
④ 张松柏．敖汉旗李家营子金银器与唐代营州西域移民［J］．北方文物，1993（1）．
⑤ 孙机．论近年内蒙古出土的突厥与突厥式金银器［J］．文物，1993（8）．
⑥ 韩儒林．穹庐集·唐代都波新探［M］．上海：上海人民出版社，1982；孙机．论近年内蒙古出土的突厥与突厥式金银器［J］．文物，1993（8）．

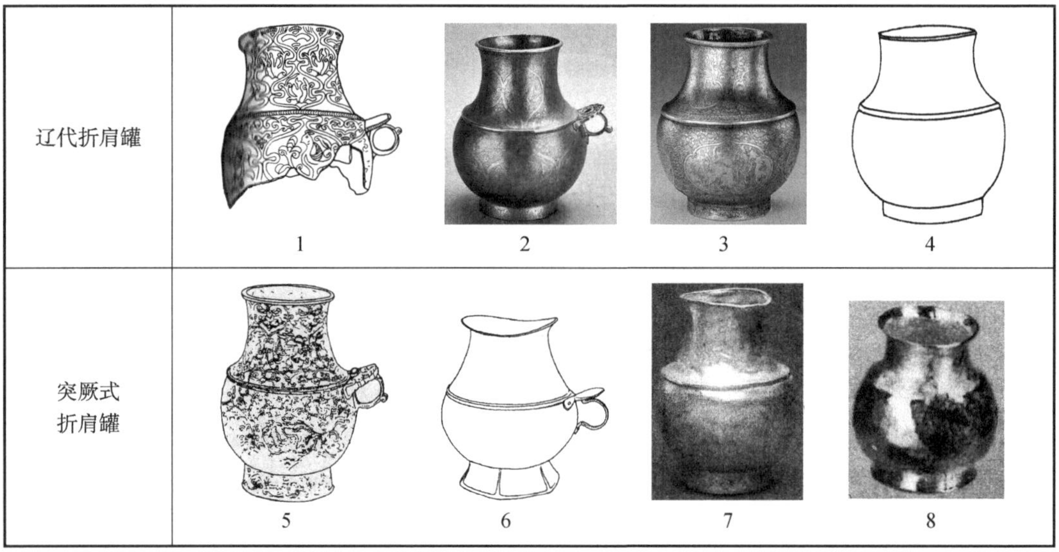

图 6-8　辽代折肩罐与突厥折肩罐[①]

1、2. A 型折肩罐（奈林稿木头营子 M2 辽墓、吐尔基山辽墓） 3、4. B 型折肩罐（耶律羽之辽墓、二八地 M1 辽墓）
5～8. 突厥折肩罐（科比内 M2、赤峰李家营子 M1、科比内 M2、毗伽可汗宝藏）

的毗伽可汗宝藏中又出土了类似的无耳折肩罐（图 6-8，8），出土的金冠、腰带、碑庙共同证实这批金银珠宝属于 734 年被毒死的突厥第二汗国毗伽可汗[②]。折肩罐俨然成为突厥的习见器物，孙机先生论证了辽代折肩罐来自突厥文化的影响，新材料再次佐证了这一观点，解放营子辽代晚期墓葬也出土了银折肩罐的实物，说明 B 型罐的影响更为深远，已经影响到了辽代晚期。海力板辽墓、阜新辽墓、南皂力营子 M1 等辽墓出土的錾耳折肩瓷罐[③]，也应该是受到金银器影响的结果。

蹀躞带的带具在辽墓中出土非常丰富，方形銙、马蹄形銙、桃形銙是契丹墓中常见的带銙形制，比较完整的是陈国公主墓的两条银带（图 6-9，1、2）和奈林稿木头营子 M2 的金带。阿尔泰吐埃特科塔 4 号突厥墓（图 6-9，6）和奈林稿 M2 辽墓出土的蹀躞带（图 6-9，3）比较，除方形带銙、马蹄形带銙等共有的带銙之外，还有两种特殊的带銙：一种是不规则形銙，由两条直线边组成直角，另外一边以曲弧线相连，见于奈林稿木头营子 M2 出土者，另外一种是四曲桃形，相对桃尖的顶部强烈凹陷，见于大横沟、

① 图中的 1 摘自简报，2 摘自内蒙古国有馆藏珍贵文物数据库，3 摘自《探寻逝去的王朝——辽耶律羽之墓》，4 摘自《辽代金银器》，5、6 摘自《论近年内蒙古出土的突厥与突厥式金银器》，7、8 摘自《松漠之间：考古新发现所见中外文化交流》。

② 林梅村．松漠之间：考古新发现所见中外文化交流［M］．北京：生活·读书·新知三联书店，2007.

③ 辽宁省文物考古研究所，阜新文化局文物组，阜新文物管理所．阜新海力板辽墓［J］．辽海文物学刊，1991（1）；李宇峰．阜新发现的辽瓷錾耳壶［J］．中国文物报，1989-8-11；辽宁省文物考古研究所，阜新市文物组．阜新南皂力营子一号辽墓［J］．辽海文物学刊，1992（1）.

张家屯辽墓出土者。已有学者从图瓦突厥墓和阿尔泰吐埃特科塔4号突厥墓蹀躞带上为“直角-流线形銙”和“空顶桃形带銙”找到源头[①]。桃形带銙为带上的常见配饰，为契丹躞蹀带和汉式腰带通用的零部件，相比“空顶桃形带銙”，六曲双边桃形更为常见。通过材料对比研究，笔者发现桃形銙的功能与其他带銙不同，虽然也铆于革鞓上，也有“古眼”但并不是用于穿系蹀躞小带，这从朝阳姑营子耿氏墓出土的一件鎏金錾花银带扣上能得到启示，带扣的卡针上就穿着一件类似桃形銙的玉饰，而且观察陈国公主墓银鞓上的桃形銙（图6-9，1、2）确实位于与带扣相对的另一侧，以起到加固和装饰针孔的双重作用，图瓦突厥蹀躞带上的桃形銙（图6-9，6）也是同样的位置关系。葫芦形带具和豆荚形横栓为蹀躞小带末端的部件，葫芦形带具在辽墓中出土频率较高，在朝阳沟M2、奈林稿M1、陈国公主墓、长岗辽墓、五道沟辽墓、万金山辽墓、大横沟辽墓、水泉辽墓、大营子辽驸马墓均有出土。豆荚形横栓见于朝阳沟M2辽墓、陈国公主墓、巴扎拉嘎契丹墓出土者，然而过去不清楚具体的使用位置，直到陈国公主墓银蹀躞带（图6-9，2）的出土，才确定是古眼带銙下垂飘带上的系挂物。这在突厥墓中都能见到相似物，据研究是契丹带具从突厥带具中借鉴过来的部件[②]。

蹀躞带最早可追溯到公元前5世纪的俄国阿尔泰地区，巴泽雷克M2出土的银銙腰带，可视为躞蹀带的雏形[③]。尤斯坦特第Ⅻ地点M26出土的腰带所衔小带上还穿挂着鹤嘴锄、弯角锥等工具（图6-9，4），该墓属于公元前4～前1世纪的巴泽雷克文化[④]，可见追求实用性是蹀躞带诞生的内在动力。突厥时期蹀躞带迅速发展起来，阿尔泰、图瓦等地的突厥墓中发现了数量庞大的蹀躞带（图6-9，5、6），以致成为各地突厥石人的腰间装饰。突厥腰带的特点是“古眼”带銙明显增多，下垂蹀躞已成常制，小带扣、带具更加完善，这些完全被契丹人所继承，而且蹀躞带确实很适合游牧人佩戴，驰骋马上悬挂弓箭、刀锥极为便利。突厥式蹀躞带虽也曾被借鉴到唐代官制，但终究因不适用城市定居生活而在唐开元以后逐渐停止使用，“自后虽去蹀躞，而犹存其环”[⑤]，至宋代演化为纯粹的装饰物。可见，契丹蹀躞带无论是带銙或带具的形制，还是与生俱来的实用性，都与突厥文化一脉相承。

突厥马具中的某些零部件在契丹马具中颇为流行。一种是装饰在秋带交叉处的丁字形节约，见于二八地M1辽墓、巴扎拉嘎辽墓、奈林稿木头营子M2辽墓、耶律羽之墓、大营子辽驸马墓等诸多出土者；另一种零部件统称为异形杏叶（简报称为“风铃形铜杏叶”），见于二八地M1辽墓、奈林稿木头营子M2辽墓、大营子辽驸马墓出土

---

① 冯恩学．蹀躞带——契丹文化中的突厥因素［J］．文物季刊，1998（1）．

② 孙机．论近年内蒙古出土的突厥与突厥式金银器［J］．文物，1993（8）．

③ 鲁坚科．斯基泰时代阿尔泰山地的居民文化［M］．莫斯科列宁格勒，1953．

④ ［俄］多布赞斯基．亚洲游牧人的饰牌腰带［M］．新西伯利亚，1990．引自冯恩学《蹀躞带——契丹文化中的突厥因素》。

⑤ （宋）沈括．梦溪笔谈［M］．台北：商务印刷馆，1983：711．

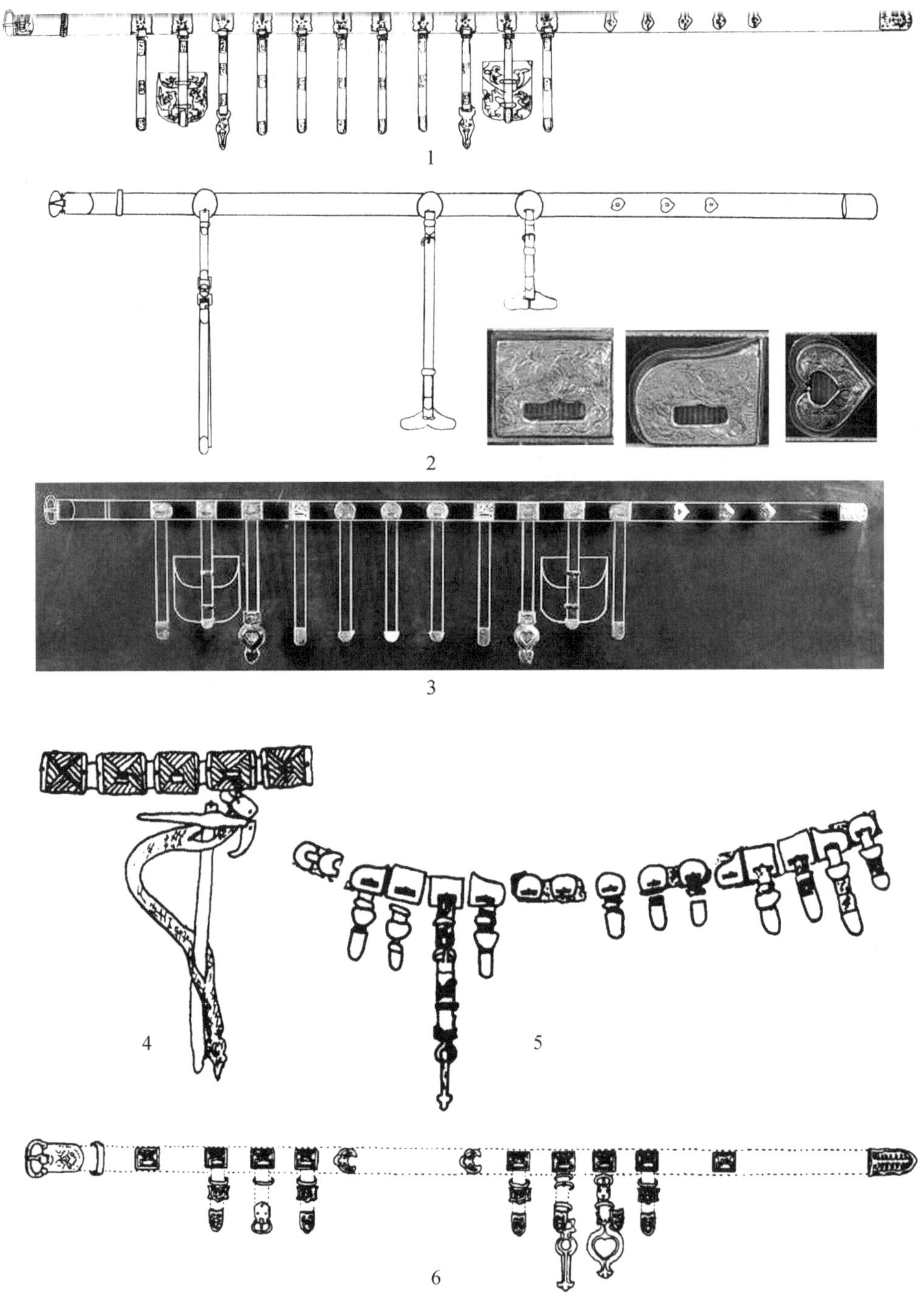

图 6-9　契丹蹀躞带与突厥蹀躞带[①]

1～3. 契丹蹀躞带（陈国公主墓、陈国公主墓、奈林稿木头营子 M2）4～6. 突厥蹀躞带（阿尔泰尤斯坦特第Ⅻ地点 M26、阿尔泰吐埃特科塔 4 号突厥墓、图瓦突厥墓出土）

---

① 图中的 1、2 摘自《辽陈国公主墓》，3 摘自内蒙古国有馆藏珍贵文物数据库，4～6 摘自《蹀躞带——契丹文化中的突厥因素》。

者。丁字形节约曾在库赖第 4 地点 3 号突厥墓和 9 ~ 10 世纪前期的秋赫加塔窖藏均有出土，据研究，束腰尖瓣型和平直方角型两种形制均为契丹节约广泛继承[①]，但是在纹样上融合了自己的装饰元素，除变形卷草纹有延续的痕迹外，鹿衔枝纹、飞凤纹、翼马纹、对雁纹等动物题材是辽代节约装饰之特色。辽墓出土的异形杏叶与科比 6、7 号突厥墓出土者形制上比较相近，均为顶部环孔、下分三叶的造型，前者更为简约，略去了三叶的细部构造和纹样特征，但在基本构图和功能上保持传承关系。

6 ~ 8 世纪中叶，突厥帝国曾作为强大的部落联合体出现在中国历史舞台上，而契丹兴起于 10 世纪初，突厥与契丹的建国时间相隔四百余年，不是平行的交往或相隔很近的继承关系，但是辽代金银器受到了突厥文化的深刻影响。究其原因有三：一是突厥帝国强大，在蒙古草原上极盛一时，“东西万余里，控弦四十万”[②]，版图曾东抵兴安岭，西达铁门关[③]。影响力和感召力很大。二是契丹曾长期臣服于突厥，《旧唐书·契丹传》记载，契丹“本臣突厥”，除葬俗外，“其余风俗与突厥同”，在风俗上受到的影响可能比一般的民族交往更为迅速和深刻。三是有共同的草原生活环境，有比较相似的生产生活需求，追求实用性的蹀躞带就是例证之一。新材料也证实了突厥文化对契丹人的影响。2011 年新发现的内蒙古凉城水泉辽墓[④]，葬式为男女同墓异穴，出土了葫芦形铜带具、“直线 - 流角形”玛瑙带銙等特别的组件，具有浓郁的突厥文化色彩。这一考古现象的历史背景是突厥颉利可汗败亡后，唐于漠南设置定襄、云中都督府，下属六州，任用归附的突厥贵族为各州都督，大量突厥降户被以“不革其俗”的形式安置在漠南内蒙古，凉城地区自然会受到突厥文化的影响。除此之外，突厥人崛起于的阿尔泰山南麓，盛产黄金，且突厥人最初为柔然汗国的“锻奴”，擅长金属等锻铁工艺，吐鲁番出土的吐鲁番文书中提到的“珂寒金师莫畔陁”指的是一位在吐鲁番施展工艺的突厥金匠[⑤]。突厥人坐拥的地利和在金属锻造方面的卓越天赋，势必会对蒙古草原上继突厥而兴的契丹人产生影响。

二、粟特文化因素

辽代的带把杯直接或间接受到了粟特带把杯的影响，辽代典型的折棱带把杯和碗形带把杯都能在粟特杯中找到相似者。吐尔基山金把杯（图 6-10，1），环柄板指形，器形为八棱造型，与粟特银杯的器形非常接近，但所饰纹样不是粟特杯的常见题

---

① 孙机．论近年内蒙古出土的突厥与突厥式金银器［J］．文物，1993（8）．

② （后晋）刘昫．旧唐书．突厥传［M］．北京：中华书局，1975．

③ 耿世民译本：《阙特勤碑》：“他们率军作战，取得了所有四方的人民，……并使他们在东方直到兴安岭，西方直到铁门的地方。”

④ 内蒙古文物考古研究所．内蒙古凉城县水泉辽代墓葬［J］．考古，2011（8）．

⑤ 姜伯勤．敦煌吐鲁番文书与丝绸之路［M］．北京：文物出版社，1994：91，92．

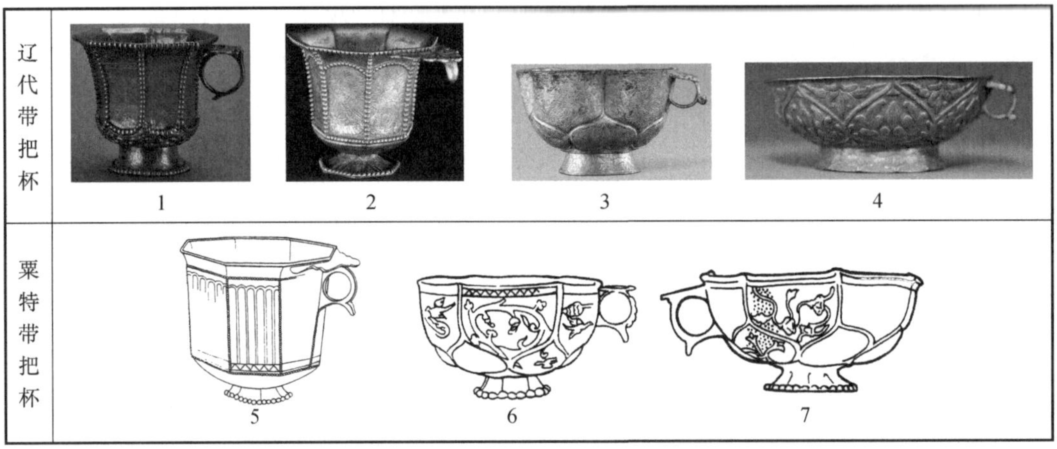

图 6-10　辽代带把杯与粟特带把杯[①]

1～4. 辽代带把杯（吐尔基山辽墓、耶律羽之辽墓、扎斯台辽墓、扎斯台辽墓）　5～7. 粟特带把杯

材，可能是辽代工匠对粟特器形的模仿制品。耶律羽之辽墓出土的金带把杯（图 6-10，2），特殊之处在于七棱杯体和缺失的把，有异于粟特常见的八棱杯体和完整的环把[②]（图 6-10，5）。通过纹样分析，杯体七面体内各錾一位高士，如果确为中国传统的竹林七贤题材，那么这种器形的局部改良是为了安排七位高士特意而为，无疑是契丹工匠对粟特器形的创新产品。扎斯台辽墓出土的两件碗形带把杯[③]，深腹（图 6-10,3）和浅腹（图 6-10，4）的杯形均能在粟特器物（图 6-10，6、7）中找到原型，只是辽代工匠模仿粟特器物只追求形似，在造型的起伏和纹样的艺术性上差别明显。

粟特人远居中亚，与契丹发生关系的重要前提是粟特人的迁徙、经商与定居。在唐代史书中，粟特人按照其在中亚所居城市而称为“昭武九姓”，包括康、安、石等十余姓。由于西域政治格局的不断变化和唐代中央政府采取吸引胡商繁荣营州经济的政策[④]，从唐初开始，粟特移民就大批移居营州（辽宁朝阳）。安禄山是杂胡，据《旧唐书·安禄山传》载：“安禄山，营州柳城杂种胡人也。”又“安禄山，牧羊小丑，本实姓康，远自北番，来投中夏”[⑤]，来自昭武九姓的康国，他就生活在营州。营州是重

① 图中的 3 摘自《中国北方草原古代金银器》，5～7 摘自《唐代金银器研究》，余摘自内蒙古国有馆藏珍贵文物数据库。

② 齐东方先生在《唐代金银器研究》一书中指出；粟特地区的带把杯只发现银器，目前仅有十几件，形制存在演变，经历了棱形、筒形、碗形、罐形的发展过程。

③ 资料未发表，图片资料见于《中国北方草原古代金银器》。

④（后晋）刘昫.《旧唐书·宋庆礼传》：“开元五年，奚、契丹款塞归附。玄宗欲复营州于旧城，侍中宋璟固争以为不可。独庆礼盛陈其利。乃诏庆礼及太子詹事姜师度、左饶卫将军邵宏等充使，更于柳城筑营州城，兴役两旬而毕。俄拜庆礼御史中丞，兼检校营州都督。开屯田八十余所，追拨幽州及渔阳、淄、青等户。并招辑胡商，为立店肆，数年间营州仓廪颇实，居人渐殷。”

⑤（清）董皓等．全唐文［M］．上海：上海古籍出版社，2007.

要的政治中心和交通枢纽，移居营州的粟特人从事对周边游牧民族包括契丹的贸易活动，且营州至契丹牙帐的交通便利，"营州至东北诸族的交通干道见诸文献记载的共有5条。第三条干道为营州至契丹牙帐道"①，契丹建国后，粟特人在北方地区分布更加广泛，继续经商贸易，甚至定居辽国，石敬瑭来自昭武九姓的石国②，建立后晋，与辽密切。因此，契丹不用任何中介就受到粟特人的直接影响。

三、伊斯兰文化因素

陈国公主墓出土的鎏金錾花铜盆（图6-11，1），口沿外撇，方唇，腹部内弧收成平底，盆底錾六角形团花图案，六角形由两个等边三角形叠压组成，口沿一周錾刻纹样，据马文宽先生研究这是一件外来的伊斯兰铜盆③。鎏金錾花铜盆这种特殊的器形和纹样在我国非常罕见，一是器形与德黑兰博物馆藏13世纪錾阿拉伯文的伊朗嵌银铜盆（图6-11，2）极为相似；二是盆底的六角形团花图案为古代西亚祛病辟邪的六角形魔符，由一个黑三角形和一个白三角形组成，象征灵魂和肉体的结合，又称所罗门印，到伊斯兰时期，从伊朗到埃及诸国普遍将这种图案用于装饰，并见于陶瓷和玻璃上，盆口沿的一周錾刻纹样，被考证为阿拉伯文"安拉"的多次重写④。马先生对这件罕见器物的考证深入细致，令人信服。陈国公主墓出土的鎏金錾花铜盆为伊斯兰舶来品亦无异议。

辽与波斯、大食等伊斯兰国家的交往，零星见于中外史籍的记载。据《契丹国

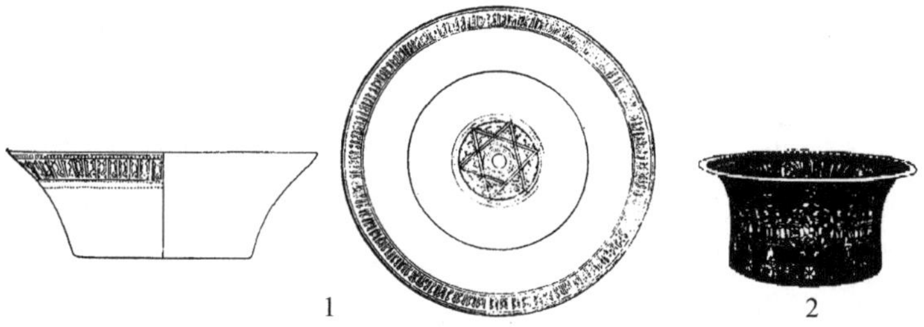

图6-11　伊斯兰盆⑤

1. 陈国公主墓出土的鎏金錾花铜盆　2. 德黑兰博物馆藏的嵌银铜盆

① 张松柏. 敖汉旗李家营子金银器与唐代营州西域移民［J］. 北方文物，1993（1）.

② 徐庭云. 沙陀与昭武九姓［A］. 庆祝王钟翰先生八十寿辰学术论文集［C］. 沈阳：辽宁大学出版社，1993：335～346；樊文礼. 唐末五代的代北集团［M］. 北京：中国文联出版社，2002：11～16.

③ 马文宽. 辽陈国公主墓出土伊斯兰錾花铜盆考［A］. 内蒙古文物考古文集（一）［C］. 北京：中国大百科全书出版社，1994.

④ 马文宽. 辽陈国公主墓出土伊斯兰錾花铜盆考［A］. 内蒙古文物考古文集（一）［C］. 北京：中国大百科全书出版社，1994.

⑤ 图中的1摘自《辽陈国公主墓》，2摘自《辽陈国公主墓出土伊斯兰錾花铜盆考》。

志·诸小国贡进物件》卷二十一记载："高昌国、龟兹国、于阗国、大食国、甘州、沙洲、凉州，以上诸国三年一次遣使，约四百余人。"圣宗开泰九年（1020年）"大食国遣使为其子册哥请婚，进象及方物"。辽朝在北面属国官中设立了"大食国王府"，在上京设立"同文驿"专门管理阿拉伯事务，接待西方国家的使节。同时，辽朝也多次派使节前往阿拉伯国家访问，和平共处促进了辽与西域、中亚国家的经济交往，辽朝的商旅也前往喀喇汗王朝贸易①。陈国公主墓出土的7件精美的玻璃器，主要产于伊朗一带②，与这件罕见的伊斯兰铜盆都是从伊斯兰国家输入辽境的舶来品。据考证，11世纪初丝绸之路的沙漠路线和草原路线尚未完全阻断③。

四、其他文化因素

巴林左旗博物馆藏铜鎏金带的题材特殊，为狮与树的组合，双狮相对蹲坐，中间为枝干支撑起的圣树（图6-12，1），西安碑林博物馆收藏的释迦牟尼造像中有双狮守护莲花的形象，更为接近的题材见于大都会艺术博物馆收藏的石灰石浮雕上的带翼双狮与树④。辽代还有双禽位于树前的题材实例，如吉林博物院藏铜鎏金带銙题材（图6-12，2），禽为简约的双凤，树的形状也相同，辽宁博物院藏银鎏金捍腰也是双凤与树题材（图6-12，3），长74、宽18厘米的宽阔面积上将树的细部刻画得极其入微，树以一条笔直的树干托起七朵番花，间饰枝茎向下垂直的小叶片，耶律羽之墓金花银渣斗上的题材也是二鸳鸯与树的组合。马健认为二羊位于树前的题材意在表达二羊守护生命树的含义，在小亚细亚出现的年代很早，后在帕尼亚、萨珊波斯

1　　2　　3

图6-12　神兽、双禽守树题材⑤

1. 双狮守树（巴林左旗博物馆藏辽铜鎏金带） 2、3. 双凤守树（吉林博物院藏辽铜鎏金带銙、辽宁博物院藏辽铜鎏金捍腰）

① 许晓东. 辽代琥珀来源的探讨［J］. 北方文物，2007（3）.

② 内蒙古自治区文物考古研究所，哲里木盟博物馆. 辽陈国公主墓［M］. 北京：文物出版社，1993：157.

③ 内蒙古自治区文物考古研究所，哲里木盟博物馆. 辽陈国公主墓［M］. 北京：文物出版社，1993：185.

④ 尚永琪. 莲花上的狮子——内陆欧亚的物种、图像与传说［M］. 北京：商务印书馆，2014：215.

⑤ 图中的1摘自内蒙古国有馆藏珍贵文物数据库，2、3摘自《松辽风华——走进契丹、女真人》。

帝国也流行[①]，尚永琪认为双狮与树也在表达相同的含义[②]。辽代的双狮立于树前应该同属神兽守护圣树的题材范畴，树的造型更不是中国的传统图样，当属西域胡文化因素。

辽代面具、鞋垫的特殊葬俗可能与西域胡文化有关联。覆面是汉代中原地区的典型葬俗，多以玉饰连缀在丝织物上，汉以后在中原汉族中不再流行，与中原不同的是，新疆东汉、魏晋、隋唐甚至辽代墓葬均有发现以丝织物缀有饰件的覆面，如内蒙古陈巴尔虎旗巴彦库仁 M3 辽墓也发现老年女性墓主面罩方形对折纺织品，新疆墓葬有面覆纺织品的传统，2010 年发现的锡林浩特白旗伊和淖尔北魏墓女主人脸部也有类似的丝织品痕迹，史道德墓出土一套完整的唐金覆面，看来史道德金覆面与新疆地区覆面的延续使用均受到外来胡文化的影响。辽代金属面具受胡文化影响更甚，通过对生前面部仪态的模拟，传递了性别、年龄等信息，独具肖像性的面具成为辽代丧葬文化的特殊符号。辽代的铜鞋垫多为尖头狭长形，与公元前 1 世纪的阿富汗“黄金之丘”M3 出土的金质鞋垫形状差别较大，黄金之丘鞋垫每只仅有上下 2 个孔，与辽鞋垫周围密集的孔也存在差异，甘肃马家源发现了战国时期的银鞋垫，形制为圆头宽阔型，针孔的分布与契丹鞋垫接近，周围布满小孔。

吐尔基山金带上的伎乐人物形象有探讨的必要。每件带銙上錾刻 1 人，组合成一支 14 人的乐队，在莲花座上各持乐器，吹、弹、拨、击，姿势不同，飘带飞舞，其中带扣和铊尾上的人物不持乐器，在莲花座上腾跃起舞，舞带飘逸。其中 10 个乐舞人物的腰前和腰后都拖着一条长宽飘带，上端从腰带内抽出，向下垂落地，带头花形，向上卷起，呈飘浮之态，尽显舞动之姿（图 6-13，1）。辽代壁画中的汉人和契丹人从未发现过这样的装饰，此带容易绊脚，不会是日常服饰的装饰品，亦有学者推测是西域胡人舞蹈服饰的一部分[③]。耶律羽之墓柏木小帐的正壁有彩绘 10 人的乐队，宽飘带也是乐队人物的特征（图 6-13，2），边奏乐边跳舞，与辽墓中汉人或契丹人单独奏乐的形象有别，而与独乐寺、庆州白塔浮雕的乐舞风格一致。哈鲁辽墓出土的带把杯上也是相同的风格，其中两位舞者袒胸露乳，与宣化张匡正辽墓壁画中的胡人门卫（图 6-13,4）有相似之处，更像西域胡人（图 6-13，3）。总之，吐尔基山金带、哈鲁金把杯上的伎乐人物，更像以西域胡人为原型创造的艺术形象。

双面人头铃铛上有胡人形象。彰武朝阳沟 M2 出土 2 件双面人头银鎏金铃，面部丰满，粗眉大眼，阔鼻方唇并錾有胡须，大耳佩戴耳环，下部为六面体覆钵形。大营

---

① 马健．匈奴葬仪的考古学探索：兼论欧亚草原东部文化交流［M］．兰州：兰州大学出版社，2011：318.

② 尚永琪．莲花上的狮子——内陆欧亚的物种、图像与传说［M］．北京：商务印书馆，2014：215.

③ 冯恩学．耶律羽之墓彩绘乐舞人物艺术形象的探讨［A］．边疆考古研究（第 10 辑）［C］．北京：科学出版社，2011.

1　2　3　4

图 6-13　辽代伎乐人物图像①

1. 吐尔基山辽墓金带上的舞者　2. 耶律羽之墓弹箜篌人物

3. 哈鲁辽墓的金杯上的胡人　4. 宣化张匡正墓的胡人门卫

子辽驸马墓出土人头形银饰，顶作人头形，头部当中有圆孔，下面为牡丹纹覆钵式七面体，高 9 厘米，与盔共存，可能为冠饰，白音塔拉辽墓、凉城县水泉 M27 辽墓也有类似的制品出土，深目、高鼻、胡须为西域胡人特征，双面人头也不是中国的传统造型，可能是西域胡人在商贸旅行中带到辽地的舶来品。

辽朝时期辽国与西域国家有着密切的联系，其中回鹘很可能成为西域胡文化的主要传播者。回鹘汗国（744 ~ 840 年）瓦解后，回鹘分三支自蒙古草原西迁，分别建立河西甘州回鹘、高昌回鹘和喀喇汗王朝。辽曾一度攻占河西甘州回鹘、沙州回鹘和高昌回鹘，使之称臣纳贡。《辽史·太祖淳钦皇后传》载：“太祖淳钦皇后述律氏，讳平，小字月理朵。其先回鹘人糯思。”② 耶律阿保机的回鹘皇后述律氏是参与契丹建国的重要人物。据《辽史》《辽史纪事本末》的有关记载，有辽一代二百余年间，回鹘向契丹朝贡的次数为 64 次，平均每三年零五个月一次③。由于高昌回鹘居辽上京、中京至大食、波斯、喀喇汗王国的中间地带，起到贸易中转的作用④。为了安置回鹘人，辽政府在上京南城之南门东侧置回鹘营，“回鹘商贩留居上京，置营居之”⑤。辽在高昌回鹘设有榷务，以管理西北地区的贸易。宝山辽墓有胡人壁画，陈国公主墓出土胡人训练狮子的琥珀，都是西域胡人在辽代活动贸易的考古证据，而回鹘与契丹是同时代的平行的交往关系，使处于中西交通要道上的回鹘很可能成为西域胡文化的主要传播者。

① 图中的 1 摘自《相映成辉——草原丝绸之路文物精华》，2、4 摘自《耶律羽之墓彩绘乐舞人物艺术形象的探讨》，3 摘自内蒙古国有馆藏珍贵文物数据库。

② （元）脱脱等．辽史·后妃传［M］．北京：中华书局，2011．

③ 王日蔚．契丹与回鹘关系考［A］．禹贡·卷四［C］，1935：633，634．

④ 许晓东．辽代琥珀来源的探讨［J］．北方文物，2007（3）．

⑤ （元）脱脱等．辽史·地理志［M］．北京：中华书局，1974．

第六节　鲜卑文化因素

鲜卑是继匈奴之后的草原霸主，十六国中的七国为鲜卑所建，拓跋鲜卑统一了混乱的北方，建立了第一个由北方游牧民族首创并被纳入中国“正统”王朝序列的政权——北魏，整个北朝的统治者仍然是鲜卑，包括南迁较早的东部慕容鲜卑和南迁较晚的拓跋鲜卑，鲜卑是契丹族崛起前草原地带有强大影响力的民族。同一地区时间先后的游牧民族创造的物质文化势必会有交叉，地域环境相同，民族习惯相似，鲜卑时代的烙印往往会在后世留下微沉淀。

随着考古资料的不断积累，辽代金银器的种类、器形、题材日益丰富，在物质文化面貌上呈现出自己显著的特点；鲜卑系统金银器也蓄积了很多资料，独树一帜。为了辨识、厘清文化传承与文化创新的关系，进而从细微之处来理解两个游牧民族的关系，需要我们从各个角度都考量一番。通过两类资料的梳理和比对，我们觉得辽代金银器与鲜卑系统金银器的联系主要体现在步摇饰品、十字梁金冠、耳环、戒指、手镯、项饰及下颌托上。

辽代的步摇饰品见于陈国公主墓出土的琥珀珍珠金叶步摇头饰（图6-14，5）、四川窖藏出土的金叶步摇簪（图6-14，6）、辽代和布特哈达迦陵频伽形金耳环。《释名·释首饰》解释步摇为“步则动摇也”，这种首饰在魏、晋、北朝时期比较流行，并不断被考古发现所证实，朝阳田草沟出土相当于西晋的金步摇饰①、北票西官营子北燕冯素弗墓出土的十字梁步摇金冠（图6-14，1）、内蒙古达茂旗西河子出土相当于北朝的步摇金冠②以及吉林老河深墓出土相当于东汉初的金丝纽环带叶耳环③（图6-14，7）、大同南郊M180北魏墓出土的金步摇耳环④（图6-14，8）是为例。摇叶装饰最早的考古实例可追溯到1世纪前期的阿富汗西伯尔罕大月氏墓出土的金步摇冠（图6-14，4），为造型成熟的步摇冠，除叶片为圆形外，造型与北票房身村出土的鲜卑式步摇冠（图6-14，3）如出一辙，呈枝条延展的树木形，摇曳的金叶遂在广袤的北方草原地带传播开来，在冠、耳环、带銙甚至马具上普遍流行⑤。陈国公主墓出土的琥珀珍珠金叶步摇头饰（图6-15，5）与和布特哈达辽墓出土的迦陵频伽形金耳环（图6-14，9），下垂的叶片遥叶有菱形和叶形两种形状，叶形叶片环绕菱形叶片，大有鲜卑步摇的遗韵。

① 辽宁省文物考古研究所，朝阳市博物馆，朝阳县文物管理所．辽宁朝阳田草沟晋墓［J］．文物，1997（11）：33～41．

② 陆思贤，陈棠栋．达茂旗出土的古代北方民族金饰件［J］．文物，1984（1）：81～83．

③ 吉林省文物考古研究所．榆树老河深［M］．北京：文物出版社，1987．

④ 山西大学历史文化学院，山西省考古研究所，大同市博物馆．大同南郊北魏墓群［M］．北京：科学出版社，2005．

⑤ 孙机．步摇、步摇冠与摇叶饰片［J］．文物，1991（11）．

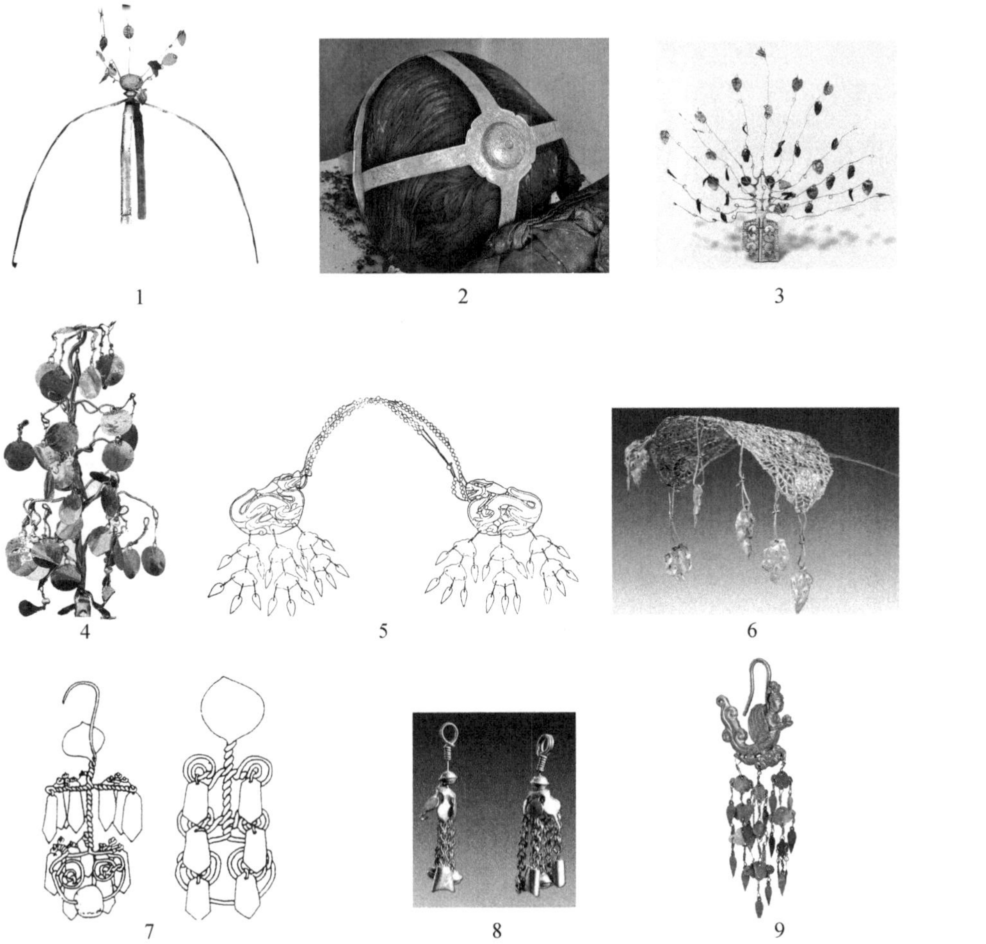

图 6-14　冠、步摇与耳环①

1、2. 十字梁步摇金冠（北燕冯素弗墓、吐尔基山辽墓） 3～6. 头饰（前燕北票房身村、阿富汗西伯尔罕大月氏墓、陈国公主墓、四川辽代窖藏） 7～9. 耳环（吉林老河深墓、大同南郊 M180 北魏墓、和布特哈达辽墓）

《辽史·仪卫志》记载：“朝服：臣僚戴毡冠，金花为饰，或加珠玉翠毛，额后垂金花，织成夹带，中贮发一总。或纱冠，制如乌纱帽，无檐，不双耳。额前缀金花，上结紫带，末缀珠。”② 目前还无法将文献与实物一一对应，但是辽代的琥珀珍珠金叶步摇头饰（图 6-14，5）和凤纹金叶步摇簪也为金花饰件，且文献和实物中都有金与珠玉翠毛复合质地的存在。此外，吐尔基山辽墓出土的金冠为十字梁形的特殊结构（图 6-14，2），十字四脚与金箍圈相连，冯恩学先生考证吐尔基山十字梁结构的帽顶来源于鲜卑步摇

① 图中的 1、3 摘自《辽宁博物馆》，2 由冯恩学老师提供，4 摘自《奢华之色——宋元明金银器研究（卷 1）》，5 摘自《辽陈国公主墓》，6 摘自《四川博物院收藏的一批辽宋金器》，7 摘自《唐代金银器研究》，8 摘自《大同南郊北魏墓群》，9 摘自《草原牧歌——契丹文物精华》。

②（元）脱脱等．辽史·仪卫志二［M］．北京：中华书局，1974．

冠（冯素弗墓型）①，不同之处在于，冯素弗冠十字四脚的固定方式是缝在织物帽的软胎上，而无环状的金箍底圈②。目前资料尚难找到对十字梁金冠更合理的对比资料和解释方法，与鲜卑的关系还是更为密切的。

辽代墓葬中出土金银耳环的墓葬有30座之多，而且没有性别的局限，男女均可佩戴，二八地M1为男性单人葬，出土金耳环6件，朝阳沟M2也有男子佩戴金耳环的例证。北宋路振《乘轺录》记载，辽承天太后会见宋朝使臣“冠翠花，玉充耳”，侍立者“皆胡婢，黄金为耳珰”③。北方草原的饰金传统是比较注重人体装饰，北方草原地区历来对耳环有着独特的钟爱，可举的考古材料有南山根墓出土的螺形耳环④，桃红巴拉匈奴墓⑤亦出土相似者。鲜卑考古材料增进了我们对这种传统的认识，大同南郊北魏墓群共出金器15件，其中金耳环11件，比例高达73%，且有单耳佩戴的先例。这种传统在辽代耳环中是有延续的，解放营子辽墓出土的女面具，双耳垂下的穿孔也是佩戴耳环的佐证，耳环的图像资料还见于朝阳姑营子辽耿氏M4的石版画上，契丹男子侧身抱弹乐器，可见右耳佩戴一耳环，这与北方民族的饰金传统是一脉相承的。

辽代戒指的显著特征是戒面中心的镜纽圆凸，或花苞式，或联珠式，或素面，或随形嵌石，于环面中心伫立。耶律羽之辽墓出土的9枚戒指形状各异，但镜纽花心装饰无一例外地成为共同点。辽代戒指还有戒面装饰圆雕动物范例，如吐尔基山辽墓出土的盾形戒指，环面上镶嵌随形水芯片，中心装饰金蟾蜍，蟾蜍背部驮嵌绿松石，哈鲁辽墓金戒指面上的凤鸟立饰更为凸出（图6-15，1）。环面装饰立体圆雕动物及镶嵌绿松石等玉石的做法，在北方民族的出土物中比较常见，如包头市土右旗美岱村北魏墓⑥出土的戒

1　　2　　3　　4

图6-15　契丹与鲜卑系统金银首饰⑦

1、2. 金戒指（哈鲁辽墓、包头土右旗美岱村北魏墓）3、4. 兽首设计（陈国公主辽墓金镯、达茂旗西晋墓金龙项饰）

---

① 冯恩学. 吐尔基山辽墓萨满金帽的文化溯源［A］. 新果集——庆祝林沄先生七十华诞论文集［C］. 北京：科学出版社，2009.

② 黎瑶渤. 辽宁北票县西官营子北燕冯素弗墓［J］. 文物，1973（3）.

③ 引自赵永春. 奉使辽金行程录. 北京：商务印书馆，2017.

④ 中国科学院考古研究所内蒙古工作队. 宁城南山根遗址发掘报告［J］. 考古学报，1975（1）.

⑤ 田广金. 桃红巴拉的匈奴墓［J］. 考古学报，1976（1）.

⑥ 内蒙古文物工作队. 内蒙古呼和浩特美岱村北魏墓［J］. 考古，1962（2）.

⑦ 图中的1摘自内蒙古国有馆藏珍贵文物数据库，2、4摘自《中国北方草原古代金银器》，3摘自《辽陈国公主墓》。

指，戒面装饰卧羊（图 6-15，2），羊周身焊金珠并镶嵌绿松石。内蒙古乌兰察布市凉城县小坝子滩晋墓[①]所见戒指，环面作兽形，双目以及双耳原应嵌石，现仅存其一。辽宁北票房身村北燕墓所见开口焊金珠嵌松石戒指[②]也是类似的做法。可见，戒面上装饰立体造型的做法是有传统的，虽然经历了立兽到圆凸的演绎与变化，但是戒指设计的构图方式是有传承的，拨开形式的云雾，这种关联逐渐清晰起来。

辽代金银手镯有 21 例，在耶律羽之辽墓、吐尔基山辽墓等众多墓葬中成对出土，以目前资料看为女性的专属佩戴物，同墓男性不会佩戴。其中兽首开口镯有 16 例，兽首设计成为辽代金银手镯的重要特征。这种特征不见于同时期的其他文化，如果再往早追溯，内蒙古达茂旗西晋墓出土过一件拓跋鲜卑金龙项饰（图 6-15，4），两端装饰龙首，为兽首设计较早的考古实例，是否可以大胆推测，辽代手镯的龙首装饰可能是受到了类似的启发，并发展出鹅首（图 6-15，3）、枭首、螭首等多种丰富的样式，与辽代玉器、琥珀器上的装饰题材保持一致。值得一提的是，科左后旗白音塔拉契丹墓出土的一条金龙项饰，重 78.8 克，长 114 厘米，通体用金丝编缀而成，两端为龙头，龙须、龙眼、龙嘴清晰可辨，颇为罕见，简报未刊发图片，推测与达茂旗西晋墓出土的拓跋鲜卑金龙项饰存在更多相似之处。

下颌托在辽代比较罕见，仅见 2 例。其一为凌源小喇嘛沟 M1 出土的银质素面下颌托，残存底托；其二是吐尔基山辽墓出土的金质錾花下颌托（图 6-16，4），墓主人头戴棉帽，棉帽内罩十字梁金箍冠，箍圈下与金下颌托相连，中部为圜底船形罩兜，边缘为四连弧外翻棱边，两侧长扁条片延伸而上与帽圈扣合，一侧与帽圈铆接，另一侧留有缠扣，随意开合，通体錾刻鱼子纹，主体为双凤缠枝花卉纹（图 6-16，3）。这种特殊的器物来自哪里？通过查找资料，我们发现铜质、铅质下颌托[③]在北方山西大同地区北魏墓葬中就有发现，如大同 M107 出土的铜下颌托，Y 形侧带，且有金属箍圈与之连接，当是北魏下颌托的典型样式，金质下颌托在北魏墓葬有新发现：2010 年和 2014 年在内蒙古锡林郭勒盟伊和淖尔同一地点不同墓葬各出土一件下颌托，M1 出土者为纯金质（图 6-16，1），为 Y 形侧带的金属箍圈形制，颌托錾刻双龙双凤纹，M3 出土者为银鎏金质地（图 6-16，2）。如果再往前追溯，金质下颌托最早可追索到公元前 1 世纪的阿富汗“黄金之丘”。由此可见，下颌托本来是一件外来的器具，在本土化的过程中，北魏鲜卑群体性接受下颌托成为这种器具东播的重要推动力，随葬下颌托在唐代高层人群中依然盛行。从形制上看，吐尔基山辽墓的金质下颌托继承了北魏下颌托箍圈的做法，只是缠扣式单股侧带有所不同，錾刻的双凤缠枝花卉纹与北魏伊和淖尔双龙双凤题材也有一定的关联性，但是辽代凤纹的特征更为明显，底托的曲线轮廓也是辽代塑造造型轮廓的典

① 张景明．内蒙古凉城县小坝子滩金银器窖藏［J］．文物，2002（8）．

② 陈大为．辽宁北票房身村晋墓发掘简报［J］．考古，1960（1）．

③ 王春燕．关于吐尔基山辽墓下颌托的一点思考［J］．北方文物，2014（2）．

图 6-16　北魏下颌托与辽下颌托①

1、2. 伊和淖尔北魏 M1 出土的金下颌托　3、4. 吐尔基山辽墓出土的金下颌托

型做法。综上分析，吐尔基山辽墓出土下颌托应该是辽代工匠自己生产的器具，可以理解为风靡一时的鲜卑器物在后世同一地域的微沉淀，下颌托葬具研究已经成为近年学者关注的热点②。

历史学者很早就注意到契丹与鲜卑的关系。文献《新唐书·契丹传》记载了契丹与鲜卑的密切关系："契丹，本东胡种。其先为匈奴所破，保鲜卑山。魏青龙中，部酋比能稍桀骜，为幽州刺史王雄所杀。众遂微，逃黄水之南，黄龙之北。至元魏，自号契丹。"辽耶律羽之的墓志记述了契丹祖先的情况："其先宗分佶首，泒出石槐。""佶首"即文献记载中的"奇首可汗"，而"石槐"指东汉时期鲜卑的首领檀石槐③，据此推测契丹可能出自鲜卑系，但仍然缺乏多重证据。张柏忠先生通过对通辽地区几处早期契丹墓葬形制和典型器物的类型学研究，得出"契丹早期文化是直接承舍根文化发展而来的"④的结论，而舍根文化是早于契丹文化的鲜卑文化⑤，自此这一论据经常被引用。从金银器的角度审视二者的关系受此启发，头衣和首饰的局部特点和使用习惯上存在着较多的隐性联系，虽然表现形式不尽相同，但是让我们感受到契丹与鲜卑的亲密关系，同时折射出时隔几个世纪的两个游牧民族在生活习惯和审美爱好上的趋同性，为

① 图中的 1、2 由柏嘎力提供，3、4 由冯恩学老师提供。

② 吴小平．论我国境内出土的下颌托［J］．考古，2013（8）；王银田，王亮．再议"下颌托"［J］．暨南史学，2014（9）；冯恩学．下颌托——一个被忽视的祆教文化遗物［J］．考古，2011（2）；王维坤，赵今．再论我国境内出土下颌托的性质及其来源［A］．两个世界的徘徊：中古时期丧葬的观念风俗与礼仪制度学术探讨会论文集［C］．北京：科学出版社，2015.

③ 盖之庸．探寻逝去的王朝——辽耶律羽之墓［M］．呼和浩特：内蒙古大学出版社，2004：13.

④ 张柏忠．契丹早期文化探索［J］．考古，1984（2）.

⑤ 张柏忠．哲里木盟发现的鲜卑遗存［J］．文物，1981（2）.

同源说再获一个新证。

第七节　纹样的文化解读

我们以往对辽代金银器装饰的认识会局限于一种固定思维，即前承唐后仿宋，仿若辽代的工匠只是在不间断模仿中终其一生。就纹样而言，具体哪种纹样是承唐而来？拿来之后有没有改良和创造？如果有独创，对后世有没有产生影响？北宋的影响到底有多大？这些问题的解答，需要对纹样逐一拆解，从与辽代金银器纹样有影响关联的文化因素入手，解构纹样的文化因素构成，并结合文献和历史背景探析原因，唯有这样，辽代金银器纹样的整体面貌才可能客观真实地呈现。

凤纹和云纹、火焰珠纹按照不尽相同的构图方式组合，有的云纹作为主题纹样，托着火焰珠，在二凤戏珠构图中占据中心位置，有的云头纹作为附属纹样，分布在凤周边的背景空间中，我们感觉到凤纹在辽代装饰题材中有自己独特的呈现与表达，表现为凤纹姿态和组合关系的不断演进，从而成为一种形式多变而要素基本固定的模式。从纵向上拆分，穿花、衔枝、阔叶尾为晚唐纹样的装饰特点，辽代早期纹样也在借鉴使用，有的可能就是唐代器物的沿用，西安北郊坑底村窖藏出土的9世纪初“裴肃”铭葵花形银盘（图6-17，1）、866年“田嗣吕”双凤纹花瓣形银盘、枣园村双凤纹葵花形银盘，构图方式均为双凤首尾旋转成团花形，穿花衔枝，阔叶花形大尾，繁缛细密，耶律羽之墓就出土过几乎与它一模一样的银盘（图6-17，2）。辽代使用最多的二凤戏珠纹，双凤面向火焰珠对视，整体是一种静止或直入云霄的态势，这种构图方式是在辽代中、后期逐渐发展起来的，见于英凤沟M7银鞍桥包片（图6-17，13）。河南邓州福胜寺地宫发现的金椁和银椁上皆刻双凤图案，金椁棺盖上的双凤为背靠背的特殊构图①，就单体凤而言，仍然延续着早期唐式凤阔尾衔枝的特征，银椁正面上端和前挡上都有双凤对视的图案，前者为镂雕衔枝飞凤，飞翔于仿屋顶之上，后者立凤对峙，中间为卷草纹盘结成的三角形纹样（图6-17，14），和前述辽典型的凤纹构图颇为相似。从时间看，福胜寺根据《地宫记》的记载，塔始建于宋天圣十年（1032年），略晚或相当于辽代凤纹的流行时段，可能受到北方辽地凤纹装饰的影响。凤纹装饰佛寺的金银椁无独有偶，吉林白城永平辽金遗址出土了大量的凤建筑构件②令人瞩目，鸱吻底座上的凤纹是典型的B型辽式凤纹，凤形脊首31件，经考古发掘确认为佛教基址，显示出这一题材与佛教文化的关联。

龙纹经常与云纹、火焰珠组合出现，偶尔以海水纹作地纹，一部分也在使用上述

① 郭建邦，陈觉，郭木森．河南邓州市福胜寺塔地宫［J］．文物，1991（6）．

② 吉林省文物考古研究所．白城永平辽金遗址2009～2010年度发掘报告［M］．北京：科学出版社，2015．

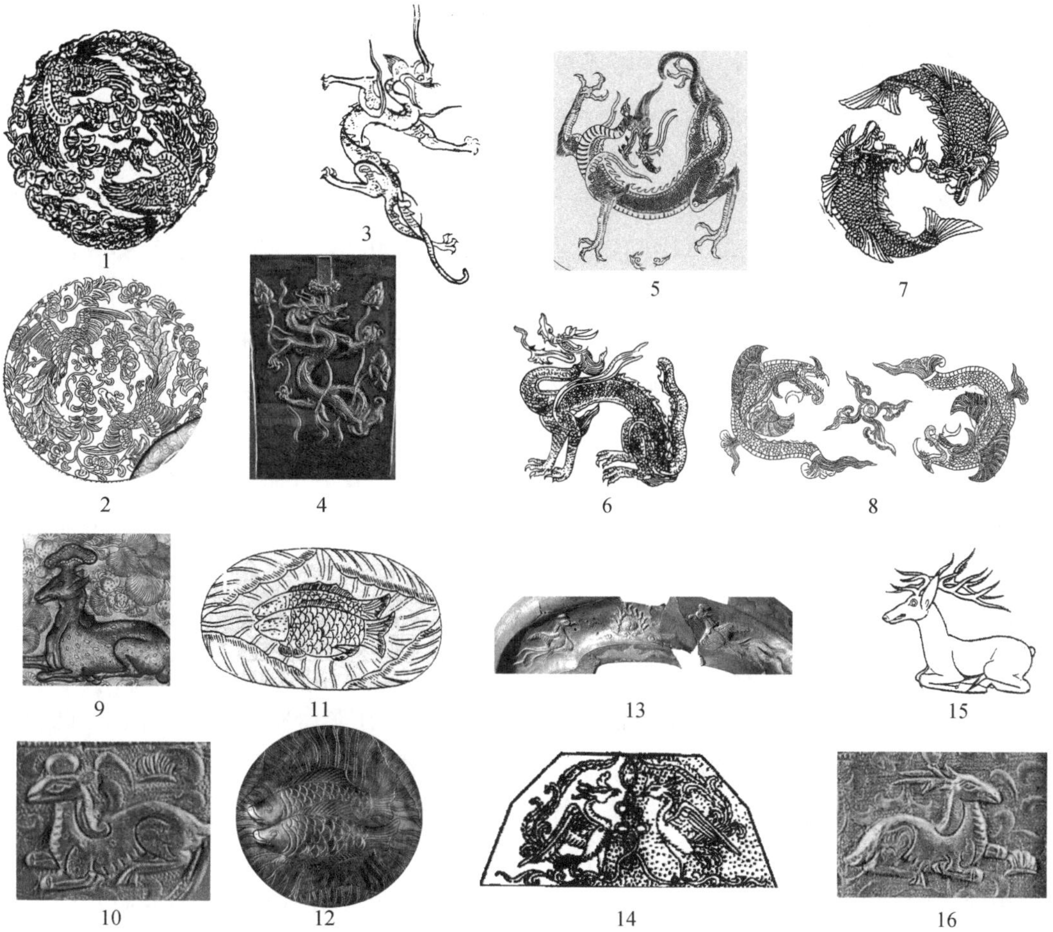

图 6-17　不同文化的纹样对比图（一）①

1. 唐团凤（“裴肃”铭葵花形银盘） 2. 辽团凤（耶律羽之银鎏金盘） 3. 唐升龙（丁卯桥窖藏龟负“论语玉烛”酒令筒） 4. 辽升龙（耶律羽之银砚盒） 5. 唐坐龙（丁卯桥唐代窖藏银盒） 6. 辽坐龙（张家营子银鎏金捍腰） 7. 唐双摩羯（喀喇沁窖藏金花银盘） 8. 辽双摩羯（凌源小喇嘛沟银盘） 9. 唐鹿（喀喇沁窖藏金花银盘） 10. 辽鹿（朝阳沟 M2 银鎏金饰片） 11. 唐双鱼（陕西背阴村窖藏银长杯） 12. 辽双鱼（吐尔基山辽墓金花银盖碗） 13. 辽凤（英凤沟 M7 银鞍桥包片） 14. 北宋凤（河南邓州福胜寺地宫银椁） 15. 北方草原花角鹿（陕西高兔村银圆雕） 16. 辽花角鹿（朝阳沟 M2 银鎏金饰片）

的三角形构图法。与唐代龙纹比较，鹿角、丹凤眼、三爪、四足较为固定的摆放方式都可作为辽代龙纹的识别性特征，但尾缠后足并不是辽人的首创。丁卯桥唐代窖藏出

① 图中的 1、7、11、15 摘自《唐代金银器研究》，2、4 摘自《探寻逝去的王朝——辽耶律羽之墓》，3 摘自《辽代金银器》，5 摘自《镇江出土金银器》，6 摘自《辽宁省建平、新民的三座辽墓》，13 摘自《敖汉旗文物精华》，8 摘自《凌源小喇嘛沟辽墓》，9 摘自《中国北方草原古代金银器》，10、16 摘自《沈阳考古文集》，12 摘自内蒙古国有馆藏珍贵文物数据库，14 摘自《浙江宁波天封塔地宫发掘报告》。

土的龟负“论语玉烛”酒令筒上的升龙纹（图 6-17，3）构图自如，在花草中穿行，龙动感有威力，具有英武的神态[①]，尾部向一侧大幅偏转，蓄势待发，同一窖藏出土的银盒底上的龙纹（图 6-17，5），尾缠后足，回头嘶吼[②]。耶律羽之银砚盒上的穿花升龙（图 6-17，4）和张家营子银鎏金捍腰的坐龙纹（图 6-17，6）与上述两种唐龙相比较，略失动感的张力与气势。辽金时期吉林白城永平遗址中鸱吻底座上的龙纹仍是尾缠后足的样式。龙纹在葬具、马具中同样盛行，除了接续唐传统之外，恐怕与佛教普度众生的愿念有关，这从朝阳北塔地宫石函中内涵丰富的龙纹故事图中能获得一点启示[③]。龙纹在北宋还没找到可兹对比的例子，朱天舒列举的宁波天封塔地宫出土的银殿模型上的双龙纹[④]，其实是南宋绍兴十四年后的例子，成追逐状，龙身的鳞片不再是鱼鳞状，尾缠后足比较随意。

摩羯纹常以海水纹为底，与火焰珠成追逐嬉戏状，在双摩羯的构图中，火焰珠经常被设计到摩羯的大口处，有的被双摩羯中心式围绕，首尾相接，有的直接出现双火焰珠，供摩羯单独嬉戏。唐代喀喇沁窖藏出土的摩羯纹金花银盘[⑤]（图 6-17，7），主题纹样就是双摩羯戏珠，与辽代摩羯纹的关系极为密切（图 6-17，8）。摩羯耳环目前仅见于辽文化圈，可能是游牧人的又一独创[⑥]。鹿纹有衔枝蹲卧、站立观望、奋力奔跑等姿态，唐代喀喇沁窖藏出土的金花银盘上的鹿纹[⑦]成悠闲蹲卧状（图 6-17，9），这种例子并不常见，当前收集到的鹿纹都出自辽代早期墓葬，部分纹样有衔枝、穿花的唐代痕迹，如朝阳沟 M2 辽墓出土的银鎏金饰片上的鹿纹（图 6-17，10）。蹲卧状的花角鹿圆雕在陕西高兔村被发现（图 6-17，15），被齐东方归入匈奴系统的金银器[⑧]，与朝阳沟银鎏金饰片上的很相近（图 6-17，16）我们感觉鹿纹题材与北方草原的游牧传统更为密切，这一地区的游牧民族十分喜爱金银物品，而鹿是草原森林地区时人非常熟悉的题材，故契丹贵族的秋捺钵将鹿列为主要狩猎对象。鱼纹大致以两种形态存在，一种是首尾相接的环绕式，这种构图手法对唐代工匠而言非常熟悉；另一种是同向并列式，背阴村唐墓出土的银长杯[⑨]内底的双鱼荷叶纹（图 6-17，11）直接可以成为吐尔基山金花银盖碗内底纹样（图 6-17，12）的粉本，同为双鱼对叠，海水荷叶底纹，另

---

① 朱天舒．辽代金银器［M］．北京：文物出版社，1998：25．

② 镇江博物馆．镇江出土金银器［M］．北京：文物出版社，2012：53．

③ 朝阳北塔考古勘察队．辽宁朝阳北塔天宫地宫清理简报［J］．文物，1992（7）：20．

④ 朱天舒．辽代金银器［M］．北京：文物出版社，1998：26．

⑤ 镇江博物馆．镇江出土金银器［M］．北京：文物出版社，2012：27．

⑥ 考古资料显示 U 形带凸耳环可能是突厥人的作品，笔者感觉摩羯形耳环的创作灵感是多元的：在喜爱摩羯造型的基础上，可能受到此类耳环的启发，并火焰珠幻化为外侧的圆凸。

⑦ 齐东方．唐代金银器研究［M］．北京：中国社会科学出版社，1999：161．

⑧ 齐东方．唐代金银器研究［M］．北京：中国社会科学出版社，1999：237．

⑨ 刘向群，朱捷元．陕西省耀县柳林背阴村出土一批唐代金银器［J］．文物，1966（1）．

一种并列却不对叠的叫双鱼形饰，是辽代马具上的装饰[①]，目前在唐代考古资料中还未见到，将双鱼纹改造成马具透雕独立的饰件，应该还是辽人的发明。

A 型折枝纹是大花阔叶的样式，原型可追溯至唐晚期，据研究在 8 世纪后半叶最为流行[②]，其中一种花叶簇拥在一起，典型的例证有何家村唐代窖藏出土带盖银碗和西北工大鸿雁纹多曲纹银碗（图 6-18，1）的内腹纹样，叶和花几乎成为一体，时隔一个多世纪，这种构图在耶律羽之金花银渣斗和吐尔基山金花银碗（图 6-18，2）上出现，后没有继续流行；另一种叶子分布在花的一侧或两侧，如喀喇沁旗摩羯纹葵花形银盘沿面纹样（图 6-18，3）、“裴肃”葵花形银盘沿面纹样，成为辽代折枝纹发展与创新的母本，在唐代多花多叶构图的基础上，发展出一花一叶和一花双叶的样式来，在辽早中期很流行（图 6-18，4），但具体是哪种花不好确定，观察可能是牡丹或菊花。B 型折枝纹仅有一例，可能只是晚唐这类纹样的余声。C 型折枝纹与唐代的十字折枝纹关系密切，从时间上看，它曾流行于 9 世纪中叶及后半叶（图 6-18，5），通过辽代的发展与改良，花叶分离，向十字形的程式化布局演进[③]（图 6-18，6）。折枝纹在植物纹中璀璨夺目，对同时期瓷器的装饰风格也产生过影响[④]。

辽代缠枝纹是在唐代晚期流行的阔叶缠枝纹的基础上发展起来的，早期耶律羽之墓银鎏金盘上的缠枝花纹花与叶等大，枝蔓随意舒展，颇有晚唐遗风，但是流行更广的是另一种样式，花形变大，被枝蔓分单元包裹，叶子变小，有的甚至隐去叶片，布局疏朗，花形写实，容易辨识出荷花或菊花（图 6-18，21），体现出与唐不同的特点。这种流行样式对两宋都有影响，北宋白沙宋墓 M3 南壁上部装饰此类缠枝牡丹纹[⑤]（图 6-18，7），叶片略大，比较写实；南宋时期宁波天封塔地宫出土的银殿模型柱上布满缠枝莲纹（图 6-18，8），斗拱和拱眼壁上装饰枝蔓绕花的缠枝纹[⑥]与辽代主流缠枝纹极为相似。

卷草纹作为植物纹的一种，与上述折枝纹和缠枝纹最大的区别是缺乏写实性，以轴线对称布局，以流畅的涡沟曲线组合成各种各样的图案，富有变化，被冯恩学先生定名为变形花草纹[⑦]。这种样式的纹样在辽代最为繁盛，大致有两种类型：一种由细葡萄藤的单线条组成（图 6-18，12）；另一种由粗葡萄藤的双线条组成（图 6-18，10），

---

① 发掘者对这种饰件的用途之前是不清楚的，有的报告将它与唐代的鱼符联系起来，直到代钦塔拉辽墓的发现，残存的皮革将双鱼形饰与马具连在一起。

② 齐东方．唐代金银器研究［M］．北京：中国社会科学出版社，1999：150.

③ 齐东方．唐代金银器研究［M］．北京：中国社会科学出版社，1999：153.

④ 凌源小喇嘛沟 M8 辽墓出土的黄釉瓷盘、三彩盘和三彩碗上有 A 型折枝纹的主题图案，M4 辽墓出土的三彩方盘上有 B 型折枝纹的样式，花朵部分格外增大，似菊花，四角四片叶子。

⑤ 宿白．白沙宋墓［M］．北京：生活·读书·新知三联书店，2019.

⑥ 林士民．浙江宁波天封塔地宫发掘报告［J］．文物，1991（6）.

⑦ 冯恩学．辽代契丹马具探索［A］．考古学集刊（14）［C］．北京：文物出版社，2004.

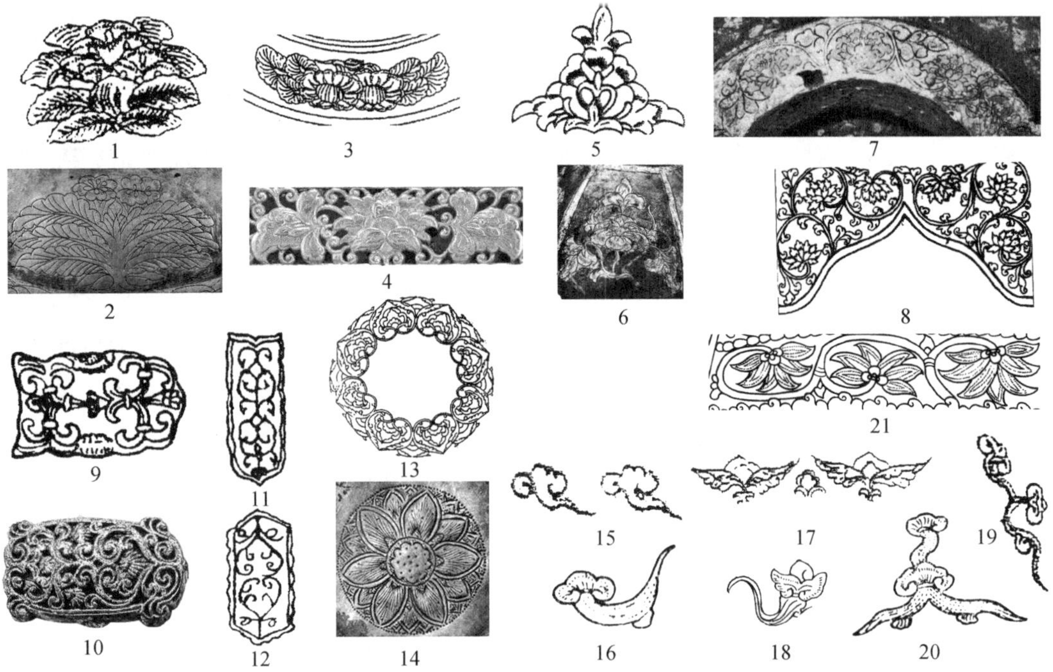

图 6-18　不同文化的纹样对比图（二）①

1、3. 唐 A 型折枝纹（西北工大鸿雁纹多曲银碗、喀喇沁旗摩羯纹葵花形银盘） 2、4. 辽 A 型折枝纹（吐尔基山金花银碗、吐尔基山金额冠） 5. 唐 C 型折枝纹（枣园村双凤纹葵花形银盘） 6. 辽 C 型折枝纹（大营子辽驸马墓双面人首金花银铃） 7. 北宋缠枝纹（白沙宋墓 M3 南壁壁画） 8. 南宋缠枝纹（宁波天封塔地宫银殿模型） 9、11. 8～9 世纪卷草纹（东外贝加尔墓葬） 10、12. 辽卷草纹（萨力巴乡水泉辽墓、泉巨涌辽墓） 13. 唐莲瓣纹（何家村窖藏银盒） 14. 辽莲瓣纹（巴林右旗窖藏海棠形银盘） 15. 唐 A 型云纹（沙坡村折枝纹银盒） 16. 辽 A 型云纹（陈国公主墓金花银枕） 17. 唐 B 型云纹（弗利尔莲瓣纹弧腹银碗） 18. 辽 B 型云纹（陈国公主墓银蹀躞带之银囊） 19. 唐 C 型云纹（法门寺地宫银茶罗子） 20. 辽 C 型云纹（陈国公主墓金花银枕） 21. 辽缠枝纹（代钦塔拉银鎏金前鞍翅包片）

有的搭配大叶片或者葡萄果实，有的在单个花束处束结。这两种交缠着枝藤的涡纹，在与我国毗邻的东外贝加尔墓葬②中均有发现，同样用于马具牌饰的装饰（图 6-18，9、11），多数也是青铜制品，表面鎏金，锯齿状的花边如出一辙。报告将墓葬的年代判断为 8～9 世纪回鹘汗国的存续时期，卷草纹的样式与同时期南西伯利亚属于黠戛斯

① 图中的 1、3、5、13、15、17、19 摘自《唐代金银器研究》，2、4、6 摘自内蒙古国有馆藏文物数据库，7 摘自《白沙宋墓》，8 摘自《浙江宁波天封塔地宫发掘报告》，9、11 摘自《东外贝加尔的中世纪焚尸葬墓及其民族文化的阐释》，10 摘自《敖汉文物精华》，12 摘自《北票泉巨涌辽墓发掘简报》，14 摘自《草原牧歌——契丹文物精华》，16 摘自《辽代金银器》，18、20 摘自《辽陈国公主墓》，21 摘自《科右中旗代钦塔拉辽墓清理简报》。

② E. B. 科维切夫．东外贝加尔的中世纪焚尸葬墓及其民族文化的阐释［J］．邱立英，译．北方文物，1996（1）．

的物品装饰接近，回鹘和黠戛斯又与毗邻的突厥语族的部落有接触。我们感觉到中世纪以葡萄果实为艺术形象的卷草纹在欧亚草原的广泛传布。

莲瓣纹在辽代有两种类型：A型是平面构图，有八个或六个花瓣，五瓣者较少，正中簇拥花蕊或莲子（图6-18，14）；B型是立体构图，多为八个花瓣，也有复莲六瓣的，中心伫立凤鸟或道教人物。A型主要都用在器皿碗的内底或外腹上，唯见的一件马具璎罩是对这种装饰手法的模仿和推广，B型主要用于葬具冠上，其次是装饰品戒指。唐代的莲瓣纹被研究者纳入宝相花纹中进行考察，其中带尖花瓣的形态在甘肃敦煌莫高窟贞观后期的壁画中得以窥见①，构图也是八瓣或六瓣，中心有花蕊，后来就发展出花瓣以连续展开的形式，装饰器物的腹部，成为主题花纹，如从唐代何家村窖藏出土的银带把杯、金碗、2件银盒（图6-18，13）上的纹样。这种构图方式为辽代金银器纹样所继承，复莲的样式也取自宝相花，但是何家村银盒上的花瓣单体仍属于繁缛忍冬纹的范畴，与辽代写实简洁的莲瓣纹差别较大。B型在前代没有找到可依循的样式，应该是辽人在A型基础上的独创，用到葬具冠上当有特定的含义，再结合莲花的佛教寓意和莲瓣纹的原生背景，应与佛教超度有关。

和植物纹一样，辽代云纹也可分为写实云纹和变形云纹。A型和B型比较写实（图6-18，16），与忍冬叶和灵芝联系起来创作（图6-18，18），能在唐代云纹中找到相似者②，见于何家村双鸿纹圆形银盒、沙坡村折枝纹银盒外腹（图6-18，15）、西安双猴纹圆形银盒、弗利尔莲瓣纹弧腹银碗足部纹样（图6-18，17）。C型是在前两型基础上的组合创造，云尾加长，有的直接攀结在一起组成更大的纹样（图6-18，20），这种新样式在法门寺地宫出土的银茶罗子（图6-18，19）上能够见到，应该是唐代晚期出现的新类型，这种云纹进入辽代之后运用更广，特别愿意用在契丹族专用的一些器物上，比如葬具、捍腰、马具等，很有特色。

通过上述纹样的文化拆解，我们从整体上能获得这样的认识：辽代金银器上的纹样多数脱胎于晚唐文化，但并没有沉溺于此，在自身发展过程中不断调整和演进，从构图方式、视觉空间、组合搭配等方面寻求改变。创立了三角形构图模式，在二凤戏珠纹、二龙戏珠纹中普遍运用，缠枝花纹演变为枝绕大花的连续式构图，且受到后世追捧；透雕双鱼饰和莲瓣立饰成为鱼纹和莲瓣纹从二维平面向三维立体空间演进的杰出代表；摩羯形耳环似乎也成为独创且风靡一时；龙、凤纹与云纹、火焰珠固定组合，独创出来的莲瓣立饰特意去装饰北地特色器具。与此同时，我们不应该忽视有一些纹样与北方草原甚至西伯利亚草原的地域文化关系更为密切，如卷草纹、花角鹿纹在这一地区是通用的，目前材料显示可能源于前代的草原地域文化。就辽代金银器上的纹

① 齐东方．唐代金银器研究［M］．北京：中国社会科学出版社，1999：139.

② 齐东方先生将与本书相似的A型和B型分别叫作云曲纹和卷云纹，前者没有摆脱花叶的基本造型，与辽代A型云纹仍存在较大差异，发展出云尾来，后者与辽代B型云纹几乎是一样的。

样而言，与宋代纹样的关系远不如唐代纹样密切，辽与宋政权并行交往，文化互鉴，取长补短。折枝纹是宋代最主要的纹样[①]，因花卉品种的不同分出十几种具体生动的纹样来，自然写实，与唐代图案化的风格迥然不同，其中折枝荷花纹在辽代的捍腰上多次出现，巴林右旗辽代窖藏中的八棱注碗上的折枝牡丹纹初步呈现出自由舒展的写实倾向，辽代风靡一时的凤纹影响到北宋的河南地区，甚至在南宋的彭州窖藏中仍能看到凤的踪迹[②]。

辽代金银器上的纹样演变出现了从高仿中出新的趋势，也必然会伴随唐文化影响不断减弱的发展轨迹。契丹民族作为游牧民族嗜好动物纹，同时契丹人倾慕中原的唐文化，在唐帝国的统治下也曾感受到大唐文化的魅力，在辽帝国创建初期掠夺和保护了大量的金银手工艺工匠[③]，“教其织纫工作，中国所为，虏中悉备”[④]，对唐代金银器从器形到纹样全面接收；中期契丹族在积聚国力和云集工匠技艺的基础上，独创出与葬具、马具同具活力的新纹样，龙凤纹的数量和种类的丰富是前代难以比拟的，莲瓣纹、缠枝莲纹在墓壁装饰中广泛使用；晚期社会吸纳和创新能力下降，社会政权僵化，折射出整体国力的衰竭，随着时间的推移，唐文化的记忆在逐渐消退，唐式纹样骤然减少甚至消失。

在金银器文化因素的互动中，唐文化、宋文化、突厥文化、粟特文化与辽文化的关系是不尽相同的：在辽代金银器发展的开始阶段，明显继承了唐文化中的很多文化因素；同是时代先后的北方草原文化、鲜卑文化、突厥文化对后来的辽代金银器影响很大，但粟特文化的影响相对较小；与同时代的北宋、回鹘贸易、交往频繁，使得辽代金银器在中、晚期阶段，与北宋存在较多的文化因素互动，而回鹘很可能成为辽与西域胡文化交流中的“中转站”。辽代金银器上折射出来的诸多文化因素，既保留了自身的契丹文化，又借鉴、融合了多种文化因素，使辽文化更加丰富多彩、璀璨夺目。

---

① 廖望春．宋代金银器物研究［M］．南京：南京大学出版社，2012：175．

② 四川彭州窖藏出土银注壶和温碗的组合，通体錾刻双凤在写实的花丛中追逐嬉戏的纹样，注壶的头也被设计成凤首形，器形可能也是受到了辽瓷凤首瓶的启发。

③ 唐代后期河北汉人或主动或被动流入契丹地区，后唐后晋边将先后降辽，为辽代社会注入新的活力。

④ 《辽史拾遗》引《唐明宗实录》。

第七章　辽代金银器的艺术风格

考古学研究的目的在于从遗物、遗迹的逻辑联系多角度解读已经消失的古代社会。金银器既是贵重器、实用器，也是艺术品，匠人制作时把实用性和艺术性进行了巧妙整合，使其具有令人愉悦的美感。正如丹纳所言："艺术家创造的才能是与民族的活跃的精力为比例的"①，能够促成社会氛围的豁达与开放，能够推动新的文化元素的流动与互通，为艺术设计与创新注入新的活力。下面笔者尝试从技术和艺术的视角对辽代金银器进行初步解读。

第一节　工艺技术

工艺技术是指在一定的科学技术条件支撑下，制造器物所需的原材料的选择、制备、成型、修整等各个环节。工艺技术通过对材料的加工改造，完成和实现工匠的设计构想，实现结构合理、实用美观的造型。每一件器物从最初的原材料变成成品，由最初的设计意图到具有一定结构形式和功能造型的实物，必须依靠一系列工艺技术方能实现。宋应星在《天工开物》陶埏一篇中讲道："共计一坯工力，过手七十二，方可成器，其中细微节目尚不能尽也。"可见每一件器物都是多工种分工合作的结果。

辽代金银器的工艺技术问题至今讨论甚少，而有关的考古实物资料却积攒了不少，一是中国古代工艺技术大多靠熟练手艺人经验的积累和直观的感觉，较少量化和数据分析，宋代之前也无记录的传统，使得研究工艺者无章可循；二是过去很多材料尚未发表以及考古报告所刊图片多为黑白图片或线图，故制作工艺难以窥得究竟。近几年内蒙古博物院、辽宁省博物馆等研究单位出版了一系列文物彩版图录展现了器物的局部和细节，国家启动的馆藏文物数据库项目为研究者提供了观摩部分实物细节的机会，使得工艺技术与造型样式的探讨成为可能。

一、成分成色

从视觉上观察，辽前期的金银器硬度高、质感好、鎏金层薄而亮，金质金光闪亮，银质光泽润白，不易变形和氧化，后期质感逊色，银质发黑，极易变形，这在器皿中

① 〔法〕丹纳．艺术哲学［M］．傅雷，译．合肥：安徽文艺出版社，1991：178.

表现得非常明显，如耶律羽之辽墓、吐尔基山早期墓葬出土的整批器皿的质感可与唐代金银器相媲美，而解放营子晚期墓葬出土的多曲杯素面发黑，光色暗淡，口沿残破，且轻度变形。从仪器检测的角度分析，辽代银丝网络为银铜合金[①]，比例不统一，且成分含量也不稳定，以陈国公主墓出土的银丝网络和银刀为例说明。中国科技大学对陈国公主墓的两套银丝网络进行了测定，一套含银量为91.77%、含铜量为2.48%，另一套含银量为96.18%、含铜量为0.58%[②]，剩余的百分比为其他金属。这一检测结果能说明两点：一是银丝网络的成分不是单一成分，是为以银为主的合金；二是两套银丝网络合金比例和成分含量不同，公主穿戴的银丝网络含银量低、含铜量高，驸马穿戴的银丝网络则恰恰相反。二者的保存状况差别甚大，一套完整保存下来，另一套局部残存，究其原因，应与合金比例和成分含量密切相关，含银量过高可能会影响硬度和保存。类似的结论也适用于器皿，由于合金比例的不同造成了成色和硬度的差异，如吐尔基山金折肩罐（图7-1，1）和耶律羽之墓金折肩罐（图7-1，2）的成色比较，前者

图7-1　成分成色、錾刻与凸花工艺[③]

1～3. 成分成色（吐尔基山金折肩罐、耶律羽之墓金折肩罐、赤峰市博物馆藏金花银折肩罐） 4、5. 錾刻（巴林右旗窖藏柳斗形银碗、陈国公主墓金针筒） 6、7. 凸花工艺（朝阳沟M2银鎏金牌饰、张家营子坐龙纹银鎏金捍腰）

---

① 豪欠营的铜丝网络亦为铜银合金，含铜96.32%，含银1.13%，经测定还含有铅、铁、铬、镍、铝、锌、锡等金属成分。

② 内蒙古自治区文物考古研究所，哲里木盟博物馆．辽陈国公主墓［M］．北京：文物出版社，1993：31.

③ 图中的1、3～5均摘自内蒙古国有馆藏珍贵文物数据库，2摘自《探寻逝去的王朝——辽耶律羽之墓》，6摘自《辽宁省文物考古研究所藏文物精华》，7摘自《辽宁博物馆》。

呈红黄色，后者呈白黄色，近似于今天的玫瑰金和K黄金的差别，一些易变形的器皿，如赤峰市博物馆藏金花银折肩罐（图7-1，3），底部残破，腹部变形，硬度较低。

二、捶揲与錾刻

朱骏声《说文通训定声》："凡金、银、铜、铁、锡椎薄成叶者，谓之鍱。"[①] 由此可知鍱最初的含义是金属薄片，捶揲是动宾短语，意为打制金属薄片，进而引申为金属成型工艺，捶揲这项工艺技术在辽代存在两套传承系统：一是运用于牌饰、首饰上的匈奴、鲜卑金银器系统，多为平面造型，难度系数低；二是运用于器皿上的唐代金银器系统，经历了工艺技术突破的等待期。虽然在商周时期就出现捶揲工艺，但是很长时间都没有用于器皿制作，中国早期金银器皿大多用铸造的方法，制作工艺与铜器接近，造型也和青铜器相似。捶揲成型工艺在唐代金银器中逐渐普及，满足了唐人在造型上努力追求空间变化的时代需求，金银器皿在造型上才呈现出前所未有的独特面貌。

辽代金银器一方面继承了北方草原的平面捶揲工艺，在簪、钗、步摇金叶、带銙、牌饰、针筒、号角、匙、杏叶上广泛运用，如朝阳沟M2辽墓出土的银鎏金牌饰（图7-1，6），整体被捶揲成圆形薄片，在薄片上再捶出凸起的鹦鹉纹样；再如陈国公主墓出土的金针筒，先捶成方形金揲，再在薄片上捶出盘旋的缠枝卷草纹（图7-1，5），最后卷成圆筒形焊合。另一方面将唐代发展成熟的捶揲成型工艺运用到辽代金银器皿、文房用具等器皿上，碗、盘、杯等大多数器皿用捶揲技术制作，捶击使金银材料按照设计的造型延展，较复杂的造型可以分别捶制，然后接合在一起，并将这种成型工艺借鉴到戒指、手镯、臂鞲、荷包、鞍包片、缨罩、捍腰、冠、面具等立体造型的塑造上，主要打制器物的整体造型和纹样的起凸部分，比铸造工艺更能发挥金银的延展性，更能节省珍贵的材料并能展现工匠的技艺。

錾刻是一种纹样工艺，通过各种形状的錾子工具完成鱼子地、主体纹样、动物羽毛、植物叶脉等细部装饰，鱼子地使用圆筒工具打，羽毛、叶脉用直刃工具打，为辽代工匠运用最娴熟的一门工艺。例如，巴林右旗窖藏出土的柳斗形银碗（图7-1，4），用较粗的錾子在器壁上錾刻出排列有序的柳叶形纹样，布满整个器壁。吐尔基山摩羯形金耳环，首先模铸成型，花蕾叶脉、摩羯羽毛、尾翼通过细錾錾出细线纹样。张家营子坐龙纹银鎏金捍腰（图7-1，7），采用凸花龙纹、云纹，龙身细节纹样以细錾处理，卷沿包边。辽宁凌源市小喇嘛沟墓出土银牌饰龙纹，不似，叫怪兽妥当，回首张口的形式比较特殊，有龙纹的局部特征，满地装，双层纹，主纹隐起。

马具的制作工艺在学界探讨得不多，鞍包片为捶揲和錾刻结合制作，根据鞍桥、鞍翅的需要捶揲成弓形、月牙形薄片，再在薄片上捶揲出纹样的起凸轮廓，然后用錾

① （清）朱骏声．说文通训定声［M］．北京：中华书局，1984．

刻工艺修饰纹样的细节。例如，代钦塔拉出土的两套鞍包片，细錾的缠枝花纹异常精细。马具中的一部分牌饰也通过錾刻来表现纹样，如沙子沟 M1 辽墓的花草纹牌饰，花草的叶脉通过细錾錾刻实现。

三、镶　　嵌

辽代的镶嵌工艺运用得并不广泛，推广度、绚丽度也不及明清，但是辽代的金银时而为花装饰漆木，时而为托镶嵌宝石，时而为沿加固瓷器。赤峰大营子辽驸马赠卫国王墓出土的嵌银花黑漆盒，表面用银片嵌出梅花四组；又多伦贵妃墓出土的嵌银漆木枕，正面用银片剪成 11 只蝴蝶纹样嵌于木枕上。吐尔基山辽墓的嵌宝石银鎏金漆盒（图 7-2，1），木胎，正中心嵌浮雕团龙玉片，边镶嵌玉饰片、红宝石、绿松石和水晶，异常富丽。喜用绿松石作为装饰是辽代镶嵌工艺的一个重要特点，反映了契丹民族对这种朴素宝石的喜爱，如代钦塔拉金戒指正中心镶嵌松石（图 7-2，2）；吐尔基山嵌宝石金耳环，四条卷纹，间嵌墨玉，边沿嵌若干小绿松石。金镶玉在辽代也不乏实例，最新的材料是 2015 年内蒙古多伦贵妃墓出土的鎏金银托嵌玉銙捍腰，银托为捶揲、焊接而成，用以镶嵌七块玉带銙。此外，值得一提的是辽代流行的器扣镶嵌，即在瓷器口沿或圈足镶嵌金银一周，有加固兼装饰的功效，如大营子花式镶金口足“官”字款识白瓷盘 2 件，口足皆镶包镀金的银边一周，又清河门镀金錾花环状器扣 2 件，大小花纹和镶法各不相同。多伦贵妃墓出土的许多瓷器在口、足包饰金银，是辽代扣器最为集中的一次发现，这些瓷器多模仿金银器的纹样，并加制银盖，似乎起到象征金银器的作用[①]。

四、镂　　雕

镂雕，也是錾刻的一种，要錾刻去掉纹样设计中不需要的部分，形成透空的效果，称为镂雕或透雕。辽代镂雕工艺并不常见，仅见于葬具中的冠，装饰品中的带銙、戒指、荷包，马具中的牌饰等，如李逸友征集的内蒙古博物院藏镂雕葫芦形带具（图 7-2，4），梯子庙 M3 出土的镂雕戒指（图 7-2，5），又如陈国公主墓出土的镂雕金荷包（图 7-2，3）和吐尔基山辽墓出土的银鎏金步摇。镂雕冠的做法也有差异，第一种为鱼鳞孔镂空作底，外贴饰龙凤饰，工艺相对简单，易于被工匠掌握，见于炮手营铜鎏金额冠、敖瑞山铜鎏金冠、法国集美亚洲艺术博物馆藏、梦蝶轩藏等。炮手营额冠以鱼鳞状的镂空孔为底（图 7-2，7），贴饰的二凤戏珠纹被衬托得异常精美；另一种以纹样直接形成镂空孔，纹样与镂空孔一气呵成，故工艺难度增加，如陈国公主

---

① 内蒙古文物考古研究所，锡林郭勒盟文物管理站，多伦县文物局．内蒙古多伦县小王力沟辽代墓葬［J］．考古，2016（10）．

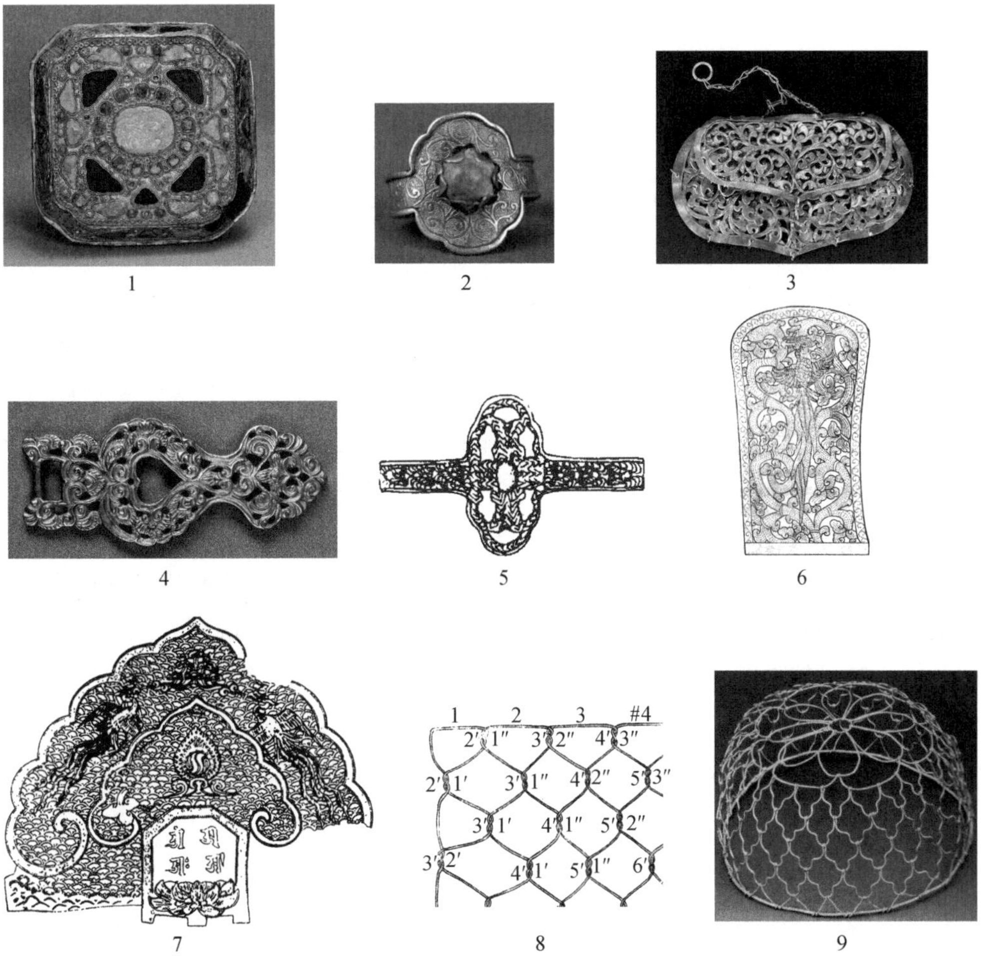

图 7-2　镶嵌、镂雕、掐丝、编织[①]

1、2. 镶嵌（吐尔基山嵌宝石鎏金包银漆盒、代钦塔拉嵌松石金戒指） 3～7. 镂雕（陈国公主墓金荷包、内蒙古博物院藏金葫芦形带具、梯子庙 M3 镂雕戒指、陈国公主墓银鎏金高翅冠、炮手营铜鎏金冠） 8、9. 掐丝、编织（陈国公主墓银丝网络、金太祖陵地宫出土的花株冠金丝盛子）

墓高翅冠以云凤纹缠绕形成不规则的镂空孔（图 7-2，6）。第二种以纹样直接成型的镂雕方式还推广至金荷包、马具的装饰上，如耶律羽之墓出土的马具牌饰、节约均为镂雕卷草纹，正面饰镂空花纹的铜片是独立制造的，经金汞泥涂抹鎏金后，每块铜片便会铆于一块垫片上，二者之间夹有革带或丝织品。这种做法在《金翠流芳——梦蝶轩藏中国古代饰物》书中称为“三文治式”[②]，这种构思可能也是模仿镶嵌的装饰效果，以镂雕方式显露纺织品或皮革的颜色，既结实又美观。由此可见，辽代的镂雕工艺运用

① 图中的 1～4 摘自内蒙古国有馆藏珍贵文物数据库，5 摘自《辽宁阜新梯子庙二、三号墓发掘简报》，6、8 摘自《辽陈国公主墓》，7 摘自《辽宁建平县两处辽墓清理简报》，9 摘自《北京辽金文物研究》。

② 埃玛・邦克等．金翠流芳——梦蝶轩藏中国古代饰物［M］．香港：香港大学艺术博物馆，2002.

量小却不失精细和实用，为后世所推广使用。

五、鎏金与错金银

鎏金是一种化学加工工艺，是将纯金和汞按一定比例混合成金汞泥，涂抹在器物上，然后用火烘烤，汞遇热蒸发，金留存于器表，鎏金之外还有镏银，并不常见。鎏金工艺在战国西汉时期已经成熟，多为铜器所施作，银鎏金器真正兴盛于唐代，唐代银鎏金器皿尤为广泛①，这一工艺为辽代金银器所接续和发扬。辽代鎏金常为银器、铜器所施作，偶见铁器、木器，成为金器的替代品。铜鎏金器的出土品数量庞大，辽中、晚期一度成为金银器的代名词，如辽宁朝阳市姑营子辽代耿氏家族3、4号墓无金器，铜器全部鎏金。银器整体鎏金多见于早期，局部鎏金指银器的主体纹样鎏金，这类器物存量较多，俗称金花银器。在器皿中使用最为广泛，如耶律羽之摩羯纹金花银碗（图7-3，1）等金花器皿举不胜举，而在装饰品、马具、葬具、工具中使用极少，仅见耶律羽之金花银簪、大营子辽驸马墓金花银缨罩（图7-3，2）、陈国公主金花银枕不多见的几例，这显然是继承了唐代为器皿施作局部鎏金的传统，但并未扩展至其他领域。辽代的金花银质器皿中，以碗最多，见于二八地M1团花鹦鹉纹银碗、大营子辽驸马墓银鎏金碗、耶律羽之2件金花银碗、吐尔基山金花银盖碗、陈国公主金花银碗共6件器物；其次为盒，见于吐尔基山双狮纹金花银盒、耶律羽之绶结亚字形银盒、吐尔

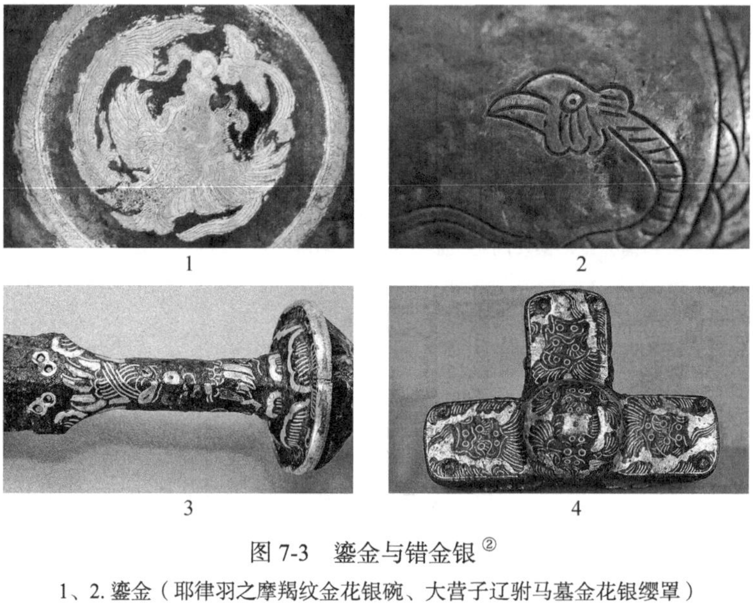

图7-3　鎏金与错金银②

1、2. 鎏金（耶律羽之摩羯纹金花银碗、大营子辽驸马墓金花银缨罩）

3、4. 铁错银（大营子辽驸马墓铁错银予和马具节约）

① 齐东方. 唐代金银器研究［M］. 北京：中国社会科学出版社，1999：183.

② 图中的1～4均摘自内蒙古国有馆藏珍贵文物数据库。

基山龙纹金花银盒、陈国公主龙纹金花银奁盒共4件器物；再次是盏托，见于朝阳沟M2银鎏金盏托、赤峰市博物馆藏金花银盏托、哈鲁辽墓银盏托之海棠形金花银托盘共3件器物，加之大营子辽驸马墓金花银高足杯，赤峰市博物馆藏金花银折肩罐，白音塔拉金花银盘、2件金花银罐，吐尔基山海棠形金花银盘、摩羯纹金花银盆、人物纹金花银提梁壶，耶律羽之2件金花银渣斗共23件金花银器。鎏金木器、铁器有耶律羽之墓出土的鎏金铁锁和鎏金木雕坐狮以及水泉辽墓出土的鎏金铁牌饰。

错金银工艺是一种物理加工工艺，先在器物表面预先铸出或錾刻出图案、铭文所需的凹槽，然后嵌入金银丝、片，捶打牢固，再用蜡石将其打磨光滑，达到凸出图案和铭文的装饰效果。错金银器常以铁器为对象，鎏金铁器、鎏金木器、错金银器的出土品并不常见，主要有以下几例：大营子辽驸马墓出土的铁错银矛（图7-3，3）、马具节约（图7-3，4），耶律羽之墓出土的“S”形错金镐形铁器，小皮匠辽墓出土的错银铁马镫1副。

六、掐丝与编织

辽代的掐丝编织工艺必须提及，因为它铸就了辽代特有的金属网络。虽然这种工艺远不及明清首饰掐丝精细，甚至有些粗糙，但是用于这种金属网衣的设计和制作，就显得与众不同了。有学者从豪欠营辽墓和陈国公主墓保存相对完整的网衣中，识别出几种不同的编织方法①，用不同的编织方法制作人体的各个部分然后逐步缝合，可见掐丝工艺并不是重点，编织工艺才是辽代工艺的特别之处。辽代网络通常编织为六边形，花样少，注重统一，如陈国公主银丝网络（图7-2，8）网格形状如一。而金代的编织样式丰富，不拘一格，如金太祖陵地宫出土的皇后花株冠金丝盛子（图7-2，9），网格为曲边菱形，编法和样式与辽代明显不同。

第二节　造型艺术

辽代金银器中多数器物造型简洁明快，少数器物繁缛复杂，从宏观上捕捉到如下特点，并以实例加以说明。

一、造型的对称性

对称具有平衡感和稳定感，左右对称还有相互呼应之势，形成美感。辽代工匠在

① 乌盟文物工作站，内蒙古文物工作队．契丹女尸［M］．呼和浩特：内蒙古人民出版社，1985：89；内蒙古自治区文物考古研究所，哲里木盟博物馆．辽陈国公主墓［M］．北京：文物出版社，1993．

金银器造型艺术中广泛使用了对称设计手法。代钦塔拉辽墓出土的一套银鎏金鞍包片（图 7-4，1），从整体而言，两片半月形前翅包片形状、纹样对称，两片刀形后翅包片形状、纹样、翅孔均对称，就前鞍桥和后鞍桥单件论，均以中轴线为中心左右对称。陈国公主墓出土的一组龙纹大带（图 7-4，2），8 块金銙在形状上依次渐低，呈现出拱形的对称美。代钦塔拉辽墓出土的铜鎏金双鱼饰（图 7-4，3），双鱼首尾相连，左右对称。吐尔基山辽墓出土的雁形金花银平脱漆盒（图 7-4，4），为左右对称的展翅雁形造型，细观纹样也与造型匹配，遥相呼应，美感十足。

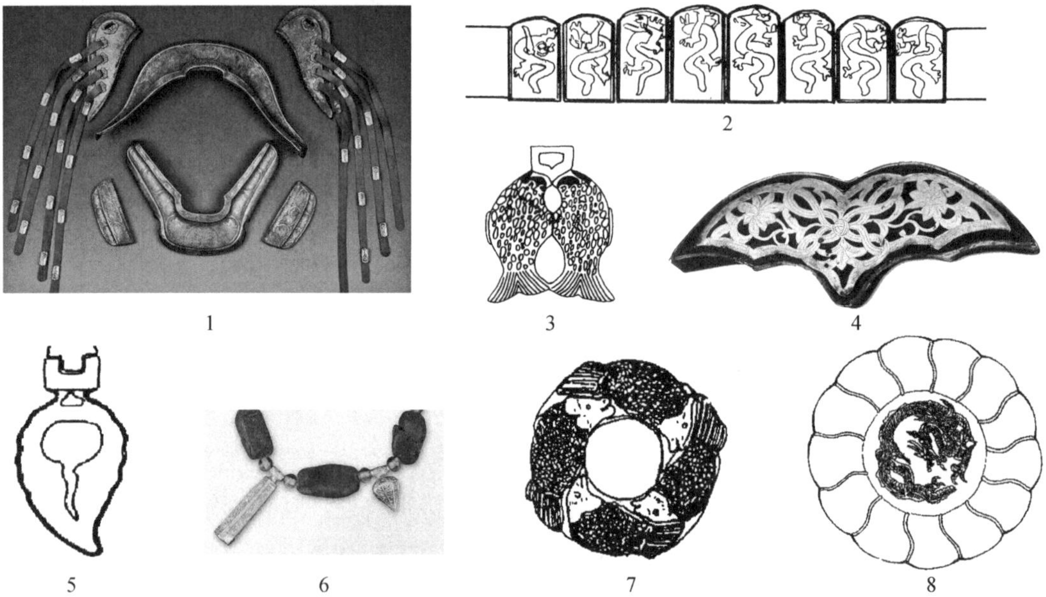

图 7-4　对称造型与非对称造型[①]

1. 银鎏金鞍包片（代钦塔拉辽墓） 2. 龙纹大带（陈国公主墓） 3. 铜鎏金双鱼饰（代钦塔拉 M3 辽墓） 4. 雁形金花银平脱漆盒（吐尔基山辽墓） 5. 铜鎏金杏叶（代钦塔拉 M3 辽墓） 6. T 形饰、心形饰（耶律羽之墓） 7. 四鱼银璧（大营子辽驸马墓） 8. 转轮菊形银碟（朝阳北塔）

二、造型的非对称性

非对称造型具有变化之美感，在辽代金银器设计中也有运用。代钦塔拉辽墓出土的铜鎏金杏叶（图 7-4，5），叶尖向右弯曲，呈现出不对称之状；二八地 M1 出土的 9 件铜鎏金杏叶，4 件尖向左弯、5 件尖向右弯；而耶律羽之的含珠立凤纹铜鎏金杏叶，2 件尖向左弯、1 件尖向右弯，立狮纹铜鎏金杏叶尖向左弯曲，推测有一定的排列规

① 图中的 1 摘自内蒙古国有馆藏珍贵文物数据库，2 摘自《辽陈国公主墓》，3、5 摘自《科右中期代钦塔拉辽墓清理简报》，4、7 摘自《文物华章：内蒙古自治区文物考古研究所 60 年重要出土文物》，6 摘自《探寻逝去的王朝——辽耶律羽之墓》，8 摘自《辽宁朝阳水塔天宫地宫清理简报》。

则。T形饰和心形饰的左右组合已经成为一种定式，在璎珞中搭配于左右，为不对称中的另一种平衡美，如耶律羽之墓出土者（图7-4，6）。大营子辽驸马墓出土的四鱼银璧（图7-4，7），为首尾相接的转轮环状，与左右对称的双鱼饰相比较，更加体现了运动不息的生命活力。朝阳北塔出土的8件转轮菊形银碟亦是如此（图7-4，8），转轮菊形为非完全对称的造型，犹如水波在涌动，富有变化之动感。

三、造型的直线与曲线的运用手法

直线边具有硬朗明快的特点，曲线具有流动变化的特点，辽代工匠设计金银器的外形时遵循了直线和曲线结合的形式美艺术特征。自唐代开始，金银器摆脱了平板的造型，轮廓出现了起伏多变的曲线，这与波斯萨珊王朝、中亚粟特、罗马拜占庭多曲的造型传入中国受到追慕有关，掌握捶揲工艺技术的辽代金银器工匠仿造传入的造型，并逐渐对传统的造型加以改造。前窗户辽墓出土的银鎏金捍腰（图7-5，1），底边和两侧的侧边为直线，简洁明快，上部边缘为流动的曲线，呈现出连续的、等距离的高低起伏，形成了韵律之美。海棠形造型为四曲长体式，长略大于宽，是契丹人喜欢的造型元素，在器皿和装饰品中均有体现，海棠形盘、海棠形戒指均为运用曲线改良造型的经典作品，如吐尔基山辽墓出土的海棠形金花银盘（图7-5，2），海棠形边缘为双层曲线设计。葫芦形带具整体曲线为倒置葫芦形，心形透孔，如朝阳沟M2出土的葫芦

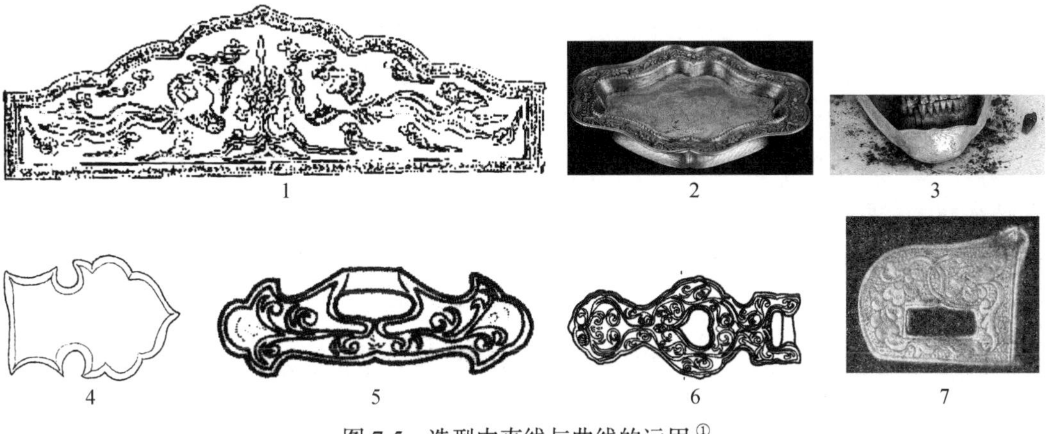

图7-5　造型中直线与曲线的运用①

1.银鎏金捍腰（前窗户辽墓） 2.海棠形金花银盘（吐尔基山辽墓） 3.金下颌托（吐尔基山辽墓） 4.花形银铊尾（巴彦库仁辽墓） 5.横栓（朝阳沟M2辽墓） 6.葫芦形银鎏金带具（朝阳沟M2辽墓） 7.直角-流线形金銙（奈林稿木头营子M2）

① 图中的1摘自《辽宁朝阳前窗户村辽墓》，2摘自内蒙古国有馆藏珍贵文物数据库，3由冯恩学老师提供，4摘自《内蒙古陈巴尔虎旗巴彦库仁辽代墓葬清理简报》，5、6摘自《彰武县朝阳沟墓地》，7摘自《内蒙古哲里木盟奈林稿辽代壁画墓》。

形银鎏金带具（图 7-5，6），外轮廓弯曲，下端圆润，其上的纹样为辽代盛行的变形花草纹，繁缛的束结花草枝柔叶卷，与外轮廓曲线遥相呼应。另外，新民巴图营子铜鎏金真言胸牌的外轮廓、巴彦库仁花形银铊尾（图 7-5，4）、朝阳沟 M2 辽墓的豆荚形横栓（图 7-5，5）、吐尔基山辽墓金下颌托底托的凸尖轮廓（图 7-5，3）、金丝球等，曲线的使用频率甚至超过了直线。奈林稿木头营子 M2 辽墓出土的金銙（图 7-5，7），两边为直线，另一边为“S”形弧线，故称直角 - 流线形，为契丹带具的独特之处，这种不规则銙还见于朝阳沟 M2 所出者，直线与曲线交错运用，兼具明快和变化之美感。

四、造型的仿生手法

仿生手法是造型取自动植物的形态，具有天然造化之美。典型器物见于巴林右旗窖藏出土的荷叶形银杯（图 7-6，1），模仿荷叶荷花的形态，五片荷叶组成杯体，自然形成花瓣口，叶片錾曲线叶脉纹，杯心花蕊凸起，颇为精致。宁城县博物馆收藏的石榴纹金簪，簪首的石榴和花叶包裹在一起，石榴不产于北方辽地，模仿了南方花果的形态。建昌龟山一号墓出土的一对二十二曲葵口银杯（图 7-6，2），腹壁为转轮菊形，转轮菊仿自盛开的菊花，线条均匀流畅。巴林右旗博物馆藏菊花形金链盒（图 7-6，4），模仿同时期受原料形状局限的玉器、琥珀器上的仿生或象生造型设计。《百宝总珍集》卷五“香珀”条说香珀“或雕刻事件压口，像生花朵之属，今时好价例”，象生雕刻在随形设计的基础上，效仿花朵、叶片进行半立体阴刻或浮雕，而此件金银器完全为象生雕刻，随形而制，以金银材质模出菊花玉饰或琥珀饰的效果。耶律羽之墓出土的虎形银鎏金饰（图 7-6，5）、鹿形银鎏金饰（图 7-6，7）、鸿雁形银鎏金饰（图 7-6，3）、狮形银鎏金饰在造型塑造上取动物奔跑、飞翔之动态，动物的皮毛、羽翼都被模仿得很逼真。巴图营子辽墓出土的摩羯舟形金耳环（图 7-6，6）将仿生手法运用得炉火纯青，仿摩羯形立体舟，摩羯的双角特征凸出，舟上承载多角亭和众童子，摩羯舟、人物、凉亭是这一题材的创作三要素，静态的亭、动态的划桨人物将画面调节得灵动且有活力。

五、造型中模仿柳编器物的手法

造型中模仿柳编器物，捕捉自然之美，与宋代士大夫阶层脱俗清新的精神追求有关。乌兰察布市博物馆藏柳斗形银碗（图 7-6，8），是模仿日常生活中柳编器物所制。巴林右旗窖藏出土的柳斗形银碗（图 7-6，9）是对柳条编织筐的高度模仿，表现在：一是杯体厚，錾子的深度够深；二是纹样的模仿不是程序化的复制，统一中有变化，恰到好处地再现了柳条的粗细不一的真实形状，呈现出立体感强、仿真度高的视觉效果。这种做法也被推广运用到瓷器上，内蒙古多伦贵妃墓出土的青瓷钵就是例证，外壁模印柳斗纹，降低了制作成本。

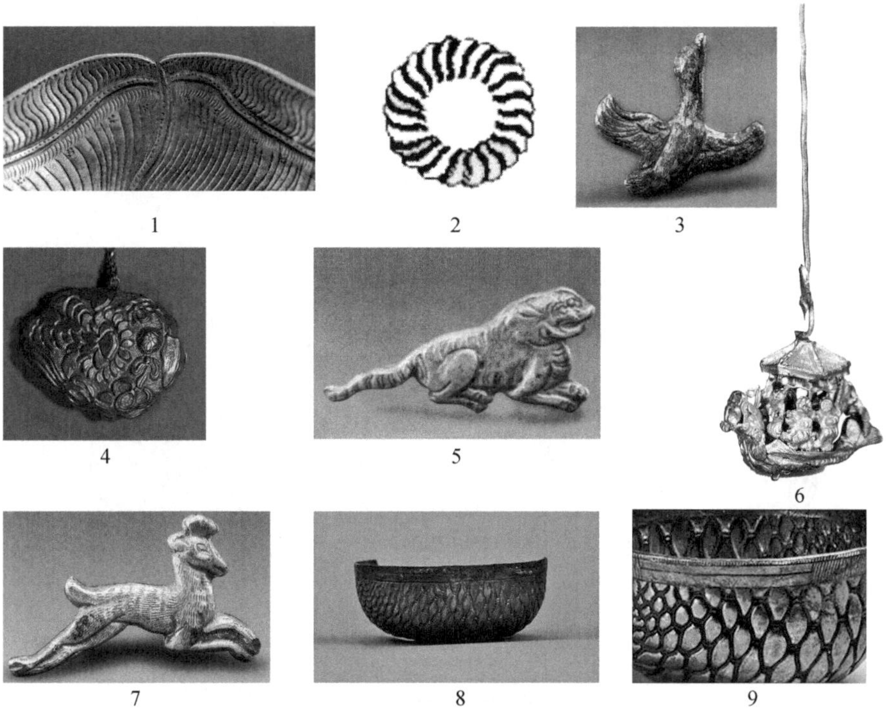

图 7-6　仿生造型与模仿柳编器造型①

1. 荷叶形银杯（巴林右旗窖藏） 2. 转轮菊形银杯（建昌龟山一号墓） 3. 鸿雁形银鎏金饰（耶律羽之墓） 4. 菊花形金链盒（巴林右旗博物馆藏） 5. 虎形银鎏金饰（耶律羽之墓） 6. 摩羯舟形金耳环（巴图营子辽墓） 7. 鹿形银鎏金饰（耶律羽之墓） 8、9. 柳斗形银碗（乌兰察布市博物馆藏、巴林右旗窖藏）

六、面具造型的写实性

面具从面容特征看，存在男女、长幼的区别，具体体现在胡须、眉毛、颧骨等细节的处理和神态差异上。陈国公主佩戴的金面具，面轮丰圆，两耳外张（图 7-7，1），而驸马萧绍矩金面具则面如鹅卵，颧骨前凸，下颌尖长（图 7-7，2）。温多尔敖瑞山辽墓所出男子面具，圆脸隆鼻，两耳外张，双目微闭做微笑状，嘴角和下颌处刻画胡须（图 7-7，3），而同墓所出的女子面具，外轮廓为椭圆形，双唇薄而凸出，两耳紧贴脑后（图 7-7，4）。内蒙古博物院收藏的一件铜鎏金面具（图 7-7，5），颧骨凸出，眼睛闭合，满脸笑意，慈祥安宁。虽然这些面具在制作风格上有相通之处，但个体之间仍然有鲜明的差异，这归于面具制作依据的原则，即模拟死者生前真容的写实性。葬具中的冠、网络、靴的制作都要参考头围、体态、脚长等因素，但远不及面具对面部轮廓和表情传递得逼真和生动。

① 图中的 1、4、8、9 摘自内蒙古国有馆藏珍贵文物数据库，2 摘自《辽宁建昌龟山一号辽墓》，3、5、7 摘自《探寻逝去的王朝——辽耶律羽之墓》，6 摘自《辽宁博物馆》。

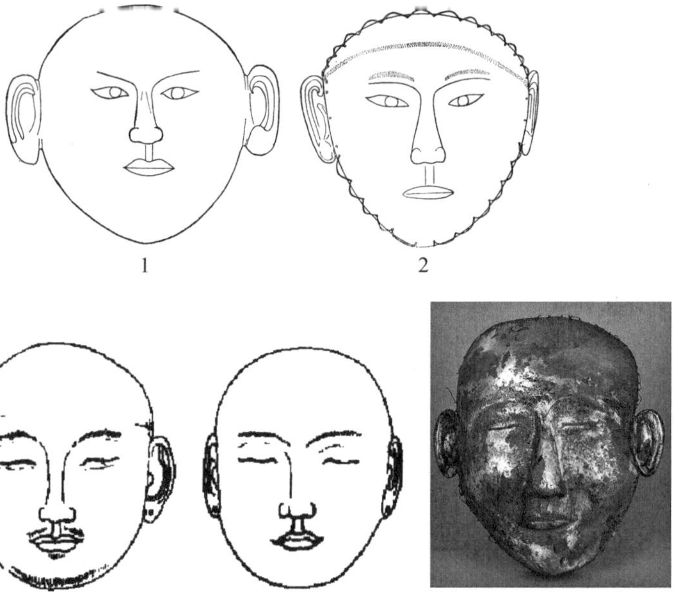

图 7-7　面具造型的写实性①

1、2. 陈国公主墓　3、4. 敖瑞山辽墓　5. 内蒙古博物院藏

七、追求生命的灵动感

生命的灵动感，取自静中有动。小喇嘛沟辽墓出土的金凤额冠（图 7-8，1）为三层式构图：第一层为 M 形双凤头底托，上托一个无枝的灵芝形云头；第二层为云纹火焰珠，五个带枝的灵芝头云纹依次展开托起火焰珠纹；第三层为二凤腾空跃起汇合成圆弧形，立于云端。薄片透雕的窄细条很容易折断，几个结点的设计最为巧妙，是力量的支撑点，如头部冠的羽毛尖端与翅膀的连接，长尾根部特意设计短小上弯的细毛，目的是承接展开的翅膀；横向探出的翅膀在与细细尾尖的连接中起到了力的支撑，消减了透雕悬空感；凤尾的处理更为巧妙，三根凤尾依次内旋，两根与灵芝头云纹互相支撑，突出追求平衡和动感的设计理念。

冠的造型较为复杂却不失灵动，如陈国公主墓卷云冠整体造型不够简洁，但冠叶上摇曳的圆形饰、凤鸟饰给繁复的冠带来了灵动的气息。更有甚者，冠顶的凤鸟立饰翅膀能够自由活动，如甘肃省博物馆藏银鎏金冠（图 7-8，2），冠体由半球形冠筒插拼前后两片莲叶形金属片组成，冠顶的大尾凤鸟立饰，跃跃欲飞，韩国收藏家所藏者与其极为相似。上述金属冠是极具契丹本土特色的器物，可以确定是出自本地工匠的杰

① 图中的 1、2 摘自《辽陈国公主墓》，3、4 摘自《赤峰市阿鲁科尔沁旗温多尔敖瑞山辽墓清理简报》，5 摘自内蒙古国有馆藏珍贵文物数据库。

1　　2　　3

4　　5　　6

图 7-8　复杂灵动的造型①

1. 金凤额冠（小喇嘛沟辽墓）2. 银鎏金冠（甘肃省博物馆藏）3. 凤形金耳环（张家营子辽墓）4. 迦陵频伽形金耳环（和布特哈达辽墓）5. 凤饰金戒指（哈鲁辽墓）6. 双面人首金花银铃（朝阳沟 M2 辽墓）

作，体现出了辽代金银工匠高超的艺术设计水平。

张家营子辽墓出土的凤形金耳环（图 7-8，3），灵芝形冠顶、灵芝形云纹，甚至连凤口衔的枝也是灵芝形，运用了点缀和呼应的艺术处理手法，整个画面被设计得很和谐。和布特哈达辽墓出土的迦陵频伽形金耳环（图 7-8，4），特色在于翅膀和尾巴的设计，翅膀形如弯曲的火焰形，尾巴由若干弯钩曲线组合而成，仿若云端，营造出唯美和神秘的艺术境界。哈鲁辽墓出土的凤饰金戒指（图 7-8，5），盾形戒面上的凤鸟不宜过长，故设计时将尾巴、翅膀与身体蜷曲在一起，传达了休息时的坐凤敦实可爱的一面。朝阳沟 M2 辽墓出土的双面人首金花银铃（图 7-8，6），双面人首并不是中国艺术题材中喜用的造型，深目、高鼻、卷发、耳环更加确定是异域题材，四面体铃铛造型本身并不复杂，但是异域的人物造型与铃铛的结合，给人带来不一般的视觉感受。

第三节　装饰艺术

辽代金银器的装饰艺术美主要体现在纹样和颜色上，概括有以下特点。

① 图中的 1、2 摘自《辽代金冠》，3 摘自《辽宁博物馆》，4、5 摘自内蒙古国有馆藏珍贵文物数据库，6 摘自《辽宁省文物考古研究所藏文物精华》。

一、全体部件的纹样统一，具有韵律感

纹样统一在马具和腰带上表现得最为明显。马具的若干零部件中，装饰络头、胸带、鞧带等皮带上的金属带具和装饰木鞍的金属鞍包片，将设计者的纹样布局理念尽显无遗。巴扎拉嘎辽墓出土的马带具（图7-9，2）由带扣、带箍、节约和扣钉于皮带上的牌饰组成，其中节约和牌饰均为雁纹，牌饰上的双雁同向追逐飞行，而T形节约上的雁纹，T形两侧的雁头向外飞行，另外一侧的雁头向内飞行，中心凸起的位置为双雁环绕成团雁形，全部组件由雁纹统领，但整齐中也不乏变化。张家窑银带具中的统一纹样为叶脉纹（图7-9，1），叶片向外翻卷，由于出土时连接牌饰的皮带不存，故纹样和材质的一致性成为甄别同套带具的重要依据，这在腰带和鞍包片中同样适用，大营子辽驸马墓的鞍包片，一副全套的鞍包片由前鞍桥、后鞍桥各1件，前鞍翅、后鞍翅各2件共6件组成，按照此方法识别出飞凤戏珠纹银鎏金鞍2副、龙戏珠纹银鎏金鞍1副、素面银鞍2副，代钦塔拉出土的缠枝花纹鞍包片（图7-9，4）亦是如此，同为缠枝花纹，根据花形的差异区分出两副来。再论腰带，无论是汉式腰带，还是契丹蹀躞带，带銙、带饰的纹样均统一为一种风格，或卷草或花叶或兽面或婴童或群鹤或荔枝，无一例外，有时在对每块带銙的细节处理时又追求个体差别，但始终围绕一个主题，如前窗户辽墓的婴戏大带、耿知新辽墓的荔枝纹腰带、小喇嘛沟M1的银鎏金独角兽带，呈现出动态的韵律美。另外，晚期巴林右旗窖藏的带把银壶和银温碗（图7-9，3），二者不仅在造型上为八棱折腹，而且在纹样上均以牡丹四叶纹为主题纹样，这在器皿中并不常见，故判定二者为固定使用搭配的一套温酒器。

同为一个墓葬出土的两套葬具，然时隔一年半载，纹样的审美就发生了微妙的变化。这里的墓葬指的是陈国公主墓，公主与驸马的下葬时间有时差，反映在葬具装饰上就出现了这样的差异：公主银靴上的云凤纹（图7-9，5），凤的鱼鳞纹身体特征显著，变形束结云纹布满靴面，风格与公主所戴银鎏金高翅冠、头枕的金花银枕上的纹样相同，而驸马银靴上的云凤纹（图7-9，6），凤的羽毛细錾纹身体特征突出，双翅头云纹和灵芝头云纹点缀其间，与驸马所戴银鎏金卷云冠、头枕的金花银枕上的纹样一致，呈现出统一中略有变化的律动美感。

二、主次纹样搭配，疏密有序

辽代纹样分为主题纹样和附属纹样，主题纹样指处于醒目位置或开光框内的纹样，附属纹样指作为地纹、间饰或边饰的纹样。根据附属纹样布局繁简的差异分为二型。

A型为繁复型，间饰、地纹或边饰布满器物。吐尔基山十字梁金箍冠以凤纹和牡丹阔叶纹为主题纹样，圆圈鱼子地为地纹，布满整个十字梁、金箍和下颌托，颇为富

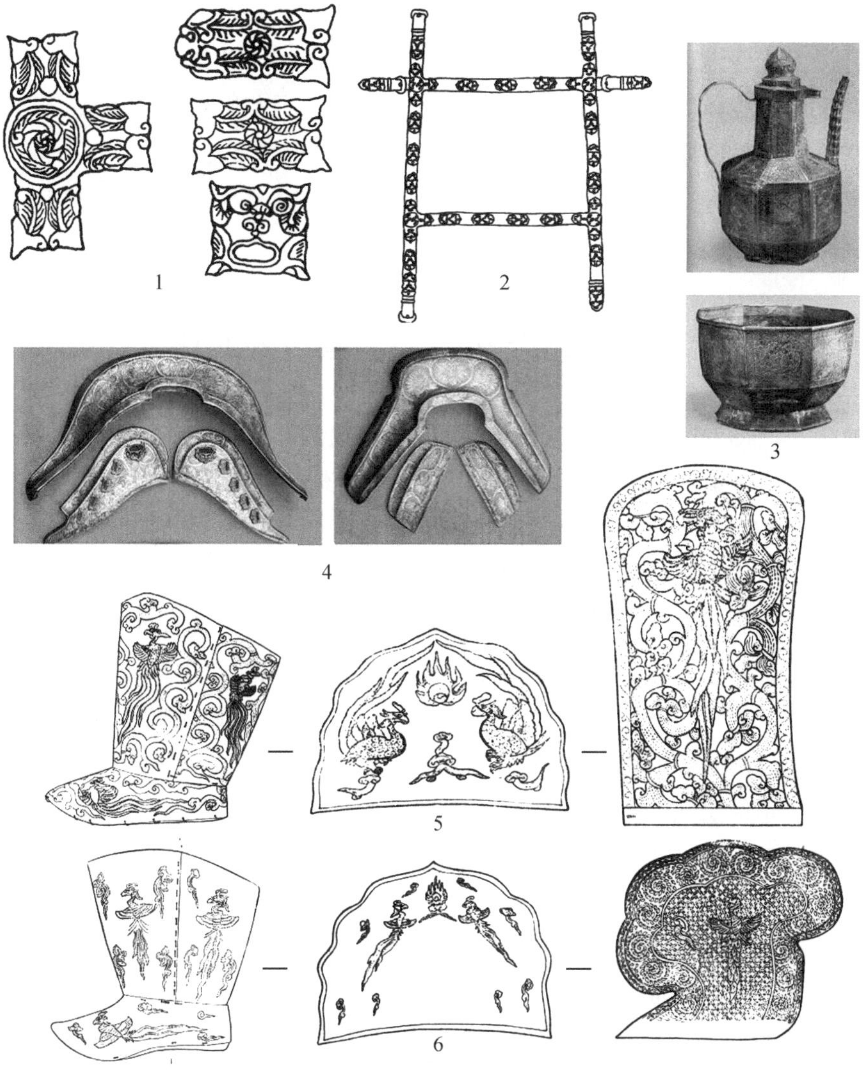

图 7-9　纹样的统一①

1. 张家窑叶脉纹银带具　2. 巴扎拉嘎雁纹马络头复原图　3. 巴林右旗窖藏带把银壶、银温碗　4. 代钦塔拉缠枝花纹鞍包片　5. 陈国公主墓公主的葬具　6. 陈国公主墓驸马的葬具

贵豪华。大营子辽驸马墓的马鞍桥包片，为上、中、下三层布局，中层最宽，以二龙戏珠纹为主题纹样，以云纹为间饰，海水波浪纹为底纹，上下窄层等距离分布若干朵云纹，衬托出二龙戏珠出水腾云的生动背景。器皿装饰中的分层布局更为明显，如耶律羽之金折肩罐有上、下两层纹样，间以莲瓣和阔叶边饰相隔，主题图案为开光内的八组孝子图，开光外的三角形空隙处装饰牡丹阔叶纹，并以鱼子纹为地纹，彰显奢华。耶律羽之高士杯以及吐尔基山金折肩罐尽在其列。

① 图中的 1 摘自《康平张家窑 1 号辽墓》，2 摘自《科右中旗巴扎拉嘎辽墓》，3、4 摘自内蒙古国有馆藏珍贵文物数据库，5、6 摘自《辽陈国公主墓》。

B 型为简约型，间饰、地纹或边饰有取有舍，疏密有序。耶律羽之金花银渣斗为两层装饰，上层斗盘以牡丹阔叶纹为主题纹样，散点式团花布局，以半花纹和莲瓣纹为边饰，下层器腹以四对团花图案进行散点式布局，团花以对雁纹为主题纹样，阔叶纹和莲瓣纹为辅助纹样，团花内鱼子纹为地，纹样部分繁复细密，纹样外做空白处理，疏朗清亮，整体搭配疏密有序。大营子辽驸马墓龙纹高足杯、耶律羽之摩羯纹金花银碗是为例。

三、银地金花，突出颜色的对比

银地金花，即局部鎏金，兴盛于唐代，为多数银器所施作，银地金花有着很好的视觉观赏性，一是鎏金层极薄，而且紧密，看不出刻意装饰；二是金的化学稳定性好，不受氧化，同酸、碱不发生反应，加热时不变色，银色白光亮，与金的黄色形成鲜明对比。故两者在装饰上黄白相间，华丽美观，同样也受到辽代契丹人的喜爱和推崇。

辽代的银地金花对纹样能起到极好的烘托作用，效果堪比开光，在器皿中使用得最为广泛，这显然是继承了唐代器皿施作的传统。据不完全统计的 23 件金花银质器皿中，早期墓葬就有 17 件，而且制作精良，如吐尔基山辽墓出土的盖碗、盒、盘、盆、提梁壶均为金花银器，银色白而亮，金色黄而闪，把主题纹样烘托得更加突出和鲜明，彰显了金银交错的富丽堂皇。即使银质氧化发黑，也能呈现出区别于素面银器的装饰效果，如二八地 M1 团花鹦鹉纹银碗和白音塔拉金花银罐、金花银盘。中期金花银器明显减少，陈国公主墓共出的金花银碗和龙纹金花银奁呈现的效果截然不同，前者银质氧化严重，缠枝莲纹不很凸出，但后者金银呈现出理想的色泽，将龙纹、凤纹、牡丹四叶纹烘托得分外鲜明。此外，大营子辽驸马墓金花银高足杯、耶律羽之金花银渣斗也通过金花工艺将主题龙纹和对雁、对鸳纹鲜明地呈现出来。

局部鎏金有两种做法：一是刻好花纹再鎏金，二是鎏金后再刻花纹。这两种做法在唐代都曾流行过，前者对工匠的手艺要求高，鎏金紧随纹样边框，后者相对简化，能明显看出鎏金涂抹痕迹。辽代早期金花银器多数采用第一种做法，制作精良，能产生富丽、明媚的视觉效果。而赤峰市博物馆藏金花银盏托、哈鲁辽墓银盏托之海棠形金花银托盘、赤峰市博物馆藏金花银壶上的鎏金显然为第二种做法，纹样简化且鎏金涂抹层扩大，制作精细度明显下降。

辽代金银器的艺术风格可以做如下小结。

在工艺技术上，很早意识到合金比例会影响到器物的成色，银含量与硬度成反比，易氧化不利于保存；捶揲继承了唐代和北方草原的双重传统，在器皿和装饰领域大放异彩，錾刻与捶揲如影随形，素面器很少；镶嵌和镂雕虽然使用不多却不失精细，对器物的装点有锦上添花之效；鎏金和错金银同为加工工艺，一种属于化学性质，一种是物理性质的，金花工艺在唐代有深厚的传统，辽代继承了器皿施作的金花工艺，微微突破了一些，在枕、缨罩等类器皿上推广，使我们感觉到这种工艺对于大空间的需求；掐丝与编织是与金属网络适用的，掐丝并编织成六边形，样式统一。辽代金银器的工艺技术有传统、有精进、有推广、有开拓。

在造型艺术上，统一与变化是艺术形式美的重要法则，对称与不对称就是统一与变化的另一种形式，直线与曲线的结合也是类似的表达，曲线被辽代艺术运用到极致，花边式、弧线式、盾牌式、流线型，不拘一格；柳编器、仿生器强调写实的功力，在对自然界精密观察之上的创作，可能与南方宋代文人社会的导向有关，“格物”精神使宋代绘画艺术登峰造极①，艺术的魅力和影响力很容易跨越国界，对整个时代产生影响；面具的写实性仿若肖像画，个性鲜明，鲜活生动，冠在创作时富含想象力，静中有动，动中有静，在追求生命的灵动感上孜孜不倦。

在装饰艺术上，马具、带具、酒具在纹样上整体富有韵律感，犹如音乐，纹样的具体表现上又进行差异化处理，遵循艺术形式美统一与变化动态平衡的法则。留白处理也是艺术创作的重要手法，逐渐改变唐式金银器满地装的做法，在主题纹样与附属纹样间调整密集度，间饰、地纹或边饰有取有舍，疏密有序，甚至通过留白来突出重点，舒缓眼球。银地金花对比强烈，用于烘托主题纹样，能达到一种自然舒适的开光效果。

四、小　结

辽代金银器研究是一个大课题，并非本书所能穷尽。我们只是在材料允许的情况下，选取几个不同的层面和角度考察辽代金银器的物质文化面貌以及背后的文化交流过程。通过本书的研究表明，金银器在辽代高等级墓葬中占据了很大的比例，且在早、中、晚三期中的情况不尽相同。早期，众多墓葬中的金银器璀璨夺目，器皿、人体装饰品、马具在瞬间达到了顶峰；中期，发明了金属葬具，仍然坚持人体装饰品和马具传统，在腰带的形制上极尽所能，器皿的唐代影响在消减；晚期，金银器的种类和器形迅速衰落，难得一见的器皿形制已是新模样，但是人体装饰品、马具以及葬具传统仍然存在，只是材质不可同日而语了。纵观辽代金银器的发展历程，可以提炼出“继承、发展、衰落”三个关键词，是辽代社会发展的一个局部或者缩影，尤为特别的是这种继承有着很高的起点，其原因值得探讨。辽代继承并创制的灿烂文化，与唐文化

① 蒋勋在《写给大家的中国美术史》中所持的观点：宋代的哲学被称为“理学”，“理学”中有一派特别重视儒家的“格物”，所谓“格物”就是对每一件事务，都用非常认真的方法去分析和研究，去找出构成这件事务的“道理”。宋代将这种“格物”精神应用在绘画上，就产生了许多非常写实的、严谨的花鸟画。 花鸟画是一个总称，事实上包括了植物、动物、昆虫等自然界各种生物现象。

有着极为密切的关系，与突厥汗国的兴衰相比，契丹王朝的时运是极佳的，没有在极盛一时的唐时期壮大，却能在博大精深的唐文化的滋养下成长，不断汲取养分，蓄势待发，在大唐衰落之时成长为与五代和北宋中原王朝对峙的北方帝国，在金银器物质文化领域崭露出来的成就令世人瞩目。

契丹文化一直是富有活力的文化，善于吸收不同文化的闪光之处，有吐故纳新的卓越能力。越来越多的考古资料表明，契丹辽帝国曾创造出与北宋中原文明并驾齐驱的北方物质文明。在传统中原史观的影响下，囿于文献记载的匮乏，如果没有一件件鲜活的考古实物，契丹文化几乎要淹没于农耕世界观影响下的宋文化之中。金银器作为我们审视契丹文化的重要材料和视角，折射出的文化构成是契丹文化总体系总面貌的一个缩影，使我们更加清晰：契丹辽帝国可能是唐帝国文化传统的直接继承者，而与北宋文化的整体面貌迥然有别。辽代金银器主动继承了唐文化的传统，又潜移默化地受到了宋文化的浸润，在不间断地融合和创新中爆发出强大的生命力，又反向影响了两宋的器用与审美，可谓北风南下。当我们在更为广阔的视域下重新审视契丹文化时，不得不承认整个倏然即逝的北方霸主在短短二百年间迸发出非凡的创造力，契丹文化的影响应该得到公允客观的评价。

参考文献

一、研究著作

（宋）沈括．梦溪笔谈［M］．台北：商务印刷馆，1983.

（宋）薛居正．旧五代史·晋书［M］．北京：中华书局，1974.

（宋）叶隆礼．契丹国志［M］．北京：中华书局，2014.

（元）脱脱等．辽史［M］．北京：中华书局，1974.

（清）朱骏声．说文通训定声［M］．北京：中华书局，1984.

〔俄〕鲍里斯·艾里克·马尔沙克．粟特银器［M］．李梅因，付承章，吴优，译．上海：上海古籍出版社，2019.

埃玛·邦克等．金翠流芳——梦蝶轩藏中国古代饰物［M］．香港：香港大学艺术博物馆，2002.

陈建明，塔拉．草原牧歌——契丹文物精华［M］．长沙：岳麓书社，2010.

陈凌．突厥汗国与欧亚文化交流的考古学研究［M］．上海：上海古籍出版社，2013.

东北三省博物馆联盟．松辽风华——走进契丹 女真人［M］．北京：文物出版社，2012.

冯继钦，孟古托力，黄凤岐．契丹族文化史［M］．哈尔滨：黑龙江人民出版社，1994.

盖之庸．探寻逝去的王朝——辽耶律羽之墓［M］．呼和浩特：内蒙古大学出版社，2004.

韩伟．海内外唐代金银器萃编［M］．西安：三秦出版社，1989.

姜伯勤．敦煌吐鲁番文书与丝绸之路［M］．北京：文物出版社，1994.

辽宁省文物考古研究所．辽宁省文物考古研究所藏文物精华［M］．北京：科学出版社，2012.

林梅村．松漠之间：考古新发现所见中外文化交流［M］．北京：生活·读书·新知三联书店，2007.

马宝杰．辽宁省博物馆［M］．北京：长征出版社，2008.

马健．匈奴葬仪的考古学探索：兼论欧亚草原东部文化交流［M］．兰州：兰州大学出版社，2011.

内蒙古博物院．文明之旅——中国北方草原古代文明揽胜［M］．呼和浩特：内蒙古博物院，2009.

内蒙古自治区文物考古研究所．文物华章——内蒙古自治区文物考古研究所60年重要出土文物［M］．北京：文物出版社，2014.

齐东方．唐代金银器研究［M］．北京：中国社会科学出版社，1999.

山西博物院，内蒙古博物院．草原华章——契丹文物精华展［M］．太原：山西人民出版社，2010.

尚永琪．莲花上的狮子——内陆欧亚的物种、图像与传说［M］．北京：商务印书馆，2014.

邵国田．敖汉文物精华［M］．呼和浩特：内蒙古文化出版社，2004.

沈阳市文物考古研究所．沈阳考古发现六十年［M］．沈阳：辽海出版社，2008.

沈阳市文物考古研究所．沈阳考古文集（第4集）［M］．北京：科学出版社，2014.

孙机．中国古舆服论丛［M］．上海：上海古籍出版社，2013.

孙建华，杨星宇．大辽公主——陈国公主墓发掘纪实［M］．呼和浩特：内蒙古大学出版社，2008.

扬之水．奢华之色——宋元明金银器研究（卷三）［M］．北京：中华书局，2011.

杨伯达．中国金银玻璃珐琅器全集·金银器（二）．石家庄：河北美术出版社，2004.

张景明．辽代金银器研究［M］．北京：文物出版社，2011.

张景明．中国北方草原古代金银器［M］．北京：文物出版社，2005.

张景明．中国北方游牧民族饮食文化研究［M］．北京：文物出版社，2008.

镇江博物馆．镇江出土金银器［M］．北京：文物出版社，2012.

朱天舒．辽代金银器［M］．北京：文物出版社，1998.

二、学位论文

冯恩学．辽墓初探［D］．长春：吉林大学博士学位论文，1995.

赵运龙．辽代墓葬出土金银器历史学研究［D］．沈阳：辽宁大学硕士学位论文，2011.

三、研究论文

薄小莹．吐鲁番地区发现的联珠纹织物［A］．纪念北京大学考古专业三十周年论文集［C］．北京：文物出版社，1990.

岛田贞彦. 古银铜面具考[J]. 文物参考资料, 1983(5).

杜承武, 陆思贤. 契丹女尸的网络与面具[A]. 契丹女尸[C]. 呼和浩特: 内蒙古人民出版社, 1985.

杜承武. 辽代墓葬出土的铜丝网络与面具[A]. 辽金史论集(第一辑)[C]. 上海: 上海古籍出版社, 1987.

冯恩学. 蹀躞带——契丹文化中的突厥因素[J]. 文物季刊, 1998(1).

冯恩学. 辽代鸡冠壶类型学探索[J]. 北方文物, 1996(4).

冯恩学. 辽代契丹马具探索[A]. 考古学集刊(14)[C]. 北京: 文物出版社, 2004.

冯恩学. 吐尔基山辽墓墓主身份解读[J]. 民族研究, 2006(3).

冯恩学. 吐尔基山辽墓萨满金帽的文化溯源[A]. 新果集——庆祝林沄先生七十华诞论文集[C]. 北京: 科学出版社, 2009.

冯恩学. 耶律羽之墓彩绘乐舞人物艺术形象的探讨[A]. 边疆考古研究(第10辑)[C]. 北京: 科学出版社, 2011.

郭淑云. 北方丧葬面具与萨满教灵魂观念[J]. 北方文物, 2005(1).

郭文魁. 和龙渤海古墓出土的几件金饰[J]. 文物, 1973(8).

韩儒林. 唐代都波新探[A]. 穹庐集[C]. 石家庄: 河北教育出版社, 2002.

韩伟. 唐代革带考[J]. 西北大学学报(哲社版), 1982(3).

侯峰. 辽代契丹族金属面具、网络等葬俗的分析[A]. 内蒙古文物考古文集(第二辑)[C]. 北京: 中国大百科全书出版社, 1997.

黄雪寅. 契丹族金银器的动物纹样[J]. 北方文物, 2003(3).

贾玺增. 辽代金冠[J]. 紫禁城, 2011(11).

李逸友. 辽代带饰考实——从辽陈国公主驸马合葬墓出土腰带谈起[J]. 文物, 1987(11).

刘冰. 试论辽代葬俗中的金属面具及相关问题[J]. 内蒙古文物考古, 1994(1).

陆思贤, 陈棠栋. 达茂旗出土的古代北方民族金饰件[J]. 文物, 1984(1).

吕馨. 辽墓出土金属面具与网络起源的再探讨[J]. 南方文物, 2012(1).

马洪路. 契丹葬俗中的铜丝网衣及其相关问题[J]. 考古, 1983(3).

马文宽. 辽陈国公主墓出土伊斯兰錾花铜盆考[A]. 内蒙古文物考古文集(一)[C]. 北京: 中国大百科全书出版社, 1994.

木易. 辽墓出土的金属面具、网络及相关问题[J]. 北方文物, 1993(1).

彭善国. 辽耶律羽之墓“海东青”饰片的定名问题[M]. 文物春秋, 2005(1).

邵国田. 敖汉旗英凤沟7号辽墓出土银质文具考[J]. 内蒙古文物考古, 2003(2).

孙机. 步摇、步摇冠与摇叶饰片[J]. 文物, 1991(11).

孙机. 论近年内蒙古出土的突厥与突厥式金银器[J]. 文物, 1993(8).

孙机．唐代的马具与马饰［A］．中国古舆服论丛［C］．上海：上海古籍出版社，2013．

孙机．一枚辽代刺鹅锥［J］．文物，1987（11）．

田广林．契丹佩饰考述——契丹衣饰文化研究之四［J］．昭乌达蒙族师专学报（汉文哲学社会科学版），1998（2）．

王春燕．关于吐尔基山辽墓下颌托的一点思考［J］．北方文物，2014（2）．

王日蔚．契丹与回鹘关系考［A］．禹贡·卷四［C］．1935．

王世杰．辽金时期契丹女真族马镫研究［J］．北方论丛，1996（6）．

王维坤，赵今．再论我国境内出土下颌托的性质及其来源［A］．两个世界的徘徊：中古时期丧葬的观念风俗与礼仪制度学术探讨会论文集［C］．北京：科学出版社，2015．

吴小平．论我国境内出土的下颌托［J］．考古，2013（8）．

许晓东．辽代琥珀来源的探讨［J］．北方文物，2007（3）．

许晓东．契丹人的金玉首饰［J］．故宫博物院院刊，2007（6）．

杨富学，杜斗城．辽鎏金双龙银冠之佛学旨趣——兼论辽与敦煌之历史文化关系［J］．北方文物，1999（2）．

杨海涛．罕见的辽代金丝面具［J］．北方文物，2006（4）．

张柏忠．内蒙古通辽县二林场辽墓［J］．文物，1985（3）．

张柏忠．契丹早期文化探索［J］．考古，1984（2）．

张柏忠．哲里木盟发现的鲜卑遗存［J］．文物，1981（2）．

张国庆．辽代契丹人的冠帽、鞋靴与佩饰考述［J］．内蒙古社会科学（文史哲版），1994（4）．

张景明，马利清．论辽代早中期金银器的唐代风格［J］．内蒙古大学学报（人文社会科学版），1999（5）．

张景明，赵爱军．辽代金银器的器形纹饰演变及工艺［J］．北方文物，2000（1）．

张景明，赵爱军．论辽代金银器［J］．考古与文物，2001（2）．

张景明．辽代金银器的特征及造型艺术［J］．大连大学学报，2006（1）．

张景明．辽代金银器在社会生活和风俗习惯中的反映［A］．中国古代社会与思想文化研究论集［C］．哈尔滨：黑龙江人民出版社，2006．

张景明．辽代金银器之西方文化和宋文化的因素［J］．内蒙古大学艺术学院学报，2006（1）．

张力，张艳秋．辽代契丹族金属面具与网络试析［J］．内蒙古文物考古，2005（2）．

张松柏．敖汉旗李家营子金银器与唐代营州西域移民［J］．北方文物，1993（1）．

四、考古报告

吉林省文物考古研究所. 榆树老河深［M］. 北京：文物出版社，1987.

辽宁省文物考古研究所. 凌源小喇嘛沟辽墓［M］. 北京：文物出版社，2015.

辽宁省文物研究考古所. 关山辽墓［M］. 北京：文物出版社，2011.

内蒙古自治区文物考古研究所，哲里木盟博物馆. 辽陈国公主墓［M］. 北京：文物出版社，1993.

山西大学历史文化学院，山西省考古研究所，大同市博物馆. 大同南郊北魏墓群［M］. 北京：科学出版社，2006.

五、考古简报

敖汉旗文化馆. 敖汉旗白塔子辽墓［J］. 考古，1978（2）.

敖汉旗文物管理所. 内蒙古敖汉旗沙子沟、大横沟辽墓［J］. 考古，1987（10）.

巴林右旗博物馆. 内蒙古巴林右旗虎吐路辽墓［J］. 北方文物，1988（3）.

巴右文，成顺. 内蒙昭乌达盟巴林右旗发现辽代银器窖藏［J］. 文物，1980（5）.

北京市文物工作队. 辽韩佚墓发掘报告［J］. 考古学报，1984（3）.

北京市文物工作队. 顺义县辽净光舍利塔基清理简报［J］. 文物，1964（8）.

北京市文物研究所，顺义县文物管理所. 北京顺义安辛庄辽墓发掘简报［J］. 文物，1992（6）.

贲鹤龄. 科左后旗白音塔拉契丹墓葬［J］. 内蒙古文物考古，2002（2）.

朝阳北塔考古勘察队. 辽宁朝阳北塔天宫地宫清理简报［J］. 文物，1992（7）.

朝阳博物馆，朝阳市城区博物馆. 辽宁朝阳姑营子辽耿氏家族3、4号墓发掘简报［J］. 考古，2011（8）.

承德县博物馆. 河北承德县道北沟村辽墓［J］. 考古，1990（12）.

赤峰市博物馆，阿鲁科尔沁旗文管所. 赤峰阿旗罕苏木苏木辽墓清理简报［J］. 内蒙古文物考古，1998（1）.

赤峰市博物馆考古队，阿鲁科尔沁旗文物管理所. 赤峰市阿鲁科尔沁旗温多尔敖瑞山辽墓清理简报［J］. 文物，1993（3）.

催福来，辛建. 齐齐哈尔市梅里斯长岗辽墓清理简报［J］. 北方文物，1993（1）.

德新，张汉君，韩仁信. 内蒙古巴林右旗庆州白塔发现辽代佛教文物［J］. 文物，1994（12）.

段一平. 吉林双辽骆驼岭辽墓清理简报［J］. 考古与文物，1983（6）.

冯永谦. 北票柳条沟辽墓［J］. 辽宁文物，1981（1）.

冯永谦．辽宁省建平、新民的三座辽墓［J］．考古，1960（2）．

阜新蒙古族自治县文化馆．辽宁阜新县白玉都辽墓［J］．考古，1985（10）．

阜新市博物馆筹备处．辽宁阜新县契丹辽墓的清理［J］．考古，1995（11）．

阜新市文物工作队，彰武县文物管理所，阜新市博物馆．阜新程沟辽墓清理简报［J］．北方文物，1998（2）．

河北省文物管理处．河北易县净觉寺舍利塔地宫清理记［J］．文物，1986（9）．

黑龙江省博物馆．黑龙江泰来辽墓清理［J］．考古，1960（4）．

呼伦贝尔盟文物管理站，陈巴尔虎旗文物管理所．内蒙古陈巴尔虎旗巴彦库仁辽代墓葬清理报告［A］．考古学集刊（14）［C］．北京：文物出版社，2004．

吉林省博物馆，哲里木盟文化局．吉林哲里木盟库伦旗一号辽墓发掘简报［J］．文物，1973（8）．

吉林省博物馆．吉林省扶余县的一座辽金墓［J］．考古，1963（11）．

靳枫毅，徐基．辽宁建昌龟山一号辽墓［J］．文物，1985（3）．

靳枫毅．辽宁朝阳前窗户村辽墓［J］．文物，1980（12）．

康平县文化馆文物组．辽宁康平县后刘东屯辽墓［J］．考古，1986（10）．

李庆发，李宇峰．辽宁朝阳县柳木匠沟村辽墓［J］．博物馆研究，1999（2）．

李文信．义县清河门辽墓发掘报告［J］．考古学报，1954（2）．

李宇峰等．彰武朝阳沟辽代墓地［A］．辽宁考古文集［C］．沈阳：辽宁民族出版社，2002．

辽宁朝阳博物馆．辽宁朝阳市金代纪年墓葬的发掘［J］．考古，2012（3）．

辽宁大学历史系考古教研室．辽宁法库县叶茂台 8、9 号墓［J］．考古，1996（6）．

辽宁省博物馆，辽宁铁岭地区文物发掘小组．法库叶茂台辽墓记略［J］．文物，1975（12）．

辽宁省博物馆文物队．辽宁北票水泉一号辽墓发掘简报［J］．文物，1977（12）．

辽宁省文物考古研究所，阜新市文物管理办公室．辽宁阜新梯子庙二、三号辽墓发掘简报［J］．北方文物，2004（1）．

辽宁省文物考古研究所，阜新市文物组．阜新南皂力营子一号辽墓［J］．辽海文物学刊，1992．

辽宁省文物考古研究所，阜新文化局文物组，阜新文物管理所．阜新海力板辽墓［J］．辽海文物学刊，1991（1）．

辽宁省文物考古研究所，沈阳市文物考古研究所．辽宁法库县叶茂台 23 号辽墓发掘简报［J］．考古，2010（1）．

辽宁省文物考古研究所．辽宁建平县两处辽墓清理简报［J］．北方文物．1991（3）．

辽西博物馆，北票市博物馆．辽宁北票白家窝铺辽代墓葬［J］．北方文物，2008（4）．

林茂雨，佡峻岩．法库李贝堡辽墓［J］．北方文物，2001（3）．

刘朴．河北省承德县发现辽代窖藏［J］．北方文物，2002（3）．
刘谦．辽宁锦州市张扛村辽墓发掘报告［J］．考古，1984（11）．
刘振华．农安万金塔墓出土文物［J］．文物，1973（8）．
孟建仁，钱玉成．突泉县西山村辽墓［A］．内蒙古文物考古文集［C］．北京：中国大百科出版社，1994．
苗润华．内蒙古巴林右旗查干勿苏辽墓［J］．辽海文物学刊，1995（2）．
苗润华．内蒙古巴林右旗友爱辽墓［J］．文物，1996（11）．
内蒙古赤峰市敖汉旗博物馆．内蒙古敖汉旗皮匠沟1、2号辽墓［J］．文物，1998（9）．
内蒙古文物工作队．昭乌达盟宁城县小刘杖子辽墓发掘简报［J］．文物，1961（9）．
内蒙古文物考古研究所，阿鲁科尔沁旗文物管理所．内蒙古赤峰宝山辽壁画墓发掘简报［J］．文物，1998（1）．
内蒙古文物考古研究所，赤峰市博物馆，阿鲁科尔沁旗文物管理所．辽耶律羽之墓发掘简报［J］．文物，1996（1）．
内蒙古文物考古研究所，赤峰市博物馆，巴林左旗博物馆．白音罕山辽代韩氏家族墓地发掘报告［J］．内蒙古文物考古，2002（2）．
内蒙古文物考古研究所，赤峰市博物馆．宁城县岳家杖子辽萧府君墓清理记［A］．内蒙古文物考古文集［C］．北京：中国大百科出版社，1994．
内蒙古文物考古研究所，辽中京博物馆．宁城县埋王沟辽代墓地发掘简报［A］．内蒙古文物考古文集（二）［C］．北京：中国大百科出版社，1997．
内蒙古文物考古研究所，锡林郭勒盟文物保护管理站，多伦县文物局．内蒙古多伦县小王力沟辽代墓葬［J］．考古，2016（10）．
内蒙古文物考古研究所．赤峰市敖汉旗白塔村辽代墓葬［J］．内蒙古文物考古，2010（1）．
内蒙古文物考古研究所．科右中旗双龙岗辽墓［J］．内蒙古文物考古，1997（1）．
内蒙古文物考古研究所．辽陈国公主驸马合葬墓发掘简报［J］．文物，1987（11）．
内蒙古文物考古研究所．内蒙古凉城县水泉辽代墓葬［J］．考古，2011（8）．
内蒙古文物考古研究所．内蒙古通辽市吐尔基山辽代墓葬［J］．考古，2004（7）．
内蒙古自治区文物工作队．内蒙古哲里木盟奈林稿辽代壁画墓［A］．考古学集刊（1）［C］．北京：文物出版社，1981．
裴耀军．康平张家窑1号辽墓［J］．辽海文物学刊，1996（1）．
平泉县文保所，承德地区文化局．河北平泉县小吉沟辽墓［J］．文物，1982（7）．
齐晓光．阿鲁科尔沁旗柴达木辽墓［J］．内蒙古文物考古，1986（6）．
前热河省博物馆筹备组．赤峰县大营子辽驸马墓发掘报告［J］．考古学报，1956（3）．

沈阳市文物考古研究所．法库红花岭辽墓［A］．沈阳考古文集（第1集）［C］．北京：科学出版社，2007.

沈阳市文物考古研究所．法库李贝堡辽墓群2007年度抢救性考古发掘报告［A］．沈阳考古文集（第2集）［C］．北京：科学出版社，2009.

沈阳市文物考古研究所．法库小房身村南沟辽代墓葬［A］．沈阳考古文集（第2集）［C］．北京：科学出版社，2009.

首都博物馆．北京出土鎏金银面具［J］．文物，1983（9）.

苏日泰．科右中旗巴扎拉嘎辽墓［J］．内蒙古文物考古，1982（2）.

苏天钧．北京郊区辽墓发掘简报［J］．考古，1959（2）.

铁岭市文物办公室，康平县文物管理所．辽宁康平县后刘东屯二号辽墓［J］．考古，1988（9）.

王刚．林西县小哈达辽墓［J］．内蒙古文物考古，1998（1）.

王允军．辽宁省康平县辽墓发掘简报［J］．博物馆研究，2010（4）.

翁牛特旗文化馆，昭乌达盟文物工作站．内蒙古解放营子辽墓发掘简报［J］．考古，1979（4）.

乌兰．内蒙古巴林右旗博物馆收藏的辽代鎏金凤纹银马鞍饰件［J］．考古与文物，1996（6）.

乌兰察布盟文物工作站．察右前旗豪欠营第六号辽墓清理简报［J］．文物，1983（9）.

武家昌．喀左北岭辽墓［J］．辽海文物学刊，1986年创刊号.

武雅琴，李铁军．扎鲁特旗出土辽代器物［J］．内蒙古文物考古，2001（2）.

武亚芹，王瑞青．内蒙古科左中旗小努日木辽墓［J］．北方文物，2000（3）.

项春松．赤峰市郊区发现的辽墓［J］．北方文物，1991（3）.

项春松．克什克腾旗二八地一、二号辽墓［J］．内蒙古文物考古，1984（3）.

项春松．内蒙古赤峰郊区新地辽墓［J］．北方文物，1990（4）.

项春松．内蒙古翁牛特旗辽代广德公墓［J］．北方文物，1989（4）.

项春松．上烧锅辽墓群［J］．内蒙古文物考古，1982（2）.

兴安盟文物工作站．科右中旗代钦塔拉辽墓清理简报［A］．内蒙古文物考古文集（第二辑）［C］．北京：科学出版社，2009.

义县文物保管所．辽宁义县头台乡亮甲山辽墓清理简报［J］．北方文物，2007（3）.

张柏忠．内蒙古通辽县二林场辽墓［J］．文物，1985（3）.

张汉英，白光．河北丰宁小皮匠沟发现辽墓［J］．考古，1993（10）.

张汉英．河北丰宁五道沟门辽墓［J］．文物春秋，1996（2）.

张家口地区文管所，怀安县文管所．河北怀安县张家屯辽墓［J］．考古，1991（1）.

张孜江．四川省博物院收藏的一批辽宋金器［J］．文物，2012（1）.

彰武县文物管理所．辽宁彰武县东平村辽墓发掘简报［J］．北方文物，1999（1）.
赵文刚．天津市蓟县营房村辽墓［J］．北方文物，1992（3）.
赵志厚．滦平县银窝沟砖室墓清理简报［J］．文物春秋，1991（4）.
郑隆．昭乌达盟辽尚暐符墓清理简报［J］．文物，1961（9）.
中国社会科学院考古研究所内蒙古工作队，内蒙古文物考古研究所．内蒙古扎鲁特旗浩特花辽代壁画墓［J］．考古，2003（1）.
中国社科院考古研究所内蒙古第二工作队，内蒙古文物考古研究所．内蒙古巴林左旗辽代祖陵考古发掘的新收获［J］．考古，2008（2）.
邹向前．黑龙江省龙江县鲁河新丰砖厂辽墓［J］．北方文物，1995（2）.

附表　辽代出土金银器数量统计表

时代	墓葬名称	装饰品及数量	马具及数量	工具及数量	器皿及数量	葬具及数量	按材质统计
早期	克什克腾旗二八地 M1	银钗 2、金耳环 6、铜鎏金戒指 5、银质首饰 8、铜鎏金四鱼方形饰 1	银鞍饰 4、铜鎏金牌饰 300 余件（凸形节约、方形、圭形饰）、铜鎏金杏叶 10	银号角 6、铜鎏金刀鞘 1、铜鎏金耳勺 1、耳钩 1	银盏 1、银托 1、银壶 1、银把杯 1、银杯 1、银碗 3		不明金器：16、不明银首饰：8、金器：6、银器：28、铜鎏金器：314
	大营子辽驸马墓	金蹀躞带 34、银鎏金管 1、银璧 1	嵌银花铁马镫 13、银鞍饰 13、银鎏金鞍 12、银鎏金缨罩 3、铜鎏金缨罩 5、银牌饰 67、银鎏金牌饰 555、铜鎏金牌饰 203、嵌银铁牌饰 58	银鞘铁匕首 1、银鞘短剑 2、错金银铁矛 1、银箸 2、银匙 1	银高足杯 1、银鎏金碗 1、银匜 1、银壶 1、银盏托 1		金器：34、银器：100 银鎏金器：572 铜鎏金器：639（含铜铃 431） 嵌银铁器：72
	敖汉旗沙子沟辽墓	金耳环 2、银鎏金带饰 7	铜鎏金牌饰共 130	包银柄铁剑 1			金器：2、银鎏金器：7、铜鎏金器：130、包银铁器：1
	敖汉旗大横沟辽墓	铜鎏金蹀躞带 20					铜鎏金器：20
	通辽市科左后旗白音塔拉辽墓	银钗 8、金项饰 1、金耳环 4、金戒指 2、银戒指 6、银鎏金镯 2、银镯 10、金丝球 8，从马具中甄别出一条蹀躞带（银鎏金饰 13、双鱼金饰 2、其他银饰 7）	银饰 119、银鎏金饰 15	银耳勺 1、银鎏金镊子 1、银镊子 1、银针筒 1	银钵 2、鎏金錾花银罐 2、银壶 1、银圜底碗 1、银盘 2		金器：17 银器：159 银鎏金器：48

续表

时代	墓葬名称	装饰品及数量	马具及数量	工具及数量	器皿及数量	葬具及数量	按材质统计
早期	通辽市吐尔基山辽墓	金耳环 4、金戒指 59、银鎏金步摇 2、镂空金球 37、金带具 3 副、金镯 2	三套马具：3 副络头、3 副胸带、3 副项带、3 副后鞧带、衔镳若干、包银木鞍、银鎏金鞍前桥包片 3、金花银马鞍后桥包片 3、银鎏金前鞍翅包片 6、后鞍翅包片 6、铜鎏金马镫 2、铜鎏金牌饰，数量不清	金针 1、金耳勺 1、银箸 2	银盒 2、银盖碗 1、银壶 1、金杯 2、贴金花漆盒 1、贴银花漆盒 1、包银漆盒 1	十字梁金冠 1、圆形金银牌饰 2、金下颌托 1	金器：50、银器：5 余、银鎏金器：32 余、铜鎏金器：2 余、嵌金银漆器：2
	阿鲁科尔沁旗辽耶律羽之墓	金戒指 10、金手镯 2、金耳环 3、金坠 4、镂空金球 2、金花银簪 1、铜鎏金饰片 3	铜鎏金带饰 8、圭形飞凤纹铜鎏金铊尾 2、铜鎏金带扣 5、铜鎏金带箍 3、铜鎏金铃 3、铜鎏金銙蹀躞带残部 1、铜鎏金杏叶 3、铜鎏金鞍饰 5、铜鎏金节约 2	金花银砚台 1、银勺 1	鎏金錾银折肩壶 1、鎏金高士七棱银把杯 2、金花银器（渣斗 1、粉盒 1、碗 1）、鎏金錾花银器（杯 1、盒 1、盘 1、罐 1）、银盆 1、匜形银器 1		金器：21 银器：3 银鎏金器：12 铜鎏金器：35 简报中很多器物未介绍数量按单件统计
	通辽科右中旗代钦塔拉 M3	金耳环 4、金戒指 7、金手镯 2、金丝球 4	银鎏金鞍饰 5、铜鎏金双鱼饰 2、铜鎏金缨罩 1、后鞧 2 副（铜鎏金杏叶 4、铜鎏金节约、带饰、带扣共 7 种无数量）			银镜 1	金器：17 银鎏金器：5 铜鎏金器：14
	陈巴尔虎旗巴彦库仁 M1 辽墓	金耳环 2、金带扣 1、金铊尾 1、一条银鎏金带 109、一条铜鎏金带 11			银壶 1、银鎏金碗 1		金器：4 银器：1 银鎏金器：110 铜鎏金器 11
	凉城县水泉辽墓 M26	银鎏金耳坠 1、银手镯 1					银器：1 银鎏金器：1
	凉城县水泉辽墓 M27	金耳环 1、鎏金铁牌饰 1、蹀躞带 2 组（其中铜鎏金带具 25）	三叶花形铜鎏金节约 6、鱼尾形带饰 36、菱花形带銙 9、对卷瓣宝相花纹带饰 6、带扣 4、带箍 3、铃 2				金器：1 铜鎏金器：91 铁鎏金器 1
	通辽市奈林稿木头营子 M2 辽墓	金耳环 2、椭圆形戒指 3、心形金饰 1、一套金蹀躞带 14	金带饰 2、金带銙 20		鎏金錾耳折肩银壶 1、银提梁壶 1、银匜 1		金器：42 银器：2 银鎏金器：1

续表

时代	墓葬名称	装饰品及数量	马具及数量	工具及数量	器皿及数量	葬具及数量	按材质统计
早期	阜新水泉沟辽墓	金耳环 2					金器 2
	建平硃碌科辽墓	金镯 2、金耳环 2；T 形、心形金饰各 1		错金铁剪 1			金器 6 错金铁器 1
	辽宁法库县叶茂台 M9	金耳坠 2、银管 2					金器 2、银器 2
	辽宁阜新梯子庙 M2 辽墓	金戒指 4、银簪 2					金器 4 银器 2
	辽宁阜新梯子庙 M3 辽墓	金戒指 1、银鎏金器 3、铜鎏金器 2					金器 1、银鎏金器 3 铜鎏金器 2
	辽宁锦州张扛村 M1 辽墓	银耳环 2、银镯 2 银牌 1、银器 5					银器 10
	辽宁阜新市彰武县朝阳沟 M2	金耳环 2、银耳环 1、镂孔金丝球 4、银管 2、银鎏金管 10、银鎏金带具 51	银鎏金缨罩 1、银铃 2、银鎏金鞍饰 3、马牌饰 530（银鎏金 70、银 294、铜鎏金 166）	银鎏金臂鞲 1	五曲银碗 1、银鎏金盏托 1		金器 6 银器 307 银鎏金器 137 铜鎏金器 166
	辽宁阜新七家子辽墓		铜鎏金辔饰 19				铜鎏金器 19
	辽宁北票水泉一号辽墓	摩羯纹银鎏金带板 1	银鞍饰 1、银鎏金牌饰 4				银鎏金器 5 银器 1
	辽宁北票泉巨涌辽墓		银器 1、银鎏金 5				银器 1 银鎏金 5
	阜新海力板辽墓	铜鎏金带具 55	铜鎏金牌饰 34				铜鎏金器 89
	辽宁康平张家窑一号墓	银蹀躞带 12	银牌饰 7				银器 19

续表

时代	墓葬名称	装饰品及数量	马具及数量	工具及数量	器皿及数量	葬具及数量	按材质统计
早期	辽宁建平大西沟 JSM1	金环 1、银环 1	铜鎏金牌饰 24	银链 1			金器 1、银器 2 铜鎏金器 24
	辽宁康平后刘东屯 M1	铜鎏金镯 2、摩羯形金耳环 2、铜鎏金镂空球 6	铜鎏金牌饰 14	铜鎏金勺 1	铜鎏金碗 1		金器 2 铜鎏金器 24
	辽宁康平后刘东屯 M2	铜鎏金额冠 1					铜鎏金器 1
	法库小房身村辽墓	铜鎏金镯 1、银鎏金丝球 4；银包木针筒 2					银鎏金器 4 银器 2 铜鎏金器 1
	敖包恩格尔辽墓	银镯 1					银器 1
	虎吐路辽墓	金耳环 2					金器 2
	南皂力营子一号辽墓	银鎏金戒指 8、铜鎏金带扣 1、银鎏金镯 2、金耳坠 2、铜鎏金饰 3					金器 2 银鎏金器 10 铜鎏金器 4
	巴扎拉嘎辽墓			铜鎏金牌饰 101、铜鎏金马铃 16	银碗 1		银器 1 铜鎏金器 117
	双龙岗辽墓	银耳环 1、银镯 1					银器 2
中期	通辽市奈曼旗陈国公主墓	金镯 4、金戒指 17、金丝球 4、金管 1、金銙银鞓蹀躞带 1 条 66（金銙 64、银囊 2）、玉銙丝鞓带（铜鎏金饰件 21）、银铜銙银鞓蹀躞带 1 条、银带 2 条、玉銙银带 1 条	2 套，一套为银马络、银马缰、银胸带、鎏金铁马蹬、包银木马鞍、彩绘银鞯、银蹀躞带各 1 副、银鞧带；另一套为银马络、鎏金铁衔镳、银马缰、银胸带 1 副、铜鎏金马镫 1 副（2 件）、银鎏金鞍饰、彩绘银鞯 1 副、银蹀躞带、银鞧带	錾花金针筒 1、银鎏金匙 2、银匙 1、琥珀柄银刀 1、玉柄银刀 1、玉柄银锥 1	八曲连弧形金盒 1、镂花金荷包 1、金花银奁 1、银罐 2、银盒 3、金花银钵 1、银执壶 1、银盏托 3、束腰银盘 1、银唾壶 1、银器盖 3	金面具 2、银丝网络 2 套、银靴 4、银枕 2、银鎏金冠 2	金器 32 银器 45 银鎏金器 6 铜鎏金器 2 余 铁鎏金器 2

续表

时代	墓葬名称	装饰品及数量	马具及数量	工具及数量	器皿及数量	葬具及数量	按材质统计
中期	多伦贵妃墓	金戒指 9、鎏金银托嵌玉銙捍腰 1、鎏金银鞘玛瑙柄短刀 1		银匙 1、银勺 1、银箸 2、金垂饰 38	银方盒 2	鎏金银冠 1、金花银靴 2、银片饰漆木枕 1	金器 47 鎏金银器 5 银器 6 银漆器 1
	凌源小喇嘛沟 M1 辽墓	金镯 2、金耳环 1、银鎏金带具 1 套 21 单件、银鎏金捍腰 1、银鎏金戒指 6、银鎏金镂空球 2、银鎏金管状饰 5、银鎏金牌饰 3、银牌饰 2	银鞍包片 1、银鎏金牌饰 1 套 60 件、银鎏金牌饰 1 套 19 件、银鎏金牌饰 1 套 4 件、铜鎏金大马铃 6、铜鎏金小马铃 17、铜鎏金双鱼形牌饰 2	银长盘 1、银勺 2	银杯 1、银碗 4、银执壶 1、银渣斗 1	银鎏金冠 2、银鎏金面具 2、银鎏金下颌托 1、银鎏金冠饰 1	金器 3 鎏金银器 127 银器 13 鎏金铜器 23
	凌源小喇嘛沟 M11 辽墓	银戒指	银鞍包片 1 套残			银冠 1、银面具 1、银靴残	银器 5 余
	通辽二林场辽墓	铜鎏金双带扣双铊尾带 1、铜鎏金鱼 2		联钱纹银针筒 1			银器 1 铜鎏金器 3
	扎鲁特旗浩特花辽墓	鎏金饰件 1					被盗严重
	敖汉旗英凤沟 M7 辽墓			银长盘 1、银笔洗 1、银笔管 1、银砚 1		银鎏金面具 1、银鎏金冠 1	银器 4、银鎏金器 6（简报未正式发表数量不明）
	辽宁锦州张扛村 M2 辽墓	铜鎏金双带扣双铊尾带 19					铜鎏金器 19
	辽宁建平张家营子	金耳环 2、金镯 2、银鎏金大带 1	马具 211：银鎏金鞍饰 2、银鎏金牌饰 135、铜鎏金牌饰 74	银匙 1、银箸 2、金柄玛瑙刀 1	银碟 2		金器 5 银器 5 银鎏金器 138 铜鎏金器 74
	辽宁阜新市彰武县朝阳沟 M3	金包木 T 形饰 1、金包木心形饰 1				银面具 1	金器 2 银器 1

续表

时代	墓葬名称	装饰品及数量	马具及数量	工具及数量	器皿及数量	葬具及数量	按材质统计
中期	辽宁喀左北岭辽墓	铜鎏金镯 2				银面具 1、银靴底 1	银器 2 铜鎏金器 2
	辽宁朝阳前窗户村辽墓	银鎏金耳环 2、银鎏金镯 4、银鎏金戏童大带 8、银鎏金捍腰 1、璎珞银组件 9	铜鎏金牌饰 116				银器 9 银鎏金器 15 铜鎏金器 116
	辽宁朝阳姑营子 M1 辽墓	银鎏金带扣 2（与 12 块玉带板搭配）					银鎏金器 2
	辽宁朝阳姑营子 M2 辽墓	银鎏金珠翠簪 1、银鎏金带扣 1、鎏金花座银饰 4、银鎏金帽饰				银丝手套网络	银鎏金器 7 银器 1
	辽宁建平炮手营 JRM1		铜鎏金牌饰 15			铜鎏金额冠 1	铜鎏金器 16
	辽宁朝阳姑营子辽耿氏家族 M3 墓	铜鎏金带具 11	铜鎏金缨罩 1、铜鎏金双鱼饰 1、铜鎏金牌饰 27				铜鎏金器 40
	河北承德县道北沟村辽墓	银耳环 2					银器 2
	天津蓟县营房村辽墓	铜鎏金耳环 2、铜鎏金戒指 7、铜鎏金心形饰 1、铜鎏金 T 形饰 1、铜鎏金镂空球 2		铜鎏金针筒 1、铜鎏金镊 1			铜鎏金 15
	东平村辽墓	金簪 1、银饰 1					金器 1、银器 1
	小吉沟辽墓	银捍腰 1、铜鎏金镯 1			银碗 1		银器 2 铜鎏金器 1

续表

时代	墓葬名称	装饰品及数量	马具及数量	工具及数量	器皿及数量	葬具及数量	按材质统计
中期	韩佚墓	银镯 2、银钗 2					银器 4
晚期	赤峰解放营子辽墓	铜鎏金戒指（数量不详）			折肩银壶 1、花口银杯 1、海棠形银盘 1	铜面具 2、铜靴垫 2	银器 3 铜鎏金器数量不详
	阿鲁科尔沁旗温多尔敖瑞山辽墓	铜鎏金丝鞓蹀躞带 1、鎏金冠饰 11、鎏金球饰 2	铜鎏金鞍前桥饰 1、铜鎏金节约 4、铜鎏金折枝牡丹纹带饰 21、铜鎏金亚腰形带具 1	鎏金錾花铜针筒 2		铜鎏金冠 2、铜鎏金面具 2、铜丝网络	铜鎏金器 47
	赤峰小刘杖子 M1 辽墓		铜鎏金牡丹花纹带饰 54 件（圭形、长方形、圆形、有孔）、带扣 4			铜面具 1、铜靴垫 1、	铜鎏金器 58
	小刘杖子 M3		铜鎏金卷草凤纹带饰 60 件			铜面具 1	铜鎏金器 60
	阿旗万金山 M1 辽墓	铜鎏金带饰 1 组 13 件					铜鎏金器 13
	辽宁李贝堡辽墓		铜鎏金牌饰 34	错银铁剪 1			铜鎏金器 34 错银铁器 1
	辽宁建平新民巴图营子辽墓	金耳环 1、银钗 1				铜鎏金冠 1、铜鎏金面具 2、铜鎏金牌饰 1	金器 1 银器 1 银鎏金器 4
	辽宁法库李贝堡 M1 辽墓					铜鎏金面具 1	铜鎏金器 1
	辽宁法库红花岭辽墓	金巾环 2	铜鎏金鞍饰 1、牌饰 6、包银铁马衔 1	银针筒 2			金器 2、银器 2 铜鎏金器 8
	辽宁法库叶茂台 M23	金巾环 1、银耳环 1 银鎏金器 2 铜鎏金器 6					金器 1、银器 1 银鎏金器 2 铜鎏金器 6

续表

时代	墓葬名称	装饰品及数量	马具及数量	工具及数量	器皿及数量	葬具及数量	按材质统计
晚期	河北丰宁五道沟门辽墓	银蹀躞带 50、铜鎏金蹀躞带 21	银牌饰 47				银器 97 铜鎏金器 21
	丰宁小皮匠沟		错银铁马镫 2、银鞍饰 16				银器 16 错银铁器 2
	黑龙江齐齐哈尔梅里斯长岗辽墓	至少能识别出一套铜鎏金蹀躞带 14	鎏金铁马镫 2、铜鎏金牌饰 54				鎏金铁器 2 铜鎏金 68
	建昌龟山一号辽墓				银杯 2、银盘 1		银器 3

后　记

本书是在我的博士学位论文基础上修改而成的。从2011年博士入学算起，已经有八个年头了，凝视着这即将付梓的结晶，五味杂陈。在这八年里，有过多少喜悦、惆怅、焦虑、惊喜，还有希望……这一切，都凝聚在这本书中，成为我永远不会忘却的记忆。

当导师冯恩学先生与我商量选定"辽代金银器研究"这个博士论文题目时，我毫不犹豫地答应了，甚至有点害怕他将这个题目转给他人。因为我来自内蒙古，我深深地爱着这片草原，这里是我魂牵梦萦的故乡，这片广袤土地上的契丹文化深深地吸引着我，硕士期间选做的辽代琥珀研究题目至今意犹未尽，造型独特、工艺精湛的辽代金银器再次拨动我的心弦，也许对美物的追求是人的天性吧。

严格说来，我的考古研究生涯始于2008年考入内蒙古大学文博系，成为一名考古方向的硕士研究生，塔拉先生是为我传道授业解惑的硕士生导师。我本科专业是历史学，老师成功地让我在文献分析的固有思维中，学会如何对错综复杂的考古学资料进行分析与整理，如何提取考古学材料背后的信息进而做更深层次的思考。老师不仅传授给我专业知识，其宽阔的胸襟、处理复杂事物的能力、对待小人物的修养更是让我耳濡目染。我由衷地感谢塔拉先生，是他将我一步一步领入考古学的世界中，如果没有老师的教诲和指导，怎会有我今天哪怕是微不足道的一切。

2011年，我考入吉林大学考古学系攻读博士学位，进入了这座神圣的殿堂。选择吉林大学，我不得不说，这是我此生最正确的决定；被吉林大学选中，也是我此生的荣幸。感谢我的导师冯恩学老师，先生是一个不善言谈的人，但是无法掩盖他深邃的思想和渊博的灵魂，他更是用他的实际行动感染着我，打开了我通向新世界的大门；他是我的学术偶像和榜样，让我懂得如何做一个学者，如何成长成一个好学者。我深知自己与他的水平相差甚远，但我明白我前进的方向。

当2015年论文答辩委员会宣布我的论文已经通过时，我非常高兴，同时也感到沉重的压力，诸位答辩委员在论文的结构和细节上提出了很好的修改意见，成为我毕业之后启动此文修改的首要着力点。与博士论文比较，本书做了比较大的调整与改动：将纹饰的类型学前置到第二章，使类型学的研究成为一个整体；增加了第五章的全部内容，重点对重要墓葬的随葬品现象进行了考察；补充了近三年新发表的金银器墓葬资料，逐项拆解充实到通篇之中；以纹样为切入点展开文化交流方面的讨论；在归纳总结和文字提炼上斟酌了一番。

2018年，我来到了内蒙古师范大学任教，继续我的考古文博生涯。这对我来说，是一个更好的平台，更高的起点。“欲穷千里目，更上一层楼。”我珍惜现在的一切，我也会在这个更好的平台之上继续努力，做一个合格的老师、做一个合格的学者。

在我写作、完善本书的过程中，许多师友给我提供了太多太多的帮助，本书的出版有赖于内蒙古师范大学白玉双、于永、李艳洁诸任领导给予的大力支持，科学出版社责任编辑王琳玮的细心工作，同时也深深感受到我的先生以及家人对我的支持和鼓励，正是这些给了我坚持下去，完成学业，继续前进的信心和动力。在此谨向诸位表示最真挚的谢意！

《辽代金银器研究》即将出版了，虽然尽了最大的努力，终因水平有限而让我战战兢兢、如履薄冰。“十年磨一剑，霜刃未曾试。”“剑”磨了近十年，是否锋利也只能等待着师友们的评判了。终因学识不多，如有不妥之处，敬请谅解。

王春燕

2020年5月于呼和浩特